Basiswissen Grundschule

Band 9

Offener Unterricht

Idee, Realität, Perspektive und ein praxiserprobtes Konzept zur Diskussion

Teil I

Allgemeindidaktische Überlegungen

Von

Falko Peschel

Schneider Verlag Hohengehren GmbH

Basiswissen Grundschule

Herausgegeben von Jürgen Bennack

Umschlaggestaltung: Wolfgang H. Ariwald, BDG, 59519 Möhnesee

Gedruckt auf umweltfreundlichem Papier (chlor- und säurefrei hergestellt).

Anschrift des Autors: Dr. Falko Peschel
Bildungsschule Harzberg
Am Harzberg 1
32676 Lüdge
Tel.: 05282 / 969694-0
E-Mail: Falko.Peschel@bildungsschule-Harzberg.de

Bibliografische Information der Deutschen Nationalbibliothek

Die Deutsche Nationalbibliothek verzeichnet diese Publikation in der Deutschen Nationalbibliografie; detaillierte bibliografische Daten sind im Internet über ›http://dnb.d-nb.de‹ abrufbar.

12. unveränderte Auflage

Offener Unterricht Band 1: ISBN: 978-3-8340-1071-1
Offener Unterricht Band 2: ISBN: 978-3-8340-1072-8
Offener Unterricht Band 1+2: ISBN: 978-3-8340-1073-5

Schneider Verlag Hohengehren GmbH, 73666 Baltmannsweiler
Homepage: www.paedagogik.de

Printed in Germany – Druck: Format Druck, Stuttgart

Inhaltsverzeichnis Teil I

Vorwort des Herausgebers der Reihe

In der Reihe „Basiswissen Grundschule“ legt Falko Peschel zwei Bände zum Thema „Offener Unterricht – Idee, Realität, Perspektive und ein praxiserprobtes Konzept zur Diskussion“ vor.

Teil I – als Band 9 der Reihe – enthält „Allgemeindidaktische Überlegungen“. Peschel beschreibt zunächst den Offenen Unterricht anhand der in der Unterrichtswirklichkeit gebräuchlichen Formen und Konzepte; er gewinnt Bestimmungsstücke des Phänomens über die Darlegung wissenschaftlicher Zugänge und die Formulierung von Grundsätzen, mit denen er ein neues Rollenverständnis der Personen sowie eine neue Sichtweise der Intentionen, Methoden und Verfahren als Bedingung fordert. Zudem äußert er sich, bezogen auf Offenen Unterricht, zu Fragen der Unterrichtsplanung und Schülerbewertung, zur Problematik der Evaluation und Implementation.

Teil II – als Band 10 der Reihe „Basiswissen“ – nimmt „Fachdidaktische Überlegungen“ vor. Der Autor stellt einleitend, als Voraussetzung und Folge Offenen Unterrichts, einerseits Lernkultur gegen den traditionellen Lernbegriff und andererseits Bildung, verstanden als verantwortungsvollen Umgang mit Wissen, gegen dessen bloße und folgenlose Anhäufung. Als Beweise, dass Peschel die Inhalte Offenen Unterrichts keineswegs von der Bequemlichkeit, Beliebigkeit und Mutwilligkeit zufälliger Schülerinteressen abhängig machen will, sondern der Lehrerin / dem Lehrer durchaus die Verantwortung für den Erwerb lebensrelevanter Inhalte und Kompetenzen zumutet, geht er auf Sprache, Mathematik und Sachunterricht als zentrale Themen der Grundschule mit wichtigen Hinweisen auf deren Lern- und Kompetenzgehalt einschießlich notwendiger Materialien ein.

Der Band schließt mit Bemerkungen zu Vorbehalten, auf die der Offene Unterricht häufig bei Kollegen(innen) und Eltern stößt, z. B.: Kann man die heterogenen Arbeitsverläufe der Schüler überblicken? Werden die Schüler sich auf andere Arbeitsweisen an weiterführenden Schulen einstellen können?

Die beiden Bände enthalten eine Bestandsaufnahme der unter dem Begriff Offener Unterricht zusammengefassten Reformbemühungen in Schule und Unterricht; sie beinhalten eine Fülle anregender Versuche und daraus gewonnener Hinweise eines real agierenden Lehrers; sie bieten – theoretisch anspruchsvoll, inhaltsreich und differenziert – zudem eine kompetente reflexion engageé zu diesem Thema und sie stellen zugleich den Erfahrungsbericht eines Lehrers auf der Suche nach einer Schule dar, in der Schüler erfolgreich und sinnvoll lernen können und wollen.

Peschel hat sich auf diesem Wege nicht mit Hospitationen zufrieden gegeben und sich nicht auf die Wiedergabe positiver Erfahrungen und gelungener Beispiele anderer beschränkt. Er hat sich seinem Anliegen persönlich angenommen und als Grundschullehrer seit Jahren Offenen Unterricht durchführt, in den er überdies Kolleginnen, Kollegen und Studierende als Handelnde und kritische Betrachter einbezieht.

Peschels Werk über den Offenen Unterricht ist theoretisch fundiert, d. h. es richtet den Blick auf die fachliche Diskussion, auf deren Ergebnisse und Einsichten und es geht eigenen Fragestellungen nach. Dies aber geschieht eben nicht mit verengtem Blick „aus der Praxis für die Praxis“ und auch nicht nur aus der abgehobenen Position eines „kühlen“ wissenschaftlichen Analytikers und Experimentators. Peschel schreibt über den Offenen Unterricht als kompetent handelnder und forschender Lehrer.

Der Leser findet in den beiden Bänden gewiss einen Zugang zu Theorie und Praxis des Offenen Unterrichts, er wird weder durch platte Praxiologie noch abstrakte Wirklichkeitsferne enttäuscht werden. Er kann fasziniert und angeregt dem Bemühen Peschels folgen, eine Schule jenseits quälender Einpaukerei oder auch des schönen Scheins bunter, freundlicher Lernmanipulation zu bauen, die sich nicht mit im Grunde marginalen Fragen abgibt, wie der Dauer der Schulzeit, der Anzahl der Pflichtfächer, der Festlegung genauer Inhalte – etwa im Lichte der Globalisierung – lediglich sprachlich ausgestalteten Schulprofilen und Schulprogrammen, Disziplinarmaßnahmen, burn out und desgleichen mehr.

Peschel geht es um den Kernauftrag der Schule: Das Interesse der Schüler am Lernen offenzuhalten und ihre Lernkompetenz zu erhöhen. Seine Beispiele und Vorschläge vermitteln die begründete Hoffnung, Schülern tatsächlich und durch die Schule zur Selbständigkeit verhelfen zu können.

Diese Bände werden in den Hochschulen, Studienseminaren und Schulen interessierte Leser finden; es wird ihnen gelingen, viele für die Idee und Realisierung des Offenen Unterrichts zu gewinnen.

Köln, im Januar 2002 Jürgen Bennack

Einleitung

Auf der Suche nach der verlorenen Offenheit ...

Schule auf dem Weg in ein neues Jahrhundert bzw. Jahrtausend: Schule im Umbruch?

Implizit von den Richtlinien für die Schule schon seit über 20 Jahren gefordert, halten nun Arbeitsformen wie Freie Arbeit, Wochenplan, Projektunterricht und Werkstattunterricht immer stärker Einzug in den Klassenzimmern. Die aktuelle Theoriediskussion ist geprägt von Begriffen wie *Selbstständigkeit, Eigenverantwortung, Lebenslanges Lernen, Kreativität, Individualisierung, Lebensbedeutsamkeit, Handlungsorientierung, ganzheitlichem* und *fächerübergreifendem Lernen*. Forderungen an einen Unterricht, der nicht alle Schüler zur gleichen Zeit dasselbe, vom Lehrer Vorgegebene, auf ein und dieselbe Art reproduzieren lässt. Gefordert ist ein schülerorientierter Unterricht (vgl. i. F. Peschel 1995a, 6ff.).

Und einen solchen Unterricht habe ich seit meinem Studium gesucht. Zunächst in den ganz normalen Schulen, die aktiv an der Schulreform mitgearbeitet und z. B. die Richtlinien und Lehrpläne für Nordrhein-Westfalen in den Jahren 1981 bis 1985 mitgestaltet haben. Gegenüber meiner eigenen Schulzeit hatte sich in der Schule viel geändert. Erwachsene und Kinder saßen in Sitzkreisen zusammen und feierten gemeinsam Geburtstag oder andere Feste. Einzelne Kinder wurden während des Unterrichts vom Lehrer[1] oder von Sonderpädagogen besonders gefördert, die Klassen waren durch viel attraktives Material bunter und anregender geworden. Die Kinder konnten stundenweise ihren Schultag selber gestalten, nicht alle mussten immer dasselbe tun. Manchmal gab es sogar Arbeitspläne, die eine eigene Gestaltung für den ganzen Tag bzw. die ganze Woche zuließen. Ich fand, die Schule sei auf dem richtigen Weg.

Trotz dieser offenen Formen schienen die Lehrer aber irgendwie dieselben geblieben zu sein (was sogar meist „in persona" hinkam). Sie hatten durchweg immer alle Zügel in der Hand und bestimmten trotz der „Öffnung" letztlich noch immer ganz, was die Schüler machen sollten. Die Kommunikation war zwar viel freundlicher geworden, aber doch einseitig geblieben. Für die Schüler war die Schule noch immer anstrengende Arbeit, für manche etwas angenehmer, für andere etwas härter. Selten zogen die Kinder die Schule anderen Beschäftigungen vor. Das wiederum widersprach meinem Ideal vom begeistert und freiwillig

[1] Da im Folgenden Bezeichnungen wie „Lehrer" oder „Schüler" in der Regel als Rollenbezeichnungen verstanden werden, würde die Nennung sowohl der weiblichen als auch der männlichen Form oder auch nur der weiblichen Form in vielen Fällen nicht das treffen, was eigentlich gemeint ist (eben nicht die „konkreten" Lehrerinnen und Lehrer vor Ort), sodass im Folgenden ganz althergebracht vom „Lehrer" bzw. vom „Schüler" gesprochen wird. Dabei wird der Grundsatz der Gleichberechtigung in keiner Weise in Frage gestellt.

lernenden Kind, von dem die Theorien des offenen Unterrichts ausgehen. Also machte ich mich weiter auf die Suche.

Ich hospitierte an Modellschulen und Freien Schulen, die gegründet wurden, um der Regelschule zu zeigen, dass freies Lernen möglich ist. Aber an diesen Schulen wurde die Sache erst so richtig kompliziert. Entweder wurde ganz herkömmlicher Fachunterricht abgehalten und den Schülern durch die freigestellte Teilnahme am Unterricht eine scheinbare Selbstregulierung vorgemacht, wenn diese sich „basisdemokratisch" zwischen mehr oder weniger langweiligem Unterricht und selbst organisierten Beschäftigungen (z. B. Tischtennis / Fußball spielen) entscheiden konnten. Oder aber es war kein großer Unterschied zu anderen fortschrittlichen Schulen zu finden, wenn Wochenarbeitspläne von den Schülern zum Teil widerwillig „aberledigt" wurden. Ein Unterschied zur Regelschule war allerdings in der Lehrer-Schüler-Beziehung zu finden, die zum Teil viel partnerschaftlicher und vertrauter wirkte. Den begeistert lernenden Schüler fand ich aber trotzdem auch hier nicht vor.

So wie ich es erlebte, hatte die „normale" Schule noch nicht das partnerschaftliche Verhältnis zwischen Lehrer und Schüler, die Freien Schulen weitgehend kein Interesse an einer den Schüler fesselnden Lernangebotslandschaft. Vielleicht konnten jetzt die Schulen weiterhelfen, die sich an der sogenannten Reformpädagogik orientierten. So hospitierte ich in Montessori- und Petersen-Schulen und erlebte eine Praxis offener Unterrichtsformen, die durchgängiges Prinzip zu sein schien. Es gab bunte, kindgerecht eingerichtete Klassen, eine reichhaltige Auswahl von Arbeitsmitteln und ein Schulgelände mit vielfältigen Forschungsmöglichkeiten.

Ich erlebte hier aber auch, dass offener Unterricht nichts mit einer positiven Einstellung zum Kind zu tun haben muss. Ich erlebte Lernatmosphären, die mich schaudern ließen. Lehrer stellten Schüler absichtlich vor der ganzen Klasse bloß und übten einen psychischen Druck auf die (freiwillig lernenden?) Kinder aus, der für mich schon fast an Körperverletzung grenzte. In anderen Klassen war das Chaos perfekt. Die Schüler sollten selbstständig arbeiten, hatten aber selber „keinen Plan", erledigten Aufgaben ungern und falsch, langweilten sich, rissen sich wieder zusammen und versuchten, irgendwie ein einigermaßen befriedigendes Tagespensum zu schaffen. Jeder schien für sich zu kämpfen, viele wussten nicht, wozu sie überhaupt in der Schule waren, „erledigten" Schule „ab". Die Lehrer waren zum Teil überfordert, zum Teil versuchten sie immer wieder zwischen Konzept, Kind und Sache zu vermitteln – leider oft erfolglos.

Soviel zur Reformpädagogik ... Mein letzter Ausweg war, zu überprüfen, wie die gerade angesagten (Fach-)Konzepte in der Schule umgesetzt werden. Ich hatte seit einiger Zeit Verbindung zu Jürgen Reichen, der durch „Lesen durch Schreiben" und seine Methode des „Werkstattunterrichts" bekannt ist. Ich suchte in Deutschland und der Schweiz Klassen auf, die seit einiger Zeit Werkstattunterricht und „selbstgesteuertes Lernen" praktizierten. Mittlerweile war ich auf alles gefasst. Es war schön zu sehen, dass die Kinder in der Regel selbstständig arbeiteten und sich auch viele eigene Sachen ausdachten. Ich fand allerdings auch hier das Tagesergebnis oft eher dürftig, wobei mir klar war, dass nicht nur die Ergebnisse zählen, die am Ende schwarz auf weiß vorliegen. Vielleicht hatte ich aber auch nur mittlerweile keine Lust mehr, weiter nach offenem Unterricht zu suchen. Ich fand die Hospitationen ziemlich langweilig und denke, dass ich im Grunde nicht so weit weg von den Empfindungen der Kinder sein konnte.

Eigentlich könnte ich dieses Buch über offenen Unterricht jetzt beenden und zu dem Schluss kommen: Offener Unterricht ist eine Fiktion, er ist überhaupt nicht praktikabel.

Aber da war noch was ...

Eine Lehrerin, deren Vortrag mich auf dem letzten Symposium „mathe 2000" sehr beeindruckt hatte, stand noch auf meiner Hospitationsliste. Also zur Abwechslung mal eine Hospitation direkt vor der Haustüre, an einer ganz normalen Kölner Grundschule. Ich werde diesen Tag nie vergessen. Ich erlebte eine Klasse, die mich zum allerersten Mal einen offenen Unterricht erleben ließ, wie ich ihn selber fühlte. Die Kinder waren toll. Sie arbeiteten vollkommen selbstständig an ausgedachten Geschichten und mathematischen Kniffelaufgaben, sie suchten sich aus Sachbüchern die Informationen zusammen, die sie für ihre Forschungsvorhaben brauchten, dachten sich Aufgaben für die anderen Kinder aus, setzten deren Geschichten beim Vorlesen gekonnt szenisch um und illustrierten Gedichte künstlerisch wertvoll. Dabei lag das Niveau der Kinder dieser zweiten Klasse weit über dem anderer Klassen. Es schien so, als ob hier der Deckel abgenommen worden wäre und die Kinder „nach den Sternen griffen".

Die Lehrerin verhielt sich ganz natürlich. Sie motivierte nicht extra durch irgendwelche Materialien oder Smiley-Stempel, sagte den Kindern offen ihre Meinung, wies sie ab, wenn sie keine Zeit hatte, und lobte, wenn sie Sachen toll fand. In der Klasse gab es keine Spiele, kein didaktisches Material. Man arbeitete mit leeren Blättern, die zur Eigenproduktion zwangen. Irgendwo lagen die Klassensätze an Mathematik- und Lesebüchern mehr oder weniger verloren im Regal.

Ich war stark beeindruckt und zugleich ganz fasziniert. Ich versuchte daraufhin noch öfters zu hospitieren, was mir gerne erlaubt wurde. Offener Unterricht ist offen für alle. Dabei bestätigte sich mein erster Eindruck, der immer differenzierter wurde. Natürlich gibt es in dieser Klasse Tage, die gut laufen und welche, die weniger gut laufen. Natürlich spielt die Lehrerin eine – vielleicht unauffällige –, aber ganz und gar nicht unbedeutende Rolle. Natürlich gibt es auch hier Kinder, die tageweise besser oder schlechter arbeiten. Aber alles scheint sich hier auf eine ehrliche Art von selbst zu regulieren, die Kinder wissen, dass sie für voll genommen werden und verhalten sich entsprechend selbstständig und offen. Sie *wollen* lernen.

Besinnt man sich wieder auf dieses Ideal, so wird die Problematik der oben beschriebenen halbherzigen Umsetzung „offener“ Unterrichtsformen offenbar. Das Vertrauen in die Kinder lässt keine Kompromisse zu. Der Lehrer muss die Schüler vom ersten Tag an wirklich selbstständig arbeiten lassen. Er muss sie als Individuen sehen und annehmen. Er muss ihnen als Ansprechpartner zur Verfügung stehen, darf dabei aber nicht ihre Selbstständigkeit einschränken. Dabei muss nicht jede Stunde Unterricht in der Schule offener Unterricht sein, aber dieser muss immer die Ausgangsbasis darstellen. Das Vertrauen des Lehrers in die Schüler muss bei jedem Fach und jeder Methode ehrlich und für die Kinder offensichtlich sein. Ein lehrerinitiierter Wechsel von offenen und geschlossenen Unterrichtsphasen ist daher in der Regel kontraproduktiv, denn die Kinder werden in eine Doppelbindungssituation gebracht: Einerseits größtmögliche Anpassung an den fremd vorgegebenen Stoff, den fremden Lernweg, den zeitlichen Rhythmus, andererseits kreatives Entdecken und selbstständiger Wissenserwerb auf individuellen Wegen. Diesen Widerspruch zu überwinden, das können nur die intelligentesten und anpassungsfähigsten Kinder schaffen. Halte ich als Lehrer einen großen Teil „Informationsunterricht“ für notwendig, so müssen diese Phasen aus dem Unterricht situativ begründbar und so für den Schüler transparent sein. Nur so kann eine innere Lernbereitschaft entstehen: Man muss wissen, wofür man etwas lernt.

Schön wäre es, wenn wieder viele Lehrer Vertrauen in die ihnen anvertrauten Kinder und ihr Lernen fassten und ihre Zeit nicht mit Motivationstricks und Überdifferenzierung verschenken würden, ihre Arbeitsmittelsammlungen auf ein paar wirklich wertvolle, kreativitätsfördernde, zum Selber-Entdecken und Selber-Denken anregende Materialien reduzieren würden (z. B. nur weiße Blätter, Sachbücher und Alltagsmaterialien) und so den Kindern die Chance gäben, dem schulischen Konsum zu entgehen und einmal wirklich selbst arbeiten zu dürfen.

Und dies ganz, ganz konsequent und mit einem hohen Ideal!

Was dieses Buch dazu leisten möchte …

> Der Zwang, zehn Jahre lang, 32 Stunden in der Woche, die Schule zu besuchen, ist die größte Beschränkung persönlicher Freiheit, die ein demokratischer Rechtsstaat kennt. (Alberg 1996, 33)

Nicht zuletzt aus diesem Grund ist mir dieses Buch sehr wichtig, denn mein Leben war und ist maßgeblich von Schule beeinflusst. Die erste Hälfte meines Lebens (die subjektive Lebensmitte liegt ja bekanntermaßen bei ca. 18 Jahren) war durch Schule sehr fremdbestimmt, die zweite bestimmt durch den Wunsch, diese Fremdbestimmung nicht nur in eine eigene Selbstbestimmung umzuwandeln, sondern diese Selbstbestimmung als ein Grundrecht eines jeden Menschen so in die Schule zu bringen, dass auch die erste Lebenshälfte dort allgemein zum Gewinn wird. Eine Möglichkeit sehe ich dabei in unserem Schulsystem mit seiner Schulpflicht vor allem in der Form einer offenen Unterrichtspraxis, die das Lernen wieder dem in die Hand gibt, der für sich nur lernen kann und auch alleine über die Investition seiner eigenen Lebenszeit bestimmen sollte: dem verantwortlichen Einzelnen.

Dabei stellt das vorliegende Buch einen Versuch dar. Den Versuch, dem inflationären Gebrauch des Begriffs „offener Unterricht" ein wenig Herr zu werden und den Blick des Betrachters wieder auf das eigentlich Wesentliche zu lenken: *das Denken vom Kinde aus*. Es möchte dazu die unsägliche Offenheit der Begriffe und Umsetzungen des offenen Unterrichts radikal beschränken und gerade durch diese Geschlossenheit erst wieder eine ganz neue Offenheit einer anderen Qualität schaffen. Es möchte Widerstand schaffen gegenüber einer Karikierung „offener" Lernsituationen durch „geschlossene" Arbeitsmaterialien und -pläne. Es möchte Probleme und Grenzen von Offenheit aufzeigen, aber auch viele Probleme offenen Unterrichts einer inkonsequenten und unreflektierten Umsetzung des Konzeptes ankreiden.

Letztendlich aber möchte es nach einer vielleicht schmerzlichen Phase der Kritik ein erstes, vorsichtiges Modell eines offenen Unterrichts vorstellen, das dem Lehrer eine Hilfe bei der Umsetzung der hehren Ziele geben soll. Denn das scheint das Hauptproblem des offenen Unterrichts zu sein: Es gibt bislang noch kein umfassendes Konzept, das den zur Öffnung bereiten Lehrer stützen würde und den offenen Unterricht aus seinem abgehobenen Orchideendasein zu einem für den normalen Lehrer tauglichen Konzept führen könnte – einschließlich der zur Durchführung notwendigen Materialien bzw. didaktischen Werkzeuge. Dieses Manko habe ich in vier Jahren radikaler Öffnung an der eigenen Haut erlebt: Nicht etwa die Kinder brauchen die Krücken, den Lehrgang, sondern der Lehrer. Denn die eigene Öffnung kann – trotz aller Begeisterung für die Sache – immer nur so weit reichen, wie es die eigene Sicherheit zulässt.

Dabei wären rückblickend folgende Anforderungen an ein Konzept Offenen Unterrichts zu stellen:

- eine Basis einfacher, möglichst nicht zu verletzender unterrichtlicher Grundsätze als Konzeptgrundlage, gewonnen aus dem Respekt vor dem Einzelnen und seinem Recht auf individuelles, selbstgesteuertes Lernen, aus aktuellen Anforderungen der Fachdidaktiken und dem Grundgedanken einer Erziehung zu einem demokratischen Miteinander durch demokratisches Tun;
- eine Zusammenstellung der grundlegenden Anforderungen der Fächer als Minimalkonsens bezüglich der in der Schulzeit auf jeden Fall abzudeckenden Inhalte;
- eine Palette von Werkzeugen, die diesbezüglich Schülern und vor allem Lehrern ein offenes Arbeiten auf individuellen Wegen (also ohne impliziten Lehrgang durch Lehrer oder Material) ermöglichen und sie stützen;

- und eine Sammlung von Impulsen, die den Schüler zur Auseinandersetzung mit der Sache herausfordern können, und dem Lehrer beispielhaft seine neue Rolle als Impulsgeber und Lernbegleiter aufzeigen.

Dies kann im Rahmen dieses Buches sicherlich nur ansatzweise geschehen, einerseits aus Platzgründen, andererseits aber auch aus Kompetenzgründen. Aber vielleicht kann hier eine erste Plattform geschaffen werden, von der aus gemeinsam weitergearbeitet werden kann.

Aber selbst wenn die hier geäußerte Kritik und der Konzeptvorschlag den Lesern nicht angemessen erscheinen sollten, so bleibt immer noch die Hoffnung auf eine erneute Diskussion um die Ziele und Umsetzungsmöglichkeiten offenen Unterrichts – wenn es dafür nicht mittlerweile schon zu spät ist.

Der Ruf nach einem „Zurückholen des Pendels“ in geschlossenere Formen wird immer lauter. Und dies, obwohl fast niemand bislang eine wirkliche Umsetzung der Offenheit angegangen ist, geschweige denn Sinn oder Unsinn von Öffnung empirisch analysieren oder überprüfen konnte. Es wäre schön, wenn wir dann zumindest dafür möglichst bald gemeinsam eine Grundlage entwickeln könnten – eine Grundlage für einen Unterricht, der Fächer, Fachdidaktiken und Pädagogik endlich miteinander verbindet.

Credits ...

Dieses Buch ist ein biographisches. Es stellt meine eigenen Gedanken und Erfahrungen zur Diskussion. Erfahrungen, die ich so alleine oder mit anderen entwickelt habe, sei es durch Gespräche, Diskussionen, Beobachtungen und Hospitationen. Um diese Verbindungen aufzuzeigen, werde ich im Text meist statt von „ich“ von „wir“ sprechen, denn es sind einfach mehrere Menschen urheberrechtlich an diesem Konzept beteiligt – denen ich hier allen entsprechend danken will. Astrid Reinhardt und Jürgen Koch, die nicht nur über Jahre mitgedacht und mitgestaltet haben, sondern auch die von uns entwickelten Projekte maßgeblich fortführen, vom „Integrierenden Schulpraktikum Primarstufe“ an der Universität Köln bis hin zum Aufbau der „Integrativen Lernwerkstatt im Rhein-Sieg-Kreis“. Auch der Rückhalt, den Hans und Karin Brügelmann, Erika Brinkmann und der harte Kern der Projektgruppe OASE – „Offene Arbeits- und Sozialformen entwickeln“ an der Universität Siegen mir gegeben haben (und immer noch geben), hat dieses Buch erst möglich gemacht – ganz zu schweigen von den Tipps der engagierten Studierenden in meinen Seminaren zum Offenen Unterricht (besonderen Dank an Jonke, Katharina und Verena) sowie den lektoralen Hinweisen von Liesel Kalter, Marianne Stöckli und Walter Loeliger. Jürgen Bennack als Herausgeber und Rainer Schneider sowie Gabriele Majer vom Schneider Verlag haben dieses Buch entstehen lassen – und damit meinen Gedanken einen Raum gegeben. Auch maßgeblich danken möchte ich den vielen Menschen, die mich seit Jahren durch immer offene Türen und ihre offene Art auf „der Suche nach der verlorenen Offenheit“ unterstützen, sei es als Schulleiter, Kollegen, Wissenschaftler, Schulaufsichtsbeamte, Fach- und Seminarleiter, Kommilitonen oder einfach als Freunde.

Neben ihnen allen möchte ich aber vor allem den Kindern und Eltern „meiner“ Klasse mit diesem Buch für viele schöne Stunden, Tage, Jahre danken – unwiederbringliche Jahre, die durch unsere regelmäßigen Treffen und Aktionen aber immer noch andauern und noch lange andauern sollen:

Dieses Buch ist daher

Alexandra, Anja B., Anja M., Carsten, Chrisi, Christoph, Christopher, Darja, David, Dodo, Elvedin, Florian, Jana, Karin, Katharina, Kevin G., Kevin W., Kjeld, Macgayver, Martin, Mohamed, Mustafa, Natascha, Patrick, René, Sabrina, Steffi, Tamara, Theodora, Thomas und Viktor

dafür gewidmet, dass sie so sind, wie sie sind.

1 Realität offenen Unterrichts

Bevor in den nächsten Kapiteln konkrete Vorschläge zur Theorie und Praxis eines offenen Unterrichts gemacht werden, soll zunächst das ein wenig näher beleuchtet werden, was sich momentan in unseren Schulen als offener Unterricht darstellt. Gemeint sind damit die Arbeitsformen bzw. Konzepte, die gängigerweise dem Oberbegriff „offener Unterricht“ zugeordnet werden: Freie Arbeit, Wochenplan, Projekt, Werkstattunterricht, Stationslernen (vgl. i.F. Peschel 1995a; 1997a). Jede Übersicht über diese Unterrichtsformen ist zwangsläufig subjektiv gefärbt, denn keine hat eine anleitende Konstruktionsvorschrift. Zumeist deshalb, weil der entsprechende Konzeptbegriff im Laufe der Zeit von den verschiedensten Personen auf vielfältigste Art umgesetzt worden ist (Freie Arbeit, Wochenplanunterricht) oder weil das Konzept an sich weder als geschlossen noch offen konzipiert worden ist (Werkstattunterricht / Stationslernen). Zum Teil aber auch, weil die praktische Umsetzung der Idee bislang eher selten „im Sinne des Erfinders“ erfolgt ist (Projektunterricht). Im ersten Unterkapitel erfolgt dabei so etwas wie eine kritische Bestandsaufnahme, im zweiten eine Reflexion der eigentlich angestrebten didaktischen Prinzipien und das dritte Unterkapitel soll dann eine mögliche Weiterentwicklung dieser Arbeitsformen in die Richtung eines „Offenen Unterrichts“ anregen; diesmal großgeschrieben, um ihn als eigenständige Arbeitsform kenntlich zu machen und ihn von den genannten offenen Unterrichtsformen abzugrenzen.

1.1 Gängige Konzepte offenen Unterrichts: vom lehrer- zum materialzentrierten Unterricht

Heute hauptsächlich in der Schule als „offener Unterricht“ bezeichnet werden Unterrichtskonzepte bzw. Arbeitsformen wie die Freie Arbeit, der Wochenplanunterricht, das projektorientierte Lernen, der Werkstattunterricht und das Stationslernen. Ihre Zugehörigkeit zum offenen Unterricht ergibt sich dabei primär durch die größeren Wahlmöglichkeiten bzw. Freiheiten der Kinder im Gegensatz zu sonst üblichen frontalen Unterrichtsformen. Dieser Begriff von „Freiheit“ definiert in der Regel Tätigkeiten eben dann als frei, wenn sie nicht direkt vom Lehrer angewiesen werden, sondern diese Anweisung indirekt durch einen Plan oder eine Zusammenstellung von Arbeitsmitteln erfolgt (vgl. Claussen 1995, 18). Das heißt, wir haben es bei allen Konzepten mit einer Verschiebung der Lehrerrolle zu tun: Der Lehrer nimmt nicht mehr fragend-entwickelnd Stück für Stück bzw. Seite für Seite eines Lehrganges mit allen Schülern gemeinsam durch, sondern er ermöglicht eine Differenzierung, indem er versucht, den Schülern den Lehrgang durch ausgesuchte Materialien differenzierter und motivierender zugänglich zu machen.

Gemeinsames Merkmal ist also der Verzicht auf Frontalunterricht zugunsten mehr oder weniger differenzierter „Material-Lehrgänge". Die Offenheit beschränkt sich also primär auf die Freigabe der organisatorischen Bedingungen: Ich kann als Kind auswählen, mit welcher Arbeit ich anfangen will, kann mir meine Zeit selbst einteilen und oft auch noch Lernort und Lernpartner frei aussuchen. Die Inhalte können zwar bei den meisten Arbeitsformen in der konkreten Arbeitssituation dann „frei gewählt" werden, stammen aber durchweg doch aus einer klar vom Lehrer vorgegebenen Auswahl. Diese kann – wie z. B. oft bei der Freien Arbeit – der gesamte Arbeitsmittelfundus der Klasse sein oder aber eingeschränkter nur die vom Lehrer vorbereiteten Stations-, Werkstatt- oder Projektangebote bis hin zu den in einem Wochenplan ganz konkret vorgegebenen Aufgaben. Dabei bleiben die Aufgaben selbst im Prinzip die gleichen wie im Frontalunterricht – durch einen spielerischeren Zugang oft etwas bunter verpackt oder durch eigene bzw. zusätzlich kopierte Arbeitsblätter und -materialien aufgelockert, aber doch im Grunde dieselben Lehrgangsübungen wie vorher.

Die Prinzipien und Zielsetzungen des offenen Unterrichts schrumpfen zu fleißig benutzten Begriffen – ohne aber wirklich umgesetzt zu werden:

- Die Eigenverantwortung des Lernens wird reduziert auf die Auswahl aus dem vorgegebenen Angebot.
- Das selbstgesteuerte Lernen wird reduziert auf die Bestimmung der Reihenfolge oder des Arbeitsortes.
- Die Handlungsbefähigung wird reduziert auf tätigkeitsintensive Beschäftigungen.
- Die Selbstkontrolle wird reduziert auf die Fremdkontrolle durch das Material.
- Die Differenzierung wird reduziert auf die Ausgabe zweier oder dreier (in sich undifferenzierter) Wochenpläne.

Und ich bin sicher, dass sich das „entdeckende Lernen" in vielen Klassen eher auf das Suchen und Finden der Aufgabenblätter bzw. Arbeitsstationen in der Klasse bezieht als auf das eigenständige Angehen eines Problems ...

Es ist also in der Schulpraxis weniger eine neue Lehrerrolle vorzufinden als eine Verschiebung der ursprünglichen Lehrerrolle in die Arbeitsmaterialien. Der Unterricht wird weniger lehrerorientiert und mehr „materialorientiert", der Lehrgang bleibt aber im Grunde erhalten. Ob die größere Materialorientierung automatisch eine größere Schülerorientierung bedingt – was zumindest implizit unterstellt wird –, bleibt zu überprüfen.

Schüler-, Material- und Lehrerorientierung (vgl. Peschel 1997a, 240)

	lehrerorientiert	materialorientiert	schülerorientiert
Lerninhalt	als individuelle Pflichtaufgabe vorgegeben (Freiarbeitskartei, bestimmte Übungs- bzw. Förderaufgaben etc.)	entsprechend dem Materialangebot (Lernkarteien, Lernspiele etc.) vorgegeben	innerhalb der offenen Rahmencurricula frei vom Schüler einbringbar (Freies Schreiben, Forschen, etc.)
Lernweg und Darstellungsform	als gelehrte Technik, als Produktvorgabe oder Arbeitsauftrag vom Lehrer vorgegeben	durch das Material vorgegeben, Direktkontrolle unterbindet (produktive) Fehler, legt die Ergebnisdarstellung fest etc.	frei vom Schüler wählbar, Umwege und Fehler möglich („natürliche“ Methode)
Sozialform	vom Lehrer vorgegeben (stille Einzelarbeit, feste Tischgruppen etc.)	durch das Material vorgegeben (Partnerkontrolle, Gruppenspiel etc.)	Einzel- oder Zusammenarbeit sind frei vom Schüler wählbar
Zeitpunkt / Zeitdauer	vom Lehrer vorgeschrieben (Pflichtteil, feste Stunden, Zuendeführen der Arbeit etc.)	Zeitdauer durch das Material implizit vorgegeben	innerhalb der Rahmenschulzeiten frei vom Schüler wählbar
Arbeitsort	vom Lehrer vorgeschrieben (feste Sitzordnung, Stillarbeit ohne Platzwechsel etc.)	durch Arbeitsecken oder Platzbedarf vorgegeben	innerhalb des Schulgeländes frei vom Schüler wählbar

Inwieweit entspricht nun diese materialorientierte Umsetzung offener Unterrichtsformen den historischen Vorbildern bzw. Begründungen? Und als weitere Frage: Macht eine Übertragung historischer Modelle auf die Schule von heute überhaupt Sinn? Wo macht der Rückgriff Sinn, wo sind ganz andere, neue Wege zu gehen? Um dieser Problematik auf die Schliche zu kommen, werden hier zunächst die Unterrichtsformen, die mehr oder weniger direkt auf reformpädagogische Tradition zurückgeführt werden (Freie Arbeit, Wochenplanarbeit, Projektunterricht), sowie neuere Unterrichtsformen, die in der Tradition reformpädagogischer Ideen entwickelt bzw. verbreitet wurden (Stationslernen, Werkstattunterricht), einmal in ihrer heute vorkommenden Form dargestellt bzw. hinterfragt.

1.1.1 Wochenplanunterricht und Freie Arbeit

Annika besucht die zweite Klasse der Grundschule am Ort. Zum Erstaunen ihrer Eltern (und Großeltern) praktiziert man dort gar keinen richtigen Unterricht. Annikas Stundenplan beinhaltet außer festen Stunden für Sport und Religion nur Kreuze für „Klassenunterricht". Und der ist nicht nach Fächern untergliedert, sondern basiert auf einem „Wochenplan", den alle Kinder immer montags bekommen. Nein, nicht alle: Bastian, Sven und Marlies bekommen einen mit leichteren Aufgaben, weil sie noch nicht so weit sind wie die anderen Kinder. Aber ansonsten nehmen alle Kinder trotz des Verzichts auf das Unterrichten des Lehrers vor der Klasse die Sachen durch, die auch in den herkömmlich unterrichteten Parallelklassen an der Tagesordnung sind. Auf dem Wochenplan steht, was Annika in der Woche tun soll.

WP	Wochenplan vom ______ bis ______ Name: ______		
Fach		☺	
	Übe unser Wochendiktat zum Frühling im Igel-Heft.	✓	✓
	Fülle das Arbeitsblatt zum „ck" aus.	✓	
	Lies das Frühlingsgedicht auf S. 105 im Lesebuch und lerne es auswendig.	✓	
1+4	Rechne die Aufgaben auf Seite 43 und 44 im Mathematikbuch.	✓	✓
LÜK	Üb weiter am LÜK-Programm zum kleinen Einmaleins.	✓	
	Lies dir im Sachbuch die Seite über den Igel durch und fülle das Arbeitsblatt aus.		
	Male ein Unterwasserbild aus blauen Farben wie das an unserer Wand.	✓	✓
	Flötenkinder: Am Mittwoch Instrument mitbringen und unser Musikstück noch mal üben.	✓	
	Freiarbeit: Du kannst Übungen zum Einmaleins oder zum Diktat machen.		
	Denk an dein Schwimmzeug für Freitag.		
	Die 1*1 Arbeitsblätter und das Diktat üben. Das, was du noch nicht geschafft hast, fertig machen.		
	Denk an das Geld für die Projekttage nächste Woche.		
	~~Montag~~ ~~Dienstag~~ ~~Mittwoch~~ ~~Donnerstag~~ Freitag		

Und weil Annika ihre Wochenplanarbeiten eigentlich immer recht schnell fertig bekommt, hat sie daneben Zeit, sich weiter mit den Spielen und Materialien, die in der Klasse vorhanden sind, zu beschäftigen. Das ist dann die Freie Arbeit, die eigentlich alle Kinder gerne machen. Aber nicht alle sind mit ihrem Wochenplan so schnell wie Annika. Deshalb gibt es jeden Tag einen „offenen Anfang“. Die Lehrerin ist spätestens ab halb acht in der Klasse bzw. in der Schule und die Kinder können eine Zeit lang Freie Arbeit machen, wenn sie schon vor dem eigentlichen Unterrichtsbeginn in die Schule kommen.

Wenn dann bis acht Uhr alle Kinder eingetrudelt sind, trifft man sich im Sitzkreis und singt gemeinsam das Morgenlied, das diese Woche dran ist. Danach macht die Lehrerin meistens eine Stunde Mathematik an der Tafel. Heute erklärt sie noch einmal die Reihe mit der 7. Bis zur Pause arbeitet Annika dann an ihrem Wochenplan. Sie füllt zusammen mit ihrer Tischnachbarin Ina das Arbeitsblatt zum „ck“ aus. Die Übungen und die Wörter kennt sie schon von der letzten Woche her, als sie zusammen solche Übungen im Sprachbuch gemacht haben. So schafft sie das ganze Blatt in relativ kurzer Zeit und hat noch Luft, die auf dem Blatt befindlichen „Pumuckl-Figuren“ auszumalen. Danach legt sie es in den Kasten der Lehrerin. Die guckt das Blatt am Nachmittag nach und zeichnet dann ein Häkchen auf Annikas Wochenplan. Als es gongt, packen alle Kinder ihre Sachen weg und holen ihr Frühstück heraus, denn vor der „Rausgehpause“ ist erst einmal gemeinsame Frühstückspause in der Klasse.

Nach der Pause, die alle Kinder auf dem Schulhof verbracht haben, trifft man sich wieder im Sitzkreis. Die Lehrerin fragt, welche Kinder heute ihr Wochengedicht vortragen wollen. Annika traut sich noch nicht, das Gedicht vor allen Kindern aufzusagen. Nachdem vier Kinder das Gedicht vorgetragen haben und es langsam unruhiger wird, lässt die Lehrerin die Kinder Wörter auf Pappkarten in zwei Gruppen sortieren: Wörter mit „k“ und Wörter mit „ck“. Annika kennt alle Wörter schon aus dem Diktattext und weiß, wo sie hingehören. Danach können die Kinder noch eine Stunde an ihrem Wochenplan arbeiten. Annika holt sich den LÜK-Kasten und macht die Übungen von gestern noch einmal. Zum Sachunterrichts-Arbeitsblatt hat sie keine Lust und die anderen Aufgaben hat sie schon alle gemacht. Als sie mit den LÜK-Aufgaben fertig ist, fragt sie die Lehrerin, ob sie Freie Arbeit machen könne. Die Lehrerin lässt sich von Annika den schon fast ganz fertigen Wochenplan zeigen und erlaubt ihr, sich Arbeitsmittel aus dem Freiarbeitsregal zu holen. Annika steht vor den Sachen und schaut sich um. Schließlich nimmt sie sich ihren „Lieblings-Little-Professor-Taschenrechner“ und verzieht sich damit den Rest der Stunde in die Leseecke. In der letzten Stunde hat Annika dann Religion bei der Lehrerin aus der Nachbarklasse. Die liest immer Geschichten vor und danach darf man Bilder ausmalen.

Wochenplan

> Der Wochenplan legt fest, welche Pflicht- und Wahlaufgaben die Schüler bearbeiten sollen [...]. Die Schüler bestimmen selbst, z. T. in Absprache mit den Partnern, die Reihenfolge der Bearbeitung, die Sozialform, ihr Arbeitstempo, den Umfang der erwünschten Hilfen und der freiwilligen Aufgaben. Der Lehrer berät und hilft bei dieser Arbeit. Im Laufe der Grundschulzeit tritt er mit seinen Vorgaben zurück und ermöglicht, daß der Schüler schrittweise Aufgaben für den Wochenplan selbst auswählt und selbstverantwortlich die freie Zeit nutzt. (Landesinstitut NRW 1983 a, RL 12)

Tages- und Wochenplanarbeit schließen einen Kompromiss zwischen der Planung der Lerninhalte durch den Lehrer und der möglichst selbstständigen Arbeitsorganisation durch den Schüler. Im Wochenplan kann der Lehrer den Kindern konkrete, in einem bestimmten Zeitraum zu bearbeitende Aufträge geben. Der Wochenplan enthält meist ein Angebot aus Pflicht- und Wahlpflichtaufgaben, die dem aktuellen Lernstoff entnommen sind. Je nach Leistungsstand des Schülers können Quantität und Qualität der zu erledigenden Aufgaben variieren, meist wird eine individuelle Differenzierung aber nur für sehr „schwache“ Schüler vorgenommen. Die Differenzierung für die „stärkeren“ Schüler ist meist das Entlassen in die Freie Arbeit. Weitere Differenzierungen bis hin zum individuellen Wochenplan für den einzelnen Schüler sind in der Regel nicht zu finden, hier spielt sicherlich die (nur noch schwer zu vertretende) Relation zwischen Arbeitsaufwand für den Lehrer und Nutzen für den Schüler eine große Rolle.

Der Wochenplan selbst kann als Blatt für den Schüler oder als Plakat in der Klasse dabei folgende Angaben enthalten:

- formale Angaben wie Wochenplannummer, Datum, Name, Klasse;
- eine zeitliche Orientierung durch Zeitleiste bzw. Stundenzusammenstellung;
- Symbole für Fach, Methode, Sozialform;
- (fächerübergreifende) Pflicht- und Wahlpflichtaufgaben;
- Hinweise auf ungebundene Aktivitäten / Angebote / Projekte;
- Hinweise auf Materialien, Hilfsmittel, Kontrollblätter;
- Hausaufgaben;
- eine Spalte zum Kennzeichnen von angefangenen oder erledigten Arbeiten;
- eine Spalte zum Abzeichnen der erfolgten Kontrolle durch Lehrer oder Schüler;
- Mitteilungen an die Eltern;
- und abschließend eine Schülerbewertung des aktuellen Wochenplanes. (Vgl. Peschel 1997a, 241f.)

Die größeren Möglichkeiten des Lehrers, den Unterricht vorzustrukturieren, haben dazu geführt, dass dem Wochenplanunterricht in der Praxis ein ungleich größerer Stundenanteil zugestanden wird als der Freien Arbeit, er teilweise sogar interdisziplinäres bzw. fächerübergreifendes, durchgängiges Unterrichtsprinzip darstellt. Die Erarbeitung neuen Stoffs wird meist nicht dem Schüler überlassen, sodass es sich bei den Wochenplanaufgaben größtenteils um nachbereitende (Übungs-)Aufgaben handelt. Dadurch besteht die Gefahr, dass die pädagogische Idee des Wochenplanunterrichts reduziert wird zu einer Sammlung aller in dieser Woche zu erledigenden Übungsaufgaben der Fächer Sprache, Mathematik und Sachunterricht. Auf den Einbezug anderer Fächer wird in der Regel von vornherein verzichtet, wofür allerdings stellenweise auch das noch an vielen Schulen anzutreffende Fachlehrerprinzip mitverantwortlich ist. Das Arbeiten vieler Schüler an denselben Aufgabenstellungen sowie die Abdeckung der umfangreichen Stoffplaninhalte führt indes dazu, dass das in der Klasse vorhandene Arbeitsmaterial für den Wochenplan in der Regel durch Arbeitsblätter oder Lehrbücher ergänzt wird.

Das Verhältnis zwischen Pflichtaufgaben und Wahlangeboten wird in der Praxis unterschiedlich gehandhabt, wobei Beobachtungen und Untersuchungen zeigen, dass die Lehrer in der Regel auch die freien „Angebote“ letztendlich als Pflichtaufträge sehen – und die eigenen Aktivitäten der Kinder nicht als „Lernen“:

> Gleichzeitig war das Verhältnis von *verbindlichen Anforderungen* und *Angeboten* an die Kinder unklar. So wurde z. B. manchmal eine Aufgabengruppe als Angebot

> dargestellt; im weiteren Verlauf signalisierte der Lehrer dann aber, dass er es doch gern sähe, wenn es von allen angenommen würde. (Huschke 1982, 202)
>
> Die im WP-Unterricht vorgesehene Möglichkeit für „freie", nicht durch Planforderungen vorstrukturierte Tätigkeit der Schüler ist ein ambivalentes Angebot. Auf der einen Seite zeigt sich bei der Analyse standardisierter Unterrichtsbeobachtungen [...], dass die Schüler in ihrer „freien WP-Zeit" keineswegs in passives Nichtstun verfallen [...]. Andererseits aber wurde deutlich, dass die Lehrer diese Schüleraktivitäten in ihren Handlungen weitgehend ignorierten oder abwerteten als „irgendetwas tun, nur nicht rumtoben und Quatsch machen". (Huschke 1982, 273)

Das in manchen Richtlinienentwürfen im Bezug auf den Lehrer geäußerte Ziel: „Im Laufe der Grundschulzeit tritt er mit seinen Vorgaben zurück und ermöglicht, daß der Schüler schrittweise Aufgaben für den Wochenplan selbst auswählt und selbstverantwortlich die freie Zeit nutzt" (Landesinstitut NRW 1983a, RL 12) ist mir noch nie im Zusammenhang mit Wochenplanunterricht begegnet. Meist ist durch den Wochenplan sogar das heimliche Lernziel erreicht worden: *Schule wird möglichst schnell aberledigt, dann kann ich endlich machen was ich will.* Die Anerkennung selbst gestellter bzw. selbst zusammengestellter Aufgaben des Schülers erfolgt durch den Lehrer oft nur halbherzig und wird nicht in die vom Lehrplan vorgeschriebene Arbeit einbezogen, obwohl so unter Umständen die einfachste und natürlichste individuelle Differenzierung ohne großen Mehrarbeitsaufwand für den Lehrer erreicht werden könnte.

Freie Arbeit

> Von Freiarbeit wird üblicherweise dann gesprochen, wenn die Kinder oder die Jugendlichen frei über die Inhalte und die Art ihrer Aktivitäten, über ihr Lerntempo und die von ihnen gewünschte Sozialform, über Materialien und Arbeitsplätze in der dafür ausgewiesenen Zeit entscheiden können. Freiarbeit ist nicht lehrergesteuert. Ihre Grenzen liegen in einem von Lernenden und Lehrenden vereinbarten organisatorischen Rahmen und in der Rücksichtnahme auf die Mitschüler und Mitschülerinnen. (Heckt 1993, 5)

Unterricht nach dem Prinzip der Freien Arbeit ist mittlerweile an den meisten Grundschulen des Landes irgendwo anzutreffen. Dabei ist die Freie Arbeit kein durchgehendes Unterrichtsprinzip, sondern beschränkt sich auf Übungsphasen, die durch Informationsunterricht bzw. die Einführung bestimmter Inhalte ergänzt werden. Oft wird die Freie Arbeit auch wie ein eigenes Fach behandelt, das heißt es gibt jeden Tag bzw. in der Woche bestimmte Stunden „Freier Arbeit". Im Allgemeinen stützt sich diese Freie Arbeit dann auf ein größeres Angebot von Lern- und Übungsmaterialien, die entsprechend dem Curriculum auf die aktuellen Lerninhalte der Klassenstufe abgestimmt sind bzw. die nächsthöheren oder -niedrigeren Jahrgangsstufen zur Differenzierung einschließen. Den Schülern steht dabei in der Regel frei, mit welchem Lerninhalt sie sich beschäftigen, obwohl sowohl schwächeren als auch stärkeren Schülern oft bestimmte Lerninhalte nahe gelegt werden (Durcharbeiten bzw. Wiederholen von Rechtschreib- oder Rechenkarteien usw.).

Im Allgemeinen wird die Freie Arbeit gerne von den Kindern angenommen. Das Material ist meist sehr ansprechend aufgemacht und erlaubt ein abwechslungsreiches Einüben des Lernstoffes. Allerdings haben die Materialien ihren Schwerpunkt überwiegend in reproduktiven Lernformen, die mittels äußerer Motivation attraktiv gemacht werden (müssen). Das Arbeitsmaterial ist in der Regel hoch strukturiert und gibt die Darstellungsform, die Lernmethode und oft auch die Sozialform vor. Um eine sofortige positive bzw. negative Verstärkung auch bei der selbstständigen Arbeit ohne den Lehrer zu erreichen, ist in das Material meist eine sogenannte „Selbstkontrolle“ eingebaut, die sich bei genauerer Betrachtung meist als völlig von der Aufgabenstellung losgelöste „Fremdkontrolle“ entpuppt, wenn z. B. die Richtigkeit mathematischer Aufgaben nicht etwa durch Proberechnungen überprüft wird, sondern durch irgendwelche geometrischen Muster auf der Rückseite der Lösungsplättchen, oder wenn im Sachunterricht das eigene Forschen durch das Beantworten von Fragen in Lernspielen ersetzt wird. Problemlösendes Denken und entdeckendes Lernen werden meist nicht angestrebt, zumal in solche Materialien nur schwer die angestrebte Sofortkontrolle eingebaut werden kann. So ist der Lösungsweg im Allgemeinen fest vorgegeben, abweichendes Zielerreichen auf eigenem Weg meist nicht möglich.

In der Praxis scheinen sich auch nur wenige Schüler wirklich innerlich mit dem Freiarbeitsmaterial zu identifizieren, meist bietet die Quantität (möglichst viele Aufgaben oder Karteien zu schaffen) eher einen Anreiz als die Qualität (selbst kombinieren, ausdenken, forschen). Der Charakter der Übungsspiele lässt die Schüler das Gefühl haben: „Ich darf die ganze Zeit nur spielen, ich muss gar nicht lernen“. Insgesamt scheint der Griff in das Freiarbeitsregal sowohl für den Lehrer als auch für die Schüler viel einfacher und verlockender zu sein, als sich den Strapazen der Themensuche und des eigenaktiven Problemlösens auszusetzen. Nicht nur, dass hier einem bedenklichen Konsumverhalten nun auch in der Schule stattgegeben wird, es werden zusätzlich sowohl die Eigenmotivation der Kinder durch den ihnen eigenen Wissensdurst als auch die Motivation, die ein Fach selbst ausstrahlen kann, vorschnell zugunsten einer extrinsischen Motivation durch geschickt aufbereitete Lernspiele aufgegeben.

Einschub: Historischer Bezug

Die enge Verbindung der Unterrichtsformen Freie Arbeit und Wochenplanunterricht wurde oben schon angesprochen und ist sicherlich auch historisch bedingt, denn die entsprechenden Konzepte werden zumeist auf dieselben Personen zurückgeführt: Maria Montessori, Peter Petersen und Célestin Freinet. Bei allen drei Reformpädagogen finden sich Elemente „freier Arbeit“, bei Petersen und

Freinet zusätzlich Elemente eines „Wochenplans“. Und trotzdem unterscheiden sich die Ansätze beträchtlich, wie im Folgenden kurz zusammenfassend aufgezeigt werden soll:

Die „freie Wahl der Arbeit“ bei Montessori entstand aus dem Wunsch, dem Kind die Möglichkeit zu geben, sich selbst gemäß seinem „inneren Bauplan“ zu entwickeln. Das übliche Demonstrationsmaterial des Lehrers wurde zum Schülermaterial, das dieser dann zum für ihn richtigen Zeitpunkt selber nutzen konnte und sollte. Dabei war es wichtig, dass das Material nur so genutzt wurde, wie es vom Lehrer beabsichtigt war. Entsprechend wurde missbräuchliche Verwendung sowohl durch starke Vorstrukturierung als auch durch das direkte Eingreifen des Lehrers unterbunden. Das Material musste so beschaffen sein, dass Schwierigkeiten isoliert wurden und sich eine einfache Hinführung zum Lernziel durch Wiederholung ergab. Montessori verlagerte also den Lehrgang in das Material, das kleinschrittig und reproduktiv zum Ziel führte, wobei sie dem Kind den Zeitpunkt des Lernens freigab.

Auch für Petersen waren die Arbeitsmittel und die durch sie geschaffene Lernumgebung ein Konzeptschwerpunkt seiner „Lebensgemeinschaftsschule“. Zwar waren bei ihm die für Samstag im Stundenplan ausgewiesenen Stunden „freier Arbeit“ nach kurzer Zeit primär dem Nachholen liegengebliebener Arbeiten der vergangenen Woche vorbehalten, aber sein Gruppenunterricht wies nach der Vermittlung straffer Grundlagenkurse (Elementargrammatik) freiere Arbeitsmomente auf, wenn die Schüler gemeinsam unter der Leitung eines „Führers“ mit kursbezogenen oder offeneren Arbeitsmaterialien innerhalb der thematischen Vorgaben umgingen. Dabei hatte die Betonung der Gemeinschaft sowohl als Schulgemeinde als auch als Arbeitsgruppe einen sehr hohen Stellenwert, denn nur sie sicherte für ihn die Entwicklung sowohl der individuellen als auch der sozialen Persönlichkeit des Menschen.

An das verwendete Arbeitsmaterial stellte er sehr hohe Ansprüche, denn er wollte – nach der Vermittlung der notwendigen Grundlagen und Arbeitsmethoden – den Schülern durch den aktiven Umgang mit den Arbeitsmitteln ein individuelles methodisches Vorankommen ermöglichen. Zu diesem Zweck wandelte er den Stundenplan durch das Zusammenfassen von Blöcken zu thematischen Einheiten in einen sogenannten „Wochenarbeitsplan“ um und schaffte so eine zeitliche Rhythmisierung des Unterrichts, die vor allem durch unterschiedliche Arbeits- und Sozialformen geprägt war. Entsprechend ist sein Wochenarbeitsplan nicht mit dem heutigen Verständnis eines Wochenplans zu vergleichen. Es handelte sich in keiner Weise um eine Auflistung der in der Woche zu bearbeitenden Aufgaben bzw. um die Rahmenvorgaben für eine „freie“ Betätigung des Schülers.

Diese beabsichtigte Freinet schon viel eher. Grundlage seines Konzeptes war das „natürliche Lernen“ des Schülers. Auch bei ihm spielten Arbeitsmittel eine große Rolle, aber sie gestalteten sich didaktisch neutraler und wiesen den Schülern nicht mehr indirekt einen Lehrgang zu, sondern sollten ihm als „Werkzeuge" ermöglichen, seinem eigenen Weg zu folgen. Er schlug dazu verschiedene Techniken vor, wie das „tastende Versuchen", das heißt die forschende Auseinandersetzung mit der Umwelt, und den „freien Ausdruck", das heißt die Möglichkeit, sich auf individuelle Weise mündlich, schriftlich, bildlich usw. zu äußern bzw. mit Sachen umzugehen. Um ein solches forschend-entdeckendes Lernen zu ermöglichen, wurden in der Klasse sogenannte „Ateliers" eingerichtet, das heißt einerseits feste Arbeitsecken (Druckerei, Experimentiertisch, Werkstätte), andererseits auch Kurz- oder Langzeitateliers, die themengebunden Geräte, Werkzeuge und Materialien über einen bestimmten Zeitraum hinweg enthielten. Diese Art der „freien Arbeit" wurde dann vom (Wochen-)Arbeitsplan strukturiert bzw. organisiert. In ihm sprachen Kinder und Lehrer individuelle und gemeinschaftliche Arbeitsvorhaben ab, so dass sich innerhalb der mit den entsprechenden Versammlungen, Regeln und Absprachen möglichst demokratisch geführten Klasse ein Gleichgewicht von individuellen und gemeinschaftlichen Arbeitsvorhaben ergab.

Vergleich der Konzepte von Montessori, Petersen und Freinet (Peschel 1997a, 237f.)

	Montessori	**Petersen**	**Freinet**
Grundintentionen	Individuelle Entwicklungsfreiheit innerhalb der vorbereiteten Umgebung, innerhalb seiner Vorbestimmung ist das Kind Baumeister seiner selbst.	Durch die Gemeinschaftserziehung entwickelt sich sowohl individuelle als auch soziale Persönlichkeit des Menschen.	Freie Persönlichkeitsentfaltung des Kindes durch ein natürliches Lernen mit dem Ziel eines kritischen, emanzipierten und verantwortungsvollen Menschen
Kindbild	Das Kind will lernen, braucht aber die Hilfe des Erwachsenen dazu. „Hilf mir, es selbst zu tun."	Das Kind ist nicht zu freiem Bildungserwerb fähig. Die Arbeit des Kindes muß vorgeordnet und geführt werden.	Das Kind soll sich auf seinem individuellen Weg weitgehend selbstverantwortlich mit der Lebenswirklichkeit auseinandersetzen.
Lehrerbild	Der Lehrer überwacht den Lernprozeß des Schülers und sorgt durch die vorbereitete Lernumgebung (Schwerpunkt Arbeitsmittel) dafür, daß ein selbsttätiges Lernen ermöglicht wird.	Der Lehrer steuert den (möglichst ganzheitlichen) Lernprozeß der Schüler durch Kursunterricht, Methodenlehre, Inhaltsvorgaben, Arbeitsmittel und schafft so eine „pädagogische Situation".	Der Lehrer versucht den Schülern durch demokratische Organisation der Klasse und das Bereitstellen diverser Techniken ein selbstgesteuertes Lernen zu ermöglichen.

	Montessori	**Petersen**	**Freinet**
Curriculum und Stundeninhalt	Das Curriculum wird vom Lehrer festgelegt und dem Kind durch das Anbieten von Arbeitsmaterialien zugänglich gemacht. Das Kind hat innerhalb dieser Vorgaben dann Entscheidungsfreiheit.	Das Curriculum wird vom Lehrer festgelegt. Innerhalb der Gruppenarbeit des Wochenarbeitsplanes können die Kinder inhaltliche Schwerpunkte, Problemstellungen usw. selbst abstimmen.	Das Curriculum wird innerhalb der Lehrplanvorgaben gemeinsam von Lehrer und Schüler(n) abgestimmt. Innerhalb dieser Abstimmungen können die Stundeninhalte frei vom Schüler gewählt werden.
Lernweg und Darstellungsform	Sie sind weitgehend durch das Material vorgegeben.	Sie können im Rahmen der vom Lehrer bereitgestellten bzw. gelehrten Methoden und Techniken frei gewählt werden.	Sie können vom Kind frei gewählt werden (natürliche Methode). Verschiedene Präsentationstechniken dienen als Anregung.
Sozialformen	Alle Sozialformen sind möglich, werden aber meist durch das Material vorgegeben. Vorrangig erfolgt das Lernen in Einzelarbeit.	Den Schwerpunkt bildet die differenzierte Gruppenarbeit.	Es wird ein ausgewogenes Verhältnis von individuellem und kollektivem Arbeiten angestrebt.
Zeitpunkt / Zeitdauer / Arbeitsort	Sie können vom Schüler unter Lehrerverantwortung frei bestimmt werden.	Sie ergeben sich durch die Vorgaben des Wochenplans und die Gruppenzusammensetzung.	Sie können im Rahmen eines lockeren Wochenplans vom Schüler frei bestimmt werden.
Arbeitsmaterial	Es wird vorwiegend spezialisiertes, stark strukturiertes, lernzielorientiertes Schülermaterial angeboten.	Es wird hochwertiges, d. h. didaktisch-methodisch gut durchgeplantes Schülermaterial verwendet.	Es steht möglichst offenes, kreatives, produktives, problem- und handlungsorientiertes (Alltags-) Material zur Verfügung.

Zusammenfassend lassen sich diese drei verschiedenen Wurzeln der Freien Arbeit folgendermaßen pointiert darstellen: Montessori wollte dem Kind die individuelle Entfaltung nach seinem „inneren Bauplan“ durch eine vom Lehrer mit Material genau vorstrukturierte Umgebung ermöglichen. Petersen gab durch vielseitigere und offenere Arbeitsmittel dem Schüler vor allem in methodischer Hinsicht mehr Raum, ordnete dessen individuelle Entfaltung allerdings klar der Gemeinschaftserziehung unter. Beide trauten dem Kind keinen freien Bildungserwerb zu, das Kind muss vom Lehrer verantwortlich geführt werden. Freinet hingegen handhabte die Rolle des Lehrers anders. Er wollte ihn eher als gleichberechtigten Begleiter des Kindes sehen, der seine Erfahrungen dazu nutzt, das Kind seinen eigenen Weg finden zu lassen.

Montessoris berühmtes „Hilf mir, es allein (selbst) zu tun" und Petersens Gemeinschaftsbegriff bzw. sein Bild vom pädagogischen „Führer" bekommen vor diesem Hintergrund eine andere Facette, denn sie drücken klar aus, dass sich das Kind eben nicht ohne Hilfe eines es führenden Erwachsenen sinnvoll entwickeln kann bzw. dass es nicht ohne ihn lernen kann. Nur bei Freinet werden dem Kind von Anfang an Fähigkeit und Recht auf Eigenständigkeit und freie Persönlichkeitsentfaltung zugestanden, um es zu einem politisch bewussten, emanzipierten Menschen zu machen. Die Erziehung in der Gemeinschaft erfolgt daher bei ihm nicht harmonisch nach fertig vorgegebenen Regeln, sondern sie ist ein Prozess ständiger Auseinandersetzung nach basisdemokratischem Vorbild. Entsprechend können auch die Freie Arbeit und der Wochenplan keine autoritäre Vorgabe des Lehrers sein, sondern allenfalls eine gemeinsame Vereinbarung über gemeinsame Ziele als Hilfe zur Selbstorganisation und zur Legitimation nach außen. Allerdings kommt diese letzte Art des Wochenplans, die auch keinerlei Problem mit einer Verbindung zu einer wirklich „freien" Arbeit des Schülers hätte, in der Praxis leider nur selten vor.

Fazit: Wochenplan und Freie Arbeit als durchgängiges Unterrichtsprinzip

In der Regel stellt sich der Wochenplanunterricht in den meisten Schulen als mehr oder weniger differenzierte Lehrervorplanung für die Schulwoche dar. Dabei ist der Plan zum größten Teil als verbindliche Arbeitsvorgabe aufgebaut, manchmal kombiniert mit Elementen Freier Arbeit oder der Möglichkeit zu eigenen Projekten. Die Differenzierung geht dabei nicht vom Schüler und seinen Lernbedürfnissen aus, sondern vom Stoff, der in der jeweiligen Woche „dran" ist. Sie ist dann meist quantitativer Art in der Form von weniger Aufgaben oder in Ansätzen qualitativer Art, wenn ein paar anspruchsvollere Aufgaben des Themengebietes für die schnelleren Schüler einbezogen werden. Eine stärkere Differenzierung erfolgt nur dann, wenn es innerhalb des Plans festen Leerraum zu individuellen Arbeiten gibt. Meist erfolgt dies in Form der Freien Arbeit, in der förderbedürftigere Schüler dann aber doch oft konkrete Übungsaufträge bekommen (wahrscheinlich ist auch wenig da, was die Schüler freiwillig reizen würde ...), während „schnellere" Schüler schon mal an eigenen Vorhaben arbeiten können.

Die Freie Arbeit ist dabei meist so an den Wochenplan gekoppelt, dass sie den Vorteil des zeitlichen Puffers darstellt, das heißt langsamere Schüler oftmals noch Wochenplanvorgaben zu erledigen haben, wenn andere schon frei arbeiten können. Dadurch kann der Wochenplan schnell zu einer Aberledigungshaltung bei den Kindern führen, die schon frühzeitig genau zwischen der Wochenplan-*Arbeit* und der Freien Arbeits-*Zeit* unterscheiden lernen; *Arbeit* und *Freizeit* werden so unbewusst zu zwei sich gegenseitig ausschließenden Begriffen, anstatt zu einem ineinander verwobenen, sich gegenseitig stützenden Ganzen. Dadurch wird oft eine intensivere eigene Auseinandersetzung mit einem Thema behindert. Dies wird zusätzlich noch dadurch unterstützt, dass die Wochenplanaufträge in der Regel reproduktiven Charakter haben, das heißt, dass es sich primär um nachbereitenden Übungsstoff handelt und den Kindern nur selten eine eigene (Erst-)Begegnung mit dem Stoff durch herausfordernde Impulse oder Fragen zugetraut wird. Entsprechend wird die Wochenplanarbeit in der Regel durch lehrergelenkte Einführungsstunden im Klassenverband ergänzt (den „richtigen“ Unterricht ...).

Im Hinblick auf gewünschte Schülerorientierung positiv

- Es sind offenere Sozialformen (Nebeneinander von Einzel-, Partner- und Gruppenarbeiten) möglich.
- Der Schüler kann sich seine Zeit in Bezug auf die Bearbeitung der Aufgaben freier einteilen.
- Der Lehrer hat Zeit, Kindern individuell zu helfen.
- Es besteht die Möglichkeit, die Vorgaben differenzierter zu gestalten.

Im Hinblick auf gewünschte Schülerorientierung negativ

- Es ist meist kein eigenes Erarbeiten von neuen Themen durch den Schüler möglich (höchstens das Anwenden bestehender Techniken auf ähnliche Übungen) – der Frontalunterricht bleibt zur (gemeinsamen) Einführung neuer Inhalte bestehen.
- Die Abhängigkeit vom (geschlossenen) Material ermöglicht keine qualitative Verbesserung des Zugangs zum Stoff.
- Die „Lehrerrolle“ verlagert sich ins Material, das aber starr ist und nicht auf das lernende Individuum reagieren kann.
- Das Material ist meist eher willkürlich nach Vorhandensein denn nach Qualität zusammengestellt.
- Großer Motivationsaufwand innerhalb der Materialien – Lernen wird als billige Unterhaltung verkauft und dadurch wird die intrinsische Motivation des Kindes bzw. die Motivation durch das Fach beschnitten.
- Lernen wird zum „Aberledigen“ möglichst vieler Aufgaben – anstatt zu einer qualitativen Auseinandersetzung mit Inhalten bzw. der Anwendung und des Ausbaus eigener Lernmethoden.
- Schule wird schnell zur Beschäftigungstherapie, bei der die Arbeit des einzelnen Kindes an einem bestimmten Auftrag bzw. Material oft konkret gar nicht zu begründen ist und stattdessen dem Lehrplan bzw. dem fiktiven Lehrgang zugeschrieben wird.
- Die eigentlichen Ziele und Prinzipien des offenen Unterrichts werden nicht erreicht bzw. alibihaft umgesetzt, was zudem maßgeblich zu ihrer Verwässerung beiträgt.

1.1.2 Projektunterricht

In der nächsten Woche, der letzten Woche vor den Ferien, findet an Annikas Schule die jährliche Projektwoche statt. Das Angebot ist groß. Lehrer und Eltern bieten die verschiedensten Projekte an: Es gibt Projekte über Dinosaurier, über Ritter, über Indianer und eins zum Thema „Eine Welt". Dazu gibt es Gruppen, die Handball spielen, eine Theatergruppe, eine Kochgruppe, eine Lesegruppe, eine Batikgruppe, eine Töpfergruppe und ein Zeitungsprojekt, in dem Kinder als Reporter die Projekte dokumentieren sollen. Annika freut sich schon auf diese Woche, vor allem, weil sie im letzten Jahr unbedingt batiken wollte, dort aber keinen Platz mehr bekommen hat und in die Rittergruppe musste. Dort fand sie es aber schnell ziemlich langweilig, weil sie nur Arbeitsblätter ausfüllten und die Jungen sich immer um die Holzschwerter stritten, die die Gruppe aus dem Jahr davor gebaut hatte.

Projekte helfen, soziale Regeln des Miteinander-Lernens zwischen dem einzelnen und der Gruppe zu entwickeln.

Sie erlauben Kindern durch die Fülle der praktischen Möglichkeiten individuellen Neigungen und Interessen zu folgen.

Sie führen zu neuen, häufig in Lehrplänen nicht enthaltenen Erkenntnissen und Wissenszusammenhängen.

Sie fördern die Fähigkeit, auch andere als die eigenen Perspektiven, Erfahrungen, Meinungen zu einem Lerngegenstand zu akzeptieren.

Sie fordern aktives Lernen heraus und ermutigen zur Selbstgestaltung der Arbeit. (Wallrabenstein 1991, 102f.)

Der Begriff des „Projektes“ wird wohl zuerst Ende des 16. Jahrhunderts im Zusammenhang mit Architekturentwürfen verwendet, dann innerhalb des Werkunterrichts für das selbstständige Planen und Durchführen einer praktischen handwerklichen Aufgabe benutzt und bekommt schließlich in der Reformpädagogik die uns heute geläufige Begrifflichkeit als Unterrichtsprinzip (vgl. Knoll 1993). Vorbild für den Projektunterricht stellen vor allem die Arbeiten von John Dewey und William Heard Kilpatrick dar, die durch das pragmatische Schlagwort eines *learning by doing* – eines *Lernens durch Tun* ein handlungsorientierteres Vorgehen im Unterricht begründeten. Dabei ist die Handlungsorientierung in erster Linie nicht wörtlich als manuelles oder handwerkliches Vorgehen zu verstehen, sondern vielmehr als ein Erfahrungslernen, ein absichtsvolles, „mit ganzem Herzen“ vollzogenes Tun. Ein Hauptanliegen Deweys war dabei die Schulung zu Demokratie und Gemeinschaft. Ein Einzelner oder eine Gruppe von Menschen sollten in ihrem Projekt eine Sache bzw. ein Problem angehen und zu lösen versuchen.

Dabei wird es dann zu verschiedenen, sich unter Umständen mehrmals wiederholenden Phasen bzw. Tätigkeiten kommen: Am Anfang steht dabei das *Beabsichtigen*, das heißt eine wirkliche, erfahrungsgeeignete, fächerungebundene Sachlage wird zum (echten) Problem eines Einzelnen oder einer Gruppe. Gerade diese Themenfindung erscheint als schwieriger und langwieriger Prozess – wenn man dabei die demokratischen Regeln beachtet. Nach der Einigung auf das Problem erfolgt die *Planung*, das heißt es werden Lösungshypothesen und Vorgehensweisen entwickelt. Danach geht es an die *Ausführung*, wenn die Lösungsmöglichkeiten praktisch erprobt und verbessert werden, so dass „Denken und Tun eine Einheit bilden“. Dieser Prozess bzw. eventuelle Ergebnisse werden dann in der *Beurteilung* reflektiert, sodass entweder das Problem als gelöst betrachtet wird oder aber alle oder einzelne der Schritte wiederholt werden. Zusätzlich wird jeder dieser Schritte von entsprechenden Reflexionsprozessen begleitet, sodass die Projektdurchführung kein lineares Unterfangen ist, sondern jederzeit umgestellt, verworfen und neu geplant werden kann.

Ziel des Projektunterrichts ist also weniger eine handlungsintensive Auseinandersetzung oder ein möglichst tolles Endprodukt, sondern vor allem der durch die engagierte Auseinandersetzung mit einer Sache erreichte Kompetenzgewinn, die eigene Handlungsbefähigung („der Weg ist das Ziel“). So soll vor dem Hintergrund von Demokratie und Gemeinschaft ein vernünftiger, kritischer, handlungsbereiter und verantwortungsbewusster Mensch erzogen werden.

Fächerübergreifendes bzw. interdisziplinäres Arbeiten ergibt sich in einem solchen Unterricht durch die zielgerichtete Auseinandersetzung mit der Lebenswirklichkeit von selbst, es muss nicht extra didaktisch konstruiert bzw. inszeniert werden.

In Anlehnung an Petri (vgl. 1991, 19) ergeben sich für den Projektunterricht folgende Merkmalsforderungen:

- das Leitziel sollte durch Bedürfnis- und Lebensbedeutsamkeit eine Identifikation des Lernenden mit dem Projektziel bedingen;
- das Vorgehen entspricht der geplanten Realisierung von Handlungszielen, die sich aus den Bedürfnissen der Lernenden ergeben;
- methodisch ist das Vorgehen durch Zielbestimmung, Planung, Durchführung und Reflexion strukturiert;
- es ist geprägt durch handelndes Lernen, Selbst- und Mitbestimmung der Lernenden, ganzheitliches, kreatives, forschendes Lernen und kooperative Arbeitsformen;
- optional können fächerübergreifendes Arbeiten und Außenweltkontakte eine Rolle spielen;
- angestrebt sind Selbst-, Sach- und Sozialkompetenz des Lernenden, d. h. Handlungsbefähigung, Wissensaneignung und Kooperationsfähigkeit, des Weiteren eine Verbesserung des Schulklimas durch mehr Freude am Lernen und Beziehungsverbesserungen innerhalb der Schüler- und Lehrerschaft. (Peschel 1997 a, 246)

Für Dewey und Kilpatrick erforderten die hohen Ziele des Projektunterrichts eine Umsetzung dieser Unterrichtsform als durchgängiges Unterrichtsprinzip. Dabei sahen sie allerdings die Rolle des Lehrers unterschiedlich. Während Dewey das Projektlernen als gemeinsames Unternehmen von Lehrer und Schüler sah und dem Lehrer Vorplanung und Führung zugesteht, so verstand Kilpatrick das Projekt noch offener vorrangig als Unternehmen des Kindes. Der Lehrer sollte die Problemfindung und Problemlösung weitestgehend den Kindern überlassen und innerhalb des Projektes verantwortungsbewusst in den Hintergrund treten, um den durch das Projektlernen angestrebten Zielen eine Chance zu geben.

In der Schulwirklichkeit ist vom pädagogischen Grundgedanken des Projektunterrichts allerdings nicht mehr viel vorzufinden – schon gar nicht als durchgängiges Unterrichtsprinzip. Die dem Projekt entsprechenden demokratischen Prozesse der Themenfindung, der Planung, der Ausführung und der immer wiederkehrenden Reflexion werden nur selten „im Sinne der Erfinder“ umgesetzt. Schon der Anlass bzw. Zeitpunkt, ein Projekt durchzuführen, obliegt in der Regel eher organisatorischen Gründen („Da passt die Projektwoche gut hinein, da ist die Schulwoche durch den Feiertag oder den Ferienbeginn eh kaputt“) denn dem Bedürfnis der Projektgruppe, sich gerade *jetzt* mit einem für sie bedeutenden Thema auseinandersetzen zu wollen. So wird oft gerade der wichtige Prozess der gemeinsamen Themenfindung entweder gar nicht durchgeführt oder aber so stark abgekürzt, dass nicht von einer echten Identifikation aller mit der Projektarbeit ausgegangen werden kann. Wenn sich die „demokratische“ Themenfindung der Beteiligten auf ein Ideensammeln möglicher Angebote in der Projektwoche und das anschließende Ankreuzen einer Arbeitsgruppe beschränken, oder der Lehrer als Projekt das Thema vorschlägt, bei dem er sich kompetent fühlt (Batiken, Handball, Biotop, Theater) oder entsprechende Hilfe durch Materialreservoirs (Ritter, Indianer, Dinosaurier) hat, so handelt es sich eigentlich gar nicht um ein Projekt, sondern vielmehr um eine Arbeitsgemeinschaft oder eine themenzentrierte Unterrichtsreihe.

Aber selbst bei offeneren Klassenprojekten findet man selten eine langwierige, demokratische Diskussion, womit man sich in der nächsten Zeit beschäftigen will, oder das Aufgreifen eines „echten“, für alle Schüler bedeutungsvollen Problems. Dadurch wird hier indirekt schon so gravierend ein wichtiges Fundament für ein wirklich demokratisches Vorgehen bzw. ein gleichberechtigtes Miteinander verletzt, dass die eigentlichen Projektziele nur noch schwer erreicht werden können und die Durchführung eines solchen Unterrichts in dieser Hinsicht fragwürdig wird. Oft stellen die wichtigen Reflexionsprozesse während der Projektarbeit dann auch nur noch informierende Berichte innerhalb der Gruppe dar und keine wirkliche, stetige Auseinandersetzung mit dem Thema, die zudem eigentlich zu jedem Zeitpunkt einen Abbruch des Projektes oder aber eine neue Themenfindung zulassen müsste.

Und selbst wenn es doch ein wirkliches „Problem“ geben sollte, sind die beteiligten Erwachsenen oft genug versucht, sich eben nicht gleichberechtigt mit den Kindern auf Lösungssuche zu machen (*z. B. „Wir lernen jetzt alle Chinesisch …“*), sondern sie haben meist die Lösung des Problems oder das Arbeitsziel in der Form einer Präsentation oder Ausstellung schon in der Tasche. Die Projektarbeit stellt dann nichts anderes mehr als arbeitsteilige Gruppenarbeit dar, bei der dann später sogar oft genug noch die eigentlichen Schülerergebnisse unterschlagen werden, wenn die Präsentation den Kindern am Ende aus der Hand genommen wird und „hilfsbereite“ flinke Erwachsenenhände dann noch alles schnell ästhetisch für die Pressevorstellung oder die Schulausstellung richten …

> Hier mangelt es an einer zündenden Projektidee, dort fehlen die Mittel, eine zu realisieren. Schüler sollten die Ideen haben, Eltern könnten die Mittel mitgeben – besser noch mitbringen –, am besten, sie machen mit oder es ganz: das Projekt, mit dem die Schule sich in der Lokalpresse brüsten kann. Der Leser kann Bilanz ziehen: zwölf Klassen – ein erwähnenswertes Projekt. Die Lehrer kochten römisch (im Gymnasium) oder türkisch (in der Gesamtschule), sie suchten Sterne am wolkenverhangenen Himmel oder ließen Wasser im Sieb holen, um zu zeigen,

wie man aus Fehlern lernt. Dann gab es noch Fahrräder zu reparieren, Sammlungen aufzuräumen und Sport vom Typ „wie immer, nur länger". Was klappte, war langweilig, und was spannend sein sollte, ging schief – wie im Leben. Wenn so etwas als „Unterbrechung des Schulalltags" und Bereicherung dargestellt wird, wissen kritische Leser, an welchen Maßstäben sich diese Schule normalerweise orientiert. (Diederich 1994, 92)

Fazit: Projektunterricht

Wenn Projekte zu Hobbywochen oder Pressepräsentationen verkommen, lassen sich die Ziele des Projektlernens nicht mehr erfüllen. Demokratie, Handlungsbefähigung, Teamwork, Problemlösendes Denken usw. sind nicht wirklich zu finden, sie werden ja auch gar nicht angestrebt. Dem Projektunterricht wird dann ganz zu Recht ein zu hoher Zeitaufwand mit zu wenig Lernerfolg unterstellt. Um also auch sprachlich der dem Projektunterricht eigenen Inflation vorzubeugen, sollte man in der Schule nur bei echten, aus der Situation und dem Bedürfnis der Klasse heraus entstandenen Vorhaben von „Projekten" sprechen und ansonsten eher den dehnbaren Begriff „projektorientierter Unterricht" benutzen bzw. ehrlicher von Arbeitsgemeinschaften, themenzentrierten Unterrichtsreihen oder „Schulaktionswochen" sprechen.

Im Hinblick auf gewünschte Schülerorientierung positiv

- Der Frontalunterricht wird aufgebrochen, Lehrer und Schüler arbeiten meist offener als vorher zusammen.
- Weniger kopflastige Techniken und Methoden halten Einzug in die Schule.
- Die gemeinsam angegangenen Inhalte scheinen weniger „akademisch" als „praktisch" zu sein.
- Die Schule öffnet sich zumindest zeitweise personell (Elternmitarbeit) und räumlich (Exkursionen) nach außen.

Im Hinblick auf gewünschte Schülerorientierung negativ

- Der Projektunterricht wird selten als „richtiger" Unterricht, sondern eher als „Bonbon" im Schulalltag angesehen (von einigen Lehrern allerdings als eher „saures Bonbon").
- Die eigentlichen Ziele des Projektunterrichts (Demokratie, Erwerb methodischer und inhaltlicher Kompetenz durch eigene bzw. gemeinsame Problemlösung einer Ernstsituation) werden meist weder beabsichtigt noch verfolgt – der Projektbegriff kennzeichnet alles, was keine „richtige" Schule ist.
- Weder Schüler noch Lehrer empfinden Projektunterricht als berechtigte bzw. effektive Unterrichtsmethode, sondern eher als auflockernde „Hobbywoche" – mit der Folge, dass die bei Projekten entwickelte „Lernbegeisterung" nicht mit (effektivem) Lernen in Beziehung gebracht wird – und entsprechend nicht als längerfristiges Unterrichtsprinzip anerkannt wird.

1.1.3 Werkstattunterricht und Stationslernen

Zusätzlich zu den oben vorgestellten Konzepten der Freien Arbeit bzw. des Wochenplanunterrichts halten seit ein paar Jahren zwei Unterrichtsformen verstärkt Einzug in die Schule: Werkstattunterricht und Stationslernen. Dabei stehen Werkstätten oft unter einem bestimmten übergreifenden Thema (Oster-Werkstatt, Wasser-Werkstatt), während Stationen oft eine ganz bestimmte Übungsabsicht (Buchstaben mit allen Sinnen erfassen, Einmaleinszirkel) haben. Vor diesem Hintergrund wird – im Gegensatz zur üblichen Vorgehensweise bei Freier Arbeit und Wochenplan – das vorhandene Freiarbeitsmaterial meist durch speziell für die Werkstatt- oder Stationsarbeit aufbereitete Materialien ersetzt.

Werkstattunterricht

Als Annika nach den Ferien wieder in die Schule kommt, staunt sie nicht schlecht. Auf der Fensterbank der Klasse stehen ganz viele Kästen mit Materialien und Arbeitsblättern. So früh wie Annika sind heute noch nicht viele Kinder da, so kann sie sich die Sachen mit Ina zusammen erst einmal genauer ansehen. Zuerst fällt ihr das große Plakat auf, auf dem steht: „Werkstatt: Vom Korn zum Brot“. Unter dieser Überschrift findet sie verschiedene Arbeitsangebote aufgelistet: „Vom Samen zur Ähre“, „Getreidesorten“, „Auf dem Acker“, „Korn mahlen“, „Frau Holles sieben Brote“, „Wanderdiktat“, „Würfelspiel“, „Blumen im Kornfeld malen“, „Wassermühle basteln“, „Körner schätzen“, „Brotzutaten abwiegen“ und noch viele andere Überschriften. Unter den Namen der Angebote stecken ganz viele Wäscheklammern mit den Namen der Kinder der Klasse.

Als Annika ihre Lehrerin erstaunt anguckt, sagt diese zu ihr: „Die Studentinnen, die jetzt nach den Ferien ihr Praktikum bei uns machen wollen, haben etwas ganz Tolles vorbereitet. Wir arbeiten diese Woche in einer ‘Werkstatt’. Erklär ich euch gleich mit den anderen im Kreis.“ Annika ist gespannt. Die „Werkstatt“ verspricht zumindest interessanter zu werden als der langweilige Wochenplan, den sie sonst immer bekommen haben. Sie guckt noch ein bisschen herum und ist dann die erste, die mit Ina im Kreis sitzt – ganz im Gegensatz zu ihrer sonstigen Angewohnheit, sich erst dreimal bitten zu lassen. Als alle Kinder versammelt sind, erklärt die Lehrerin: „Wir arbeiten diese Woche zusammen mit den Studentinnen in der Werkstatt „Vom Korn zum Brot“. Die Studentinnen müssen allerdings heute morgen noch eine Mathematik-Klausur in der Uni wiederholen, aber sie versuchen, vor Schulschluss wieder da zu sein. Das Arbeiten in der Werkstatt ist so ähnlich wie der Wochenplan, den ihr ja schon gut kennt, aber ein paar Unterschiede gibt es trotzdem – und die erklär ich euch jetzt schon mal. Nachher könnt ihr aber auch die Studentinnen selbst fragen – so genau kenn ich mich auch noch nicht mit Werkstattarbeit aus. Also, ihr seht da auf der Fensterbank ganz viele ‘Angebote’ zum Arbeiten. Ihr bekommt gleich alle einen ‘Laufpass’, auf dem alle Sachen noch einmal stehen. Die Angebote, die dick gedruckt sind, die müsst ihr alle machen, die anderen könnt ihr euch aussuchen. Heute seht ihr euch in der Freien Arbeit die ganze Werkstatt erst einmal an – macht das aber schön ruhig und nicht alle auf einmal. Wenn euch ein Angebot besonders gefällt, sagt mir oder nachher den Studentinnen Bescheid, denn wir brauchen 'Chefs' für die Angebote, also Kinder, die anderen Kindern das Angebot erklären, wenn sie etwas nicht verstehen oder die nach dem Material sehen oder die Lösungen kontrollieren. Ihr seid dann richtige kleine Lehrer."

Annika weiß schon genau, was sie zuerst in der Werkstatt machen will: Die „alte Mühle" aus Karton basteln. Sie geht zur Lehrerin und schlägt sich als Chef des Angebotes vor. Die Lehrerin kennt Annikas Oberflächlichkeit beim Basteln und ist nicht sonderlich begeistert, gibt ihr aber die Erlaubnis, in der Freien Arbeit schon mal mit dem Basteln der Mühle anzufangen. Kommt sie einigermaßen klar, darf sie das Angebot dann weiterhin als „Chefin" betreuen. Annika guckt froh zu Ina, die noch unentschlossen vor dem Wanderdiktat „Der Hamster" und dem Würfelspiel „In der Bäckerei" steht.

Statt Wochenplan und Freier Arbeit haben die Kinder jetzt jeden Tag zwei Stunden Werkstattunterricht mit den Studentinnen. Zu Beginn treffen sie sich immer im Sitzkreis und die „Chefs" erinnern die Kinder an Pflicht- oder Wahlangebote, die diese noch bearbeiten müssen bzw. können. Danach wird in der Werkstatt gearbeitet. Annika wird von den Kindern meistens nach Scheren und Kleber gefragt, ansonsten hat sie aber Ruhe und macht die Angebote auf ihrem Laufpass

der Reihe nach fertig. Viele Angebote sind nicht mehr übrig, denn sie hat den Ehrgeiz, die ganze Werkstatt in einer Woche durch zu bekommen – obwohl ihre Lehrerin gesagt hat, dass das eigentlich keiner schaffen kann. Am Stundenende treffen sich die Kinder wieder und ein paar stellen ihre Ergebnisse im Kreis vor: Peter hat in den letzten Tagen ganz viel Getreide gemahlen und will heute zu Hause selbst ein Brot backen. Er wird allerdings schnell von den Chefs der Pflichtangebote aufgefordert, langsam mal deren Angebote zu bearbeiten, damit er wenigstens noch ein paar Aufträge in der restlichen Zeit der Werkstatt schafft. Ina präsentiert stolz die Geschichte „Der Bauer und der Teufel", die sie ganz sauber aus dem Lesebuch abgeschrieben hat. Micki zeigt seine Arbeitsblätter, in denen er den Lückentext zu den Getreidesorten vervollständigt hat – worauf ihn der Chef des Angebotes darauf hinweist, dass er dabei aber immer Roggen und Gerste verwechselt hat. Zum Schluss singen alle ihr Lieblingslied „In der Werkstattbäckerei", das die Lehrerin aus dem Lied „In der Weihnachtsbäkkerei" gedichtet hat.

> Eine Lernwerkstatt ist eine Lernumwelt. Den Schülern steht zu einem bestimmten Thema ein vielfältiges Arrangement von Lernsituationen und Lernmaterialien für Einzel-, Partner- und Gruppenarbeit zur Verfügung. Dabei lassen sich die Lernangebote in der Regel im Selbststudium nutzen und ermöglichen dem Schüler freie Wahl der Aufgabenfolge, Zusammenarbeit mit Kameraden, Selbstkontrolle u. ä. m. [...] Es werden verschiedene Arbeitsplätze mit wenigen obligatorischen und vielen freiwilligen Lernangeboten eingerichtet. [...] Die Lehrerin wird zur Beraterin, Moderatorin oder Helferin, welche Lernprozesse (wenn möglich indirekt) anregt, in dem sie Aufgaben, Anschauungsmaterial, Hilfsmittel für Experimente usw. bereitstellt und die Schüler allenfalls berät. (Reichen 1991, 61 f.)

Der Werkstattunterricht wurde als reformpädagogisch geprägtes Konzept Ende der siebziger Jahre zunächst fast zeitgleich von Käthi Zürcher / Franz Schär und Jürgen Reichen in der Schweiz konzipiert, dann aber vor allem von Reichen zu der heute vorzufindenden Form weiterentwickelt und bekannt gemacht. Er spielt neben anderen „Lerngarten-Modellen" (vgl. Hagstedt 1995[2], 58 ff.; Peschel 1997 f., 126) vor allem in der zweiten Ausbildungsphase eine große Rolle, da er die beiden in der Ausbildung verlangten Anforderungen „Planung" und „Offenheit" gut zu integrieren scheint. Der Begriff „Werkstatt" ist dabei aus den Parallelen zur Arbeitsgestaltung in Handwerksbetrieben entstanden:

> Alle Schüler arbeiten
> - vorwiegend selbstständig,
> - an verschiedenen Aufträgen,
> - allein oder in Gruppen,
> - mit bereitgestelltem oder zu besorgendem Material,
> - mit oder ohne Hilfe kompetenter Ansprechpartner (vgl. Reichen 1991, 61).

Der Werkstattunterricht basiert auf einer als Lernwerkstatt bezeichneten Lernumwelt für den Schüler. In Deutschland eher fachspezifisch im Fach Sachunterricht vertreten, stellt er in seinem Ursprungsland, der Schweiz, zumindest in einigen Gegenden durchgängiges, das heißt weitgehend alle Fächer und Stunden integrierendes Unterrichtsprinzip dar. Dabei handelt es sich um ein vom Lehrer maßgeblich vorstrukturiertes und vorgeplantes Angebot an Lernsituationen und Lernmaterialien, die den Schülern selbstständiges Arbeiten ermöglichen sollen. Die Bereitstellung einer Vielzahl von Arbeitsangeboten in einer Werkstatt ermöglicht dabei genauso den Einbezug verschiedener Fächer wie die Berücksichtigung verschiedener Sozialformen, Arbeitsmethoden und Zugangskanäle. Dabei gewähren die vorgeplante Lernumgebung und die verwendbaren Kontrollmöglichkeiten dem Lehrer die notwendige Sicherheit, die es ihm ermöglicht, das selbstgesteuerte Lernen der Schüler nicht nur als unterrichtsmethodisches „Highlight" zuzulassen, sondern richtlinienadäquat als durchgängiges Arbeitsprinzip dauerhaft umzusetzen.

Hat der Lehrer eine ungefähre Vorstellung von der Umsetzung seines Themas in Werkstattangebote, kann er diese z. B. nach folgenden Kriterien überprüfen:

- Können sich die Schüler mit eigenen Ideen an der Werkstatt beteiligen?
- Ist ein echter Bezug zur Lebenswirklichkeit gegeben?
- Hat die Werkstatt zieladäquat einen erkennbaren 'roten Faden'?
- Ist sie fachlich einseitig angelegt oder ermöglicht sie interdisziplinären Unterricht?
- Sind die fachübergreifenden Komponenten echt integriert oder eher 'konstruiert'?
- Beinhaltet sie auch handlungsorientierte Komponenten oder nur Arbeitsblätter?
- Ist das Material kindgerecht und leicht zu beschaffen?
- Beinhaltet sie wirklich anspruchsvolle Aufgaben oder nur reproduktive Übungen?
- Lassen die Aufträge Gestaltungsmöglichkeiten zu oder wird alles vorgegeben?
- Beinhaltet sie nur obligatorische Angebote oder auch offene 'Leerangebote'?
- Werden alle Sozial- und Arbeitsformen ausreichend berücksichtigt?
- Ist auch auf Dauer eine Auswahlmöglichkeit durch ein 'Überangebot' vorhanden? (Vgl. Peschel 1998c, 3)

Die zu den Werkstattangeboten gehörigen Arbeitsaufträge können neben Angebotstitel und Auftragsbeschreibung auch Hinweise und Symbole für die vorgesehene Sozialform, den Verbindlichkeitsgrad, die Kontrollform oder den Schwierigkeitsgrad beinhalten. Es gibt mehrere Möglichkeiten, den Kindern einen Überblick über die Werkstattangebote zu gewähren:

- ein Plakat mit Angebotsnummer und -titel (und evtl. mit Namensklammerleiste zur Kennzeichnung, welcher Schüler sich gerade mit einem Angebot beschäftigt oder demnächst beschäftigen will),
- ein „Laufpass“ (mit Angebotsnummer, Angebotstitel, Themenbereich, Bearbeitungsdatum und Kontrollfeld für den Chef)
- oder sogar ein „Werkstattbuch“ mit allen Arbeitsaufträgen und Platz für Lösungseintragungen, so dass die Schüler immer eine detaillierte Übersicht der Angebote und Anleitungen greifbar haben (auch zu Hause).

Verwendet man Plakat oder Laufpass, so existiert neben dem bereitgestellten Material noch eine Auftragskarte für die einzelnen Angebote. Beim Werkstattbuch ergibt sich ganz nebenbei ein schönes Endprodukt für die Schüler, wenn Aufträge, Lösungen und Notizen auch noch nach der Durchführung der Werkstatt verfügbar bleiben.

Das für die Bearbeitung der Angebote benötigte Material sollte möglichst „halbstrukturiert“ sein, das heißt neben den zur Aufgabenlösung notwendigen Dingen auch solche enthalten, die nicht unbedingt zur Lösung notwendig sind. So sind die Kinder gezwungen, sich auch über die Materialauswahl Gedanken zu machen und nicht nur bestimmte Versuchsanordnungen gedankenlos zu kopieren. Entsprechend groß ist natürlich dann der Vorbereitungsaufwand, denn die Werkstatt erfordert eine bestimmte Mindestangebotsanzahl, damit überhaupt die Möglichkeit zur Auswahl besteht. In der Regel müssen dazu wenigstens 20 bis 30 Angebote vorbereitet worden sein, allerdings kann eine solche Werkstatt dann auch mehrere Wochen den Unterricht tragen. Bei umfangreichen Werkstätten kann es hilfreich sein, nicht alle Angebote zeitgleich bereitzustellen, sondern nach und nach einzubringen.

Die Offenheit der Werkstatt hängt maßgeblich von der Konzeption bzw. dem Anteil der obligatorischen Angebote ab. Werkstattunterricht ist daher von Natur aus ein „didaktischer Kompromiss“: je nach Art der bereitgestellten Arbeitsangebote kann der gewünschte Grad der Offenheit des Unterrichts vom Lehrer individuell bestimmt werden, der Lehrer kann Lehrplanvorgaben und Schülerinteressen in einem vom Schüler selbstgesteuerten Unterricht verbinden. Weiterhin kann das Lernen der Schüler sowohl durch geschlossenere Phasen mit Instruktionsunterricht als auch durch offenere Projektphasen ergänzt werden, sodass dem Lehrer eine sehr breite Methodenpalette zur Verfügung steht.

Im Gegensatz zu anderen Autoren (Weber 1991, Zürcher 1987) misst vor allem Jürgen Reichen in seiner Konzeption des Werkstattunterrichts der selbstständigen Werkstattorganisation durch die Schüler eine besondere Bedeutung zu, die anderen Unterrichtsformen (Wochenplan, Stationslernen usw.) so zunächst nicht eigen ist. Um das selbstständige Arbeiten der Kinder noch weiter zu fördern und auch den Lehrer für wichtigere Sachen freizusetzen, führt er das „Chefprinzip" ein. Die Werkstattangebote werden dann von den Schülern selbst als „Chefs" oder „Experten" betreut. Das heißt der Schüler sucht sich ein Angebot aus, welches er gerne entsprechend beaufsichtigen würde. Dieses Angebot bearbeitet er selber als erstes. Hat er hierbei Rückfragen, kann er sich an den Lehrer wenden. Weiß er über das Angebot gut Bescheid, so wird er als Chef dieses Angebotes eingetragen. Haben nun andere Schüler Fragen zur Bearbeitung des Angebotes, wenden sie sich zuerst an den betreuenden Chef, sodass der Lehrer nur bei Rückfragen des Chefs gefragt ist. Zusätzlich kümmert sich der Chef um das Material, führt notwendige Listen bezüglich der Bearbeitung obligatorischer Angebote, mahnt entsprechend an und korrigiert, beurteilt und bestätigt die Arbeitsergebnisse der Mitschüler. Mit Kindern, die bei der Werkstattarbeit zurückhaltender sind, können individuelle Lernverträge ähnlich Wochenplänen abgeschlossen werden.

Obwohl manche Umsetzung des Werkstattunterrichtes durch eine große Anzahl verbindlich zu erledigender Angebote eher an den herkömmlichen Wochenplanunterricht erinnert, so machen sowohl Chefprinzip als auch das themenspezifisch zusammengestellte Überangebot in der Regel einen offeneren Eindruck als dies der Wochenplanunterricht zu tun vermag. Auch methodisch wird das Werkstattangebot in der Praxis nicht unbedingt auf reproduktive Übungsvorgaben beschränkt, sondern lässt eher Raum zum eigenen Forschen. Dennoch weist auch der Werkstattunterricht spezifische Probleme auf. Gerade die Vielzahl der Angebote, die der Lehrer erstellen muss, hat einen gewissen Qualitätsverlust zur Folge: Es ist eben ganz und gar nicht einfach, 20 bis 30 anspruchsvolle Angebote zu einem Thema zusammenzustellen – womöglich noch „ganzheitlich", „fächerübergreifend" und „handlungsorientiert".

Auch sollte man evtl. unbewusst ablaufende Prozesse nicht unterschätzen: Nach der ganzen Mühe und Vorbereitungsarbeit, die die Planung und Erstellung einer Werkstatt zwangsläufig mit sich bringt, möchte man sicherlich als Lehrer eine gewisse Würdigung seiner Bemühungen erfahren. Entsprechend wird man nicht unbedingt so ungekränkt mit einer Ablehnung der Angebote durch die Schüler verfahren, wie dies evtl. bei in der Klasse sowieso schon vorhandenem Material (z. B. im Rahmen der Wochenplanarbeit) wäre. Das Gewähren der Freiwilligkeit bekommt ihre (unsichtbaren) Grenzen: Wenn man sich schon so viel Mühe beim Erstellen der Werkstatt gemacht hat, erwartet man auch entsprechende Begeisterung bei den Schülern …

Auf Schülerseite kann es im Werkstattunterricht hingegen leicht passieren, dass – wie auch bei der Wochenplanarbeit – nicht die intensive Auseinandersetzung mit dem Thema im Vordergrund steht, sondern es für den Schüler auch hier eher um ein Aberledigen möglichst vieler Werkstattangebote geht. Diese Gefahr quantitativer statt qualitativer Zielsetzung scheint vor allem dann eine Rolle zu spielen, wenn vom Lehrer als verpflichtend ausgezeichnete Angebote von Anfang an eine große Rolle bei der Werkstattarbeit gespielt haben und die Selbststeuerung der Schüler entsprechend weniger angesprochen wurde.

Stationslernen

Als sich nach zwei Wochen die Werkstatt „Vom Korn zum Brot" so langsam auspendelt und die meisten Kinder sich wieder mehr mit dem Freiarbeitsmaterial aus der Klasse beschäftigen, haben die Studentinnen eine neue Idee: „Wir würden gerne etwas mit euch zu Mathe machen." (Ein mittellautes Stöhnen geht durch die Klasse – einschließlich vereinzelter Begeisterungsrufe.) „Und zwar einen Stationsbetrieb zum Üben des Einmaleins. Kommt mal mit in den Nebenraum, da haben wir alles aufgebaut."

Annika ist gespannt. Die Werkstatt „Vom Korn zum Brot" war zwar in der zweiten Woche auch langweilig, aber sie durfte sich dann wieder mit ihrem „Lieblings-Little-Professor-Taschenrechner" in die Leseecke zurückziehen und hat es diesmal bis zum großen Einmaleins geschafft – und das schneller als Georg, der da sonst immer Spitze drin ist. Mal sehen, was nun wieder ein „Stationsbetrieb" ist. Der sieht nämlich aus wie eine geschrumpfte Werkstatt. Auf fünf Tischen stehen verschiedene Materialien. Die Studentinnen teilen die Kinder in fünf Gruppen ein und erklären, was an den Stationen zu tun ist. Alles kann Annika nicht behalten, aber irgendeiner in ihrer Gruppe weiß immer Bescheid.

Auf dem ersten Tisch liegen Würfel, mit denen man zweimal würfeln soll, um dann die Würfelzahlen miteinander malzunehmen. Wer zuerst 10 Aufgaben richtig gelöst hat, hat die Runde gewonnen. Nach ein paar Minuten sind sie mit der ersten Runde fertig. Aber wechseln sollen sie ja erst auf das Gong-Zeichen. Also spielen sie noch ein paar Mal, bis es ihnen zu langweilig wird und sie sich ein eigenes Würfelspiel mit Malaufgaben ausdenken. Dann natürlich gongt es gerade. Auf dem zweiten Tisch liegen runde Holzbretter, auf denen rundherum eine Reihe mit Nägeln mit den Zahlen von 0 bis 100 eingeschlagen sind. Die Kinder sollen mit einem Faden die Nägel der Zahlen einer Einmaleinsreihe (der 3-er, der 5-er, der 7-er, der 8-er und der 9-er Reihe) miteinander verbinden. Annika findet die Muster, die sich ergeben, total schön, weil sie so gleichmäßig aussehen. Auf dem dritten Tisch steht eine Schale mit Zahlen aus „Russischbrot". Jedes Kind darf sich 2 Zahlen ziehen und soll daraus Malaufgaben legen. Weiß es die richtige Antwort, darf es Aufgabe und Lösung aufessen. Als Annikas Gruppe zu diesem Tisch wechseln möchte, will die vorherige Gruppe nicht gehen. Eine Studentin muss erst mal für Ordnung sorgen. Und dann fehlen auch noch schnell die wichtigsten Zahlen, weil das Rechnen viel schneller als gedacht geht. Auf dem vierten Tisch liegen zwei Eierkartons, deren Vertiefungen mit den Zahlen von 1 bis 10 beschriftet sind. Vor den Kartons liegen kleine Plättchen, die in die Vertiefungen geschnipst werden sollen. Daraus macht man sich dann eine Malaufgabe. Weiß man die richtige Lösung, darf man das Plättchen behalten. Wer am Ende die meisten Plättchen hat, hat gewonnen. Auf dem fünften Tisch steht ein Pappkarton, in dem sich zwei kleine mit Sand gefüllte Schalen befinden. Ein Kind soll eine Malaufgabe in den Sand malen, ein anderes die Zahlen erfühlen und miteinander malnehmen. Aber irgendwie klappt das mit Inas gemalten Zahlen bei Annika nicht so richtig – vielleicht ist sie aber auch nur genervt, weil sie die ganze Zeit warten musste, bis sie endlich an der Reihe war (vgl. zum Thema auch Sundermann / Selter 2000).

> Im Zirkel sind einzelne Stationen aufgebaut, die dem Kind selbständiges Arbeiten an jeder Station ermöglichen. [...] Das Thema wird über vielfache Lernzugänge erarbeitet oder vertieft (Übungszirkel). Die einzelnen Stationen sollten möglichst viele Sinne berücksichtigen. (Wallascheck 1991, 86)

Stationslernen, auch Stationsbetrieb, Lernstraße, Lern- oder Übungszirkel genannt, stellt eine sehr inhaltsorientierte Form des Lernens dar. Es handelt sich dabei weniger um ein durchgehendes Unterrichtskonzept als um eine Lern- bzw. Übungsform, die eher stundenweise als eine Art Zirkeltraining zu einem bestimmten Thema eingesetzt wird. Historischer Vorläufer war neben den reformpädagogischen Einflüssen in Bezug auf selbstständiges, handlungsorientiertes Lernen vor allem die für den Sportunterricht bzw. das Rekrutentraining entwickelte Idee des Zirkeltrainings, bevor das Stationslernen Anfang der achtziger Jahre durch die Seminarausbildung Einzug in die Schule hielt.

Ähnlich dem Werkstattunterricht werden mehrere, meist handlungsorientierte Lernangebote bereitgestellt, die in vielen Fällen auf ein „Lernen mit allen Sinnen“ angelegt sind bzw. verschiedene Eingangskanäle der Schüler berücksichtigen sollen. Ein gewisser Variationsreichtum bezüglich der Sozial- und Arbeitsformen unterstützt ein abwechslungsreiches, meist sehr intensives Einüben des Stoffs während eines klar begrenzten Zeitraums. Die effektiv genutzte Übungszeit relativiert sich in der Praxis allerdings oft durch die für das Bearbeiten der Stationen notwendige Einweisungszeit. Auf Grund des zeitgleichen Bearbeitens der Stationen müssen vor Beginn der Arbeit alle Stationen allen Schülern bekannt sein. Dies kann unter Umständen eine Überforderung für die Schüler darstellen, wenn sie sich die Bearbeitungsvorschriften aller Stationen in kürzester Zeit merken müssen – ohne dies in diesem Augenblick mit einer konkret ausgeführten Handlung verbinden zu können. Die Angebote an den einzelnen Stationen werden von den Schülern dann reihum bearbeitet. Gruppenzusammenstellung und Stationswechsel sind meist fest vorgegeben, genauso wie der Arbeitsplatz, der ja als Station fester Anlaufpunkt bleibt. Je nach Angebotsauswahl bleibt den Schülern wenig Zeit für eigene Ideen und kreative Problemlösungen. Der stetige Zeitdruck kann dabei deprimierend wirken, zumal wenn viele Schüler gerne länger an einzelnen Stationen verweilen würden. Im Rahmen der oben genannten Unterrichtsformen ist das Stationslernen daher viel stärker produkt- als prozessorientiert.

Durch Vorgabe der Angebote und Wechselzeitpunkte beschränkt sich die Differenzierung ansatzweise auf ein Selbstbestimmen des Arbeitstempos durch den Schüler (allerdings wirklich sehr eingeschränkt) sowie die Möglichkeit, unter den Angeboten auch die vorzufinden, die dem eigenen Lerntyp entgegenkommen – wobei er in der Regel trotzdem alle Angebote machen muss. Ansonsten gilt für alle Schüler prinzipiell das durch die Angebote festgelegte, gleiche Lernziel, sodass die Differenzierung trotz der vielfältigen Materialien bei genauer Betrachtung oft gar nicht so groß ist wie zunächst vielleicht angenommen. Die Offenheit des Stationslernens (und so auch das damit verfolgte Ziel) hängt maßgeblich von den Lehrervorgaben ab. So kann das Stationslernen bei zeitlich vorgegebenem Stationswechsel, fester Gruppeneinteilung, festem Stationsort, dem Verzicht auf offene Angebote trotz des vermeintlichen freien Schüleragierens schnell zum geschlossenen, stoffzentrierten Zirkeltraining werden. Von wirklicher Offenheit kann dann keine große Rede sein, wenngleich dies auch von einigen Autoren behauptet wird:

> Versteht man unter Offenem Unterricht, daß Lehr-/ Lernziel, Inhalt und Lehr-/ Lernmethode nicht festgelegt sind, so ist der Lernzirkel gleich nach der Freiarbeit wohl eine der offensten Formen dieses Unterrichtsideals. (Kaufmann 1994, 213).

Ein Mehrangebot an Stationen, ein freier Wechsel und der Verzicht auf das Durchlaufen aller Stationen könnte allerdings die zeitlichen Vorgaben und die feste Gruppenzusammensetzung aufbrechen helfen. Dann wären die Übergänge zum Werkstattunterricht fließend und das Stationslernen könnte nach einer entsprechenden Erweiterung auch zum durchgängigen Unterrichtsprinzip werden.

Fazit: Werkstattunterricht und Stationslernen

Betrachtet man die Umsetzung der beiden Arbeitsformen in der Praxis, so wirkt der Stationsbetrieb durch eine größere Einschränkung (festes, verbindliches Angebot, das in festen Wechseln in bestimmter Zeit zu durchlaufen ist) geschlossener als der Werkstattunterricht, bei dem die Angebote in der Regel nicht komplett durchlaufen werden. Es fällt deshalb schwer, ihn wirklich als eine „offene" Unterrichtsform anzuerkennen. Bei beiden Unterrichtsformen, aber besonders beim Stationsbetrieb, begegnet man einer Vielzahl von Missdeutungen bezüglich des Verständnisses aktueller Unterrichtsprinzipien. Handlungsorientierung wird zur handlungsintensiven Beschäftigungstherapie, das „Lernen mit allen Sinnen" zur aufgesetzten Spielerei ohne wirklichen Nutzen und das ganzheitliche bzw. das fächerübergreifende Prinzip führt zur Aufnahme von konstruierten, oft wirklich banalen oder unsinnigen Angeboten, die weder dem zu integrierenden Fach noch dem Lernen des Kindes irgendetwas nützen. Während beim Werkstattunterricht das Lückenfüllen eine mehr oder weniger zwangsläufige Begleiterscheinung des zu erstellenden Überangebotes sein kann, scheinen die Stationsbetriebe mit ihrem Anspruch der „Ganzheitlichkeit" und des „Lernens mit allen Sinnen" eine eigene Entwicklung durchgemacht zu haben, bei der die Lehrer der geforderten Öffnung durch entsprechend nette und bunte Lernarrangements nachkommen – allerdings so geschlossen wie ehedem ... Wer diese Bemerkung zu überspitzt findet, sehe sich einmal genauer die gängige Literatur bzw. die Verlagsveröffentlichungen zu diesem Thema („... mit allen Sinnen") an und überprüfe sie allgemein- und fachdidaktisch.

Im Hinblick auf gewünschte Schülerorientierung positiv

- Der Lehrer hat Zeit, Kindern individuell zu helfen.
- Es besteht die Möglichkeit, die Vorgaben differenzierter zu gestalten.
- Das Chefprinzip bindet die Kinder in die Unterrichtsdurchführung ein.

Im Hinblick auf gewünschte Schülerorientierung negativ

- Die Qualität der Angebote ist oft bedenklich.
- Lernen wird zum „Aberledigen" möglichst vieler Aufgaben – anstatt einer qualitativen Auseinandersetzung mit Inhalten bzw. der Anwendung und des Ausbaus eigener Lernmethoden.
- Großer Zeitaufwand zur Herstellung der Angebote.

- Angebote werden „konstruiert“, um den Anspruch an fächerübergreifendes oder ganzheitliches Arbeiten zu erfüllen.
- Die eigentlichen Ziele und Prinzipien des offenen Unterrichts werden nicht erreicht bzw. alibihaft umgesetzt, was zudem zu ihrer Verwässerung beiträgt.

1.1.4 Zusammenfassende Übersicht

Die folgende Abbildung zeigt die besprochenen Unterrichtsformen und ihre verschiedenen Schwerpunkte in einem kurzen Vergleich. Im Vorgriff auf die noch folgenden Ausführungen wurde zusätzlich die Konzeption des „Offenen Unterrichts“ (als eigenständige Unterrichtsform) aufgenommen.

Interessant, aber auch bezeichnend ist vor allem ein Punkt im Hinblick auf unsere Suche nach der „verlorenen Offenheit“: Die Formen offenen Unterrichts, die am ehesten in der Praxis als *durchgängige* Unterrichtsprinzipien zu finden sind, sind Wochenplan- und Werkstattunterricht. Konzepte, die in der landläufigen Umsetzung klar – und schwarz auf weiß – in der Form eines fixen Planes oder einer entsprechenden Angebotsliste auf den inhaltlichen und methodischen Vorgaben des Lehrers aufbauen. Formen, die dem Schüler mehr Freiraum gewähren wie die Freie Arbeit oder der Projektunterricht, kommen nicht als durchgängige Unterrichtsformen vor und passen sich im Grad ihrer Offen- oder Geschlossenheit schnell dem Lehrer an. Dabei wird die übliche Umsetzung all dieser „offenen“ Formen ihrem eigenen hohen Anspruch in der Praxis meist wahrlich nicht gerecht.

Im Folgenden sollen deshalb exemplarisch einige didaktische Prinzipien reflektiert werden, die schulischer Arbeit (und offenem Unterricht) zu Grunde liegen. Danach wird eine mögliche Weiterentwicklung der oft als „Erste Schritte zur Öffnung“ (vgl. Die Grundschulzeitschrift 105, 1997) bezeichneten offenen Arbeitsformen beschrieben. Vielleicht lässt uns diese Betrachtung dann irgendwann einmal den – bislang sehr selten zu findenden – „zweiten Schritt“ gehen …

Vergleich offener Unterrichtsformen (vgl. Peschel 1997 a, 255 ff.)

	Wochenplanunterricht	**Freie Arbeit**	**Projektunterricht**
Konzept-schwerpunkt	Selbstbestimmung bzgl. der zeitlichen Organisation der Aufgabenbearbeitung	selbstständiges, vorwiegend individuelles Lernen in einer vorbereiteten Umgebung	kooperatives, demokratisches Erfahrungslernen
Voraus-setzungen	Wochenplan und entspr. Bearbeitungsmaterialien	vorb. Lernumgebung mit Arbeitsmaterialien	für alle bedeutendes Projektthema
Schüler-/ Lehrerrolle	Der Lehrer führt die Kinder mittels differenzierter Vorgaben zum gemeinsamen Ziel.	Das Kind soll mittels der vom Lehrer ausgewählten Arbeitsmittel Hilfe zur individuellen Selbsthilfe bekommen.	Der Lehrer versucht das Erfahrungslernen der Schüler durch verantwortungsbewußtes Zurücktreten in eine „gleichberechtigte Rolle“ unterrichtlich vorzuplanen.
Material	meist stoffplan- oder themenbezogene Zusammenstellung von Arbeitsmaterialien (Lehrbücher, Arbeitsblätter, Freiarbeitsmaterial, Projektmaterial etc.)	begrenzte Anzahl ansprechender, zielorientierter, handlungsauffordernder Arbeitsmittel, mit denen ohne Lehrerhilfe gearbeitet werden kann	Materialorganisation (Informationsträger, Alltagsmaterial) erfolgt durch die Projektgruppe, bei projektorientiertem Unterricht evtl. zusätzliche Bereitstellung durch den Lehrer
Kontrolle	erfolgt in der Regel durch den Lehrer, evtl. auch durch Material oder Partner	Kontrolle durch Arbeitsmittel, in Abhängigkeit davon evtl. durch Partner oder Lehrer	erfolgt durch Reflexionsgespräche innerhalb der Teil- oder Gesamtgruppe
Inhaltswahl	im Rahmen der Vorgabe der Wochenplanaufgaben vom Lehrer vorgegeben	in Abhängigkeit von der Vorauswahl der Arbeitsmittel durch den Lehrer vom Schüler bestimmbar	von Schülern und Lehrer gemeinsam geplant, im projektorientierten Unterricht meist vom Lehrer vorgegeben
Methoden-wahl / Differenzierung	von der Auswahl und Zusammenstellung der Aufgaben abhängig	von der Offenheit des Materials abhängig	meist innerhalb der Zielvorgaben frei bestimmbar
Sozialform / Arbeitsort	aufgabenabhängig vom Schüler wählbar, evtl. durch feste Sitzplätze vorgegeben	materialabhängig vom Schüler frei wählbar	gemeinsam geplant, aus der Notwendigkeit der Sache resultierend
Zeitpunkt / Zeitdauer	im Rahmen der Planvorgaben vom Schüler frei wählbar	in der Regel vom Schüler frei wählbar	innerhalb der gemeinsamen Planung und der situativen Notwendigkeiten frei bestimmbar

Werkstattunterricht	Stationslernen	Offener Unterricht	
selbstgesteuertes Lernen durch (unsystematisches) Bedienen aus einem systematischen Lernangebot	mehrkanaliges, zielgleiches Lernen an vorgegebenen Angeboten zu einem Thema	individuelles, selbstreguliertes Lernen in einer Gemeinschaft	Konzeptschwerpunkt
Werkstattangebote, „Chefbetreuung"	verschiedene Stationen zum Lernthema	offene Strukturen, intrinsische Motivation der Kinder	Voraussetzungen
Der Lehrer organisiert das selbstgesteuerte Lernen der Schüler durch ein „Überangebot" an Lernmöglichkeiten sowie Kompetenzdelegation (Chefs)	Der Lehrer bereitet mehrkanalige, ganzheitliche Lernangebote für den Schüler vor, die dieser dann selbstständig „durchläuft".	Der Lehrer hält das ganz selbstgesteuerte Lernen des Schülers im Auge, gibt evtl. Impulse und hilft, die unterschiedlichen Schülerergebnisse zu strukturieren und zu integrieren.	Schüler-/ Lehrerrolle
begrenztes, systematisch strukturiertes Überangebot an anregenden, handlungsorientierten, mehrere Fächer und Sozialformen berücksichtigenden Angeboten	begrenztes, themen- und zielgebundenes, handlungsorientiertes, mehrkanaliges, ganzheitliches Lernen erlaubendes Angebot an festen Stationen zugewiesenen Materialien	weitgehender Verzicht auf didaktisierte Arbeitsmittel, das „weiße Blatt" als offene Arbeitsanregung, Einbezug selbstorganisierter Materialien der Kinder	Material
Kontrolle durch Material, Partner oder den zuständigen „Chef"	Kontrolle durch Material, Partner oder Lehrer	Angestrebt ist echte Selbstkontrolle durch eigene Fehlerüberprüfung mittels Probeaufgaben, Wörterbuch, Austausch …	Kontrolle
in Abhängigkeit von der Auswahl der Angebote durch den Lehrer frei vom Schüler bestimmbar	Stationsreihenfolge evtl. vom Schüler frei bestimmbar	innerhalb eines offenen Curriculums frei vom Schüler bestimmbar	Inhaltswahl
von der Offenheit des Angebotes abhängig	von der Offenheit des Stationsangebotes abhängig	ohne Vorgaben, daher weitgehend entdeckendes Lernen auf eigenem Weg	Methodenwahl / Differenzierung
angebotsabhängig vom Schüler frei wählbar	aufgabenabhängig vom Schüler wählbar, meist aber feste Stationsplätze	frei vom Schüler wählbar	Sozialform / Arbeitsort
in der Regel vom Schüler frei wählbar, evtl. von Pflichtaufträgen oder Material abhängig	evtl. durch feste Wechselzeiten vom Lehrer vorgegeben	frei vom Schüler bestimmbar	Zeitpunkt / Zeitdauer

1.2 Exkurs: Didaktisch-methodische Prinzipien und offener Unterricht

Die traditionelle Didaktik formuliert verschiedene Grundprinzipien, mit denen man Inhalte so transformieren kann, dass daraus Unterricht wird, der in seiner Aufbereitung den gängigen Forderungen der Lernpsychologie, der Pädagogik, den Fächern, den gesellschaftlichen Erwartungen, den Richtlinien und Lehrplänen usw. entspricht. Diese Grundprinzipien stellen eine wichtige Hilfe für den Lehrer dar, wenn sie wirklich als konstruktive Reflexionshilfe verstanden werden. Leider ist aber gerade bei den didaktischen Grundprinzipien eine große Begriffsunklarheit zu verzeichnen, die in einem direktem Zusammenhang mit der oben beschriebenen Inflation der offenen Unterrichtsformen steht. Zum Teil liegt das daran, dass auch dann an „alten“ Prinzipien festgehalten wird, wenn neuere Erkenntnisse die Richtigkeit dieser Prinzipien in Frage stellen. Zum Teil ist der Grund aber auch der, dass diese Prinzipien – genauso wie der offene Unterricht – mittlerweile einen so hohen Anspruch an den Lehrer stellen, dass dieser dem vermeintlichen Rechtfertigungsdruck begegnet, indem er in seinem bisherigen Unterricht die schon erfolgte Verwirklichung der „neuen“ Prinzipien sucht (und mit einer entsprechend subjektiven Interpretation auch irgendwie fündig wird) und dann bei dieser scheinbaren Erfüllung vorschnell stehen bleibt. Des Weiteren wird es so sein, dass viele der angestrebten Prinzipien erst in einem „wirklich“ offenen Unterricht verantwortungsvoll umgesetzt werden können und auch erst dann deren tiefergehende Begrifflichkeit für den Lehrer erfahrbar wird. (Zeitweise drängt sich die vage Vermutung auf, dass sogar die Curriculum-Entwickler bzw. die erlassenden Behörden die Begriffe in letzter Konsequenz auch nicht ganz so verstehen, wie sie sie verfasst haben.)

Im Folgenden soll daher die aktuelle Umsetzung einiger dieser Prinzipien praktisch hinterfragt und eine mögliche andere Deutung im Zusammenhang mit offenem Unterricht dargestellt werden. Dabei möchten wir hier – vor einer näheren Begriffsbestimmung des offenen Unterrichts im nächsten Kapitel – als dessen vorrangiges Merkmal den Grad der „Schülerorientierung“ im Sinne eines „Denkens vom Kinde aus“ als Reflexionsgrundlage verwenden.

1.2.1 Lebensbedeutsamkeit, Anwendungs- und Situationsorientierung

Hinterfragt man Lebensbedeutsamkeit und Situationsorientierung, so begegnet man einer ganzen Bandbreite von möglichen didaktischen Rechtfertigungen. Man könnte sie – ohne sie werten zu wollen – auf einer Skala zwischen Lehrvorgaben und Kinderwünschen anordnen. Argumentiert man von der belehrenden Seite her, so lassen sich Lebensbedeutsamkeit, Situationsorientierung, aber auch Gegenwarts- und Zukunftsbedeutung schon ganz allein aus dem der Schule eigenen (Spiral-)Curriculum begründen. Ein bestimmter Inhalt ist für das Kind deshalb lebensbedeutsam, weil es ihn für sein späteres Lernen in der Schule benötigt. Die Behandlung findet statt, weil der didaktisch geschulte Lehrer dies zum momentanen Zeitpunkt für sinnvoll hält. Dies ist zweifelsohne die gängige Begründung von Inhalten in der Schule. Schule wird so zum Selbstzweck, ihre Selektionsfunktion rückt vor ihre Qualifizierungsfunktion, Inhalte werden primär innerhalb des eigenen Systems begründet.

Eine andere Interpretation von Lebensbedeutsamkeit erfolgt dann, wenn man nach Inhalten sucht, die der Lebensnähe der Kinder entstammen und ihnen evtl. eine spätere Anwendung ermöglichen. Diese Auffassung von Lebensbedeutsamkeit wird man vor allem im Sachunterricht vorfinden, der ja dem Kind bei der Erschließung seiner Lebenswirklichkeit helfen soll. Ob dabei aber das schulische Verständnis der Lebenswirklichkeit der Kinder gemeint sein kann, ist anzuzweifeln, denn es stellt sich die Frage, ob es überhaupt „eine" Lebenswirklichkeit der Kinder gibt, oder ob Lebenswirklichkeit nicht immer nur etwas ganz Individuelles sein kann. Das, was in der Schule dann als Berücksichtigung der Lebenswelt der Kinder Einzug hält, ist oft grotesk, wenn althergebrachte Arbeitsblätter ihre Aufwertung durch Mode-Figuren (Diddl-Maus, Pumuckl oder Benjamin Blümchen) bekommen, oder sich der Einbezug der Lebenswirklichkeit bzw. die Anwendungsorientierung daraus ergibt, dass das zurzeit zu übende Rechenverfahren eine entsprechende Einkleidung in eine Textaufgabe bekommt (z. B. damit man später auch genau weiß, nach wie vielen Minuten die Badewanne bei welcher Hahnöffnung dann voll ist).

Argumentiert man vom Kinde aus, so wäre eine Situation dann lebensbedeutsam, wenn das Kind gerade jetzt für ein bestimmtes Problem eine Lösung sucht. Ersichtlich wird die große Schwierigkeit für den Lehrenden, dann wirklich individuell lebensbedeutsame oder situationsorientierte Unterrichtsinhalte vorzuplanen bzw. bereitzustellen. Man muss die Situationsorientierung bzw. die Lebensbedeutsamkeit von außen heranführen, sie für die Stunde konstruieren: durch geschickte „originale Begegnung", durch „Zum-Staunen-Bringen", durch „stumme Impulse" und andere Motivationstechniken. Man wird aber nur selten Lehrer finden, die diese hohe Kunst als durchgängiges Unterrichtsprinzip für jedes Fach und jede Stunde beherrschen. Und ob dann wirklich für alle Kinder der hohe Anspruch an Lebensbedeutsamkeit oder Situationsorientiertheit erreicht ist, oder ob die Aktionen des Lehrers nicht vielleicht eher als 32. Fernsehprogramm von den Schülern konsumiert werden, ist fraglich.

Der offene Unterricht macht hingegen weder Prinzip noch Fach oder Methode zur Grundlage seiner Überlegungen, sondern versucht direkt vom einzelnen Kind her zu denken. Lässt man das Kind selbst seine Inhalte zusammenstellen, seine Probleme finden und lösen, so wird den Prinzipien der Situationsorientierung bzw. der Lebensbedeutsamkeit schon zu einem großen Teil ganz automatisch Rechnung getragen. Zu überprüfen wäre, ob ein mögliches Defizit an strukturiertem Wissen und Vorgaben wirklich schlechtere Ergebnisse erbringt als die oben genannten Einschränkungen an Lebensbedeutsamkeit oder Situationsorientierung. Positive Begleiterscheinungen des gerade beschriebenen Vorgehens sind aber in jedem Falle der Verzicht auf aufgesetzte Motivationsphasen und die Möglichkeit des Kindes zu eigengesteuertem Lernen, das diesem durch die eigene Zielsetzung auf jeden Fall eher transparent und sinnvoll erscheint als etwas nur Nachgemachtes. Zudem hat der Lehrer im offenen Unterricht durch seine (unverbindlichen) Impulse immer die Möglichkeit, zusätzliche Interessen zu wecken, und kann dabei die wirkliche Lebensbedeutsamkeit des Inhalts in der momentanen Situation überprüfen.

1.2.2 Handlungsorientierung, Selbsttätigkeit und Produktorientierung

Die Forderung nach Selbsttätigkeit und Handlungsorientierung ist sicherlich eines der besonderen Kennzeichen der aktuellen Überlegungen zur Unterrichtsgestaltung. Um so verwunderlicher ist auch hier die Vielfalt der Begrifflichkeiten. Eine wichtige Unterscheidung könnte man durch die Abgrenzung von Handlungsbefähigung und konkret-praktischem Handeln treffen. Während die erste Form eine lerntheoretische Forderung ist, konzentriert sich die zweite vorrangig auf die Tätigkeit selbst bzw. auf ein angestrebtes Produkt. Nimmt man diese Form als vorrangige Grundlage der didaktischen Planung, so gerät man leicht in die Gefahr, handlungsintensive, aber nicht handlungsorientierte Unterrichtsstunden zu planen. Gerade im Bereich der Grundschule wird jegliche motorische Tätigkeit der Kinder schnell mit einem selbsttätigen Unterricht gleichgesetzt, ohne dass eine weitere Rechtfertigung vonnöten zu sein scheint. Die spielerischen Beschäftigungen des Kindergartens finden sich auf einmal in der Schule in vielen „handlungsorientierten“ Arbeitsmitteln wieder, wenn Kinder sachfremde Materialkontrollen „handelnd“ nutzen, bunte Plättchen legen oder Puzzles zusammenstellen – mit Handlungsbefähigung hat das aber meist alles nichts zu tun.

Interpretiert man Handlungsorientierung und Selbsttätigkeit aber vom Kind aus (und der Wortbestandteil „Selbst“ sollte das eigentlich nahe legen), so geht es vor allem um einen inneren Bezug des Lernenden zur Tätigkeit „selbst“. Die handelnde Auseinandersetzung mit einem Inhalt, mit dem sich das Kind wirklich identifiziert, die Möglichkeit, sich mit einer Sache auf eigenem Weg (und damit „spielerisch“) auseinandersetzen und so aktiv eigene Erfahrungen machen zu dürfen, unterscheidet sich stark vom eben genannten Beschäftigungsverständnis. Dieses kann leicht in puren, sinnlosen Aktionismus ausarten, wenn sich die Handlung vordergründig von selbst rechtfertigt oder als motivierende, spielerische Beschäftigung im Vordergrund steht und gar keine höheren Ziele anstrebt. Es geht also darum, Handlungsorientierung als Grundprinzip des Unterrichts vom Kinde aus zu denken und nicht darum, jedes Thema durch irgendwelche praktischen Sequenzen anzureichern. Dass bei dieser Sichtweise das handelnde

Tun der Kinder ganz automatisch erfolgt und ganzheitliche, individuelle Zugänge durch die Eigenaktivität und Selbststeuerung der Kinder von selbst Einzug halten, liegt auf der Hand. Die Nähe zum Erfahrungslernen des Projektunterrichts ist offensichtlich. „Selbsttätigkeit" hat in reformpädagogischer Tradition mit Verantwortungsübernahme zu tun und liegt in enger Beziehung zu Selbstbestimmung und Selbstständigkeit – und die erlernt bzw. erfährt man nicht durch fremdbestimmte Beschäftigung:

> Selbsttätigkeit ist das Kennwort der Methodik der von uns geforderten Schule der Zukunft. Durch Selbständigkeit wird die Schule zur „Arbeitsschule", d. h. zu der Schule, in der die selbständige Tätigkeit des Schülers die wesentliche, den Charakter Schule beherrschende Tätigkeitsform ist. Selbsttätigkeit fordere ich für alle Phasen der Arbeitsvorgänge. [...] Der freitätige Schüler bedarf keiner Fremdeinwirkung, um den Antrieb zur Tätigkeit zu gewinnen; [...] er bedarf nicht der Wegführung, damit er den zur Lösung seiner Aufgabe findet. Das Prinzip der Selbsttätigkeit beherrscht den gesamten Schulkursus vom ersten bis zum letzten Tage. (Gaudig 1963, 77)
>
> **Motorische Aktivität ohne innere Beteiligung ist noch keine Selbsttätigkeit**
>
> Ihr Missverständnis als bloß äußere Betriebsamkeit kann man in vielen Klassenzimmern beobachten: Hauptsache, die Kinder sind „tätig". Einzelarbeit mit Arbeitsblättern gilt als „besser" als der Lehrervortrag an der Tafel. Der Wechsel von Station zu Station ist zum Sinnbild für einen Unterricht geworden, in dem Kinder „aktiv" sind. Aber Tätigkeit erschöpft sich dabei nicht selten im blinden Nachvollzug vorgegebener Schemata. Wichtig sind zwei Fragen: Was wird getan (Qualität der Aufgabe, z. B. Inhalt eines Arbeitsblatts) und: Warum wird es gemacht (erhoffter Ertrag der Aufgabe)? (Brügelmann 2000, 49)

Im Zusammenhang mit einer tiefergehend verstandenen Handlungsorientierung muss auch das Prinzip der Produktorientierung überdacht werden. Nicht das materielle Produkt als solches ist wichtig, sondern das auf ein bestimmtes Produktziel gerichtete Handeln des Kindes. Es geht also nicht primär um das Erstellen einer Sache, sondern um eine sinnvolle Auseinandersetzung mit einem Problem, dessen Lösung als „Lernprodukt" dem Lernenden eine Identifikation ermöglicht. Dass das praktische Herstellen einer Sache, eines Modells ein solches Produkt sein kann, ergibt sich von selbst. Wenn ein Produkt aber nur um seiner selbst willen ohne weitere Ziele angestrebt wird oder an eine andere Sache einfach angehängt wird, kann im Prinzip nicht von einer produktorientierten Handlung gesprochen werden.

1.2.3 Ganzheitlichkeit, „Lernen mit allen Sinnen" und fächerübergreifendes Prinzip

Im Zusammenhang mit dem Prinzip der Handlungsorientierung erscheint oft die Forderung nach einem ganzheitlichen Lernen der Kinder, nach einem individuellen „Lernen mit allen Sinnen“. Bestimmte Schulinhalte sollen „ganzheitlich“ behandelt werden und finden sich deshalb zeitgleich in allen Stunden und Fächern wieder. Der Begriff der Ganzheitlichkeit wird dabei allerdings völlig verschieden verwendet: „Ganzheitlichkeit“ kann sein: das *Lernen mit Kopf, Herz und Hand* oder das *Beachten aller Eingangskanäle* des Schülers oder aber dessen *Selbstregulierung beim Lernen* oder die *mehrperspektivische, fächerübergreifende Aufbereitung des Lernstoffes* oder aber nur das *Gegenteil von „exemplarisch“* oder ein anderes Wort für *„Erfahrungslernen“* oder aber das *integrative Moment im individualisierten Unterricht* oder die *vorwissenschaftliche Kindorientierung innerhalb des wissenschaftlichen Lehrganges.* Oder aber ist vielleicht der Begriff „Ganzheitlichkeit“ einfach nur positiv besetzt und bei Bedarf entsprechend in fast jede Sache höherer Komplexität hineininterpretierbar?

> Ein allgemeiner gültiger pädagogischer Ganzheitsbegriff, der Praxis konstituieren könnte, existiert gegenwärtig nicht. Die bisherigen Versuche, eine Ganzheitspädagogik zu verwirklichen, sind [...] gescheitert. (Linder 1984, 19)

Entsprechend der unklaren Zielsetzung bzw. des hohen Anspruches findet man in der Praxis teilweise kuriose Sachen vor, wenn z. B. der ganzheitliche Zugang dazu führt, dass der Buchstabe der Woche im Stationsbetrieb nicht nur gebastelt, gezählt, gerochen und auf dem Fußboden abgegangen wird, sondern auch noch gebacken, gegessen, geturnt und getanzt wird. Es ist vielleicht kein großes Problem, dieses Vorgehen als (etwas merkwürdigen) Zirkel zum Sinnestraining zu begründen (wenngleich ich dazu die Kinder einfach in den Wald schicken würde ...), aber anzunehmen, dass man so den Schriftspracherwerb fördern könnte, zeigt, zu welch grotesken Ideen Lehrer und Lehrmittelverlage in der Lage sind, wenn es gilt, den restriktiven Fibelunterricht durch andere – scheinbar kindorientiertere – *Trainings*formen zu ersetzen. Wenn Frederick Vester (vgl. 1978) wüsste, was er da mit seiner Forderung, die verschiedenen Eingangskanäle der Lernenden zu berücksichtigen, angerichtet hat, würde er wahrscheinlich nur fassungslos den Kopf schütteln. Sein Ziel ist es, dass der Lernende möglichst optimal lernen kann, indem man den für ihn besten Weg der (Stoff-)Aufnahme nicht blockiert. Aber es geht nicht darum, in jeder Situation den „zu vermittelnden Stoff“ im Hinblick auf die Aufnahme durch verschiedenste Sinneskanäle zu transformieren, die dann von allen Kindern obligatorisch durchlaufen werden müssen, egal ob der Schüler diesen Zugang wirklich benötigt oder nicht. Sundermann und Selter bezweifeln in ihrem lesenswerten Artikel „Quattro Stagioni“ zu recht, dass man mit „allen“ Sinnen lernen kann und würden den Begriff „Lernen mit *mehreren* Sinnen“ (bzw. „Lernen voller Sinn“) vorziehen – wer lernt schon mit Hilfe des Geruchs- oder des Geschmackssinns das Einmaleins? (vgl. Sundermann / Selter 2000, 111)

Denkt man die Ganzheitlichkeit vom Kinde aus, so nimmt man es als Person, als Individuum wahr. Dann muss Ganzheitlichkeit im Sinne eines natürlichen

Lernens verstanden werden. Man lässt dem Kind weitgehende Inhalts-, Methoden- und Zeitfreiheit, gibt ihm durch unverbindliche Impulse Hilfen beim Gehen des eigenen Weges und beim Erweitern der eigenen Erfahrungen, gestattet die Verwendung verschiedenster Techniken und Materialien und lässt die Eingangskanäle und Sinne zu, mit denen das Kind lernen will. Aber man versucht nicht da Ganzheitlichkeit von außen zu inszenieren, wo gar keine vorhanden ist.

Entsprechendes gilt für die Forderung nach fächerübergreifendem Arbeiten, das in der Praxis genauso unbefriedigend umgesetzt wird. Entweder wird durch ein die Fächer Mathematik, Sachunterricht und Sprache „integrierendes" „Verbund-Lehrwerk" die traditionelle Fächertrennung im Prinzip beibehalten und die Einzelfächer lediglich durch dasselbe Oberthema „verbunden", oder aber bestehende Unterrichtsarrangements wie Werkstätten oder Wochenpläne werden mit allerlei Füllmaterial „fächerübergreifend" gemacht: Da wird im Herbst aus Äpfeln nicht nur Apfelmus gekocht (wogegen nichts einzuwenden ist), sondern dann gibt es dazu noch Apfel-Diktate, Apfel-Gedichte und Apfel-Lieder, Äpfel werden gemalt und gestickt, und schließlich noch gerechnet und geturnt – und vielleicht ja auch noch als Erntedank gebetet …

> Über mehrere Wochen sämtliche Unterrichtsfächer um ein und denselben Lehrstoff kreisen lassen: der *Wald* etwa im Lied („Wer hat dich …"), als biologisches Phänomen (lauter Bäume) samt physikalischen und chemischen Problemen (Wie kommt das Wasser aus dem Boden in die Blätter, warum sind diese grün?), als Rechenobjekt (Rauminhalt gefällter Stämme), gesellschaftlich (Holzarbeiter), wirtschaftlich (Holz als Rohstoff), als Rechtschreibübung (Wal*d* – kal*t*, Ba*u*m – Bä*u*me), literarisch (der Wald im Märchen), historisch (der Wald bei den alten Germanen) und auch religiös (der Weihnachtsbaum) – das lässt bei den Kindern nicht nur lähmende Langeweile aufkommen, sondern verstellt ihnen auch fachliche Zugangs-, Denk- und Arbeitsweisen für selbständige Erkenntnisgewinnung und Weltorientierung. (Haarmann 1989, 27 f.)

Dass ein zumindest vom Oberthema her noch einigermaßen zusammenpassender Unterricht immer noch besser ist als ganz und gar von einander losgelöste Belehrungsstunden, mag ja noch nachvollziehbar sein. Aber dass die Absicht des fächerübergreifenden Aspektes dazu führt, das Niveau der Aufgabe bzw. den Fachanspruch auf ein Minimum zu senken, darf einfach nicht sein. Wirklich fächerübergreifend wird nur dann gearbeitet, wenn auch wirklich etwas für die beteiligten Fächer herauskommt, ansonsten ist egal, welchem Fach die zusätzliche Beschäftigung entspringt und der Begriff „fächerübergreifend" ist zu vermeiden. Nur weil in jedem Fach auch etwas erzählt oder geschrieben wird, werden nicht zugleich sprachliche Ziele umgesetzt – und nicht überall da, wo mal eine Zahl oder eine Rechenaufgabe auftaucht, wird Mathematik gemacht.

> So wird beispielsweise im Buch „Lernziel: Stationenarbeit“ eine Stationenarbeit zum Thema Jahreszeiten beschrieben, deren mathematischer Anteil darin besteht, an einer von insgesamt zehn Stationen Aufgaben, die untereinander auf einem Streifen stehen, auseinander zu schneiden und der Größe der Lösungen nach wieder aufzukleben (Dewes u. a. 1996). Bei richtiger Anordnung entsteht das Bild einer Blume. [...] Dass man bei einem „fächerübergreifenden“ Vorhaben auch eine „Mathe-Station“ braucht, kann nicht der Grund dafür sein, einfallslose und wenig themenbezogene Aufgabenstellungen zu rekurrieren. Fällt einem nichts Besseres ein, so sollte man sich konsequenterweise dem Automatismus der Fächerintegration im Sinne schlechten Gesamtunterrichts widersetzen und ehrlicherweise die Mathematik gleich unberücksichtigt lassen. (Sundermann / Selter 2000, 110f.)

Der Zugang des Kindes zur Welt ist ein vorfachlicher, denn die Einteilung der Welt in bestimmte fachliche Strukturen ist eine relativ willkürliche Sache einer historischen bzw. gesellschaftlichen Entwicklung. Für das Kind muss das zu lösende Problem bzw. das zu erlernende Wissen im Vordergrund stehen – und das hat nichts mit einer Einteilung in Fachbereiche zu tun. Facheinteilungen und Fachmethoden können später als Strukturierungshilfe oder als Werkzeuge zur Schärfung bzw. Erweiterung der Betrachtung dienen, solange man aber selber nicht in diesen Strukturen denkt – und das tun Kinder so nicht von sich aus – macht die Vermittlung über diese Strukturen keinen Sinn, ja schränkt die Perspektive sogar gravierend ein.

Die meisten Kinder scheinen sehr wohl in der Lage zu sein, sich die für sie selbst beste Lernmethode anzueignen und zu verfolgen und werden bei der Bereitstellung eines entsprechenden Freiraumes auch sicherlich ganzheitliche und fächerübergreifende Erfahrungen machen. Gerade wegen des großen Defizits ganzheitlicher Tätigkeitsformen in unserer Welt darf aber nicht an Stelle dieser „Lebensferne“ eine schulisch-inszenierte Ganzheitlichkeit treten, die die in der Wirklichkeit vorzufindende Zersplitterung von Erfahrungen vorschnell verneint und stattdessen für das Kind undurchschaubare Konstrukte hervorbringt. Damit wird dem Kind keinerlei Hilfe gegeben, die tatsächlichen Produktions- und Lebensformen individuell zu reflektieren bzw. sich zu erschließen. (Vgl. dazu auch Reinhardt 1992, 145ff.)

1.2.4 Elementarisierung und Kindorientierung

Seit Comenius scheint es Grundaufgabe jeder Didaktik zu sein, die komplexe Lebenswirklichkeit bzw. die schulisch relevanten Inhalte so zu transformieren, dass dem Lernenden ein einfacher und sicherer Zugang beschert wird. In der Regel erfolgt dieser Zugang über eine Analyse des Stoffgebietes und eine anschließende didaktische Reduktion, die aus der Fülle der Sachinhalte die Teilbereiche auswählt, die zur Vermittlung sinnvoll erscheinen. Danach wird der reduzierte

Inhalt didaktisch-methodisch durch entsprechende Vereinfachung, Strukturierung und Veranschaulichung so aufbereitet, dass ein möglichst effektives Lernergebnis zu erwarten ist. Die Vereinfachung erfolgt dabei um so stärker, je jünger oder je lernschwächer der Schüler ist (vgl. Bennack / von Martial 1997[4], 79). Ein übliches Vorgehen ist dabei die Aufgliederung des Stoffs beginnend bei Punkt Null (z. B. die Einführung von Buchstaben und Zahlen im ersten Schuljahr bzw. die Grundwortschatz- oder Zahlraumerweiterung in den anderen Schuljahren). Dazu stehen dem Schüler dann meist strukturierte Materialien zur Verfügung, die ihm den Inhalt bzw. die Zusammenhänge veranschaulichen sollen. Erklärtes Endziel dieses Vorgehens – das oft im Gegensatz zum o. g. Prinzip der Ganzheitlichkeit steht – ist „die Befähigung des Schülers, sich mit der untransformierten Wirklichkeit auseinander zu setzen. Die Elementarisierungsformen sind nicht Selbstzweck, sondern Mittel zum Erreichen dieses Zieles." (Bennack / von Martial 1997[4], 79)

Wenn man nun so manche didaktische Reduzierung, Elementarisierung und Veranschaulichung aus der Sicht des Kindes betrachtet, scheint es mit der Vereinfachung des Zugangs und der Veranschaulichung eines Zusammenhanges nicht immer ganz zu klappen. Vor allem scheint der elementarisierte Lehrgang selten die Verschiedenheit der Kinder zu berücksichtigen: Da können Kinder schon fast schreiben (und brennen darauf, dies zu tun) und müssen erst einmal wochenlang Schwungübungen machen. Oder sie kommen mächtig stolz in die Schule, weil sie schon bis Hundert zählen können – und dann rechnen sie ein halbes Jahr in kleinsten Schritten nur bis zur 10, um dann in den nächsten eineinhalb Jahren ganz gemächlich den (langsam schon wieder vergessenen) Hunderterraum zu erschließen. Oder Kinder haben sich durch ihre außerschulischen und medialen Erfahrungen schon ein differenziertes und komplexen Sachwissen angeeignet, damit sie dann vier Jahre lang im Sachunterricht die passenden Lückentexte zum Sprachbuch ausfüllen. Aber auch bei ganz konkreten Unterrichtsinhalten wie dem „Zehnerübergang" (unter Mathematikdidaktikern mittlerweile gerne als „Zehneruntergang" bezeichnet) oder der Übung bestimmter Rechtschreibphänomene bzw. -regeln erstaunt das Ergebnis der didaktischen Bemühungen allzu oft: Viele Kinder können danach Sachen nicht mehr, die sie vorher „unbewusst" völlig richtig gemacht haben.

Wenn das Endziel der Elementarisierung die Begegnung mit der komplexen Wirklichkeit ist, warum kann man dann nicht das Kind selbst den für es notwendigen Grad an Elementarisierung bestimmen lassen? Warum unterfordert oder überfordert man es durch einen fiktiven Zugang, der meist das voraussetzt, was er erst lehren will: Den Einblick in die übergeordneten Zusammenhänge, die Sachstruktur, die dem jeweiligen Inhalt zu Grunde liegt. Vom Kinde aus betrachtet ist es viel schwieriger und unsicherer, in einem sich selbst noch nicht erschlossenem Gebiet einem fremden Weg, einer fremden Struktur zu folgen, als sich selber einen Weg zu bahnen. Entsprechend ist zu bezweifeln, ob (auch junge oder schwache) Kinder auf die Elementarisierung durch andere angewiesen sind – oder ob sie diese nicht am besten selbst vornehmen sollten – wie sie es ja auch die restliche Zeit des Tages machen. Bis zum Schuleintritt hat es bei den allermeisten zumindest schon sechs Jahre bemerkenswert gut geklappt, wie ihre motorischen, sprachlichen, sozialen usw. Kompetenzen eindrucksvoll zeigen. Kindorientierung ist unter dieser Sichtweise nicht die oft analog zum Prinzip der Elementarisierung vorzufindende unsachgemäße „Verniedlichung", sondern die „Orientierung vom Kind aus", die das Lernen nicht durch fremd vorgenommene Vereinfachungen, sondern durch die Selbststeuerung des Lernenden effektiv macht.

Voraussetzung für eine solche eigengesteuerte Vorgehensweise ist allerdings die Fehlertoleranz durch Lehrer und Eltern, die die jeweilige Entwicklungsstufe des Kindes berücksichtigt. Dabei ist zu beachten, dass sich die Entwicklungsstufe eben nicht durch ausgeklügelte didaktische Maßnahmen anheben lässt – meist ist sogar eher das Gegenteil der Fall, wie die Ergebnisse in der Schulpraxis zeigen. Die Schulversuche, in denen der Zugang zum Stoff nicht künstlich „elementarisiert" worden ist, sondern der Grad der Elementarisierung weitgehend dem Kind überlassen wurde, zeigen hingegen allesamt erstaunliche Leistungen der Kinder. Viele Schulpsychologen empfehlen mittlerweile die Lehrmethoden, die den Kindern einen unbeschränkten Zugang zum Stoff erlauben, als Prophylaxe gegenüber Lernschwächen wie „Legasthenie" oder „Dyskalkulie" und beugen so Schulversagen und ineffektiven Förderprogrammen vor. *Fördern durch Fordern.*

1.3 Wie müssten Formen „offenen Unterrichts" eigentlich aussehen?

> Wer unter Öffnung der Schule nur freie Arbeit, die Aufhebung des Stundenplans und eine besondere Wertschätzung für die Bedürfnisse der Kinder versteht, vermag im Streit konkurrierender Meinungen niemanden davon zu überzeugen, daß dies die bessere Art von Unterricht ist. (Benner 1989, 47)

Die gemachten Betrachtungen bezüglich der vielfach defizitären Umsetzung der aktuellen Zielsetzungen und Prinzipien von Unterricht – sie werden explizit oder implizit in allen gültigen Richtlinien gefordert – geben zu denken. Wie kommt es, dass Lehrer Prinzipien und Handlungsweisen theoretisch anerkennen, sich auch durchaus damit identifizieren können und trotzdem eine Unterrichtspraxis vorweisen, die – ohne diesen Unterricht im Einzelnen werten zu wollen (!) – diese Zielsetzungen oft nur noch karikiert? Sicherlich ist eine der Begründungen für die unbefriedigende Umsetzung in organisatorischen Schwierigkeiten zu finden, wenn an vielen Schulen eben nicht das Klassenlehrerprinzip vorherrscht, sondern das stundenweise Unterrichten durch Fachlehrer schon rein technisch projektorientierten oder fächerübergreifenden Unterricht fast unmöglich macht.

Auch wenn man versucht, diesem Problem durch „Teamwork“ zu begegnen, ergibt sich nicht nur auf der Beziehungsebene ein gewisses Lotteriespiel, sondern die nun notwendigen Vorabsprachen karikieren schnell jede den Schülern gewährte Offenheit im Sinne einer Situationsorientierung und haben zwangsläufig eine Reduzierung der im Gesamtkonzept gewährten Offenheit zur Folge, denn die Basis der Vereinbarungen kann ja nur der kleinste Nenner unter den Beteiligten sein: das Maß an Vorgaben, das der „unsicherste“ der Teamkollegen als Stütze mindestens braucht. Zudem beeinflusst der stattfindende Personenwechsel den von den Schülern selbst organisierten Arbeitsprozess, es fehlt Lehrern wie Schülern ein Stück Kontinuität im Lern- bzw. Lernbegleitprozess.

Aber auch auf anderen Ebenen ergeben sich Konflikte, z. B. wenn man die o. g. didaktischen Prinzipien als so etwas wie einen „Lehrgang“ im Unterricht ansieht. Natürlich macht es Sinn, den Kindern entsprechende Erfahrungen zu ermöglichen, aber sobald diese vom Lehrer vorgeschrieben bzw. inszeniert werden, erzeugen sie all die bekannten Probleme des Lehrganges, die man ja eigentlich vermeiden wollte: Durch den Eingriff fällt die Situationsorientierung genauso weg wie die Verantwortung für das eigene Lernen oder die Selbststeuerung des einzelnen Schülers.

Entsprechend müssen Prinzipien „echter“ Schülerorientierung Vorrang haben, um dann individuell oder gemeinschaftlich andere Prioritäten zu setzen. Die oben beschriebenen Arbeitsformen brauchen einen gemeinsamen Ursprung, ein Basiskonzept. Sie müssen sich wieder auf ihre Grundidee zurückbesinnen, um dann von dort aus ihre methodischen Stärken zu erzeugen. Vom richtigen Ursprung aus können dann sogar die „geschlosseneren“ Konzepte gewinnbringend eingesetzt werden, wenn z. B. der Wochenplan nicht mehr die verbindliche Vorgabe für alle Kinder ist, sondern der individuelle Lernvertrag, den ein Kind als „Eigenhilfe“ mit sich selbst abschließt, um ein sich selbst vorgenommenes Ziel zu erreichen. Oder es lassen sich z. B. Werkstätten und Stationsbetriebe denken, die Kinder für ihre eigene oder andere Klassen planen und aufbereiten, wodurch diese Arbeitsformen zumindest auf der methodischen Ebene eine neue Qualität erfahren können.

Anknüpfend an die oben ausgeführte Kritik sollen die einzelnen Arbeitsformen im Folgenden so weiterentwickelt werden, dass sie wieder mit der eigentlich beabsichtigten Zielperspektive übereinstimmen und sich den schon Jahrzehnte bekannten Erkenntnissen von Lernpsychologie und Didaktik sowie den gewandelten gesellschaftlichen Anforderungen an Schule weiter annähern.

1.3.1 Wochenplanunterricht, Freie Arbeit und Projektunterricht

Wochenplanunterricht und Freie Arbeit

In den Ferien machen Annikas Eltern mit Annika und ihrem Bruder Tom immer Urlaub bei Familie Mirabella, die früher einmal einen kleinen Bauernhof hatten, nun aber lieber Zimmer vermieten. Annika und Tom fühlen sich immer direkt wie zu Hause, denn sie sind seit Jahren mit Christine und Nico, den Kindern des Hauses, befreundet. Leider liegen diesmal die Ferienzeiten so unterschiedlich, dass Christine und Nico noch Schule haben und alle erst nachmittags zusammen spielen können. Die erste Woche freut sich Annika, dass sie noch ein bisschen im Bett lesen kann, wenn Christine und Nico zur Schule gehen müssen. Aber da sie irgendwie keine Lust hat, auch hier immer nur mit Tom zu spielen, wird es ihr doch nach einer Woche langweilig. Eines Morgens steht sie leise auf, als sie Christine im Badezimmer hört, und fragt, ob sie nicht mit ihr zur Schule gehen könne. „Klar, das geht bestimmt. Unser Lehrer hat sicherlich nichts dagegen, wir können in der Schule eh immer machen, was wir wollen", sagt Christine und wirft ihrer Mutter einen fragenden Blick zu. Die wundert sich zwar ein bisschen, dass Annika in den Ferien in die Schule gehen will (Annika wundert sich eigentlich auch), aber warum nicht? „Ich sag deinen Eltern nachher Bescheid, mach mal. Wenn sie mit dir irgendwohin wollen, können sie dich ja auch drüben in der Schule abholen." Annika freut sich und ist schon ganz gespannt. Wie hat Christine das wohl gemeint, dass sie immer machen kann, was sie will? Wie soll man denn was lernen, wenn man immer nur macht, was man will?

Christine und Annika marschieren los. Eigentlich ist noch eine halbe Stunde Zeit, bis die Schule anfängt, aber auch in Christines Schule gibt es einen „offenen Anfang". Als sie in der Klasse eintreffen, kommt Christines Lehrer auf die beiden zu und begrüßt sie. Leicht grinsend sieht er Christine an und fragt: „Wen hast du uns denn da mitgebracht?" Christine stellt Annika vor und setzt sich dann mit ihr an einen der Tische. Annika fragt vorsichtig: „Wer sitzt denn sonst hier?" Christine lacht und antwortet: „Du, wir haben hier keine festen Plätze. Du kannst dich hinsetzen, wo du willst. Wäre sonst auch blöd, denn ich weiß doch nicht im Voraus, mit wem ich wann zusammen arbeiten möchte." Jetzt erst fällt Annika auf, dass die Klasse ganz anders aussieht als ihre eigene. Aus den Nachbarklassen in ihrer Schule weiß sie, dass in vielen Klassen die Tische in Reihen hintereinander stehen. Da kann man sich meistens gar nicht richtig bewegen, alles ist so gequetscht. Aber die Kinder stehen im Unterricht sowieso nie auf, so dass das dann auch kein Problem ist. In ihrer eigenen Klasse sind alle Tische zu Gruppentischen zusammengestellt, so dass man gut miteinander arbeiten kann. Da ist schon etwas mehr Platz in der Klasse.

Aber hier! Hier ist die Klasse in der Mitte ganz leer. Außer einem großen Gruppentisch direkt neben der Tür stehen alle Tische ringsum an der Wand entlang. Hinten in der Klasse ist eine Sitzecke fest auf einem Podest aufgebaut. „Das ist ja klasse", sagt Annika, „da müsst ihr den Sitzkreis ja gar nicht immer aufbauen!" „Das wäre ja wohl die Höhe, den immer aufbauen zu müssen!", sagt Christine, „wir treffen uns doch andauernd dadrin." „Aber mit den Tischen so die Wand entlang, da verrenkst du dir ja ganz schön den Hals, wenn du zur Tafel gucken musst! Das ist ja wohl total bescheuert!" „Wie zur Tafel? Wir arbeiten doch an den Tischen, nicht an der Tafel. Da kann doch eh immer nur einer arbeiten!?" Was Christine damit meint, versteht Annika zwar nicht so ganz, denn wie soll man etwas lernen, wenn es einem keiner vormacht? Aber sie guckt sich erst einmal weiter um. „Und wo sind eure Freiarbeitssachen?" „Wie meinst du das?", fragt Christine, „da hinten stehen ein paar Sach- und ein paar Geschichtenbücher, wenn du an die denkst. Und die Wörterbücher sind da vorne neben dem Papier und den linierten und karierten Blättern. Was anderes haben wir nicht. Wozu auch?"

Annika wundert sich immer mehr. Die Tische stehen an der Wand lang, die Klasse ist ganz leer, man kann nicht auf die Tafel gucken, es gibt keine Freiarbeitssachen, keine festen Plätze und man kann machen was man will? Oh je, wo bin ich denn hier gelandet?, denkt sie … Christine hat sich schon längst ein paar Bücher aus dem Regal geholt, blättert sie durch, liest einzelne Abschnitte und schreibt in ihrem Heft. Annika guckt sich um. Mittlerweile sind schon eine ganze Menge Kinder in der Klasse, aber irgendwie wirkt diese immer noch sehr leer. Im Sitzkreis liest ein Kind zwei anderen Kinder eine eigene Geschichte vor, am Gruppentisch bauen fünf Kinder etwas mit Drähten und Batterien, während ein paar andere Kinder mitten in der Klasse auf dem Boden liegen und auf großen Blättern riesige Rechenaufgaben aufschreiben. Plötzlich fällt Annika auf, dass der Lehrer ja schon länger nicht mehr in der Klasse ist. Sie hört seine Stimme aus dem Flur vor der Klasse und guckt hinaus. Da sitzt er lachend mit ein paar Mädchen vor zwei Computern und alle tippen abwechselnd schnell auf der Tastatur rum. „Die chatten zusammen", sagt ein Junge zu Annika, als er ihren erstaunten Blick sieht. „Aber ohne Internet, die unterhalten sich einfach so miteinander. Über den Monitor."

Annika geht zu Christine. „Sag mal, wann fängt denn jetzt der Unterricht an? Ist doch schon fast halb neun!" Christine sieht sie erstaunt an. „Wie meinst du das?" „Na, wann fängt der Lehrer denn an zu unterrichten?" Christine überlegt ernst und sagt dann: „Eigentlich nie. Warte, doch, einmal hat er uns an der Tafel gezeigt, wie man die englischen Zahlen aufschreibt, du weißt schon, one, two, three und so. Aber sonst besprechen wir alles im Kreis oder gehen zu ihm hin und fragen ihn, ob er eine Idee hat." „Versteh ich zwar nicht so ganz", sagt Annika, „aber dann gib mir doch mal deinen Wochenplan, die Sachen kann ich doch bestimmt auch. Ich bin nämlich ganz gut bei uns in der Klasse." „Gut, warte mal, ich hol ihn gleich raus." Christine macht ihren Ranzen auf, in dem sich nur ganz verloren eine bunte Kladde mit Diddl-Mäusen befindet. Daraus gibt sie Annika ein Blatt:

Individueller Wochenplan

Wochenplan von *Christine*			Datum:__________
Fach	Ich nehme mir diese Woche vor:	Ich würde gerne wissen:	✓ Erledigt Eigene Note
	Meinen Ägypten-Vortrag weitermachen	*Kannst du nächste Woche mit Björn zusammen vortragen? Der hat was zu Tut-Anch-Amun.*	
	Harry Potter weiterlesen	*Kannst du uns das Buch mal im Sitzkreis vorstellen, wenn du fertig bist?*	
1+4	*Ich mach weiter an der Rechengeschichte mit den Zauberzahlen*	*Ich hab das mit dem Trick noch nicht verstanden!. Erklär mir mal!*	✓ 2-3 *Hab ich jetzt verstanden. Tolle Idee! Ich finde 2+!*
	Ägypten-Vortrag *Kannst du das Plakat mal durchgucken?*	*Kann ich das mit nach Hause nehmen? Leg es mir einfach auf meinen Tisch.*	*Du hast die Informationen aus den Büchern gut zusammen gefasst!*
	Ich mach ein eigenes Ägypten-Poster für meinen Vortrag	*Ich hab dir blaues Tonpapier besorgt – liegt im Kunstfach.*	
	Meine Oma hat noch Dias zu denen überleg ich mir dann was.	*Klasse! Dia-Guckis sind im Sachunterrichtskasten. Ich bring den Projektor aus dem Lehrmittelzimmer mit.*	✓
	Donnerstag Elternabend Freitag Schuleschlafen		*Wir kommen beide. Christine kann Freitag Kuchen mitbringen.*

„Hhhh? Den Plan hast du dir doch selber gemacht!?“ „Klar, wer sonst?“ „Aber woher weißt du denn, was du in der Woche lernen musst?“ „Und woher weiß jemand anders, was ich in der Woche lernen will?“ „Puh. Ist ja lustig. Du bestimmst selbst, was du lernst. Wenn ich mir immer aussuchen könnte, was ich in der Schule machen will, würde ich immer nur „Little-Professor“ spielen. Das macht Spaß.“ „Glaub ich nicht. Das wird irgendwann langweilig. Ich hab eigentlich immer genug zu tun. Und bessere Sachen als mit dem doofen Taschenrechner. Der macht ja immer nur dasselbe. Da hinten liegen noch welche in der Schublade, wenn du einen zum Arbeiten willst. Aber du kannst auch mir helfen.

Ich sitze gerade an meinem Vortrag über Ägypten. Weißt du eigentlich, wie komisch die damals geschrieben haben? Guck mal, hier diese Schlange ...“

> Differenzierender Unterricht, der selbsttätiges und selbständiges Lernen begünstigt, läßt sich z. B. bei Gruppenarbeit, im Projektunterricht, bei Vorhaben, im Unterricht nach einem Wochenplan und in der freien Arbeit realisieren. [...] Die Schüler bestimmen selbst, z. T. in Absprache mit den Partnern, die Reihenfolge der Bearbeitung, die Sozialform, ihr Arbeitstempo, den Umfang der erwünschten Hilfen und der freiwilligen Aufgaben. Der Lehrer berät und hilft bei dieser Arbeit. Im Laufe der Grundschulzeit tritt er mit seinen Vorgaben zurück und ermöglicht, daß der Schüler schrittweise Aufgaben für den Wochenplan selbst auswählt und selbstverantwortlich die freie Zeit nutzt. (Landesinstitut NRW 1983 a, RL 12)

> Von Freiarbeit wird üblicherweise dann gesprochen, wenn die Kinder oder die Jugendlichen frei über die Inhalte und die Art ihrer Aktivitäten, über ihr Lerntempo und die von ihnen gewünschte Sozialform, über Materialien und Arbeitsplätze in der dafür ausgewiesenen Zeit entscheiden können. Freiarbeit ist nicht lehrergesteuert. Ihre Grenzen liegen in einem von Lernenden und Lehrenden vereinbarten organisatorischen Rahmen und in der Rücksichtnahme auf die Mitschüler und Mitschülerinnen. (Heckt 1993, 5)

Wochenplan Name: **A**
vom bis

		fertig	kontrolliert
Schreiben:	Sprachbuch S. 24: Schreibe die Geschichte ab, beantworte die Fragen.		
Lesen:	Lesebuch S. 37: Lies die Geschichte mehrmals, bis Du es gut kannst!		
Rechnen:	Mathematikbuch S. 26, Aufgabe 5 a-d, 6 b und c, 7a-e. Denke bei den Textaufgaben an *Frage, Rechnung, Antwort!*		
Rechtschreibung:	Übe die Diktatwörter mit Deiner NachbarIn als Partnerdiktat.		
Sachunterricht:	Lies Dir die Geschichte vom Besuch bei der Post auf S. 33 durch und male einen Briefkasten. *Denke an die richtige Beschriftung!*		

Montag	Dienstag	Mittwoch	Donnerstag	Freitag

Betrachtet man Wochenplan und Freie Arbeit einmal losgelöst von der üblichen auf Freiarbeitsmaterial und Lehrervorgaben beruhenden Vorstellung aus der Sicht eines Unterrichts, der versucht, seinen didaktischen Prinzipien möglichst treu zu bleiben, so können sich die jeweiligen Konzepte in zentralen Punkten in die Richtung eines „Offenen Unterrichts“ wandeln und dadurch im Prinzip zum selben Konzept werden. Hans Brügelmann und Erika Brinkmann veranschaulichen diese Wandlung gut in ihrem Buch „Die Schrift erfinden“ (vgl. 1998, 57ff.) an Hand von Wochenplänen, die eine zunehmende Öffnung erfahren.

So wird ein (geschlossener) Wochenplan mit ganz konkreten Arbeitsvorgaben (A) durch das Einräumen eines gewissen Freiraumes bei der

Wochenplan Name: **B**
vom bis

		fertig	kontrolliert
Schreiben	Schreibe einen Bericht über unseren Besuch beim Tierarzt in der letzten Woche!		
Lesen	Partnerlesen: Übe mit einem anderen Kind das Stück im Lesebuch auf S. 25 mit verteilten Rollen zu lesen.		
Rechtschreiben	*Nächste Woche schreiben wir das Diktat:* Übe den Text als Dosen-Diktat, Schleich-Diktat, Dreh-Diktat oder Hör-Diktat. (Für das Hör-Diktat mußt Du Dich rechtzeitig in die Liste für den Walkman eintragen!)		
Rechnen	1. Stelle Dir ein Blatt mit dem Einmaleins der 7 und ein Blatt mit dem Einmaleins der 9 her. Lerne sie auswendig und laß Dich von einem anderen Kind abfragen. 2. Mathebuch S. 27, Aufgabe 5 a-d *Zusatzaufgabe für Spezialisten: S. 28, Nr. 7*		
Sachunterricht	Male ein Kaninchen und einen Hasen und schreibe auf, worin sie sich im Aussehen und ihrer Lebensweise unterscheiden. > Informationen dazu findest du im Sachbuch S.33 - Du kannst aber auch andere Bücher aus der Klassenbücherei benutzen.		

Montag	Dienstag	Mittwoch	Donnerstag	Freitag

Wochenplan Name: **C**
vom bis

			fertig
Freies Schreiben: Am Freitag wird vorgelesen!		Schreib-konferenz	
Lesen:	Wähle Dir in der Leseecke ein Buch zum Lesen aus. Male ein Bild dazu!		
Rechnen:	1. Übe mit einer Partnerin die Einmaleins-Reihen, die Dir noch schwer fallen: 2. Am Brett hängen die Rätselaufgaben von den anderen Kindern. Such Dir aus, welche Du bearbeiten möchtest. 3. Denk Dir auch eine Rätselaufgabe aus.	Vergleiche Deine Lösung mit anderen Kindern!	
Rechtschreibung:	1. Arbeit an der Rechtschreibung von Wörtern 2. Sammle Wörter, in denen das <a> lang klingt wie in Ameise. Ordne sie!		
Projekt Mittelalter:			

Montag	Dienstag	Mittwoch	Donnerstag	Freitag

Herangehensweise an die Aufgaben zu einem Wochenplan, der zwar die Inhalte thematisch noch eng vorgibt, aber durch das Erweitern der methodischen Vorgaben dem Kind eine erste Eigendifferenzierung ermöglicht (B).

Wenn man so als Lehrer den Gleichschritt der Klasse immer mehr aufgebrochen hat, fragt man sich irgendwann, warum eigentlich alle Schüler zeitgleich das gleiche Thema bearbeiten müssen, wo sie es doch auf so unterschiedlichen Niveaus machen, dass das „Gleiche“ an diesen Arbeiten sowieso nur gering ist – der Anspruch dieser „Gleichheit“ aber bei vielen der Kinder zu Über- und Unterforderung führt. Wenn man Lesen, Schreiben und Rechnen durch Lesen, Schreiben und Rechnen lernt, dann kann egal sein, ob Peter eine Geschichte über Piraten schreibt und Lukas daneben eine über seinen letzten Urlaub in Italien. Und wenn Christine lieber Harry Potter liest als die Geschichte vom „tolpatschigen Osterhasen“ im Lesebuch, ist auch das in Ordnung bzw. im Grunde sogar von ungleich höherem Niveau. Und beim Üben des Einmaleins macht es bestimmt mehr Sinn, die Vorkenntnisse zu berücksichtigen und die Reihen (auf seine eigene Art) zu üben, die man noch nicht beherrscht, als die, die gerade „dran“ sind (C).

Und wenn man schließlich merkt, dass auch dieser Freiraum von den Kindern nicht missbraucht wird, ja sogar plötzlich eine ganz andere Lernatmosphäre in der Klasse herrscht, wird man u. U. konsequent weiterdenken und zu dem Schluss kommen, dass der höchste Grad an Passung zwischen Kind und Stoff sowie die höchste Lernmotivation und Selbstständigkeit dann erreicht wird, wenn das Kind sich seinen eigenen Plan macht. Schriftlich festgehalten oder auch nicht, als Selbstverpflichtung für einen bestimmten Zeitraum im Voraus oder auch nicht, unter der Vorgabe von Fächern oder auch nicht, in Absprache mit dem Lehrer oder auch nicht. Der Übergang vom Wochenplanunterricht zur Freien Arbeit wird fließend – und damit auch zum „Offenen Unterricht".

Woche vom bis Name: Niki D

Ich nehme mir für diese Woche vor:

	besprochen, Tips für die Arbeit	fertig
Freies Schreiben: Geschichte weiterschreiben	Wann willst Du Dich für eine Schreibkonferenz anmelden? Freitag	
Lesen: Ronja Räubertochter	Denke daran, Dein Lesetagebuch weiter-zu-führen	
Rechnen: Ich übe: 1×7, 1×8, 1×9	✓ Axel, Petra und Nina üben das Gleiche	X X
Rechtschreibung: Wortlistentraining	✓	X
Vortrag halten: Fledermäuse	Schaffst Du es bis Montag in 2 Wochen?	
Gedicht lernen: Herbstvögel	Das Gedicht fehlt noch in unserem Gedichtebuch	X
Sonstiges: Drachen bauen	Frage Marc, der weiß, wo Du das Material findest	

Montag (durchgestrichen)	Dienstag (durchgestrichen)	Mittwoch	Donnerstag	Freitag

Projektunterricht

Als Annika und Christine nach der Pause mit den anderen Kindern im Sitzkreis sitzen, erzählt Sven ganz begeistert davon, wie er seinem Opa in den letzten Tagen in dessen kleinem Schrebergarten geholfen hat. Plötzlich hat Pia eine Idee: „Warum machen wir nicht auch so einen Garten, nur für unsere Klasse?!" „Au ja", ruft Özmir, „dann können wir immer Erdbeeren essen!" „Meine Mutter macht auch immer viel im Garten", sagt Benno, „ich frag sie mal, was man da so tun muss." „Wir haben ein ganz dickes Buch über Gartensachen, so auch mit Obst und Gemüse selber machen und so", ergänzt Petra. „Wir graben einfach den Rasen vor unseren Klassenfenstern um, dann können wir uns alle ein eigenes Beet machen", schlägt Timo vor. Arno ist ganz aufgebracht: „Quatsch, das ist doch verboten! Da wird der Herr Fröbler [der Hausmeister] sauer, wenn wir den Rasen kaputt machen. Der war ja schon sauer, als wir da mal Fußball gespielt haben!" „Aber das ist die beste Stelle! Wenn wir den Garten woanders machen, wird der doch direkt kaputt gemacht." „Komm, wir gehen den Fröbler mal fragen", ruft Christine und düst mit Annika aus der Klasse. Annika wirft dem Lehrer einen unsicheren Blick zu, der aber sitzt nur ruhig im Kreis und sieht ziemlich zufrieden mit sich und der Welt aus …

Am nächsten Tag ist der Klassengarten das Gespräch Nummer eins in der Klasse. Schon vor acht Uhr sitzen fast alle Kinder im Sitzkreis und beratschlagen. Auf mehreren Tischen liegen dicke Bücher über Gartenbau, über Blumen, Obst und Gemüse. Sandra hat eine Kiste mit ziemlich komischen Knollen mitgebracht, Timo mehrere Päckchen mit kleinen Samenkörnern. Neben der Klassentür stehen zwei Spaten und eine Schaufel. Christine erzählt gerade: „Und der Fröbler findet die Idee gar nicht schlecht, weil er doch da hinten hinter der Laufbahn selber was mit Obst und Gemüse macht. Der hat uns gestern direkt gezeigt, wie groß seine Äpfel werden." Christine formt ihre Hände zu einem Kreis, so groß wie eine Untertasse. „Aber er wusste nicht, ob so ein Garten für uns erlaubt ist. Er hat gesagt, wir sollen den Chef fragen. Da sind wir dann hin, aber Frau Kelter [die Sekretärin] hat gesagt, der Chef sei heute schon weg und morgen den ganzen Tag im Schulamt. Wir sollen bis übermorgen warten oder ihm was aufschreiben. Wer will dabei mit machen?" Fünf Kinder zeigen direkt auf und Christine bestimmt: Timo und Bena. Die drei gehen zusammen mit Annika aus dem Kreis, setzen sich an einen Tisch und fangen an zu schreiben, während das Thema im Kreis noch lange nicht erledigt ist. Sandra möchte über Pflanzensamen forschen und spricht sich mit Benni und Ines ab, Kevin möchte mit Inga und Sigrid einen Plan vom Garten machen, in dem dann die Beete der einzelnen Kinder eingezeichnet sind (sie schicken schon mal direkt den Lehrer los, um ein Maßband zu besorgen), Patrick möchte herausbekommen, wie groß das größte Obst werden kann, Özmir erinnert sich an den Film „Dennis", in dem eine ganz tolle Blume war, die aber nur ein paar Sekunden geblüht hat, Stephanie und Markus wollen wissen, wie viel der Samen für Erdbeeren kostet und für wie viel man dann die Erdbeeren verkaufen kann, und als Bernhard unbedingt Bananen anbauen will, haben Karin und Dina die Idee, mal alle Sorten Obst aufzumalen, die man überhaupt vor der Klasse anpflanzen könnte …

Längst sind noch nicht alle Pläne vorgestellt, als Christine, Annika, Bena und Timo wieder in den Kreis kommen. „Hört mal zu“, sagt Christine und liest vor: „Lieber Herr Meibrich! Wir die Klasse 2e wollen gerne einen Klassengarten machen. Mit Obst und Gemüse. Herr Fröbler hat auch nix dagegen. Bitte sagen sie ja.“ Erst mal ist es ganz still in der Klasse, dann sagt Udo: „Du musst noch schreiben, wo wir den Garten hinhaben wollen.“ „Und dass der dann nur für uns ist“, ergänzt Ines. „Nee, das musste nich extra schreiben“, sagt Rolfi, „das ist doch klar. Aber du solltest schreiben, dass wir den Garten immer schön ordentlich halten.“ „Und schreiben, wie groß er ist“, ergänzt Markus. „Können Kevin, Sigrid und Inga nicht einfach ihren Plan nachher zu eurem Brief dazu legen?“, fragt Christines Lehrer plötzlich. Erst jetzt fällt Annika auf, das der heute noch fast keinen Ton gesagt hat. „Dann ist dem Chef klar, wo der Garten hin soll und er kann sehen, ob das OK ist oder nicht.“ „Gut, dann wartet bitte bis nach der Pause, bis ihr den Brief abgebt“, sagt Kevin, „wir messen direkt mal aus.“ Die drei „Messingenieure“ stürmen nach draußen. „Gut“, sagt Christine, „dann treffen sich die Kinder, die beim Garten mitmachen wollen nach der Pause wieder im Kreis. Wir lesen euch dann den neuen Brief noch mal vor.“

Die nächsten Tage sind geprägt vom „Garten-Projekt“ der Kinder. Nachdem der Schulleiter unter der Auflage zugestimmt hatte, dass er die schriftliche Versicherung der Kinder bekommt, dass sie den Garten nach ihrem Schulabgang wieder in Rasen umwandeln, ging es so richtig los. Svens Opa ist in die Schule gekommen und hat den Kindern erzählt, wie er seine Beete im Schrebergarten angelegt hat. Nachdem ein paar Kinder den Rasen umgegraben hatten, ist Bennos Mutter einen Tag vorbeigekommen, um den Kindern beim Einpflanzen zu helfen. Vorher haben Annika, Christine, Timo und Sandra sich nachmittags von Sandras Mutter mit in die Stadt nehmen lassen und sich in der Samenhandlung nach Samen erkundigt. Dort haben sie den Rat bekommen, doch lieber vorgezogene Pflänzchen zu kaufen. Bewaffnet mit 50 DM, die die Kinder aus ihrem Taschengeld zusammengesammelt haben (ergänzt durch 20 DM aus der Kasse des Fördervereins der Schule, den sie auch angeschrieben haben), haben sie dann verschiedene Gemüse und Obstsorten gekauft – zusätzlich zu den Pflanzen, die Kinder aus den eigenen Gärten mitgebracht haben.

Aber nicht nur draußen, sondern auch in der Klasse war immer viel los. Kevins Ausmessen und Aufzeichnen des Garten-Plans hat die Kinder so fasziniert, dass viele angefangen haben, alle möglichen Pläne zu zeichnen. Zuerst Gartenpläne, dann einen Plan vom Klassenzimmer und danach sogar einen Plan von der Schule – den sogar Herr Fröbler erkannt hat, der ihnen dann die originalen Schulpläne aus dem Archiv zum Vergleich in die Klasse mitgegeben hat. Patricks Forschungen nach dem größten Obst haben einige Kinder ihre Guinness-Bücher mitbringen lassen, deren Rekordbeschreibungen sie dann zu unzähligen Rechengeschichten angeregt haben. Patrick selber hat eine Gruppe gegründet, die Obst- und Gemüserekorde genau im Maßstab 1 : 1 auf Plakaten aufgezeichnet hat. Özmir hat den Film „Dennis" mitgebracht, und Mr. Wilsons Gartenbesessenheit haben zusammen mit Dennis Hang zum Chaos ein ganzes Buch von Fortsetzungsgeschichten entstehen lassen. Stephanies und Markus Interesse am möglichen Ertragsgewinn eines Obst- bzw. Gemüsegartens sind in einen selbstgefertigten und ausgestatteten Verkaufsladen gemündet, in dem alle Kinder der Klasse schon Obst und Gemüse einkaufen konnten, bevor draußen überhaupt gesät worden ist. Interessant waren die Dokumentationen der Kinder, die jeden Einkaufs- und Verkaufsschritt festgehalten haben – sogar Karin und Dina, die nun wirklich nichts fürs Rechnen übrig haben, haben jeden ihrer Einkaufsgänge sorgfältig dokumentiert und bestimmt noch nie so viel so schnell ausgerechnet wie dabei. Daneben haben sie eine tolle Obstausstellung mit Plakaten und Collagen gemacht, die sie mit eigenen Texten bzw. Auszügen aus dem Lexikon versehen haben. Vor allem bei exotischen Früchten wie der Ananas waren die Kinder erstaunt, wie diese wachsen.

> Projekte helfen, soziale Regeln des Miteinander-Lernens zwischen dem einzelnen und der Gruppe zu entwickeln.
>
> Sie erlauben Kindern durch die Fülle der praktischen Möglichkeiten individuellen Neigungen und Interessen zu folgen.
>
> Sie führen zu neuen, häufig in Lehrplänen nicht enthaltenen Erkenntnissen und Wissenszusammenhängen.
>
> Sie fördern die Fähigkeit, auch andere als die eigenen Perspektiven, Erfahrungen, Meinungen zu einem Lerngegenstand zu akzeptieren.
>
> Sie fordern aktives Lernen heraus und ermutigen zur Selbstgestaltung der Arbeit. (Wallrabenstein 1991, 102f.)

Oben wurde schon die Schwierigkeit der Umsetzung der hehren Ziele des Projektunterrichts angesprochen. Es kann gut sein, dass sich auch innerhalb des Projektunterrichts didaktische Prinzipien gegenseitig behindern bzw. vielleicht sogar ausschließen. So wird gerade dem Projektunterricht immer die Forderung nach Gemeinsamkeit unterstellt. Projekte werden als gemeinsame Tätigkeit einer Gruppe gesehen, im Vordergrund steht das gemeinsame Lösen eines Problems, die gemeinsame Fertigstellung einer Sache. Schon hier ergibt sich u. U. ein Widerspruch zur Forderung des „mit ganzem Herzen" vollzogenen Tuns des Einzelnen, denn die Motivation des Einzelnen hat natürlich nichts mit einem Gruppenbeschluss zu tun – vor allem dann nicht, wenn dieser keinem wirklichen Konsens entspringt. Insofern ist die Vorstellung einer von allen Beteiligten gleich getragenen Entscheidung für ein Projekt sicherlich immer eine Fiktion, die auch durch Ver- oder Anordnungen des Lehrers nicht realer wird. Vielleicht ist die Durchführung eines „echten" Projektunterrichts mit diesen hehren Zielen einfach in einer normalen Klasse gar nicht machbar? Vielleicht gibt es die Probleme, die alle Schüler „mit ganzem Herzen angehen", gar nicht?

Wie wäre es dann aber als Alternative zum Missbrauch des Projektbegriffes durch eine lehrerinitiierte Unterrichtsreihe mit der Möglichkeit, dass die Schüler eigene Projekte machen dürfen? Vielleicht steht uns ein falscher Begriff von „Gemeinschaft" im Sinne, aus dem wir immer abzuleiten scheinen, dass alle dasselbe machen (und gut finden) müssen. Können sich die Kinder einzeln oder in Gruppen mit Themen beschäftigen, die sie „mit ganzem Herzen angehen", so haben wir einen Projektunterricht, der seinen Zielen gerecht wird. Gemeinschaft und Austausch ergeben sich während der Arbeit von alleine, auch dann, wenn nicht alle an derselben Sache arbeiten. Auch muss es keine feste Abfolge von „Beabsichtigen", „Planen", „Ausführen" und „Beurteilen" geben, wenn die Tätigkeiten durch Eigenmotivation und Zielorientierung immer der Reflektion durch den Lernenden selbst bzw. den Austausch mit anderen gegeben ist. Und was ist das anderes als Offener Unterricht?

1.3.2 Werkstattunterricht und Stationslernen

Als Annika nach den Ferien wieder in die Schule kommt und die Kinder über ihre Urlaubserlebnisse berichten sollen, erzählt sie von Christine und dem anderen Unterricht, den sie in den Ferien erlebt hat. Während ihre Klassenkameraden nicht glauben können, dass sie von einer normalen Schule gesprochen hat – und die meisten auch bezweifeln, dass Schule so sein kann bzw. dass man so lernen kann – hört Annikas Lehrerin gespannt zu. „Wisst ihr, ich glaube ja schon, dass Schule so funktionieren kann. Es gibt wirklich ein paar Leute, die so Schule machen und ich glaube auch, dass das irgendwie klappt. Ich würde das auch gerne so machen. Aber so ganz traue ich mich nicht, euch den Wochenplan und die Freie Arbeit zu überlassen. Aber wie wäre es denn, wenn wir die nächste Werkstatt einfach mal zusammen planen und vorbereiten? Ihr macht dann eigene Angebote, die ihr selber als Chefs betreuen könnt und die die anderen Kinder dann bearbeiten. Wäre das nicht eine Idee?“ Die Kinder sind begeistert. Annika fragt: „Was für ein Thema hat die Werkstatt denn?“ „Hmmh, ich weiß noch nicht. Ich dachte schon mal daran, etwas zum Thema Herbst zu machen. Da habe ich eine schöne Werkstatt als Kopiervorlage. Ich habe noch nicht genau hineingesehen, aber das könnten wir dann bestimmt so ähnlich machen wie die Werkstatt „Vom Korn zum Brot“ von den Studentinnen. Die Begeisterung der Kinder hält sich in Grenzen. „Das mit der Mühle basteln war zwar gut, aber irgendwie war die Werkstatt auch langweilig mit den ganzen Arbeitsblättern und Geschichten, die man abschreiben musste.“ „Gut, dann hole ich jetzt mal meine Mappen aus dem Lehrerzimmer, vielleicht finden wir ja ein anderes Thema, das euch besser gefällt.“

Um es kurz zu machen: Am besten gefielen den Kindern die vielen Versuche, die in den Unterlagen zum Thema „Wasser“ vorgeschlagen wurden. Als Hausaufgabe sollten die Kinder alles sammeln, was mit diesem Thema zu tun hat: Gegenstände, Experimente, Bücher usw. Am nächsten Tag hatte die Lehrerin eine große Pinnwand in den Sitzkreis gestellt, die sie mit blauem Tonpapier ausgelegt hatte. „Sagt mal, was fällt euch denn alles zum Thema Wasser ein? Schreibt mal auf die Zettel und heftet die dann bitte an die Pinnwand. Fragen auf die linke Seite und Vorschläge zu Werkstattangeboten auf die rechte Seite.“ Die Kinder setzen sich an ihre Tische und schreiben: Woraus besteht Wasser? Wie kommt das Wasser in die Leitung? Durch was muss das Wasser alles laufen, bevor es aus der Dusche kommt? Woher kommt die Spucke? Entsteht ein Fluss aus einer Pfütze? Wo kommt das Wasser hin, wenn der Fluss zu Ende ist? Wie viel Wasser ist in einer Wassermelone? Wie viel Wasser ist in Cola drin? Warum fließt das Wasser aus dem Kran gerade und nicht kreuz und quer? Kann ein mit Wasser gefüllter Luftballon schwimmen? Schwimmt ein mit warmem Wasser gefüllter Ballon länger als ein mit kaltem Wasser gefüllter? Wie viel Geld passt in ein volles Glas mit Wasser? Woraus bestehen Eiszapfen? Wann geht ein Brett unter, wenn man Metall drauflegt? Hat man im Film echtes Wasser? Wie kommen die Schuppen an den Regenbogenfisch? Wassertiere bauen. Eis machen. Ratespiele zu Wasser machen. Blumen bunt machen. Wassergeräusche aufnehmen und raten. Buntes Wasser wieder klar machen. Eine Landschaft mit Fluss und Steinen bauen. Wassertemperaturen fühlen. Sachen in Wasser auflösen. Ein Wassermotorrad bauen … Die Lehrerin ist erstaunt: „Ich hätte nicht gedacht, dass euch so viel einfällt. Klasse!"

In den nächsten Tagen geht es in Annikas Klasse drunter und drüber. Wesentlich mehr Kinder als sonst sind jetzt schon um halb acht an der Arbeit und bereiten ihre Werkstattangebote vor. Sonja, Alex und Martina haben mehrere Tragetaschen voller Sachbücher aus der Bücherei besorgt. „Alle Bücher, die zum Thema Wasser da waren!", sagen sie stolz. Da gibt es haufenweise Bücher mit allen möglichen Experimenten, zwei Bücher zum Mikroskopieren, eine ganze Reihe über Boote, fünf Bücher über Wetter und ein Buch, in dem die ganze Strecke eines Flusses von der Quelle bis zur Mündung aufgemalt und beschrieben ist. Als Annika dann noch einen dicken Bildband über den Rhein von den Gletschern der Alpen bis zum Rhein-Maas-Delta findet, ruft sie: „Toll, das wollte doch Toni wissen wie das mit dem Fluss ist. Ich geb ihm die beiden Bücher direkt mal." Alle Kinder sind irgendwie beschäftigt. Als letzter kommt Robbi erst um halb neun, dafür aber mit Mutter, Auto und einem großen Aquarium. „Stichlinge habe ich auch schon gefangen. Die bring ich morgen mit, wenn wir das Aquarium eingerichtet haben.", berichtet er strahlend.

Nach rund einer Woche Arbeit steht die Kinder-Wasser-Werkstatt dann. Es gibt die verschiedensten Angebote: Eine Wasserleitung bauen, Versuche zu kommunizierenden Röhren machen, die Schwimmfähigkeit und die Schwimmdauer aller möglicher Gegenstände untersuchen, verschieden dicke Brettchen solange mit Pfennigen beschweren, bis sie untergehen, Boote bauen, in ein volles Glas noch möglichst viele Pfennige einbringen, Metall auf Wasser schwimmen lassen, Wasser nach oben steigen lassen, Wasserarten mit dem Mikroskop untersuchen, Wasser-Geräusche hören und Bildern zuordnen, eigene Wassergeräusche mit dem Kassettenrekorder aufnehmen, durch Probieren herausfinden, wonach die Wasserproben schmekken, die Konzentration von Zuckerwasser schmecken und ordnen, trockene und nasse Sachen vergleichen, Sachen wasserdicht machen, heiße und kalte Sachen fühlen. Dazu haben ein paar Kinder alle möglichen Geschichten zu Wasser aus den Geschichtenbüchern gesucht und Arbeitsblätter zum Lesen, Ausmalen und Raten gemacht.

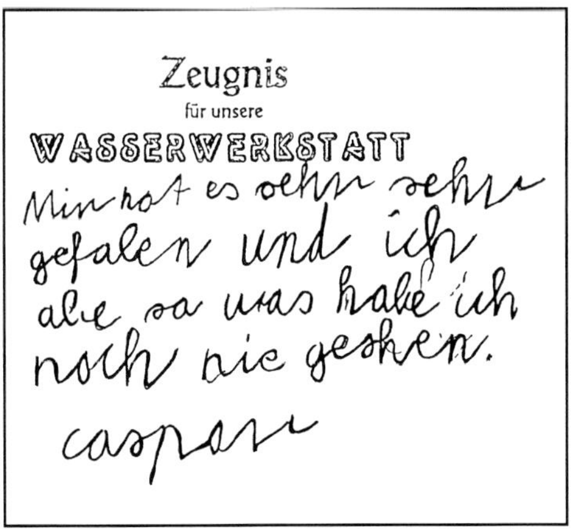

Marie hat sogar ein Wasserlied gedichtet und mit ihrer Wasserorgel aus verschieden hoch gefüllten Flaschen vertont. Dazu ist ein großes Wassermuseum entstanden, das sich jeden Tag mehr und mehr füllt: Von Meeres-Urlaubspostkarten über alte Duschköpfe bis hin zum echten Nordseewasser und einem Surfbrett aus Styropor ist alles vorhanden. Die Begeisterung der Kinder hat zweifelsohne auch auf die Eltern umgeschlagen, die immer wieder Transportfahrten in die Schule oder zur Bücherei unternehmen müssen. (Entsprechend positiv wird der „neue Unterricht" dann auch am „Elternstammtisch" diskutiert.)

Während Reichen die Selbststeuerung des Schülers in seinem Konzept des Werkstattunterrichtes – ganz im Gegensatz zu seinem höchst offenen Konzept „Lesen durch Schreiben“ (Reichen 1982; 2001) – vor allem auf das selbstständige Bearbeiten der vom Lehrer vorgegebenen Angebote bzw. die Beteiligung an der organisatorischen Durchführung des Unterrichts durch das „Chefprinzip“ beschränkt, wurde schon oben in der Auflistung der Kriterien zur Überprüfung der Werkstattangebote ansatzweise der Einbezug der Schüler in die Planung und Durchführung von Werkstätten aufgenommen:

- Können sich die Schüler mit eigenen Ideen an der Werkstatt beteiligen? [...]
- Lassen die Aufträge Gestaltungsmöglichkeiten oder wird alles vorgegeben?
- Beinhaltet die Werkstatt nur obligatorische Angebote oder auch offene ‘Leerangebote’? (Vgl. Peschel 1998 c, 3)

So kann der stärkere Einbezug der Kinder in den Prozess der Planung, Aufbereitung und Durchführung von Werkstätten und Stationsbetrieben diesen Unterrichtsformen eine ganz neue Qualitätsstufe verleihen. Die Schüler können durch die Erstellung eigener Angebote für die Werkstatt Planungskompetenzen erlernen, die auf wesentlich höherem Niveau liegen als die einfache Bearbeitung eines Angebotes: die Schüler müssen Informationen und Ideen sammeln, auf ihre Machbarkeit hin prüfen, sich Material besorgen, dieses aufbereiten, Arbeitsaufträge formulieren, Überprüfungsmodi finden. Als durchgehendes Unterrichtsprinzip erfordert dieses Vorgehen einen hohen Anspruch an die Tätigkeiten der Schüler, die Angebote entwickeln müssen, die die anderen Schüler motivieren und dazu noch sachlich richtig und didaktisch sinnvoll sind. Sicherlich eine hohe Anforderung, aber keine, die nicht leistbar wäre, wenngleich diese Form des Unterrichtes sehr selten zu finden ist. (Vgl. i. F. auch Peschel 2000 a)

Allerdings muss man bei einer solchen Unterrichtsgestaltung bedenken, dass es bei diesen Kompetenzen weniger um die Kompetenzen eines autonomen Lernenden geht, sondern eher um das Delegieren der Vorbereitungsarbeit des Lehrers an die Schüler. Um nicht missverstanden zu werden, möchte ich ausdrücklich betonen, dass ich den Einbezug der Schüler in die Entstehung und Durchführung solcher Unterrichtssequenzen für unabdingbar halte, aber man muss sich als Lehrender klar darüber sein, dass es sich hier um eine Maßnahme handelt, die dem Lernenden nicht wirklich mehr Verantwortung und Selbstständigkeit *beim Lernen* zugesteht. Der Lehrer hat nach wie vor die Fäden in der Hand, und durch die vorgegebenen Materialien ist auch der Lernweg der Schüler vorprogrammiert – offene Aufgabenstellungen werden auch hier eher selten vorkommen. Bei der Bearbeitung des Angebots macht es zwar bestimmt motivational einen Unterschied, ob ich das Angebot eines Lehrers oder das eines Klassenkameraden bearbeite, lerntheoretisch bleibt dieser Teil der Werkstattarbeit aber gleichsam geschlossen. Sinn macht diese Form der Planungsbeteiligung dann, wenn ich entweder ein sehr offenes Fach bzw. Teilgebiet eines Faches habe, so dass die Schüler aus sich heraus „offene“ Angebote, das heißt Angebote ohne Lösungsvorgaben, entwickeln können, oder wenn ich ein festes Ziel, z. B. eine Übungssequenz oder einen zu automatisierenden Inhalt im Auge habe. Ansonsten besteht leicht die Gefahr, sich mit einem verhältnismäßig geringen Einbezug der Schüler zufrieden zu geben und die lerntheoretisch viel wichtigere Methodenfreiheit auf Seiten des Schülers außen vor zu lassen.

Eine Alternative, um wirklich zu einem autonomen Lernen hinzuführen, wäre die Überlegung, ob sich die Werkstatt- oder Stationsarbeit nicht durch den Verzicht auf umfangreiche oder obligatorische Vorgaben in Richtung individueller Miniprojekte einzelner Kinder oder Kindergruppen entwickeln könnte. Der dem Werkstattunterricht eigene Freiraum bezüglich Inhaltsauswahl, Zeit, Ort, Sozial- und Arbeitsform könnte hier zusammen mit dem verantwortlichen „Chefprinzip“ eine tragfähige Grundlage bieten, offene Werkstattarbeit als durchgehendes Unterrichtsprinzip in die Hand der Kinder zu legen. Der Lehrer kann dann durch eigene Angebotsvorschläge Impulse und Arbeitsideen einfließen lassen, ohne damit die Eigenverantwortung der Kinder für ihre Eigenproduktionen zu berühren. Wie war das noch? Der Übergang zum Offenen Unterricht ist fließend ...

1.3.3 Von offenen Unterrichtsformen zum Offenen Unterricht

Die angesprochene stärkere Orientierung und Reflexion der den offenen Unterrichtsformen zu Grunde liegenden didaktischen Prinzipien führt zwangsläufig zu ihrer qualitativen Weiterentwicklung. Vor diesem Hintergrund wird der vom Lehrer vorgegebene Arbeitsplan zur vom Schüler selbst zusammengestellten und mit dem Lehrer abgesprochenen Notation der eigenen Vorhaben. Die Freie Arbeit wird vom Griff zur spielerischen Beschäftigung mit den Materialien aus dem Arbeitsmittelregal zum anspruchsvollen Verfolgen und Erarbeiten eigener Themenstellungen. Der Projektunterricht wandelt sich von der Hobbyaktion zur herausfordernden Lösung eines Problems oder zur komplexen Durchführung einer Aktion. Und die Aufbereitung eigener Angebote für Lernstationen oder Werkstätten wird zum gemeinsamen Klassenvorhaben mit kontinuierlichem gegenseitigem Austausch über Inhalte, Zugangsweisen und Aufgabenqualität.

In dieser Form gehen Tages- und Wochenpläne, Projekte usw. in die Freie Arbeit bzw. letztendlich in einen Offenen Unterricht über, in dem die Lernwege der Kinder freigegeben sind und in dem auch inhaltlich eine größtmögliche Freiheit bzw. Mitbestimmungsmöglichkeit besteht. Die Gestaltung der Differenzierung wird vom Lehrer auf den Schüler übertragen, es findet ein Rollenwechsel statt, der den Lernenden zum Aktiven und den Lehrer zum Begleiter macht. Erst jetzt wird wirklich die Selbstständigkeit und Eigenverantwortlichkeit des Schülers geschult und der oft vorzufindenden „Konsum-“ bzw. „Aberledigungshaltung“ tatsächlich entgegengewirkt. Der Unterricht wird als Raum für die eigenaktive

Auseinandersetzung mit selbstgewählten Inhalten verstanden. Die Schüler denken sich ein Thema aus, dem sie sich widmen wollen, sammeln sich hierzu Literatur, Modelle und andere Informationen und bearbeiten dieses Thema dann alleine oder gemeinsam. Die von den Kindern gewählten Inhalte und die eigenen Vorgehensweisen sind dann Gesprächsgrundlage für spannende (und konstruktive) Gespräche der Kinder untereinander bzw. mit dem Lehrer. Etwaige Arbeitspläne wandeln sich von der Vorgabe zur individuellen Organisationshilfe für den, der sie benötigt. Über kurz oder lang nutzen nur noch die Kinder solche Pläne, die den dadurch entstandenen Halt wirklich benötigen (z. B. als „Lernverträge“ mit sich selbst, dem Lehrer oder der Klasse). Wer ohne Plan arbeiten kann, kann nicht weniger, sondern mehr als der, der einen Plan braucht. Da nun so ziemlich alle aktuellen „offenen“ Arbeitsformen in die Richtung eines Offenen Unterrichts weiterentwickelt worden sind, liegt es nahe, vor der konkreten Beschäftigung mit diesem Konzept zumindest den Versuch einer gewissen Greifbarkeit und Analysierbarkeit „offener“ Unterrichtssituationen zu entwickeln.

2 Was ist überhaupt offener Unterricht? – Das Problem eines wissenschaftlichen Zugangs

Die Wurzeln des offenen Unterrichts sind vielfältig und entstammen den unterschiedlichsten Bereichen. Was es mit Sicherheit nicht gibt, ist eine lineare, durchgängige Entwicklung des offenen Unterrichts, ausgehend von einer bestimmten Idee und Vorstellung von Schule, die sich dann zielgerichtet weiterentwickelt hat. Vielmehr stellt sich der Terminus „offener Unterricht" eher als ein Sammelbegriff für Alternativen zum (jeweils herrschenden) traditionellen Unterrichtsverständnis denn als Beschreibung einheitlicher Vorstellungen dar. Eiko Jürgens (vgl. 1994a, 24) z. B. bezeichnet daher den offenen Unterricht analog zur Reformpädagogik als eine „Bewegung". Dadurch wird betont, dass offener Unterricht eine dynamische Angelegenheit ist und eine Bündelung vielfältiger Ideen und Interessen von Personen widerspiegelt, die aus unterschiedlichsten Motiven und mit unterschiedlichsten Begründungen Schule „öffnen" wollen.

Gerade diese Tatsache macht aber wiederum deutlich, dass es sich eigentlich nur sehr vordergründig um eine gemeinsame bzw. „geschlossene" Bewegung handelt, sondern eher um eine Zusammenfassung ganz verschieden legitimierter und daher auch verschieden auslegbarer Vorstellungen von „Offenheit". Zusätzlich zu den Bedürfnissen und Vorstellungen des Einzelnen werden die verschiedenen Ansätze und Strömungen einer Öffnung des Unterrichts durch ganz unterschiedliche Wissenschaften legitimiert bzw. sind davon abhängig: die Reformpädagogik vor allem von Philosophie und Anthropologie, die Curriculare Didaktik von der Lernpsychologie, die Emanzipatorische Didaktik von der Soziologie und die kommunikative Didaktik von der Sozialpsychologie (vgl. Kunert 1978, 53). Der Begriff „Bewegung" ist daher eher als Aktivitätsaufruf denn als Zusammenschluss Gleichgesinnter zu verstehen.

Dies hat zur Folge, dass es innerhalb der Diskussion um „offenen Unterricht" weder eine einheitliche Vorstellung von der eigentlich angestrebten „Offenheit" gibt noch überhaupt mit einem gleichgearteten Begriffsverständnis gearbeitet wird. Daraus resultieren dann die üblichen zirkularen Diskussionen, die durch unterschiedlich interpretierte Begriffe auch dort Übereinstimmungen erscheinen lassen, wo eigentlich eher konträre Vorstellungen geäußert werden. Um wenigstens ansatzweise eine Klarheit über das hier vertretene Begriffsverständnis zu schaffen, erscheint es sinnvoll, zumindest die allerwichtigsten Ursprünge des „Konglomerates" der historischen Einflüsse, die offenen Unterricht bedingt haben, aus heutiger Sicht zu beschreiben:

2.1 Wurzeln, Vorläufer und Legitimationen offenen Unterrichts

Zunächst wird man bei den Vorläufern offenen Unterrichts an die Reformpädagogik denken, deren Vertreter durch die Betonung eines Denkens „vom Kinde aus“ die Vorstellung einer „Schule für Kinder“ sowohl theoretisch als auch praktisch entscheidend beeinflusst haben. Dabei war auch die Reformpädagogik keine „Bewegung“ Gleichgesinnter, sondern eher Oberbegriff vielfältigster „Strömungen“, die sich selbst zwar auch „Bewegungen“ nannten (Kunsterziehungsbewegung, Arbeitsschulbewegung usw.), in denen aber zum Teil sehr unterschiedliche, miteinander konkurrierende Richtungen vertreten waren. Auf ihren unterschiedlichen Konzepten basieren die entsprechend geprägten Regel- und Alternativschulen (z. B. Montessori-, Petersen-, Freinet- und Waldorfschulen).

Eine andere Art von Alternativschultradition können mittlerweile die „Freien Alternativschulen“ aufzeigen, die Anfang der siebziger Jahre aus den antiautoritären Erziehungsansätzen hervorgegangen sind. Das In-Frage-Stellen der bisherigen Unterrichtspraxis war zur damaligen Zeit aber nicht nur einzelnen „Revolutionären“ vorbehalten, sondern spiegelte auch allgemein die wissenschaftliche Diskussion wider. Die Eröffnung des Weltraumzeitalters durch die erfolgreiche Platzierung des russischen Erdsatelliten „Sputnik“ im Jahre 1957 löste bei den westlichen Mächten den danach benannten „Sputnik-Schock“ aus – und die Forderung nach einem Bildungssystem, von dem man mehr und frühere „Wissenschaftsorientierung“ forderte. Veränderte gesellschaftliche Rahmenbedingungen sowie neue pädagogische und lernpsychologische Erkenntnisse ließen Kritik an ungenügender Differenzierung, unwissenschaftlicher Kindertümelei durch „Heile-Welt-Darstellungen“ und gekünstelter „ganzheitlicher“ Fächerverknüpfung laut werden. Hier wurden vom Deutschen Bildungsrat unter Berücksichtigung ausländischer Erfahrungen (vornehmlich der USA) die Grundlagen für innovative Schulreform gelegt. Zustande kamen sehr „fortschrittliche“ Richtlinien, die ein hohes Maß an Differenzierung bzw. Individualisierung im Unterricht forderten. Fast widersprüchlich dazu waren aber die Ergebnisse der Lehrplankommissionen, die die allgemein geforderte „Wissenschaftsorientierung“ durch behavioristisch orientierte, kleinschrittige Stundenvorgaben in den Lehrplänen umzusetzen versuchten. Bedingt durch diese neue „Geschlossenheit“ machte sich dann allerdings schnell die Forderung nach wirklich „handlungsorientierten“ bzw. „offenen“, vor Ort beeinflussbaren Curricula laut. Hier gaben dann vor allem englische Projekte wie z. B. „Science 5/13“ (vgl. Schwedes 1976) Denkanstöße. Diese Idee „offener“ Curricula spiegelt sich auch in den zurzeit gültigen Richtlinien und Lehrplänen wider.

Das heutige Verständnis von offenem Unterricht entspringt also einem langen Prozess unterschiedlichster Einflüsse. Stark religiös- (Montessori) und führungsgeprägte Konzepte (Petersen, Montessori) stehen dabei neben Auffassungen, die eine Beeinflussung durch religiös oder nationalistisch geprägte Erziehung vermeiden und Lehrerautorität relativieren wollen (Freinet, Neill, Antiautoritäre Erziehung) oder letztendlich sogar von einer „Entschulung der Gesellschaft" (Illich) sprechen. Offener Unterricht, so wie er sich heute darstellt, entspricht daher keiner der oben angedeuteten Theorien. Er ist einer dauernden Weiterentwicklung ausgesetzt, die zumindest ab und zu eine Bestandsaufnahme erforderlich macht.

So scheinen gerade die Forschungsbemühungen der letzten Jahre eine ganz wichtige Begründung für offenen Unterricht zu liefern: Seit einiger Zeit sorgt der (gar nicht so neue) sogenannte „radikale Konstruktivismus" für einen Paradigmenwechsel in der Didaktik. Obwohl die Erkenntnis, dass Lernen immer ein Prozess des eigenen Konstruierens ist, so erst einmal noch nichts über die Unterrichtssituation aussagt, in der diese Konstruktion am besten erfolgt, weicht die behavioristisch geprägte Vorstellung eines Lernens durch (Be-)Lehren zunehmend der lernpsychologischen Forderung nach einem aktiv-entdeckenden Lernen. Das hat wiederum vor allem auf der Seite der Wissensaneignung eine Abkehr von herkömmlichen Lernmethoden zur Folge. Nach der Proklamation einer verstärkten, *vom Lehrer ausgehenden* Differenzierung in den siebziger bzw. achtziger Jahren wird heute die allgemein-pädagogisch-didaktische Forderung nach individualisierendem, *vom Schüler selbst gesteuerten* Unterricht laut.

Dabei wird die Notwendigkeit der weitgehenden Freigabe sowohl der Lernmethode des Schülers, das heißt der Art, mit der er sich Wissen aneignet, als auch die Freigabe der Inhalte durch aktuelle fachdidaktische Konzepte und Forschungsergebnisse bestätigt. Die Öffnung des Unterrichts hielt in den letzten Jahren gerade über diesen Weg Einzug in die Schulen. Sie wird dabei nicht mehr nur von einigen „progressiv" denkenden Lehrern als Leitmotiv ihres Unterrichts umgesetzt, sondern flächendeckend in Aus- und Weiterbildung gefordert – meist allerdings methodisch reduziert in der Form bestimmter fachdidaktischer Konzepte wie z.B. „Lesen durch Schreiben" (vgl. Reichen 1982, 2001), dem „Spracherfahrungsansatz" (Brügelmann / Brinkmann 1998) bzw. dem „Freien Schreiben" im Sprachunterricht (Spitta 1988; 1992), „mathe 2000" (Wittmann / Müller 1990; 1992) in der Mathematik oder als „Integrierender Sachunterricht" bzw. in der Form von thematisch aufbereiteten „Lerngärten" oder „Werkstätten". *Unter dieser Voraussetzung und bei dieser Breitenwirkung muss „offener Unterricht" aber endlich grob definiert und pädagogisch, soziologisch und psychologisch zumindest so begründet werden, dass die wichtigsten übergreifenden Richtziele allen Praktikern klar sind und die Grundlage für alle fachdidaktischen Umsetzungen bilden!*

Warum das bislang nur so völlig unzureichend erfolgt ist bzw. letztendlich überhaupt nur bis zu einem gewissen Grade erfolgen kann, hat vor allem mit der immerwährenden pädagogischen Grundfrage nach dem Grad der Erziehungsbedürftigkeit des Kindes, nach dem richtigen Verhältnis von Grenzen und Freiräumen, der Relation von Freiheit und Verbindlichkeit zu tun. Die Beantwortung dieser Fragen ist aber nicht wissenschaftlich lösbar, sondern spiegelt als pädagogisch-philosophisches Problem immer in sehr hohem Maße das Menschenbild bzw. die Wahrnehmung des Betrachters wider, so dass alle pädagogischen Bemühungen letztendlich daran gemessen und interpretiert werden.

2.2 Das Problem: Definition und Messbarkeit offenen Unterrichts

Die Problematik, über „offenen Unterricht" zu sprechen, beginnt schon auf der sprachlichen Ebene. Zunächst verlangt das Adjektiv „offen" eine ganz andere Definition von Unterricht, als sie im Alltagsbewusstsein der meisten Menschen verankert zu sein scheint. Damit sich „offen" und „Unterricht" nicht gegenseitig antithetisch ausschließen, darf Unterricht nicht mehr als „Unterrichten", als Belehren durch einen Lehrer aufgefasst werden. Vielleicht kann man sich in diesem Zusammenhang auch an den Ursprung des Wortes „Schule" vom lateinischen „schola" bzw. dem griechischen „schole", dem Begriff für Muße und Ruhe, für „Innehalten in der Arbeit", erinnern. Intensives und verstehendes Lernen erfolgt eher in Zeiten selbstregulierter Aktivitäten denn im 45-Minuten-Takt fremder Belehrungen und „Unterrichtungen". Versteht man Schule als einen auf das Lernen des Individuums ausgerichteten Raum, so kann man Schule und Lernen nicht mehr einfach mit dem Besuch von Unterricht gleichsetzen (vgl. auch Peschel 1997b).

Der Begriff des „Offenen" schafft aber auch innerhalb eines weiter gefassten Begriffs von Unterricht noch große Probleme. Lenzen kritisierte schon 1976 den Begriff der „offenen Curricula" als nichtssagenden „Slogan", dessen konstitutive Merkmale „Vagheit" und „Unbestimmbarkeit" sind, so dass keine intersubjektive Interpretation möglich ist, und damit die einzelnen inhaltlichen Entscheidungen weitgehend indiskutabel und unsinnig werden (vgl. Lenzen 1976, 144). Erscheint diese Folgerung wegen eines gewissen – allerdings schwer fassbaren – Konsenses über „offenen Unterricht" letztendlich doch übertrieben, so mangelt es trotzdem auch 25 Jahre später noch an einer systematischen Fassung der unter „Offenheit" bzw. „offenem Unterricht" vertretenen Interpretationen bzw. Forderungen an die Unterrichtspraxis: Die „offenen Schulen", die das „offene Lernen" in den „offenen Klassen" mit „offenen Aufgabenstellungen" und „offenen Medien" innerhalb der „offenen Lehrpläne" bzw. „offenen Curricula" betreiben, „öffnen" sich nach außen und stellen sich schließlich der „offenen Evaluation" (vgl. Nehles 1981, 9). Ende offen.

2.2.1 Die Bandbreite der Interpretationsmöglichkeiten und der Motive für offenen Unterricht

Recherchiert man einmal die Bandbreite der Verwendung des Begriffes „offener Unterricht“ bzw. seiner Synonyme, so scheint die größte Übereinstimmung in Bezug auf eine Definition darin zu bestehen, dass „offener Unterricht“ „schülerzentrierter Unterricht“ sein sollte (vgl. Jürgens 1994a, 51). Diese Aussage ist natürlich im Hinblick auf eine Definition banal, denn beide Begriffe werden weitgehend gleichartig benutzt, obwohl der Begriff der Schülerzentrierung auch in Konzepten geschlosseneren Unterrichts auftauchen kann (Schülerorientierung oder „innere Differenzierung“ als eine bestimmte methodisch-didaktische Maßnahme des Lehrers, nicht als pädagogisch begründete, durchgängige Erziehungsphilosophie).

Nach dieser Übereinstimmung tun sich dann allerdings Welten zwischen den einzelnen Interpretationen auf: Die Bandbreite dessen, was als „offener Unterricht“ bezeichnet wird, geht

- von ‘der Offenlegung der Planung am Stundenanfang’ bis ‘Schüler entscheiden über ihr Lernen selbst’;
- von ‘der Berücksichtigung der Lebenswelt der Schüler’ bis ‘Schüler können individuelle Interessen verfolgen’;
- von ‘der Differenzierung durch den Lehrer’ bis zur ‘Individualisierung und Metakommunikation durch die Schüler’;
- von ‘Methodenvielfalt im Unterricht’ bis zu ‘selbstgelenktem, prozessorientiertem, problemlösendem Lernen’;
- von ‘Motivierungshilfen’ bis zur ‘Eigenverantwortung beim Lernen’;
- von ‘festen Umgangsformen, Regeln und Ritualen’ bis zur ‘Freisetzung gruppendynamischer Wirkungsfaktoren’ und ‘basisdemokratischen Entscheidungen’;
- von ‘lehrergelenktem Medieneinsatz’ bis zu ‘variablen Lernangeboten inner- und außerhalb der Schule’;
- von der Bereitstellung von ‘Aufgaben mit wachsendem Schwierigkeitsgrad’ bis zu ‘nicht stark an konventionellen Standards orientierten Inhalten’;
- von ‘wenig Tests’ bis ‘individuelle Lernberatung durch den Lehrer’;
- von ‘Wärme im Umgang mit dem Schüler’ bis zur ‘symmetrischen Kommunikation und Kooperation zwischen Lehrern und Schülern’;
- von ‘Beziehungsarbeit im Unterricht’ bis zur ‘Verneinung der Lehrerdominanz’.

Diese Liste ließe sich noch weiter fortsetzen. Vergleicht man einmal die jeweils erstgenannten Begriffe mit den zweitgenannten, so wird schnell deutlich, dass die erstgenannten Interpretationen eher als Mindestanforderung an Unterricht überhaupt gelten können denn unbedingt als Zeichen für „offenen Unterricht“. Ihr Vorhandensein im Unterricht hat entsprechend wenig mit „offen“ oder „geschlossen“ zu tun als mit „gut“ oder „schlecht“. Das wird umso klarer, wenn man die Zielrichtung der zweitgenannten Begriffe damit vergleicht.

Zu dieser Bandbreite kommt dann noch die Interpretationsvariation innerhalb der einzelnen Punkte, wenn z. B. die „*Berücksichtigung* der Lebenswelt der Schüler“ zum einen heißen kann, dass man das Diktat „Bei uns zu Hause“ auswendig lernen lässt, oder aber zum anderen, dass die Kinder im Unterricht eigene Fragen an ihre Umwelt mit selbst mitgebrachtem Material eigenständig verfolgen können. Das drückt anschaulich das Problem aus, mit dem die Forschung über offenen Unterricht seit Jahrzehnten kämpft: Die fehlende Definition dessen, was als „offen“ bezeichnet wird, erlaubt es, fast jede Unterrichtssituation nahezu völlig beliebig als offen oder als geschlossen zu werten – und somit auch jedes gewünschte Forschungsergebnis zu erzielen. Giaconia und Hedges drükken dies in ihrer vielbeachteten Meta-Untersuchung über offenen Unterricht so aus: „The identification of generell effects for open education is complicated by the fact that open education is not a single, well defined treatment.“ (Giaconia / Hedges 1982, 579)

Diese Verschiedenartigkeit der theoretischen und praktischen Positionen findet man auch dann wieder, wenn man die Schwerpunkte und Motive zusammenstellt, die sich bei den einzelnen Autoren hinter dem Begriff „offener Unterricht“ verbergen. Dabei sind die einzelnen Positionen auch hier nicht ausschließlich, sondern oft additiv zu verstehen.

„Offener Unterricht“ stellt sich demzufolge dar:

- als Zusammenfassung verschiedener pädagogischer Strömungen, als pädagogische (Gegen-)Bewegung, als historische Entwicklung, als pädagogische Grundeinstellung, als verfassungsrechtliche Forderung nach möglichst wenig „Gewaltverhältnissen“;
- als prozessorientierte Zielvorstellung, das heißt als Mittel zum Zweck, um z. B. Selbstständigkeit, Emanzipation oder Demokratieverständnis zu erreichen;
- als Bündelungskonzept aktueller unterrichtsmethodischer Prinzipien auf Grund aktueller wissenschaftlicher Forderungen (veränderte Kindheit, personenzentrierte Psychologie, Berücksichtigung der verschiedenen Lernkanäle, Kreativitätsforschung);
- als anzustrebendes idealtypisches Konzept mit der Anregung zur inhaltlichen, methodischen und organisatorischen Öffnung, bei der die Offenheit selbst das Ziel darstellt;
- als Öffnung des Unterrichts nach außen, als Forderung nach „Gemeinwesenorientierung“;

- als Wunsch bzw. Verwirklichung einer schöneren Schüler-Lehrer-Schulbeziehung durch „schülerorientierte“ Elemente (Wärme, Geborgenheit, Schulgemeinschaft, Lebensschule) – *bzw. als notgedrungene Reaktion auf die „veränderte Kindheit“?;*
- als Oberbegriff für einzelne „Handlungsformen“ bzw. als Methodenrepertoire (Freie Arbeit, Wochenplanunterricht, Projektunterricht, Kreisphasen);
- als durchgehendes Unterrichtskonzept, als Unterrichtsstil, als konkrete Utopie (Freinet-Pädagogik, auch das im Weiteren vorgestellte Gesamtkonzept „Offenen Unterrichts“).

Hält man sich diese Fülle von Zugängen bzw. Interpretationsmöglichkeiten von „offenem Unterricht“ vor Augen, so erscheint es nicht länger verwunderlich, dass die adäquate Umsetzung in der Schule trotz der richtliniengemäßen Vorgaben so unbefriedigend ist. Vielleicht ist der Begriff des „offenen Unterrichts“ zu offen?

2.2.2 Sollte es eine Definition für offenen Unterricht geben – oder nicht?

Während z.B. Kasper die Notwendigkeit einer Definition generell in Frage stellt: „Offenen Unterricht definieren zu wollen, ist ein Widerspruch in sich selbst“ (Kasper 1989, 5) und Haarmann zugibt: „Für die Öffnung des Unterrichts haben wir kein Rezept, kein Modell, keine Gebrauchsanweisung, keine Parameter“ (Haarmann 1989, 118), sehen wiederum andere Autoren wie z.B. Wallrabenstein den offenen Unterricht schon als ausreichend definiert an:

> Inzwischen zeichnet sich jedoch vor dem Hintergrund einer fast zwanzigjährigen Auseinandersetzung um „Offene Curricula“, „Offenen Unterricht“, „Offene Schule“ in der Bundesrepublik eine weitreichende Übereinstimmung im Bereich der Definition ab. Auf der Grundlage verschiedener Vorschläge (u.a. Benner 1989, Kasper 1988 [1989; FP], Ramseger 1987) möchte ich Offenen Unterricht kennzeichnen als Sammelbegriff für verschiedene Reformansätze in vielfältigen Formen inhaltlicher, methodischer und organisatorischer Öffnung mit dem Ziel eines veränderten Umgangs mit dem Kind auf der Grundlage eines veränderten Lernbegriffs. (Wallrabenstein 1991, 54)

Diese Autoren möchten den Lehrern dieselbe Freiheit im Umgang mit dem Begriff des „offenen Unterrichts“ bzw. dessen Umsetzung gewähren, wie sie es in diesem Unterricht für die Schüler fordern. Sennlaub drückt das so aus:

> Ich werde mich an der Diskussion, was denn rechte Freiarbeit sei, nicht beteiligen. Und welche Art Wochenplanarbeit wem warum genehm ist, halte ich für ganz und gar uninteressant. [...] Diese Diskussion kann uns nur schaden. Die da mitdisputieren, übersehen, meine ich, etwas Entscheidendes. Man kann nicht sagen: Kinder sind unterschiedlich, und gleichzeitig so tun, als seien Lehrer(innen) gleich. (Sennlaub 1990[5], 11)

Aber vielleicht sollte man das mittlerweile doch anders sehen? Winkel formuliert es so:

> In diese Müllschlucker-Definition ist mittlerweile so alles hineingeworfen worden, was reformpädagogisch Rang und Namen hat: Von der Freiarbeit über den Stuhlkreis bis hin zum Epochenunterricht und die Stadtteilschule. [...]
>
> Offener Unterricht chaotisiert in seiner eigenen Maßlosigkeit, wenn er versäumt. präzise anzugeben, wann und wo er sich gegenüber welchen Gegebenheiten bzw. Möglichkeiten öffnet und schließt. (Winkel 1993, 12f.)

Betrachtet man die Trägheit, mit der offener Unterricht Einzug in die Schulen hält, und untersucht dann noch, in welcher Form er tatsächlich umgesetzt wird (vgl. Brügelmann 1997b), so bleibt nicht viel von den hehren Idealen übrig, die überall als Begründung für offenen Unterricht dienen (vgl. Peschel 1995a). Viel eher muss man davon ausgehen, dass die „bemerkenswerten, im Alltag verwirklichten Öffnungsversuche“ und der durch die „führenden Grundschulzeitschriften vermittelte Eindruck einer euphorischen Aufbruchstimmung“ die – vielleicht noch nicht einmal durchgängige – Praxis einer kleinen Gruppe „hochengagierter Persönlichkeiten“ darstellt, die in wenigen Reformklassen an einzelnen Grundschulen ihre besondere Pädagogik leben (vgl. Hagstedt 1992, 367f.). Hagstedt nimmt an, dass die veröffentlichten Beispiele offenen, projektorientierten Unterrichts zu wenigstens 95% aus ca. 50 allseits bekannten Reformschulen mit besonderem Status (Versuchs- und Modellschulen) kommen. Auch – der sonst so optimistische – Brügelmann bezeugt: „Die (wenigen) empirischen Untersuchungen stimmen eher pessimistisch: je nach Härte des Kriteriums sind es allenfalls 1–25% der LehrerInnen bzw. der Unterrichtsanteile, die sich an offenen Unterrichtskonzeptionen orientieren.“ (Brügelmann 1997a, 43)

Reflektiert man die aktuelle Grundschulpraxis einmal wirklich aus diesem Blickwinkel, so wird die Notwendigkeit einer „Qualitätssicherung“ offenen Unterrichts schnell klar: Natürlich muss jeder Lehrer offenen Unterricht so umsetzen können, wie er es für richtig hält, aber die Begrifflichkeit muss dabei gewahrt bleiben. Ein morgendlicher Sitzkreis ist noch genauso wenig „offener Unterricht“ wie ein monatliches Aufsuchen eines außerschulischen Lernortes, ganz zu schweigen von den im ersten Kapitel schon kritisch hinterfragten Formen offenen Unterrichts. So muss nicht nur aus Gründen der Evaluation eine Definition „offenen Unterrichts“ geschaffen werden, sondern vor allem aus Gründen einer gemeinsamen Gesprächs- und Entwicklungsbasis: „Der mangelnde Konsens über Begriffe und Konzepte der Freien Arbeit und des Offenen Unterrichts kann zu ernsthaften Beeinträchtigungen und Störungen in der pädagogischen Arbeit führen.“ (Goetze 1995[3], 256) Die Diskussion um „offenen Unterricht“ erscheint als vorschnell abgeschlossen, wenn der Kreis der an der Diskussion Beteiligten gut überschaubar ist und nur sehr selten wirklich kritische Auseinandersetzungen geführt werden – und dann leider (auf beiden Seiten) eher polemisch als konstruktiv:

> Überhaupt scheinen „Öffnung“ und „Offenheit“ zu Lieblingswörtern vieler Didaktiker avanciert zu sein. Der neue Trend findet beachtliche Resonanz. Wer ihm die Gefolgschaft verweigert, hat wenig Aussicht, ein gewichtiges Wort mitreden zu dürfen. Seine Stimme geht im Tosen des Überschwangs unter. Von den Neuerern wird er kurzerhand der „alten Garde“ zugerechnet; und er kommt noch glimpflich davon, wenn er nicht zum verschrobenen Sonderling abgestempelt wird. – Geht ein altbekanntes, in Pädagogenkreisen besonders geschätztes Satyrspiel in eine neue Runde? (Kozdon 1989, 485)

So wurde z. B. auch die Untersuchung „Freie Arbeit in der Grundschule“, in der Henning Günther (vgl. 1988) Sinn und Effizienz offener Unterrichtsformen in Frage stellt, von den Vertretern der Reform scharf kritisiert, aber nicht unbedingt als konstruktive Chance genutzt, den in der Schule *praktizierten* offenen Unterricht wirklich einmal zu hinterfragen und seine Mängel anzugehen. Selbst wenn die Untersuchung methodologischen Ansprüchen nicht standhalten kann (vgl. Brügelmann 1989; Arbeitskreis Grundschule 1990), so ist sie doch Ausdruck der großen Lücke zwischen der theoretischen Diskussion und der pädagogischen Praxis. An Stelle der teilweise sehr polemisch geführten Auseinandersetzung (z. B. durch Sennlaub 1990) würden entsprechende Felduntersuchungen Klarheit in die Angelegenheit bringen und dem offenen Unterricht wieder eine reelle Chance ermöglichen.

Offenbar wird der offene Unterricht von vielen seiner Befürworter immer noch als reine „Gegenbewegung“ gesehen und so die Chance, daraus eine „*Hin*bewegung“ zu machen, vertan. Offener Unterricht darf aber nicht länger ein leeres Begriffskonzept mit „eingebauter“ Positiv- oder Negativrezeption ohne eigentlichen Inhalt darstellen, sondern muss trotz der geforderten Offenheit des Konzeptes eine wissenschaftliche Grundlage bekommen. Nach einer klaren Zielbestimmung müssen die Begriffe definiert werden und ihrer willkürlichen Interpretation muss ein Riegel vorgeschoben werden. Die bisherige „Alibidefinition“ ist zwar bequem, aber nicht konstruktiv. Die Differenz zwischen den derzeitigen „theoretischen“ Anforderungen an den Lehrer und der tatsächlichen Schulpraxis überhöhen den offenen Unterricht zu einer nie erreichbaren und damit vielleicht in der Praxis gar nicht erst anzustrebenden Utopie. An die Stelle einer konzeptlosen „Allerlei-Werkstatt“ muss eine wissenschaftliche Diskussionsbasis treten, die die Praktikabilität offenen Unterrichts erkennbar und vor allem *vermittelbar* macht. Dies würde dann auch eine ganz neue Einstellung bzw. Definition der Didaktik bedingen. Bislang existiert noch keinerlei wissenschaftlich fundierte Auseinandersetzung mit offenem Unterricht, die seine Wirksamkeit oder Untauglichkeit befriedigend nachweisen kann (vgl. Kapitel 6). Offener Unterricht muss nun, nach Jahrzehnten der Diskussion und bei der zurzeit bestehenden Aktualität, fassbarer und umsetzbarer, aber vor allem auch angreifbarer und damit weiterentwickelbarer werden.

2.3 Ein neuer Definitionsversuch und seine Operationalisierung

Um überhaupt die Chance einer Definition zu haben, darf man den Begriff „offener Unterricht“ nicht mehr nur als „Ober- bzw. Sammelbegriff“ oder als „Bewegung“ (Jürgens 1994a, 24) verstehen, die die „geschlossenen Strukturen“ der „alten“ Schule aufbrechen bzw. „öffnen“ will, sondern man muss ihn praxistauglicher machen, indem ein konkretes, schulpraktisch erprobtes Gesamtkonzept eines Offenen Unterrichts zur Diskussion gestellt wird.

Zurzeit wird die praktische Umsetzung des offenen Unterrichts in der Schule viel zu stark von der vorher beschriebenen hehren Theorie getrennt, wenn in Büchern zunächst Ziele wie Selbstständigkeit und Emanzipation als Begründung für den neuen Unterricht herhalten müssen, auf der nächsten Seite dann aber Stöpselkarten und Kopiervorlagen die gerade geäußerte Theorie völlig „in die Knie zwingen“. Auch Jürgens (vgl. 19944a, 46) und Wallrabenstein (vgl. 1991, 92ff.) geben nach ihren – sicherlich hervorragenden – Auseinandersetzungen mit dem Phänomen „offener Unterricht“ als Realisierungsmöglichkeiten schließlich die Arbeitsformen Freie Arbeit, Wochenplan und Projektunterricht an, ohne zu bedenken, dass diese Arbeitsformen in der Regel schulpraktisch ganz anders umgesetzt werden, als es der offene Unterricht eigentlich verlangt bzw. verlangen würde (siehe Kapitel 1). Es ist mittlerweile zu bezweifeln, ob diese Arbeitsformen wirklich „Stufen“ auf dem Weg zum offenen Unterricht sind oder ob sie nicht „Alibi-Sackgassen“ darstellen, die Lehrern ermöglichen, den allseits gewünschten „offenen Unterricht“ vorweisen zu können, ohne seine Ideale und Zielsetzungen tatsächlich zu verfolgen.

2.3.1 Dimensionen „offenen Unterrichts“

Auf die Problematik einer „offenen“ Definition, wie z. B. die oben genannte von Wallrabenstein, wurde schon eingegangen. Es erscheint notwendig, eine Definition „offenen Unterrichts“ auf einer Dimensionierung des Begriffes aufzubauen, die eine quantitative, aber besser noch qualitative Einordnung bzw. Beurteilung der „Öffnung“ von Unterricht zulässt. Ansonsten wird die Dehnbarkeit der verwendeten Begriffe jegliche Definition wieder zunichte machen. Es geht also um möglichst operationalisierbare Kriterien, die sich zur Beschreibung jeglichen Unterrichts eignen und darüber hinaus aber auch die für uns wesentlichen Merkmale offenen Unterrichts zufrieden stellend berücksichtigen.

Im Gegensatz zu anderen Autoren (vgl. Jürgens 1994b, 27ff.; Ramseger 1977, 55f.; Wallrabenstein 1991, 170f.) ist es uns allerdings wichtig, nach der Darstellung unserer Zielsetzung eine Mindestanforderung an „offenen Unterricht“ zu formulieren bzw. eine Einstufungshilfe für die Öffnung von Unterricht vorzugeben, damit eine Abgrenzung zu anderen Formen offenen Unterrichts vorgenommen werden kann. Das Kriterium „Sind alle anderen Bedingungen gleich, so ist ein Unterricht offener als ein anderer, wenn ..." (Ramseger 1977, 53ff.) erscheint uns bei der Notwendigkeit konkreter unterrichtspraktischer Hilfen für den „Durchschnittslehrer" nicht (mehr) angemessen. Nach 25- bis 30-jähriger Suche nach „offenem Unterricht" muss es endlich eine Abgrenzung bzw. Inbeziehungsetzung eines stimmigen Konzeptes Offenen Unterrichts zu anderen – auch berechtigterweise praktizierten – Unterrichtsformen geben, damit die Ideale dieser Unterrichtsform nicht völlig beliebig interpretiert und reduziert werden können. Offener Unterricht ist eben weder ein Konglomerat aus Freier Arbeit, Wochenplan- und Projektunterricht noch ein Synonym für Erlebnispädagogik oder Erfahrungslernen, er ist auch mehr als schüler- oder handlungsorientierter Unterricht, vor allem aber ist er nicht das, was man landläufig unter „Laisser-faire" oder Situationspädagogik versteht.

Als Grundlage für eine Einteilung möglicher Untersuchungskriterien für „offenen Unterricht" bieten sich die folgenden Dimensionen von Unterricht an, die sich ähnlich auch bei anderen Autoren im Bezug auf (offenen) Unterricht finden (vgl. Ramseger 1977, 53ff.; Bönsch / Schittko 1979, 12; Wagner 1979, 175ff.; Benner 1989; Jürgens 1994b, 30; Goetze 1995[3], 257; Peschel 1995a, 19f.; Brügelmann 1997b, 9f.;):

- organisatorische Offenheit (Bestimmung der Rahmenbedingungen: Raum / Zeit / Sozialformwahl usw.)
- methodische Offenheit (Bestimmung des Lernweges auf Seiten des Schülers)
- inhaltliche Offenheit (Bestimmung des Lernstoffes innerhalb der offenen Lehrplanvorgaben)
- soziale Offenheit (Bestimmung von Entscheidungen bezüglich der Klassenführung bzw. des gesamten Unterrichts, der (langfristigen) Unterrichtsplanung, des konkreten Unterrichtsablaufes, gemeinsamer Vorhaben usw.
  Bestimmung des sozialen Miteinanders bezüglich der Rahmenbedingungen, dem Erstellen von Regeln und Regelstrukturen usw.)
- persönliche Offenheit (Beziehung zwischen Lehrer / Kindern und Kindern / Kindern)

Die Beschränkung auf diese Dimensionen von offenem Unterricht möchten wir mit der Notwendigkeit der Überschaubarkeit sowie der Operationalisierbarkeit begründen. Um praktizierten Unterricht intersubjektiv zumindest einigermaßen kategorisierbar zu machen, erscheint es angebracht, zunächst konkret nachweisbare Sachverhalte als Beobachtungsgrundlage zu verwenden. Wir denken, dass das in den genannten Bereichen möglich ist, auch wenn u. U. die Kategorisierung der sozialen Mitbestimmung bzw. der Beziehungsebene eher von der Interpretation des Betrachters bzw. der zufälligen Tagessituation abhängen kann als die eher formal und zeitunabhängiger zu beobachtenden Dimensionen im Bereich der Wissensaneignung. Dabei stellt die Dimension der sozialen Offenheit eine gewisse Verbindung zwischen der letztgenannten Dimension der persönlichen Offenheit und den drei erstgenannten Dimensionen der Wissensaneignung (organisatorische, methodische und inhaltliche Offenheit) dar.

2.3.2 Stufen der Öffnung des Unterrichts

> Offener Unterricht ist dadurch gekennzeichnet, daß der Lehrer oder die Lehrerin den Kindern Gelegenheit gibt, selbstverantwortliches und selbständiges Lernen und Handeln zu üben. Er ist damit mehr als ein vom Lehrer arrangierter schülerorientierter Unterricht. Mit dem Terminus „offener Unterricht" wird vielmehr ein Unterricht bezeichnet, dessen Unterrichtsinhalt, – durchführung und -verlauf nicht primär vom Lehrer, sondern von den Interessen, Wünschen und Fähigkeiten der Schüler/innen bestimmt wird. Der Grad der Selbst- und Mitbestimmung des zu Lernenden durch die Kinder wird zum entscheidenden Kriterium des offenen Unterrichts. Je mehr Selbst- und Mitbestimmung den jungen Menschen in der Frage, wann sie was mit wem und wie lernen wollen, zugebilligt wird, um so offener ist der Unterricht. [...] Die Schule orientiert sich damit am Zielbild des mündigen Bürgers und seiner Verantwortung in der demokratischen Gesellschaft. (Neuhaus-Siemon 1996, 19f.)

Aufbauend auf der oben vorgestellten Dimensionierung beschreiben wir unsere Auffassung von „offenem Unterricht" folgendermaßen:

Offener Unterricht gestattet es dem Schüler, sich unter der Freigabe von Raum, Zeit und Sozialform Wissen und Können innerhalb eines „offenen Lehrplanes" an selbst gewählten Inhalten auf methodisch individuellem Weg anzueignen.

Offener Unterricht zielt im sozialen Bereich auf eine möglichst hohe Mitbestimmung bzw. Mitverantwortung des Schülers bezüglich der Infrastruktur der Klasse, der Regelfindung innerhalb der Klassengemeinschaft sowie der gemeinsamen Gestaltung der Schulzeit ab.

Angelehnt an dieses Grundverständnis können nun die genannten Dimensionen so skaliert werden, dass einem zu untersuchenden Unterricht jeweils ein bestimmter Grad der Öffnung in jeder der Dimensionen zugeordnet werden kann:

Organisatorische Offenheit des Unterrichts

Inwieweit können die Schüler Rahmenbedingungen ihrer Arbeit selbst bestimmen?

5	weitestgehend	Primär auf eigener Arbeitsorganisation der Kinder basierender Unterricht
4	schwerpunktmäßig	Offene Rahmenvorgaben
3	teils – teils	Öffnung der Rahmenvorgaben in einzelnen Teilbereichen
2	erste Schritte	Punktuelle Öffnung der Rahmenvorgaben in einzelnen Teilbereichen
1	ansatzweise	Öffnung der Rahmenvorgaben kaum wahrnehmbar / begründbar
0	nicht vorhanden	Vorgabe von Arbeitstempo, -ort, -abfolge usw. durch Lehrer oder Material

Methodische Offenheit des Unterrichts

Inwieweit kann der Schüler seinem eigenen Lernweg folgen?

5	weitestgehend	Primär auf „natürlicher“ Methode / Eigenproduktionen basierender Unterricht
4	schwerpunktmäßig	Meist Zulassen eigener Zugangsweisen / Lernwege der Kinder
3	teils – teils	In Teilbereichen stärkerer Einbezug / stärkeres Zulassen eigener Wege
2	erste Schritte	Kinderwege werden aufgegriffen, aber die Hinführung zum Normweg bestimmt das Geschehen
1	ansatzweise	Anhören einzelner Ideen der Kinder, aber der Lehrgang bestimmt das Geschehen
0	nicht vorhanden	Vorgaben von Lösungswegen /-techniken durch Lehrer oder Arbeitsmittel

Inhaltliche Offenheit des Unterrichts

Inwieweit kann der Schüler über seine Lerninhalte selbst bestimmen?

5	weitestgehend	Primär auf selbstgesteuertem / interessegeleitetem Arbeiten basierender Unterricht
4	schwerpunktmäßig	Inhaltlich offene Vorgaben von Rahmenthemen oder Fachbereichen
3	teils – teils	In Teilbereichen stärkere Öffnung der inhaltlichen Vorgaben zu vorgegebener Form
2	erste Schritte	Kinder können aus festem Arrangement frei auswählen oder sie können Inhalte zu fest vorgegebenen Aufgaben selbst bestimmen
1	ansatzweise	Einzelne inhaltliche Alternativen ohne große Abweichung werden zugelassen
0	nicht vorhanden	Vorgaben von Arbeitsaufgaben /-inhalten durch Lehrer oder Arbeitsmittel

Soziale Offenheit des Unterrichts

Inwieweit kann der Schüler in der Klasse (Unterrichtsablauf und Regeln) mitbestimmen?

5	weitestgehend	Selbstregierung der Klassengemeinschaft
4	schwerpunktmäßig	Kinder können eigenverantwortlich in wichtigen Bereichen mitbestimmen
3	teils – teils	Kinder können eigenverantwortlich in vom Lehrer festgelegten Teilbereichen mitbestimmen
2	erste Schritte	Kinder können lehrergelenkt in Teilbereichen mitbestimmen
1	ansatzweise	Schüler werden nur peripher gefragt, Lehrer weiß schon vorher, wie es laufen sollte; Kinder können in (belanglosen) Teilbereichen mitbestimmen
0	nicht vorhanden	Vorgabe von Verhaltensregeln durch Lehrer oder Schulvorgaben

Persönliche Offenheit des Unterrichts

Inwieweit besteht zwischen Lehrer und Schüler bzw. Schüler und Mitschülern ein positives Beziehungsklima?

5	weitestgehend	Auf „Gleichberechtigung“ abzielende „überschulische“ Beziehung
4	schwerpunktmäßig	Für Beachtung der Interessen des Einzelnen offene Beziehungsstruktur
3	teils – teils	In bestimmten Teilbereichen / bei bestimmten Kindern offenerer Umgang
2	erste Schritte	Schüler werden zeitweise angehört und dann auch beachtet
1	ansatzweise	Schüler werden angehört, aber der Lehrer bestimmt weiterhin das Geschehen
0	nicht vorhanden	Begründung der Beziehung durch Alter oder Rollen-/ Gruppenhierarchie

Mit Hilfe dieser Raster kann man die Öffnung des Unterrichts grob unter verschiedenen Blickwinkeln untersuchen. Dabei sollten die Dimensionen weitgehend unabhängig voneinander beurteilt werden, obwohl sich in der Praxis oft eine gegenseitige Beziehung feststellen lassen wird, wenn z.B. inhaltliche oder methodische Offenheit in vielen Fällen auch organisatorische Offenheit einschließt. Trotzdem lassen sich auch immer Beispiele finden, in denen die Ausprägungen in den Dimensionen nicht direkt voneinander abhängig sind. Dies kann beispielhaft an der Untersuchung der Öffnung verschiedener Unterrichtskonzepte veranschaulicht werden, wobei die folgende Abbildung auf Grund der subjektiven Interpretation nur der groben Veranschaulichung dienen kann. Daher werden nur tendenzielle Unterschiede durch „stärkere“ Ausprägung (↗), „mittlere“ Ausprägung (→) oder „schwächere“ Ausprägung (↘) angegeben. Eine genauere Zuordnung zur Öffnung in den verschiedenen Dimensionen ist aber letztendlich abhängig von der konkreten Umsetzung und Angebotsgestaltung! Als einrahmende Extremformen werden *Lehrgangsunterricht* und *Offener Unterricht* als Idealtypen angegeben.

Unterrichtskonzepte und ihre Öffnung in verschiedenen Dimensionen

	Organisatorische Öffnung	Methodische Öffnung	Inhaltliche Öffnung	Soziale Öffnung	Persönliche Öffnung
Lehrgangsunterricht	↘	↘	↘	--	--
Stationsbetrieb	↘	↘	↘	--	--
Wochenplanunterricht	→	↘	↘	--	--
Werkstattunterricht	↗	→	↘	--	--
Reisetagebücher-Unterricht	→	↗	↘	--	--
Freie Arbeit	↗	→	→	--	--
Projektorientierter U.	↗	↗	→	--	--
Freie Schulen (Klassenrat etc.)	--	--	--	↗	↗
Offener Unterricht	↗	↗	↗	↗	↗

- ↗ „stärkere" Ausprägung
- → „mittlere" Ausprägung
- ↘ „schwächere" Ausprägung
- (--) keine Angabe möglich

Einerseits zeigt die Tabelle, dass es sehr wohl Unterrichtsformen gibt, die bestimmte Dimensionen favorisieren, wie z.B. die methodische Dimension im „Reisetagebücherunterricht" (auf den im nächsten Kapitel genauer eingegangen wird), während z.B. der Wochenplanunterricht oft nur eine rein organisatorische Öffnung anstrebt. Allerdings ist auch ersichtlich, dass eine inhaltliche Öffnung nur schwer ohne methodische und organisatorische Öffnung vorstellbar ist – wenn Kinder sich ihre Themen weitgehend selber suchen dürfen (über das Freiarbeitsregal hinaus!), wird der Lehrer ihnen auch eher überlassen, mit wem sie wann, wo und wie arbeiten.

Das Beispiel der Freien (Alternativ-)Schulen soll zeigen, dass die dort praktizierte Basisdemokratie und die in der Regel gute (oft freundschaftliche) Beziehung zwischen Kindern und Lehrern nicht zwangsläufig mit einer Öffnung im Bereich der Wissensaneignung zu tun hat. An vielen dieser Schulen findet trotz der basisdemokratischen Grundhaltung ganz normaler Lehrgangsunterricht statt. Entsprechend sind hier keine Angaben über die Öffnung im organisatorischen, methodischen und inhaltlichen Bereich möglich. Der umgekehrte Fall ist dann vorhanden, wenn ein offeneres Unterrichtskonzept nicht unbedingt auch eine Öffnung im sozialen Bereich erfordert. Gerade der Bereich einer wirklich demokratischen Mitbestimmung der Schüler ist in der Schulpraxis nur selten anzutreffen.

2.3.3 Bestimmung des Öffnungsgrades einzelner Unterrichtssequenzen

Bei genauer Betrachtung erkennt man, dass sich die oben vorgestellten Raster zur Offenheit des Unterrichts allerdings nur bedingt zur Einordnung bestimmter Unterrichts*situationen* eignen. Da der Grad der Öffnung vor allem über die Konsequenz der Öffnung bzw. die *Anteile* offenerer und geschlossenerer Unterrichtsphasen gemessen wird, sind sie primär auf eine abschließende Beurteilung einer ganzen Unterrichtseinheit bzw. einer längeren Hospitation gerichtet. Während man für den persönlich-sozialen Bereich sicherlich immer auf einen Gesamteindruck bezüglich der Mitbestimmungsmöglichkeiten der Kinder bzw. ihrer Beziehungen untereinander und zum Lehrer angewiesen ist, könnte es für den Bereich der Wissensaneignung sehr wohl Sinn machen, festzustellen, welche Unterrichtsphasen sich in welchen Dimensionen geschlossener oder offener darstellen. Dazu muss die obige, eher quantitative Einteilung in eine eher qualitativ orientierte Stufung überführt werden.

Diese Raster können dann u. U. auch Hilfen zur Qualitätssicherung des Unterrichts geben. Wenn man dies wünscht, kann man den Grad der Öffnung einer praktizierten oder geplanten Unterrichtssituation in den verschiedenen Dimensionen analysieren und bekommt durch die darüber liegenden Stufen Anregungen für den „nächsten Schritt“ in Richtung eines stärkeren Einbezuges der Schüler in ihr Lernen. Natürlich geht es auch hier nicht um ein pauschales „je offener, desto besser“ (auch im Offenen Unterricht kann es „geschlossene“ Informationsphasen / Kreisgespräche usw. geben), aber wenn man eine Entwicklung der Selbst-, Sach- und Sozialkompetenz bei den Schülern anstrebt, sollte man ihnen auch einen entsprechenden Spielraum zur Ausbildung dieser Kompetenzen gewähren. Und dieser Spielraum hat wiederum viel mit dem Grad der Übertragung von Verantwortung an den Einzelnen bzw. seine Mitbestimmungsmöglichkeiten zu tun – also mit dem Grad der Offenheit der Unterrichtssituation.

Raster zur Beurteilung des Grades der Öffnung einzelner Unterrichtssequenzen
Organisatorische Offenheit von Unterrichtssequenzen
Inwieweit kann der Schüler die Rahmenbedingungen seiner Arbeit selbst bestimmen?

	Organisatorischer Spielraum	Mögliche Arbeitsanweisungen als Beispiele
5	Ermöglichung ganz freier Zeiteinteilung, Orts- und Partnerwahl auf Dauer – langfristige eigene Arbeitsvorhaben	Wann arbeitest du mit wem wo?
4	Ermöglichung längerfristiger Planung von Arbeitsvorhaben Eigene Bestimmung der Sozialform / des Ortes	Arbeite / arbeitet innerhalb unserer Forscherstunden an deinem / eurem Arbeitsvorhaben (unter freiem Bestimmen der Arbeitsbedingungen).
3	Nur stunden- bzw. phasenweise Planung von Arbeitsvorhaben Mitbestimmung bei der Wahl der Sozialform / des Ortes	Plant und erarbeitet euren Beitrag bis zum Vorstelltermin aus. Musikraum und Kellerflur sind auch frei.
2	Möglichkeit zur eigenständigen Festlegung der Bearbeitungsreihenfolge vorgegebener Aufgaben / Teilthemen Eingeschränkte Wahl der Sozialform / des Ortes	Bearbeite die Aufgaben bis nächste Woche. (Du kannst mit Partnern arbeiten, du kannst im Atelier … arbeiten.)
1	Organisatorische Öffnung in nur minderen Bereichen: Einbezug des Flures als Arbeitsort, Möglichkeit zur Änderung der Bearbeitungsreihenfolge einer Aufgabe, Möglichkeit zum Einbezug des Nachbarn bei der Bearbeitung einer vorgegebenen Aufgabe	Bearbeite jetzt die Aufgaben – egal in welcher Reihenfolge. Frage deinen Nachbarn, wenn du Hilfe brauchst. Wer ganz leise ist, kann auch im Gruppenraum arbeiten.
0	Feste, ganz konkrete Aufgabenvorgabe	Bearbeite die Aufgaben … hintereinander (auf dem Flur, mit deinem Nachbarn).

Methodische Offenheit von Unterrichtssequenzen
Inwieweit kann der Schüler seinem eigenen Lernweg folgen?

	Methodischer Spielraum	Mögliche Arbeitsanweisungen als Beispiele
5	eigene „vordidaktische“ Zugangsweisen / Wege der Kinder: Aufgaben werden auf unterschiedlichsten Niveaus / mit unterschiedlichsten Zugangsweisen nebeneinander bearbeitet – „freier Ausdruck“ ist grundlegendes Element	Wie machst du das?
4	eigene methodische Zugangsweisen in größeren Teilbereichen: Aufgaben können auf unterschiedliche Art/ auf unterschiedlichen Wegen angegangen werden	Probiere die Aufgabe auf deine Art zu lösen. Wir stellen nachher fest, welcher Weg der beste ist/ich zeige euch nachher den besten Weg.
3	eigene methodische Zugangsweisen nur in bestimmten Teilbereichen	Löse diese Aufgabe mit einem beliebigen Anschauungsmittel.
2	eigene methodische Zugangsweisen nur in bestimmten Teilbereichen und mit engeren Vorgaben	Übe die Aufgaben mit dem unserer Verfahren, mit dem du am besten arbeiten kannst.
1	eigene methodische Zugangsweisen minimal	Übe die Aufgaben nach diesen drei Verfahren …
0	Feste Aufgaben	Bearbeite die Aufgabe … wie an der Tafel geübt.

Inhaltliche Offenheit von Unterrichtssequenzen

Inwieweit kann der Schüler über seine Lerninhalte selbst bestimmen?

	Inhaltlicher Spielraum	Mögliche Arbeitsanweisungen als Beispiele
5	überfachliche eigene Arbeitsvorhaben (Mathe, Sprache, Sachunterricht usw. nebeneinander)	Was machst du?
4	innerfachliche eigene Arbeitsvorhaben (alle „forschen", können aber ihr Thema frei bestimmen)	Du kannst in den Fachstunden frei arbeiten. Nimm dir/ nehmt euch selbst etwas im Fach ... vor.
3	Rahmenthema vorgegeben (alle arbeiten zum Thema, aber Unterthemen / Umsetzungsformen sind frei bestimmbar)	Überlege dir / überlegt euch einen eigenen Beitrag zu unserer Einheit ...
2	Aspekte des Rahmenthemas sind festgelegt und Kinder füllen dieses oder wählen zwischen den Aspekten (Unterthemen zum vom Lehrer ausgewählten Oberthema – konkrete inhaltliche Umsetzung aber durch die Kinder)	Such dir / sucht euch eines der vorgegebenen Teilthemen zu unserer Einheit ... aus und arbeite / arbeitet dazu.
1	Themenvariation / festes Thema mit Überangebot (vom Lehrer aufbereitete Unterthemen stehen zur Wahl bzw. können leicht variiert werden)	Du kannst dir aus diesen Aufgaben eine aussuchen oder das gestellte Thema auch etwas verändern.
0	Feste Aufgabenvorgabe	Bearbeite die Aufgaben x, y, z

2.3.4 Ein „Stufenmodell" für Offenen Unterricht

Die oben beschriebenen Raster zur Einordnung von Unterricht an sich bzw. zur Analyse einzelner Unterrichtssequenzen in verschiedenen Dimensionen geben Anhaltspunkte im Bezug auf die gewährte Offenheit. Sie sagen allerdings nichts – oder nur wenig – über die Motive der Öffnung aus bzw. darüber, wie die Öffnung des Unterrichts vom Lehrer, von den Kindern und den Beobachtern erlebt wird. Hier können evtl. qualitative Erhebungen bzw. Befragungen der Betroffenen und des Umfeldes zusätzlich Aufschluss geben.

Eine weitere Hilfe im Bezug auf eine umfassendere Beurteilung der Offenheit des Unterrichts bzw. der Konsequenz, mit der die Offenheit gewährt wird, kann das folgende „Stufenmodell des Offenen Unterrichts" geben, das die bisher gleichrangig behandelten Dimensionen der Öffnung nun selbst zu Öffnungskriterien macht (vgl. dazu auch Brügelmann 1997a, 45ff.).

So kommt in der Praxis die Öffnung des Unterrichts in bestimmten Dimensionen (organisatorische Öffnung) sehr häufig vor, in anderen hingegen eher selten (methodische / inhaltliche Öffnung). Gleichzeitig werden in den Dimensionen, in denen eher geöffnet wird, in der Regel höhere Stufen der Öffnung erreicht. Wenn man also statt auf den Einzelfall auf die Gesamtheit der Umsetzung offenen Unterrichts blickt, lässt sich so etwas wie eine Stufenfolge erkennen, die sich aus der Häufigkeit ergibt, mit der eine Dimension in der Praxis vorkommt bzw. umgesetzt wird. Unter diesem Blickwinkel schließen die Dimensionen dann zu einem großen Teil einander ein, das heißt z. B. ist die Stufe der organisatorischen Öffnung, die in der Praxis am häufigsten vorzufinden ist, fast immer auch dort vorhanden, wo andere Stufen (methodischer, inhaltlicher, sozialer) Öffnung anzutreffen sind. Aus der quantitativen Verbreitung der Dimensionen kann daher durchaus so etwas wie eine empirisch abgesicherte Stufenfolge der qualitativen Öffnung von Unterricht entwickelt werden.

Dies soll im Folgenden geschehen, wobei wir einen kurzen Zwischenschritt machen müssen, der unser Verständnis von „inhaltlicher Offenheit" von dem in der Praxis vorzufindenden abgrenzt bzw. dieses qualitativ weiterentwickelt:

Das was man in der Praxis mit Abstand am häufigsten vorfindet, ist eine organisatorische Öffnung des Unterrichts. Raum, Zeit und Sozialform werden vom Lehrer ganz oder teilweise freigegeben, aber Inhalte, Methode und Material sind hingegen weitgehend festgelegt. Als Umsetzungsbeispiele seien hier z. B. offenere Stationsbetriebe oder der übliche Wochenplanunterricht genannt. Diese Stufe der Öffnung ist leicht zu leisten und in der Schule häufig anzutreffen, da die inhaltliche Differenzierung von oben erfolgt und der (Sicherheit gewährende) Lehrgang im Grunde beibehalten werden kann.

Der nächste Schritt zu einem Mehr an Öffnung, dem man in der Praxis begegnet, ist die „Freigabe" *vorgegebener* Inhalte, das heißt die Schüler können in diesem

Rahmen selbst entscheiden, mit was sie sich im Unterricht beschäftigen wollen. Allerdings greifen sie dabei vorwiegend auf bereitgestelltes Lehrgangsmaterial zurück, bearbeiten Karteien usw. Hier werden im Allgemeinen keine höheren Stufen inhaltlicher Öffnung erreicht. Auch der Lernweg, die Lernmethode ist immer noch weitgehend vom Material (oder evtl. vom Lehrer) vorbestimmt. Beispiele hierfür sind Werkstätten oder die übliche Form Freier Arbeit.

Unser Verständnis von Offenem Unterricht würde allerdings die Loslösung von den Materialvorgaben als Ausgangsbedingung jeglicher Öffnung ansehen, das heißt Öffnung ist nur da vorhanden, wo der Schüler nun auch methodische Freiheit hat und auf seinem eigenen Weg lernen kann – mit „Fehlern", „Umwegen" und „Sprüngen". Material und Lehrer müssen dem Weg des Schülers folgen.

Deshalb stellen die ersten beiden vorgeschlagenen Öffnungsdimensionen eigentlich gar keine „richtige" Öffnung dar, da bei einem Verzicht auf die methodische Öffnung der traditionelle Unterricht auch bei organisatorischer Öffnung (Freigabe von Zeit / Raum / Sozialform usw.) oder bei inhaltlicher Öffnung (Auswahl des Materials / Themas durch den Schüler) lediglich von einem lehrerzentrierten zu einem im Prinzip genauso geschlossenen „materialzentrierten" Unterricht wird. Schülerzentrierter wird hier nichts in Bezug auf die Prinzipien, die die Lernpsychologie bzw. die Fachdidaktiken für Unterricht fordern: Der eigene Weg zum Wissenserwerb wird durch die meisten der verwendeten Arbeitsmittel genauso blockiert bzw. unterbunden wie auch ein interessegeleitetes Lernen. Ist es nicht ehrlicher, die sieben Arbeitsblätter der Woche frontal zu unterrichten, als sie in Form eines „Wochenplans" verpackt auszugeben und den Schülern dabei mehr Selbstständigkeit und Eigenverantwortung für das eigene Lernen zu unterstellen? Offenheit beginnt mit dem Loslassen der Kinder!

Nur so kann wirklich gelernt werden, weil es ja (und gerade heute!) um Verstehen und nicht nur um Auswendiglernen geht. Und Verstehen ist ein ganz individueller Prozess der eigenen Horizonterweiterung. Der Lehrer kann Impulse geben und das Lernen auf eigenen Wegen herausfordern, aber er darf nicht versuchen zu „lehren" bzw. zu „belehren", wenn er die Gefahr rein auswendig gelernter Techniken oder unverstandener Wissensanhäufung vermeiden will.

Vorzuschlagen ist deshalb die folgende einfache Stufung für Offenen Unterricht, den wir als Abgrenzung zu anderen „offenen Unterrichtsformen" immer dann groß schreiben, wenn wir uns auf unser konkretes Konzept bzw. unsere Zielsetzungen beziehen. In den folgenden Kapiteln wird dieses Konzept dann noch weiter theoretisch und praktisch begründet. Dort werden auch die drei im Folgenden als Beispiel für die „Stufen der Öffnung" erwähnten Konzepte „Didaktik der Kernideen", „Didaktik des weißen Blattes" und „Didaktik der sozialen Integration" näher erläutert:

Stufenmodell des Offenen Unterrichts (vgl. Peschel 2002d)

Um den Begriff „Offener Unterricht" bzw. seine Dimensionen nun etwas fassbarer zu machen, würde ich (aufbauend auf die Vorschläge von Brügelmann 1997a) daher folgende „Stufen Offenen Unterrichts" vorschlagen:

Stufe 0 als Vorstufe: „Geöffneter Unterricht" – nicht „Offener Unterricht"

Differenzierende Arbeitsformen (Freie Arbeit, Wochenplan, Werkstätten, Stationen etc.), bei denen nur für das Lernen relativ unwichtige Komponenten freigegeben werden (Zeit, Ort, Sozialform, Arbeitsform). Inhalte und Methoden werden aber weitgehend durch Schulbücher, Karteien, Übungshefte, Werkstatt- oder Stationsaufträge bestimmt. Vor allem die Vorgabe des Lernweges durch Erklärungen des Lehrers oder die lehrgangsmäßige Gestaltung des Arbeitsmaterials widerspricht den Zielen eines „Offenen Unterrichts", da oft nicht die für ein autonomes Lernen wirklich wichtigen Bereiche geöffnet werden.

Stufe 1: Die methodische Öffnung

als Grundbedingung für jegliche „Öffnung". Sie basiert auf der konstruktivistischen und lernpsychologischen Annahme, dass Lernen ein eigenaktiver Prozess ist. Niemand kann für einen anderen lernen. Wirklich verstehen kann ich nur das, was ich selber „konstruiert" habe, d. h. durch aktive Auseinandersetzung in meine bestehenden Denkstrukturen eingebettet habe. Und das geschieht wahrscheinlich wesentlich effektiver, wenn ich selbstgesteuert durch eigene Aktivitäten und Versuche lerne, als wenn ich einem (fremdgesteuerten) Lehrgang folge.

Für den Unterricht bedeutet das, dass den Schülern der Lernweg ganz frei gegeben werden muss, d. h. es darf keine Vorgaben zum Kompetenzerwerb oder zur Problemlösung geben, sondern die Wege und „Umwege" der Kinder müssen als unbedingt notwendig für effektives und verstehendes Lernen erkannt werden.

Dieser Unterricht kann unter Umständen sogar relativ lehrerzentriert verlaufen, indem der Lehrer die Inhalte und Problemstellungen (Kernideen) auswählt und den Schülern zugänglich macht. Allerdings greift er nicht in die Lösungswege der Kinder ein, d. h. es erfolgt eine individuelle Auseinandersetzung des Schülers mit dem Stoff. Der Schüler diskutiert den Stoff mit Lehrer und Mitschülern, erfährt deren Zugänge und Meinungen und kommt mit ihnen im Laufe der Zeit zu „Vereinbarungen", d. h. Regeln, Strukturen und Konventionen. Es gibt keine vorstrukturierten Lehrgänge oder Arbeitsmaterialien, keine bloß einzuübenden Techniken, kein unverstandenes Auswendiglernen!

(Beispiel: „Didaktik der Kernideen" nach Gallin und Ruf 1990)

Stufe 2: Die methodische und inhaltliche Öffnung

ist die Erweiterung der methodischen Öffnung noch um die inhaltliche Dimension. Grundlage hierfür ist der Ansatz des interessebezogenen Lernens, d. h. man lernt am schnellsten und einfachsten (und meist sogar ohne es als „Lernen“ zu empfinden), wenn man sich selber für einen Gegenstand interessiert. Durch die hohe innere Motivation ergibt sich zusammen mit dem selbstgesteuerten Lernen auf eigenen Wegen eine sehr hohe Effektivität beim Lernen.

Es gibt keine vorstrukturierten Lehrgänge oder Arbeitsmaterialien! Für den Unterricht bedeutet das, dass nicht nur die Lernwege, sondern auch die Inhalte vom Lehrer freigegeben werden. Die Kinder kommen morgens in die Schule und nehmen sich Sachen für den Tag vor, denken sich Geschichten und Kniffelaufgaben aus, führen Forscherprojekte durch, gestalten musisch etc. und stellen sich die Ergebnisse am Tagesende gegenseitig vor. Der Lehrer sorgt für die notwendige „Lernatmosphäre“ in der Klasse, gibt Impulse, strukturiert, verfolgt den Fortschritt der Kinder und hält die Passung zum (offenen) Lehrplan im Auge. Er lässt den Kindern größtmöglichen Raum, ohne aber die Fäden aus der Hand zu geben.
(Beispiel: „Didaktik des weißen Blattes“ nach Zehnpfennig und Zehnpfennig 1992)

Stufe 3: Die sozial-integrative Öffnung

ist als Ergänzung eines jeden Unterrichts auf der Ebene des sozialen Miteinanders zu verstehen.

Während Lehrer in der Regel die Unterschiedlichkeit bzgl. der „Leistungsmöglichkeiten“ von Kindern nicht verneinen, sind die wenigsten bereit, diese Unterschiedlichkeit im sozialen Bereich zuzulassen. Dort werden Regeln meist implizit (z. B. in „suggestiven“ Gesprächskreisen) vorgegeben, wenn die Diskussionen nicht gleichberechtigt verlaufen, und die Kinder schnell wissen, welche Antworten / Regeln der Lehrer erwartet. Dadurch kann es passieren, dass Kinder, die – biographiebedingt – eben nicht in das von außen vorgegebene Raster passen oder sich nicht so schnell anpassen können, zuerst „segregiert“ bzw. zu Außenseitern werden.

Die sozial-integrative Öffnung versucht Basisdemokratie und Schülermitgestaltung im Unterricht insgesamt zu verwirklichen, d. h. es werden vom Lehrer keinerlei Regeln und Normen vorgegeben (wohl aber vorgelebt bzw. als persönliches Recht eingefordert!), sondern die zum Zusammenleben notwendigen Absprachen befinden sich einem dauernden Findungs- und Evaluationsprozess. Regeln werden nicht fingiert und vorschnell zum „gemeinsamen“ Ergebnis, sondern die sozialen Normen liegen in der Verantwortung aller Beteiligten. Normverstöße werden dadurch nicht als persönliches Defizit angesehen, sondern dienen als (nicht vom Lehrer initiierte oder missbrauchte) Reflexionsmöglichkeit.

Der Lehrer ist gleichberechtigtes Mitglied der Gemeinschaft und unterliegt den gleichen Regeln und Absprachen. Die Kombination mit der methodischen bzw. inhaltlichen Öffnung ist deshalb nicht leicht, weil bei diesen der Lehrer – trotz der „Öffnung“ – oft eine direkte oder indirekte Lenkung innehat.
(Beispiel: Die von mir erprobte „Didaktik der sozialen Integration“ – Peschel 2001 a)

Stufenmodell des Offenen Unterrichts

Stufe 0: Die organisatorische Öffnung
als Vorstufe „Geöffneter Unterricht“ – nicht „Offener Unterricht“
Organisatorische Öffnung durch „Differenzierung von oben“ (durch den Lehrer).
Arbeitsformen: Freie Arbeit, Wochenplan, Werkstätten, Stationen etc.
Lernen muss Passung haben (lernpsychologisch-didaktische Begründung).

Stufe 1: Die methodische Öffnung
als Grundbedingung für jeden „Offenen Unterricht“
Methodische Öffnung durch „Individualisierung von unten“ (durch den Schüler).
Arbeitsformen: „Reisetagebücherunterricht“ (Gallin / Ruf 1998)
Lernen ist ein eigenaktiver Konstruktionsprozess des Einzelnen (lern- und entwicklungspsychologische Begründung).

Stufe 2: Die methodische und inhaltliche Öffnung
als weitgehende Umsetzung eines „Offenen Unterrichts“
Zusätzlich zur methodischen auch inhaltliche Öffnung durch stoffbezogene Mit-/Selbstbestimmung bzw. interessegeleitetes Lernen des Schülers.
Arbeitsformen: „Didaktik des weißen Blattes“ (Zehnpfennig 1992; Peschel 2002)
Lernen ist am effektivsten, wenn es vom Lernenden als selbstbestimmt und signifikant erlebt wird (lern- und motivationspsychologische Begründung).

Stufe 3: Die soziale Öffnung
ist die Öffnung des Unterrichts in Richtung Demokratie und Selbstverwaltung
Soziale / persönliche Öffnung durch Basisdemokratie und Schülermitgestaltung (Unterrichtsablauf, Rahmenbedingungen, Regelstrukturen etc.)
Arbeitsformen: „Didaktik der sozialen Integration“ (Peschel 2002)
Soziale Erziehung ist am effektivsten, wenn die Strukturen vom Einzelnen selbst mitgeschaffen und als notwendig / sinnvoll erlebt werden (bildungstheoretisch-politische Begründung).

(Peschel 2002 d)

3 Aktuelle herausfordernde Konzepte Offenen Unterrichts

Wie würden Sie auf Dauer Ihren Traumurlaub gestalten? Als Massentourist auf einer Pauschalreise, wo man im 40-Minuten-Takt mit dem Bus von Attraktion zu Attraktion gekarrt wird, um dann in einem künstlichen Hotelparadies von Animateuren mit versierten Motivationstricks bei Laune gehalten zu werden? Oder würden Sie es eher vorziehen, als Individualurlauber auf eigenen Wegen mit nur groben Plänen durch die Gegend zu streifen, innehalten zu können, wann Sie wollen, unwegsames Gelände oder kleine Straßen nach Belieben zu wählen, um zeitweise in einem Ansturm von Überschwänglichkeit Berge überqueren und Strecken zurücklegen zu können, die für Sie und andere vorher als unerreichbar galten?

Das ist nicht nur eine Geschmacksfrage. Es ist eine Lebensfrage. Eine didaktische Lebensfrage.

> Es gibt in der Tat beliebig viele Wege, um zu einer bestimmten Erkenntnis zu gelangen. Der Verlauf eines Weges hängt von zwei Faktoren ab: vom Sachgebiet und vom lernenden Individuum. Einerseits lässt sich das Sachgebiet in eine begrenzte Anzahl von Stationen aufgliedern, die in fast beliebiger Reihenfolge durchschritten werden können. Andererseits bestimmen die individuelle Vorgeschichte und die momentane Disposition des Lernenden die Wahl der Stationen, den Rhythmus und das Tempo, mit denen sie durchlaufen werden. Das bedeutet: Auf endlich vielen Wegen gibt es unendlich viele Wanderungen. Auch wenn zwei Wanderer die gleiche Route wählen, sind ihre Erfahrungen verschieden; der je individuelle Rhythmus macht sie zu etwas Einmaligem.
>
> Solche Beobachtungen haben gravierende Konsequenzen: Die Didaktik darf keine wegleitenden Handlungsvorschriften erlassen. Kein einziger Weg, der je zu einer Erkenntnis geführt hat, darf zur Norm erhoben, verabsolutiert und gelehrt werden. Die Didaktik darf das Lernen nur ermöglichen, keinesfalls aber organisieren: Lernprozesse sind prinzipiell nicht lernbar, weil sie nur zum Ziel führen, wenn sie auf einem individuell richtigen Weg nach einem individuell richtigen Rhythmus verlaufen. Wandererfahrungen sind nicht wiederholbar! (Gallin / Ruf 1990, 108)

Um einen weiteren, anderen Zugang zu dem in den ersten beiden Kapiteln aus praktischer Umsetzung und theoretischer Überlegung abgeleiteten Offenen Unterricht zu bekommen, werden im Folgenden drei aktuelle Umsetzungsvarianten eben dieser Unterrichtsform vorgestellt. Gemeinsam ist ihnen die qualitative Erweiterung des Verständnisses von „geöffnetem“ Unterricht, indem sie sich von Freier Arbeit, Wochenplan-, Stations- oder Werkstattunterricht vor allem dadurch unterscheiden, dass sie versuchen, die gewünschte Schülerorientierung durch einen weitgehenden Verzicht auf Arbeitsmittel zu erreichen. Die indirekte Belehrung, der heimliche Lehrgang soll so vermieden werden und die Auseinandersetzung zwischen Schüler und Stoff möglichst direkt, ohne verfälschende, behindernde oder ablenkende Lehrmittel erfolgen. Die Motivation soll vom Stoff ausgehen, sie wird nicht spielerisch verpackt sachfremd erzeugt. Gleichwohl – wenn auch stark reduziert – kommen auch in diesem Unterricht diverse Gegenstände als Arbeitsmaterialien zum Tragen, wenn z. B. Bücher zu Rate gezogen oder verschiedene Sachen zu Forschungen gebraucht werden. Aber diese Art der Materialien ist dann nicht speziell von Fachleuten für den schulischen Lehrplan aufbereitet worden, sondern entstammt primär der Lebenswelt der Schüler.

Dabei stellen die drei folgenden, von mir real in der Praxis vorgefundenen bzw. erlebten Konzepte zugleich die konkrete Umsetzung des im letzten Kapitel entwickelten „Stufenmodells des Offenen Unterrichts“ dar: Das erste Konzept öffnet primär auf der methodischen Ebene, gibt die Inhalte aber weitgehend vor. Das zweite Konzept öffnet zusätzlich zur methodischen Freigabe auch die inhaltliche Seite, beinhaltet aber noch eine maßgebliche Lehrerlenkung in der sozialen Dimension. Das letzte Konzept hingegen öffnet den Unterricht in allen Dimensionen, indem die Klasse weitgehend basisdemokratisch von Kindern und Lehrer geführt wird. Im Folgenden seien diese drei Konzepte vor einer ausführlicheren Darstellung zunächst kurz skizziert:

Die „Didaktik der Kernideen“ nach Peter Gallin und Urs Ruf betont vor allem die methodische Freiheit des Schülers, seinen eigenen Lernweg gehen zu können bzw. gehen zu müssen, während die zu lernenden Inhalte – in besonderer Form – vom Lehrer vorgegeben werden. Das stellt auch den Vorteil dieses Konzeptes im Rahmen einer Hinführung zu Offenem Unterricht dar, denn der Lehrer erfährt durch die mögliche Orientierung an Stoff- und Lehrplanvorgaben vielleicht gerade erst die Sicherheit, die er benötigt, um den Schülern wirklich den eigenen Lernweg zuzugestehen. Dabei wird hier trotz der Vorgabe der Inhalte eine ganz neue Lehrerrolle beschrieben, die auch für die anderen beiden Konzepte prägend ist.

Die „Didaktik des weißen Blatts“ nach Hannelore und Helmut Zehnpfennig geht dann aber doch noch einen Schritt weiter und lässt die Schüler auch die Inhalte in der Schule relativ frei wählen – wobei das Lernen an sich nicht in Frage gestellt wird. Während bei Gallin und Ruf das Arbeiten durch das Zusammentragen und Hinterfragen verschiedenster Lösungsmöglichkeiten zu einem Thema gerade Sinn bekommt, ergibt sich im Offenen Unterricht nach Zehnpfennig durch die Unterschiedlichkeit der Aktivitäten der Kinder eine interessante Gruppendynamik und eine schwer zu beschreibende Vielseitigkeit der im Unterricht zu den unterschiedlichsten Zeitpunkten behandelten Themen.

Die „Didaktik der sozialen Integration“ geht als von mir selbst erprobtes Konzept noch einen Schritt weiter im Hinblick auf eine Öffnung im sozialen Bereich. Während sowohl bei Gallin und Ruf als auch bei Zehnpfennig und Zehnpfennig dem Lehrer auch innerhalb seiner völlig neuen Lehrerrolle noch eine maßgebliche Lenkungsfunktion im Unterricht obliegt, wenn er z. B. die gemeinsamen

Kreisphasen moderiert oder explizit oder implizit über die Einhaltung von Regeln wacht, so wird diese Lehrersteuerung nun noch weiter aufgebrochen. Gemäß der Umsetzung basisdemokratischer Prinzipien im Klassenraum versucht der Lehrer im dritten Konzept, die Selbstverantwortung der Schüler sowohl im Bereich der Wissensaneignung als auch im Bereich des sozialen Lernens durch eigene Zurückhaltung bzw. den Verzicht von Privilegien zu fördern. So ist auch er von Melde- und Klassenregeln betroffen und lässt die eigene Konfliktlösung, Regelfindung und Tagesgestaltung durch die Schüler zu.

Alle drei Konzepte basieren auf einer neuen Lehrerrolle, die sich nicht mehr nur als eine Verschiebung der bisherigen verstehen lässt, sondern ganz klar anders motiviert ist. Dadurch heben sie sich qualitativ von den oben besprochenen Formen offenen Unterrichts ab: Selbststeuerung und Eigenverantwortung bekommen eine andere Dimension. Zwar lässt sich in der Abfolge der hier geschilderten drei Konzepte die im letzten Kapitel angesprochene Zunahme der Öffnung feststellen (nur methodisch; methodisch und inhaltlich; methodisch, inhaltlich und sozial), eine vergleichende qualitative Bewertung kann allerdings nicht erfolgen, da die zusätzliche Öffnung eines Bereiches durchaus auch negativere Ergebnisse in anderen Bereichen hervorrufen kann. Die richtige Schwerpunktbildung kann nur individuell vom einzelnen Lehrer im Hinblick auf die unterrichtlichen Rahmenbedingungen und vor allem unter Berücksichtigung der eigenen Fähigkeiten und Fertigkeiten erfolgen. „Je offener, desto besser“ kann eben nicht als Faustformel gelten, sondern ist abhängig von dem Grad an Offenheit, den die Beteiligten als für sich passend erleben. Dass allerdings alle drei Varianten qualitativ hochwertige Ergebnisse liefern, und die Offenheit eher als befreiende didaktische Hilfe denn als „Strukturverlust“ erlebt wird, scheint sich in der Praxis zu bestätigen.

3.1 Offenheit trotz Gleichschritt: „Didaktik der Kernideen – Reisetagebücher-Unterricht“

Die Schweizer Lehrerin Patricia Berger-Kündig berichtet über ihren Weg zum Reisetagebücherunterricht (hier bezeichnet als Projekt „Lernen auf eigenen Wegen“):

> Es war im Frühjahr 1987. Wiederum, zum zweiten Mal in meiner Tätigkeit als Unterstufenlehrerin, hatte ich eine Klasse ins dritte Schuljahr geführt, und wiederum spürte ich, dass das Interesse am Unterricht bei etlichen Schülerinnen und Schülern mehr und mehr erlahmte. Als engagierte Lehrerin traf mich das sehr. Es dauerte nur wenige Monate, bis einzelne deutlich zu erkennen gaben, dass sie die Schule – meine Schule – langweile. Obwohl ich diesem Phänomen schon in meinem ersten Klassenzug – auch in der dritten Klasse – begegnet war, wollte ich es diesmal nicht mehr einfach so hinnehmen. Gab ich mir doch täglich so viel Mühe, setzte mich stundenlang hin, um spannende Lektionen vorzubereiten, kreierte

aufwendige Arbeitsblätter und korrigierte sie, wie alle anderen Schülertexte auch, mit großer Sorgfalt. Die Themen hatte ich stets der Klasse angepasst und die Schülerinnen und Schüler oft und viel mitgestalten lassen. [...]

Je passiver und gleichgültiger meine Schülerinnen und Schüler werden, desto aktiver und unerbittlicher werde ich selbst:

- Wie eine beflissene Mutter jage ich hinter den vergesslichen Kindern her: Hast du alles eingepackt? Sind die Hausaufgaben notiert? Wo ist dein Sprachheft?
- Ich fühle mich als Polizistin, trete mehr und mehr in der Rolle der Kontrollierenden an die Kinder heran: Wo sind deine Verbesserungen? Habe ich nicht gesagt, dass du das mit Füllfeder schreiben sollst? Du hast schon wieder zu viele Fehler!
- Ich mache alles. Ich bin die Initiatorin von jeglichem Unterrichtsgeschehen. Ich bestimme Stoff und Zeit.
- Ich trage alle Verantwortung, die Kinder tragen keine. [...]
- Meine Präparationen werden zur unantastbaren Norm, dagegen erscheinen Zufälle, Einfälle, Phantasie und Kreativität als Störfaktoren.

Nun war ich reif für etwas wirklich anderes und kurze Zeit darauf schloss ich mich dem Entwicklungsprojekt *Lernen auf eigenen Wegen* an. (Berger-Kündig 1998, 186ff.)

3.1.1 Ein Tag in der Schweiz

Irgendwo hinter dem Zürichsee unterrichtet Regula Ruf in der kleinen Stadt Wetzikon ihre Primarschulklasse. Nach sechzehn Jahren als Grundschullehrerin und mehreren Jahren in der Lehrerausbildung hat sich ihr Unterricht, oder besser gesagt ihre Einstellung zu den Kindern, geändert. Obwohl sie klar die Federführung in der Klasse innehat, steht sie nur noch selten an der Tafel, in der Regel arbeiten die Schüler selbstständig an ihren Arbeitsaufträgen im Reisetagebuch. Sie selber wird als Lehrerin immer wieder von den Kindern in deren Arbeit eingebunden oder aber arbeitet für sich an ihrem Pult. Ihren anderen Zugang zu Kindern und Schule beschreibt sie in ihrem Aufsatz „Was sich in meinem Unterricht verändert hat“ so:

- Ich trete nicht mehr nur mit der Absicht an die Kinder heran, ihnen etwas beizubringen, ich bin vielmehr neugierig darauf, zu erfahren, was sie schon können. [...]
- Ich bin sehr zurückhaltend geworden im Erteilen von Aufträgen. Die besten Aufträge sind Daueraufträge: Aufträge, welche die Kinder über mehrere Wochen oder Monate hinweg immer wieder aufgreifen. [...]
- Ich stelle nach Möglichkeit Aufgaben, deren Lösung ich noch nicht kenne. [...]
- Wenn neue Formen des Sprachgebrauchs oder des mathematischen Denkens aktuell werden, frage ich mich immer zuerst, in welchen Situationen wir Menschen diese Formen gebrauchen und welche Muster uns die Sprache oder die Mathematik zur Verfügung stellt. [...]

- Wenn ich die Kinder in einen neuen Fachbereich einführe, versuche ich nach Möglichkeit, ihnen sofort das Ganze zu geben. [...]
- Ich leite die Kinder schon früh an, auf etwas zurückzuschauen. was wir gemacht haben, und eine Meinung dazu zu äußern, oder sich über etwas Gedanken zu machen, was vor uns liegt. [...]
- Ich verfasse ein Klassentagebuch, in welchem auch die Schüler mitschreiben. Es gibt Einblick in wichtige Ereignisse des Schulalltags.
  Das Klassentagebuch ist das beliebteste Lesebuch der Kinder. Es verleiht dem, was wir im Unterricht tun, Bedeutung. Man darf das Klassentagebuch ab und zu mit nach Hause nehmen: Hier nehmen auch Eltern und Verwandte Anteil am Schulalltag. (Ruf-Bräker 1998, 197 ff.)

Neugierig auf den „Reisetagebücherunterricht" nehmen wir Kontakt zu Urs Ruf in der Schweiz auf, der uns gerne einen Besuch in der Grundschulklasse seiner Frau Regula vermittelt. Das Erste, was uns beeindruckt, ist die in der Klasse herrschende angenehme Atmosphäre. Der Klassenraum ist verspielt und ästhetisch eingerichtet, vor allem der musische Bereich wird dabei stark berücksichtigt. An der Wand hängen Postkarten und Bilder bekannter und weniger bekannter Maler, ergänzt durch bestechende Bildinterpretationen und eigene Bilder der Kinder. Die Abgrenzung zur Leseecke bildet ein Klavier, das auch direkt zu Schulbeginn zum gemeinsamen Einstieg in den Tag genutzt wird. Die Kinder wirken entspannt und bewegen sich in der Klasse so, als ob sie zu Hause wären. Nach dem musikalischen Einstieg erklärt die Lehrerin die drei Arbeitsaufträge

für den heutigen Tag, von denen sich die Schüler immer den nächsten abholen können, wenn sie mit dem vorherigen fertig sind. Die Aufträge sind einfache, mit Maschinenschrift getippte Papierstreifen, die die Schüler dann in ihr „Reisetagebuch" kleben. Heute sind es „Kernideen" zur Lektüre „Joschis Garten" von Ursula Wölfel:

- *Male Joschis Garten so, wie du ihn dir vorstellst.*
- *Schreibe auf, wie du dir die Hütte einrichten würdest.*
- *Welche Adjektive hast du benutzt, um zu betonen, wie du die Hütte für dich einrichtest?*
  Warum gerade diese? (Die genauen Aufträge / Formulierungen habe ich mir bei der Hospitation leider nicht notiert.)

Dann arbeiten die Kinder an ihren Aufträgen weiter. Allein oder zu mehreren. Langsamer oder schneller. Mit oder ohne Pausen. Die Schwerpunkte sind ganz unterschiedlich. Der eine malt genau und ausführlich, zieht die Striche mit dem Lineal, ein anderer malt lieber skizzenhaft mit sicherer Hand, wieder ein anderer schreibt lieber, dort arbeiten mehrere Kinder eng zusammen, an anderer Stelle tauscht man sich erst nach Beendigung der Arbeit wieder aus. Trotz derselben Arbeitsaufträge entsteht ganz Unterschiedliches – und doch Gemeinsames. Die Kinder passen die offenen Aufträge trotz der Vorgabe an sich selbst an: sie sind diejenigen, die für sich „differenzieren".

Neben den üblichen Klassenaktionen und einzelnen Lehrgangsphasen ist der Reisetagebücherunterricht durchgehendes Unterrichtsprinzip. Alle Fächer, bei denen dies möglich ist, werden integriert. So hat die Lehrerin in dieser Klasse von Anfang an einen Schwerpunkt auf die Kunsterziehung gelegt, indem von Beginn an täglich mit der Hilfe von Kunstbüchern Künstler und Kunstwerke vorgestellt, Werke interpretiert, Biographien erforscht und selber Bilder in Anlehnung an die Vorbilder gemalt wurden. Aber auch die anderen Fächer wie Deutsch, Mathematik und „Realien“ werden über die methodisch offenen, zur eigenen Auseinandersetzung anregenden Aufträge unterrichtet. Viele der Anregungen bzw. die Struktur des Vorgehens kennen wir Besucher schon aus dem Buch „Ich – Du – Wir“ (Gallin / Ruf 1995)*, das Regula Rufs Mann Urs mit seinem Kollegen Peter Gallin zusammengestellt hat. So finden wir in den Reisetagebüchern der Kinder, die wir uns bis zurück zum ersten Schultag ansehen können, immer wieder uns schon bekannte Sachen.*

Die Reisetagebücher halten was sie versprechen. Sie dokumentieren die Tage auf der Reise durch die Schule, sie dokumentieren das Lernen des einzelnen Kindes. Trotz derselben Arbeitsaufträge für die Kinder sind keine zwei Seiten in den verschiedenen Büchern gleich, immer steht der individuelle Zugang des Kindes zum Stoff im Vordergrund (vgl. i. F. auch Gallin / Ruf 1995, Ruf / Gallin 1998 b).

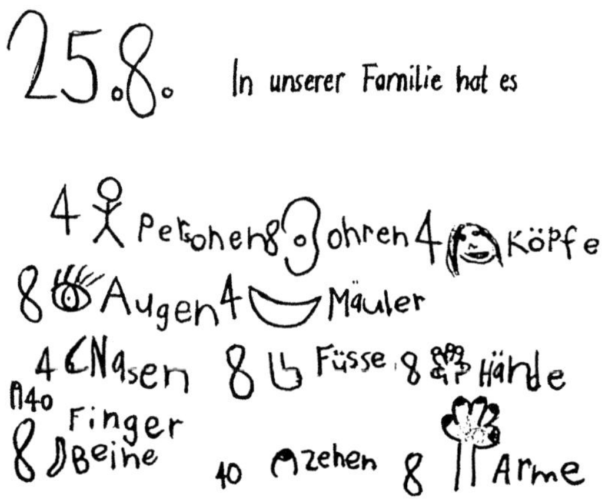

(Gallin / Ruf 1995, 49)

Ob die Kinder zählen, wie viele Personen, Ohren, Köpfe, Augen, Arme, Finger und Zehen es bei ihnen zu Hause gibt und so schon früh erste Vorstellungen von der Multiplikation bekommen oder ob sie an verschiedenen Tagen durch die Welt laufen und alles zählen, was es zu zählen gibt, um festzustellen, dass sich Anzahlen verändern können – der erste Weg zu Addition und Subtraktion. Später wird dann die mathematische „Malbrille“ aufgesetzt und die Umgebung nach Malaufgaben abgesucht.

Bei allen Aufträgen – egal in welchem Fach – ist dabei die Sprache unverzichtbares Element der Notation. Durch den Auftrag, die eigenen Forschungen immer im Reisetagebuch zu dokumentieren, wird – zusammen mit der Möglichkeit des Freien Schreibens von Anfang an – Schreiben und Schreibenlernen nicht auf sinnleeres Abschreiben begrenzt, sondern dient vom ersten Tag an der Kommu-

nikation bzw. dem Festhalten von sich ändernden Sachverhalten. So macht Schreiben Sinn. Die sprachliche Ausdrucksfähigkeit der Klasse ist immens. Man merkt, dass hier vom ersten Schultag an ausgiebig erklärt, gefragt, diskutiert wurde. Wortschatz und Formulierungen der Kinder sind erstaunlich und scheinen sich weit über dem uns bekannten altersgemäßen Niveau zu befinden. Die Kommunikation untereinander bzw. mit dem Lehrer muss viel Zeit eingenommen haben, denn die Reisetagebücher (meist ein oder zwei Hefte für alle Fächer pro Schuljahr) sind – was uns sehr erstaunt hat – gar nicht so umfangreich, als dass man von ihnen auf die hohe Kompetenz der Kinder schließen könnte. Die hohe Leistung der Kinder wird durch einen relativ geringen „Input" erzeugt.

Dabei variiert die Offenheit der Aufträge. Die meisten der ersten Aufträge zu einem neuen „Thema" bzw. einer „Kernidee" ermöglichen dem Kind einen individuellen Zugang, eine erste eigene Auseinandersetzung mit dem Stoff. So sollen die Kinder z. B. im Rahmen der Erweiterung des Zahlenraums bis 100 zu Anfang der zweiten Klasse große Zahlen aufschreiben, erklären, warum sie die Zahlen „groß" finden und sie mit der Farbe malen, die sie sich für die Zahl vorstellen.

(Gallin / Ruf 1995, 114)

Oder sie sollen ihre Lieblingszahlen auf dem Maßband suchen und mit den Zahlen, die ihrer Meinung nach besonders gut dazu passen, einen „Zahlenteppich" malen. Aufgeschrieben werden auch Zahlen, die sich ihrer Meinung nach gut mögen und Zahlen, die sich nicht leiden können. Dann gehen die Aufträge weiter ins Stoffgebiet vor. Ein paar große Zahlen sollen der Reihe nach aufgeschrieben werden und von einem anderen Kind fortgeführt werden. Oder die fortlaufende Addition bzw. die Multiplikation wird durch den Auftrag „Du bist ein Tier, das auf dem Doppelmeter [Zollstock; FP] umherhüpft. Denk dir eine Sprunglänge aus. Schreib auf, bei welchen Zahlen du auf dem Doppelmeter landest. Probier verschiedene Sprunglängen aus." angestoßen. Die letzten Aufträge haben dann – im Gegensatz zu den ersten – klare Sachstrukturen als Grundlage, allerdings ohne diese den Kindern überzustülpen: *„Die Zahlen 1 bis 100 marschieren hintereinander ins Kino. Sie setzen sich sehr ordentlich hin. Zeichne in deinem Reisetagebuch, wie die Zahlen im Kino sitzen. Du darfst mehrere Möglichkeiten ausprobieren."* Hier geht es nicht um die Notation einer eigenen „Hundertertafel", sondern um die individuelle Durchdringung des Zahlenraumes – mit der Struktur, die im Moment beim jeweiligen Kind vorhanden ist. Ein „Abmalen" eines Theaters mit exakten Sitzreihen von 1 bis 100 wäre ein ganz anderer (reproduktiver) Auftrag.

In der letzten Stunde am Tag treffen sich dann alle auf dem Teppich, um sich gegenseitig ihre Ergebnisse vorzustellen – und je nach Thema – so miteinander auszutauschen, dass man sich von den Einzelprodukten der Kinder immer mehr zur gemeinsamen Norm bewegt. Die Lehrerin strukturiert maßgeblich mit, ohne die Eigenleistung der Kinder zu entwerten. Im Gegenteil, alle Sichtweisen werden akzeptiert und so zusammen gebracht, dass Gemeinsamkeiten und Unterschiede neue Perspektiven eröffnen. Da alle Kinder am selben Thema gearbeitet haben, scheinen alle den Strukturierungs- und Fortführungsprozess verfolgen und in ihr Lernen einbetten zu können.

3.1.2 Methodische Offenheit: Kernideen und Reisetagebücher

Motiviert durch ihre eigenen positiven Erfahrungen im „dialogischen Lernen" haben der Mathematiker Peter Gallin und der Germanist Urs Ruf Anfang der achtziger Jahre in der Schweiz ein Unterrichtskonzept entwickelt, das als „Reisetagebücherunterricht" von sich reden macht. Ausgangslage war für die beiden Kollegen ihre Unzufriedenheit mit dem bestehenden Unterricht am Gymnasium: Der Germanist empfand, dass das mühsam aufgebaute Interesse der Schüler, sich intensiver mit dem Stoff zu beschäftigen, regelmäßig durch das Stundenende zunichte gemacht wurde und der Mathematiker ärgerte sich darüber, dass die Schüler primär nur Interesse daran hatten, die Formeln für die nächste Prüfung zu lernen, um danach das meiste wieder zu vergessen (vgl. Gallin / Ruf 1990, 7f.).

> Nur gerade die Kinder, denen im richtigen Moment die richtige Antwort einfällt, nur gerade die Kinder, die in der vorgegebenen Zeit richtig funktionieren und zum richtigen Resultat gelangen, dürfen sich in ihrem Selbstwert bestätigt fühlen. Aber auch sie können sich nicht in Sicherheit wiegen: Verfehlen sie das nächste Mal das richtige Resultat, verpassen sie die richtige Antwort, folgt sofort die korrigierende Zurechtweisung. (Ruf / Gallin 1998b, 8)
>
> Schulische Gegenstände sind eben nicht Aufforderungen zum Verweilen und zum Nachdenken, sondern bloß Auslöser schematischer Reaktionen: *Ich kann's* oder *Ich kann's nicht*. Die Probleme, die wir im Unterricht stellen, erzeugen im Lernenden offenbar nicht das Gefühl *Ich könnte etwas lernen,* sondern das Gefühl *Das müsste ich eigentlich schon wissen.* Folglich stehen nur zwei Möglichkeiten offen: schnelles Abspulen eingeübter Mechanismen oder resigniertes Abwenden. Muss das so sein? (Ruf / Gallin 1998a, 21)

Nun zeichnen sich beide aber durch eine große Liebe zu ihrem jeweiligen Fach aus und wollen den Schülern mehr mitgeben als nur das auswendig gelernte Wissen für den nächsten Test. Ihre Überlegungen führten sie zu dem Schluss, dass, um eine wirkliche Auseinandersetzung des Lernenden mit dem Stoff zu ermöglichen, sowohl die Eigenwirkung des Stoffes wieder in den Vordergrund geholt werden muss als auch die individuelle Auseinandersetzung des Lernenden mit diesem. „Steht nicht die richtige Antwort im Zentrum der pädagogischen Reflexion, sondern das, was ein Kind tatsächlich denkt, fühlt, sagt und tut, haben alle eine Chance. [...] Bedingung ist nur, dass sich das Kind tatsächlich auf einen Dialog mit den Schulstoffen einlässt und dass es erfährt, was andere über seine Beiträge denken." (Ruf / Gallin 1998b, 8) Dieses möchten sie als Lehrer durch zwei Dinge leisten:

- die Umwandlung stofflicher Inhalte in sogenannte *„Kernideen"* und
- die Dokumentation des eigenen Weges der Auseinandersetzung mit der Kernidee in einem *„Reisetagebuch"*.

Der Begriff Kernidee soll dabei vor allem die Abwendung vom kleinschrittigen, didaktisch fein säuberlich aufbereiteten Lehrgang verdeutlichen und zu einer globaleren Sichtweise des Stoffs führen. Statt eines stundenweisen Abarbeitens der Lehrgänge soll die eigentliche Sache wieder in den Vordergrund rücken. Kann sich jeder Schüler selbstverantwortlich mit der geforderten Sache auseinandersetzen, Vorerfahrungen nutzen, für ihn zum Verstehen notwendige Umwege gehen, so gelangt er schneller ans Ziel, als wenn er einem für alle Schüler gleich konzipierten Lehrgang folgen muss. Ein echtes Verstehen kann darüber hinaus nur durch die eigenaktive Auseinandersetzung mit dem Stoff erfolgen, was im herkömmlichen Unterricht durch die Vorgabe der Lösungsmuster von vornherein nahezu unmöglich gemacht wird.

Versucht man stattdessen die dem Stoff zu Grunde liegende Kernidee in den Vordergrund zu stellen, kann sich jeder Schüler individuell damit auseinandersetzen, ohne dass Lösungen und Lösungswege vorgegeben werden:

> Kernideen müssen so beschaffen sein, dass sie in der singulären Welt der Schülerin oder des Schülers Fragen wecken, welche die Aufmerksamkeit auf ein bestimmtes Sachgebiet des Unterrichts lenken.
>
> Kernideen machen den Schüler also aufmerksam auf Unstimmigkeiten im Horizont seiner singulären Welt. Sie öffnen ihm Augen für neue Zusammenhänge und fordern ihn so heraus, seine eigenen Meinungen mit Hilfe des Schulstoffs neu zu überdenken und neu zu ordnen. (Gallin / Ruf 1990, 37)
>
> Kernideen findet man selten am Schreibtisch, sie stellen sich oft zufällig ein: bei alltäglichen Verrichtungen wie Essen, Telefonieren, Spazieren. Voraussetzung ist der engagierte Umgang mit dem eigenen Fach und das Gespräch mit Kollegen und Freunden, die andere Akzente setzen oder Widerspruch anmelden. Auch Lehrmittel oder Lehrerkommentare können wertvolle Anregungen liefern, entbinden aber nicht von spielerischer Eigentätigkeit.
>
> Wer nach Kernideen sucht, gibt sich Rechenschaft darüber, was ihn eigentlich bewegt und lenkt, wenn er sich einer bestimmten Sache zuwendet. Warum eigentlich befasse ich mich mit Mathematik, Musik, Lyrik oder Geographie? Was treibt mich an, wenn ich wissen will, wie man ein Wort richtig schreibt oder einen Beweis korrekt durchführt? Die Antwort auf solche Fragen ist vorerst einmal eine ganz persönliche Angelegenheit. (Ruf / Gallin 1998b, 17)

Kernideen lassen sich also charakterisieren als stoffbezogene Impulse eines „vordidaktischen" eigenen Zugangs, der den Schüler zur eigenaktiven Auseinandersetzung mit dem Thema, zu einem interessegeleiteten Lernen führen soll. Die Auseinandersetzung mit dem Stoff erfolgt dann ganz individuell, Lehrerhilfe kann in der Form von Impulsen in Anspruch genommen werden, muss aber nicht. Verpflichtend ist für den Schüler allerdings das Aufschreiben seiner Gedanken, Versuche und Erfahrungen in einem Buch, das ihn auf seiner „Reise" begleitet: sein „Reisetagebuch". Es gibt ihm selber, aber vor allem auch Außenstehenden, Aufschluss über die Auseinandersetzung mit dem Stoff: Thema und Art der Herangehensweise, die eigene Denk- und Vorgehensweise, der zeitliche Verlauf der Bemühungen, die Dauer und die Unterbrechungen und zu guter Letzt natürlich die Ergebnisse bzw. die noch offenen Fragen.

Der Stellenwert, der der schriftlichen Auseinandersetzung mit dem Thema eingeräumt wird, ist hoch. Für Gallin und Ruf ist gerade dies der Schlüssel zum Erfolg. Nicht nur, dass sich durch das eigene Aufschreiben auch der Stoff verändert und neue, individuelle Facetten gewinnt, vor allem bedingt die *Notation für andere* eine zwar immer noch rein subjektive Auseinandersetzung mit dem Thema, aber eben unter der Maßgabe einer objektiven Verständlichkeit. Man setzt sich also nicht nur mit dem eigentlichen Problem auseinander, sondern muss die eigene Auseinandersetzung quasi von außen wahrnehmen. Dadurch rückt der Lösungs*weg* in das Zentrum der Betrachtung, die Problemlösung an sich wird Mittel zum Zweck, Motiv und Motivation für die Denkprozesse, sie stellt aber nicht das primäre Lernziel dar. Das Ziel wird nur dann erreicht, wenn auch der Weg dorthin vom Schüler selbst konstruiert wurde. Dabei kann immer wieder eine Auseinandersetzung mit anderen stattfinden, es kann ein Austausch erfolgen, aber es darf nicht eine fertige Lösung einfach übernommen werden.

Entsprechend muss man den Begriff der Kernidee sehr weit fassen. Einerseits wird der Stoff, mit dem der Schüler sich auseinandersetzen soll, vom Lehrer gemäß seinen Lehrplänen vorgegeben, andererseits ist die Kernidee eben individueller Impuls und kann eben nicht Lehrgangscharakter haben:

> Kernideen sind selten übertragbar. Sie haben den Charakter von Einfällen, die sich spontan einstellen und die in der aktuellen Situation ihre grösste Wirksamkeit entfalten. Natürlich ist der Lehrer versucht, bewährte Kernideen zu perfektionieren und mehrmals einzusetzen. Das führt aber, soweit wir das aus unserer Erfahrung beurteilen können, selten zum Erfolg. Präparierte Kernideen nehmen zu schnell den Geruch von Lehrstoff an. Es fehlt der richtige Zeitpunkt, die richtige Erwartungshaltung, das richtige Klima. Die Schüler merken die Absicht und sind zu Recht verstimmt. Es ist nicht der Wissende, dem Kernideen zufallen, es ist der Suchende, der unvermittelt auf sie stösst. (Gallin / Ruf 1990, 45)

Man kann deshalb für den Kern des Konzeptes, die „Kernidee", – wieder einmal – kein richtiges Konstruktionsrezept liefern. Hier hält die Offenheit des Offenen Unterrichts Einzug. Situationsbezug und Individualität fordern ihren Tribut. Dennoch wird – laut Gallin und Ruf – dieses Problem dann, wenn man ein Gefühl für diese Art der Lehrerrolle und des Unterrichtens hat, ein Stück weit relativiert:

> Kernideen sind Impulse, sie entstehen in individuellen Situationen und sind nur rückblickend zu erkennen. Der Lehrer wird bald merken, dass er sich weniger um die Herstellung von Kernideen sorgen muss, als um ihre Erhaltung und Pflege. (Gallin / Ruf 1990, 39)

Wie kann man nun als Lehrer vorgehen, um einen solchen Unterricht umzusetzen?

3.1.3 Kernideen und Reisetagebücher – Hilfen zur Umsetzung

> Dialogisches Lernen ist aufs Offene angelegt. Wohin die Reise führt, ist nicht ausgemacht. Wenn sich Lehrende und Lernende im Unterricht als Ich und als Du begegnen, wenn ihre Beiträge in stetem Wechsel das Geschehen im Unterricht strukturieren, ist nicht voraussehbar, welches der übernächste Schritt sein wird. Unterricht ist also nicht mehr in der traditionellen Weise planbar. [...] Wohin das dialogische Lernen führt, ist zwar nicht voraussehbar, trotzdem entwickelt es sich in keiner Weise beliebig. [...] In ihrer *Kernidee* bündelt die Lehrperson den Gehalt des persönlich-rezipierten Fachgebiets. Mit einem offenen *Auftrag* ermöglicht sie den Lernenden eine Annäherung in der Vorschauperspektive. Spuren dieser produktiven Tätigkeit finden ihren Niederschlag im *Reisetagebuch* der Lernenden. In einer persönlichen *Rückmeldung* schließlich gibt die Lehrperson Einblick in ihre Rezeption und generiert eine neue Kernidee, die zwischen den Kernideen der Lernenden und den Anforderungen des Fachs vermittelt. Damit fordert sie die Lernenden zu einem neuen Produktionsschwung heraus, den sie mit einem neuen Rezeptionsbogen beantwortet. So folgt im dialogischen Unterricht eines aus dem andern. (Ruf / Gallin 1998b, 10f.)

Um einen Unterricht mit Kernideen und Reisetagebüchern umzusetzen, muss man sich als Lehrer zunächst einen kompetenten Überblick über das zu behandelnde Stoffgebiet schaffen. Einen Überblick, der es einem ermöglicht, die dem Stoff innewohnenden Grundideen herauszukristallisieren. Diese Grundideen werden dann zu Kernideen, wenn sie den Schüler zur eigenen Auseinandersetzung mit dem Thema anregen. Um das Stoffgebiet entsprechend darzustellen, sollte der Lehrer durchaus auch biographische Momente, seine Begeisterung, eigene Fragen an den Stoff einbeziehen. Er überlegt also in der Rückschau, was der Stoff für eine Motivation ausstrahlen kann, um den Schülern dann das Themengebiet in einer Vorschau vage und knapp zu umreißen. Als Anleitung zum „Aufspüren" von Kernideen schlagen Ruf und Gallin (vgl. 1998b, 18) Folgendes vor:

- Stellen Sie sich in Ihrem Fach ein verhältnismäßig großes Stoffgebiet vor, das Sie mögen. Blenden Sie alles aus, was Sie nur dann interessiert, wenn Sie an Ihre Schüler denken.
- Versuchen Sie sich an den Moment zu erinnern, wo Ihr Interesse an diesem Gebiet wach geworden ist: an die Quelle Ihrer Faszination, an ein Schlüsselerlebnis, das Ihnen die Augen geöffnet hat oder suchen Sie sich einen Dialogpartner, dem Sie in möglichst einfachen Worten erklären, was Sie persönlich über Ihr Fachgebiet denken und was für Sie der Witz an der Sache ist.
- Üben Sie sich jetzt im Erzählen! Geben Sie dem Erlebten die Gestalt einer Anekdote. Können Sie den Witz der Sache auf den Punkt bringen? Vielleicht mit

> einer herausfordernden Frage, einer simplen Geste, einer kühnen Behauptung, einem anregenden Spielangebot, einem ausbaufähigen Denkanstoß, einem animierenden Bild, einer dynamisierenden Handlungsanweisung? Gelingt Ihnen das, dann haben Sie eine keimfähige Kernidee geboren.

Hält der didaktische Einfall folgenden Prüfkriterien stand?

- Ermöglicht er einen Blick aufs Ganze eines größeren Stoffgebiets?
- Gibt er dem Stoff eine attraktive Gestalt?
- Öffnet er ein Fenster in die private Lernbiographie?
- Deutet er an, wie man mit dem Stoff sachgerecht umgehen muss?
- Regt er den Lernenden an, eigene sachbezogene Kernideen zu generieren, und eröffnet er dadurch individuelle Räume für sinnvolles Handeln?
- Liefert er eine grobe Orientierung im Ganzen, und ermöglicht er – ohne Verlust der sinnstiftenden Übersicht – eine Hinwendung zu den Details? (vgl. Ruf / Gallin 1998b, 182)

Im Unterricht wird der Lehrer den Schülern dann frontal oder im Sitzkreis seine Kernidee vorstellen, indem er ihnen einen kurzen Überblick über das Stoffgebiet gibt oder entsprechende Impulse anspricht, die er als tragend und fruchtbar erachtet. Diese lehrergeleitete Kernidee nimmt dann im gemeinsamen Gespräch Gestalt an und es ergeben sich durch Assoziationen und Brainstorming vielfältige Kernideen auf Schülerseite. Diese können einander ähnlich oder auch ganz verschieden sein, sie dürfen sogar falsch sein. Sie stellen die Motivation für die Auseinandersetzung dar und können während der ständigen Reflexionen noch revidiert werden oder aber auch trotzdem zu richtigen Ergebnissen führen. (Man denke nur an die Vielzahl wissenschaftlicher Errungenschaften, die aus falschen Hypothesen oder ganz anderen Absichten resultiert sind ...)

Während Gallin und Ruf in ihrem ersten Buch „Sprache und Mathematik“ noch von den Kernideen eines Themas bzw. Stoffgebietes ausgehen und die Arbeitsaufträge und Notationsweisen durch die Schüler bzw. die Klasse entwickeln lassen, ändert sich der Begriff der Kernidee im Laufe der Zeit bei ihnen (leider?) immer mehr zu ganz präzisen Aufträgen für die Schüler. So geben sie in ihren späteren Büchern konkretere Anweisungen für den Aufbau eines Kernidee-Auftrages bzw. die Notation im Reisetagebuch:

> Kernideen wecken Energien und lenken die Aufmerksamkeit auf die Sache. Ob es nun allerdings zu einer fruchtbaren und anhaltenden Auseinandersetzung mit dem Stoff kommt, steht und fällt mit den Perspektiven, die der Auftrag eröffnet. [...] Der Auftrag muss einen Einstieg in die Arbeit anbieten, die auf ganz unterschiedlichen Niveaus zu interessanten Lösungen führen kann. Er darf leistungsschwächere Kinder nicht vor den Kopf stoßen und leistungsstärkere Kinder nicht langweilen. Alle müssen sich zu einem eigenen Produktionsschwung eingeladen und herausgefordert fühlen. Im Auftrag muss zudem auch eine Rampe für Könner

> eingebaut sein. Sie sorgt dafür, dass auch die Schnellsten und Begabtesten ihre Möglichkeiten voll ausspielen können und vielleicht sogar an ihre Grenzen stoßen. Schließlich muss der Auftrag offen sein. Nur offene Aufträge, Aufträge also, zu denen viele Lösungen denkbar sind, ermöglichen kreative Eigentätigkeit und fordern Stärkere und Schwächere gleichermaßen heraus, Unerwartetes und Überraschendes zu Papier zu bringen. (Ruf / Gallin 1998b, 49)

Der Schüler legt nun – im Rahmen der ihm zur Verfügung stehenden Zeit – selbst Dauer und Art der Auseinandersetzung fest und dokumentiert seinen Weg im Reisetagebuch. „Beim Schreiben verlangsamen und klären sich Gefühle und Gedanken, nehmen Gestalt an und fordern zur Stellungnahme heraus. Wer schreibt, übernimmt in besonderer Weise Verantwortung für seine Position und öffnet sich der Kritik." (Ruf / Gallin 1998a, 55)

Ein vorgegebenes Raster dafür könnte folgende Punkte enthalten:

Organisation des Reisetagebuchs	
Datum	Wann habe ich diesen Eintrag gemacht? (Zeit als Ordnungsprinzip)
Thema	Womit befassen wir uns? (Schlagzeile/Blickfang)
Auftrag	Was muss ich tun? (Problem, Erwartungen, Hilfen, Ziele)
Orientierung	Wozu machen wir das? (Motive, Fragestellungen, Überblick)
Spuren	Welchen Weg beschreite ich bei der Lösung des Auftrags? (Persönliche Auseinandersetzung mit dem Thema)
Rückblick	Wo stehe ich jetzt? (Zusammenfassung, Merksatz, persönlicher Kommentar, offene Fragen, neue Aufträge)
Rückmeldung	Wer kann mir weiterhelfen? (Reaktionen, Tips, Beurteilung: Lehrperson oder Mitschüler)

(Ruf / Gallin 1998a, 64)

Der so entstehende Text bietet dann immer wieder Grundlage zu Reflexion und Auseinandersetzung, sowohl innerhalb der eigenen Betrachtungsweise als auch in der Kommunikation mit anderen Schülern oder dem Lehrer. Diese Phasen können institutionalisiert als feste Rituale vorkommen oder aber auch individuell dem Schüler überlassen werden. Lehrer und Schüler sind ja durch den Verzicht auf „gemeinsamen" Unterricht frei für Einzel- oder Gruppengespräche. In der Regel wird beides vorkommen, während der Arbeitszeit besteht immer die Möglichkeit für individuellen Austausch, in den gemeinsamen Kreisphasen werden evtl. verschiedene Lösungen zur Diskussion gestellt, Lösungswege verglichen, Gemeinsamkeiten erarbeitet.

Die Rückmeldung kann aber auch zum eigenen Unterrichtsprinzip werden, wenn statt der Lehrervorgabe die Schülerproduktion zur Kernidee wird und der Auftrag zum Forschen ein Auftrag zum Rückmelden ist.

> Wir stellen hier drei Möglichkeiten vor, wie Texte aus den Reisetagebüchern in spezieller Weise gewürdigt, ausgewertet und zur Basis für die nächste Produktionsrunde gemacht werden können. Diese drei Spielarten des dialogischen Lernens übernehmen Aufgaben, die im traditionellen Unterricht dem Erklären, dem Üben und dem Verbessern zufallen:
>
> - Die Aufgabe des Erklärens übernehmen gelungene und speziell erhellende Passagen aus den Reisetagebüchern. Sie werden für alle kopiert und dienen der Klasse als Lehrmittel.
> - An die Stelle des Abarbeitens von Aufgabenserien aus dem Lehrbuch tritt das Erfinden eigener Übungsaufgaben. Wenn sich die Schülerinnen und Schüler gegenseitig Aufgaben stellen und diese auch lösen, sorgen sie selber dafür, dass der Kreislauf von Produktion und Rezeption in Gang bleibt.
> - Fehler werden nicht bloß verbessert, sondern untersucht. Die Beschäftigung mit eigenen und oft mehr noch mit fremden Fehlern kann dann als lustvoll und produktiv erlebt werden, wenn man sich mit einer einfühlsamen Fehleranalyse die gleichen Lorbeeren holen kann wie mit einer fehlerfreien Prüfung. (Ruf / Gallin 1998b, 167)

Der zielgerichtete, beschränktere Text wird dabei durch die Offenheit des Gespräches bereichert, denn hier lassen sich viel schneller andere Ideen und Vorschläge einbringen. Es gibt keine umfassenden, berichtigenden Erklärungen, sondern nur kurze, handlungsbezogene Gespräche, hervorgerufen durch die individuellen und damit „echten" Fragen des Schülers. Dadurch kann es auch keine „Fehler" im landläufigen Sinne mehr geben. Wenn es nur noch den individuellen Erfahrungsprozess des Schülers mit der Sache gibt, können zwar Fixpunkte auf dem Weg markiert und reflektiert werden, sie können aber nicht an einer vermeintlich „richtigen" Lösung gemessen werden, sondern nur an sich selbst, der Auseinandersetzung des Schülers mit der Sache. Diese ist aber höchst individuell und verfolgt nicht die Norm als Ziel. Das ist auch im Hinblick auf die Motivation wichtig: Solange man dem Schüler die Norm nicht vorschnell überstülpt, ist er mit seinen Erfahrungen und Lösungen immer „der Erste", er muss nicht anderen folgen, sondern schreitet selber voran.

Der Schritt zur allgemeingültigen Lösung, zur Vereinbarung, zur Regel, zum Algorithmus, zur Norm, wird für den Schüler zudem erst dann wichtig und nachvollziehbar, wenn er sich im Themengebiet durch die Entwicklung seiner eigenen Verfahren und Vorstellungen heimisch fühlt und dann auf Grund von Neugier, dem Bedarf nach Austausch über die Sache oder auch der Unzufriedenheit mit der eigenen (umständlichen) Bewältigung den Bedarf nach anderen, konventionelleren Lösungen hat. Dann erfolgt über das Gespräch in der Gruppe oder mit dem Lehrer der Schritt von der Subjektivität zur Objektivität, oder wie es Gallin und Ruf im Titel ihrer praxisbezogenen Lehrbücher ausdrücken, von der *singulären* Phase des „*Ich* mache das so!" über die *divergierende* Phase, in der man den anderen fragt: „Wie machst *du* es?" zur *regulären* Phase: „Das machen *wir* ab." (Gallin / Ruf 1995; 1999)

3.1.4 Kernideen und Reisetagebücher – Grenzen und Fragen

Der Unterricht mit Kernideen und Reisetagebüchern ist ein auf Sachstruktur und Lehrerlenkung basierender Unterricht, der hier trotzdem als „Offener Unterricht" vorgestellt wird. Grund dafür ist die rigorose methodische Offenheit, die dem Schüler bei der Herangehensweise bzw. Bearbeitung des Unterrichtsstoffes eingeräumt wird. Diese Freiheit ist eine echte Freiheit, die ganz im Kontrast zur rein organisatorischen Freiheit herkömmlicher „offener Unterrichtsformen" steht.

Beobachtet man die Umsetzung dieses – primär lerntheoretisch durch den Konstruktivismus fundierten – Konzeptes in der Primarschulpraxis, so fallen ein paar Dinge auf. Zum einen ist fraglich, ob die (verpflichtende) schriftliche Auseinandersetzung als Kernpunkt der schulischen Arbeit wirklich ein Bedürfnis des Schülers darstellt, oder ob hier nicht – bei aller Akzeptanz der Vorteile einer schriftlichen Reflexion des eigenen Lernprozesses – u. U. ein sehr großes Zugeständnis an Lehrer und Stoff gemacht wird. Ein vor allem deshalb notwendiges Zugeständnis, um den Lehrern die Öffnung des Unterrichts nicht zu bedrohlich vorkommen zu lassen, denn er kann jederzeit als Rechtfertigung vor sich und für andere auf das Schülerprodukt zurückgreifen – ohne sich fragen zu müssen, ob es nicht auch ein Lernen ohne schriftliche Notation geben könnte. *Was man schwarz auf weiß besitzt, kann man getrost nach Hause tragen …*

Zum anderen fällt auf, dass die Handhabung der Kernideen auch in den Klassen, die diesen Unterricht als grundsätzliches Prinzip verstehen, ein schwieriger Prozess ist. Sowohl vom Lehrer als auch vom Schüler wird viel erwartet. Der Lehrer muss kompetent Wesentliches in den Blick des Schülers rücken und zugleich nicht zu sehr in eine bestimmte Richtung lenken. Der Schüler muss dieses Wesentliche erfassen und mit großer Ausdauer seinem eigenen „entdeckenden“ Lernen folgen. Dieser hohe Anspruch erfordert eine große Identifikation mit dem Konzept, wie sie bei Gallin und Ruf und ihren Schülern bestimmt vorhanden ist. Aber kann diese Klassen-Motivation, die sicherlich zu einem großen Teil mit der auf die Schüler abfärbenden Ausstrahlung der Konzepterfinder zurückzuführen ist, auch bei anderen Personen in diesem Maße vorausgesetzt werden?

In der Praxis taucht leider viel zu oft eine andere Art von „Reisetagebücherunterricht“ auf, der nicht sonderlich von normalem Unterricht mit Einzel- oder Gruppenarbeitsphasen bzw. von Wochenplanunterricht zu unterscheiden ist: Der Lehrer gibt die Arbeitsaufträge vor, die die Schüler danach mehr oder weniger zeitgleich lösen bzw. bearbeiten. Oft wird vom Lehrer ein Modell bzw. Muster vorgestellt, an das sich die Schüler dann anlehnen. Die Arbeiten der Kinder orientieren sich im Allgemeinen eng an den Vorgaben. Es besteht zwar grundsätzlich eine Möglichkeit für entdeckendes Lernen, aber es scheint andererseits durch die Aufträge und den Unterrichtsverlauf nicht unbedingt eingefordert zu werden. Näher liegt vielfach ein Zugang über „kreative Nachahmung“, wie ihn Regula Ruf beschreibt:

> Will man eine Geschichte als Vorlage für eine eigene Geschichte nutzen, muss man ihre Muster freilegen. […] Nach dem Muster des ersten Auftrags entwickeln wir in der Projektgruppe nun Aufträge für die nachfolgenden Doppelseiten des Bilderbuchs. Die Aufträge waren alle so gemacht, dass sie die Kinder auf die wesentlichen Strukturelemente der Vorlage lenkten und sie so befähigten, die Vorlage nach dem Prinzip *Gleiche Struktur – andere Inhalte* kreativ abzuwandeln. […] Sowohl sprachliche Muster als auch Ideen für die graphische Gestaltung konnten

> nach Bedarf der Vorlage entnommen werden. Einige Kinder veränderten einzelne Wörter, andere entfernten sich weiter weg und beschritten eigene Wege. Alle hatten am Schluss ein persönliches und perfekt gestaltetes Bilderbuch. (Ruf-Bräker 1998, 64ff.)

Wird ein solches Vorgehen, eine solche Vorplanung, die Lehrer gemeinsam für ihre unterschiedlichen Klassen vorausplanen, der Grundidee der Didaktik der Kernideen noch gerecht? Oder verwischt sich hier nicht die beabsichtigte subjektmotivierte Didaktik mit unserer Vorstellung einer traditionell vorgeplanten Unterrichtseinheit? Entsprechend sind die in der Praxis anzutreffenden Lehrerimpulse qualitativ sehr verschieden, sie bewegen sich von anspruchsvolleren Knobelaufgaben bis hin zu Aufgabenstellungen, die so auch in einem ganz normalen Unterricht gestellt werden könnten.

Im Gegensatz zu den anderen beiden, im Folgenden vorgestellten Konzepten, hat der Unterricht mit Reisetagebüchern durch die themengleiche Arbeit in der Gruppe den Vorteil, dass alle Schüler über den Stundeninhalt im Bilde sind und so einander einfach und gezielt helfen, fruchtbare Gespräche führen und zu gemeinsamen Regeln und Konventionen gelangen können. Aber geht dadurch nicht auch eine wichtige Dynamik im Hinblick auf die von Gallin und Ruf als Konzeptschwerpunkt formulierte individuelle „Entdeckung“ des Stoffes verloren?

> Zufall lenkt das Interesse auf einen Gegenstand. Das Ganze liegt von allem Anfang an im Blickfeld. Selten stehen im entscheidenden Moment ideale Unterrichtshilfen zur Verfügung. Aber das ist ganz unwichtig. Hat sich eine Kernidee in einem Menschen einmal festgesetzt, kann fast nichts mehr schiefgehen. Lehrer und Berater mögen stützen und helfen, so gut es eben gerade geht. Nur eines dürfen sie nicht tun: Das Kind von seinem Vorhaben ablenken und seine Energie in konventionelle Bahnen und Stufen des Lernens lenken wollen. Jeder Mensch muss auf seinen eigenen Wegen zum Ziel kommen. (Gallin / Ruf 1990, 90)
>
> Diese individuellen Handlungsräume sind es, an denen sich der Lehrer bei der Vermittlung des Wissens zu orientieren hat. Er darf die Schüler nicht mit immer scheinbar neuen Einzelheiten überschütten, und er darf auch nicht willkürlich neue Veranschaulichungen einführen. Damit entwertet er die individuell entwickelten Handlungsräume. Aufgabe des Lehrers ist es, die Schüler aufzufordern, neue Probleme vorerst mit Hilfe ihrer alten Vorstellungen zu lösen. Dabei darf er das individuelle Pröbeln und Experimentieren nicht durch wohlmeinende und altbewährte Ratschläge stören. (Gallin / Ruf 1990, 95)

Wird aber nicht eine der grundlegenden Motivationen der Didaktik der Kernideen, „jeder soll der Erste sein“, in hohem Maße in Frage gestellt, wenn die ganze Klasse zeitgleich dasselbe Problem löst und die Lösungen ausgetauscht werden? Kann es nicht sein, dass der für die Einzelförderung absolut stimmige Dreischritt, vom individuellen Probieren über das Reflektieren mit anderen zur Konvention zu gelangen, im Klassenverband schnell kontraproduktiv werden kann, wenn die Regulative im Gesprächskreis gemeinsam erarbeitet wird, und nicht alle Kinder schon auf dieser Stufe sind? Oder sie haben den Austauschbedarf evtl. gar nicht mehr, weil die Aufgabe für sie schon längst erledigt ist? Und kann es nicht auch passieren, dass bestimmte Kinder immer die besten oder schnellsten Lösungen haben, immer nahe an den Konventionen sind, andere sich aber schwerer damit tun? Man muss annehmen, dass die Begründung des Konzeptes für die Umsetzung im Klassenverband zumindest teilweise relativiert werden muss.

Wie sähe denn die „Didaktik der Kernideen" aus, wenn durch den Verzicht auf eine Absprache der Themen dem Einzelnen ein größerer und vor allem freiwilligerer Raum gewährt würde? Ursprünglich war das einmal eine Kernidee, eine Kernfrage, die Gallin und Ruf durch ihre Forschungen lösen wollten:

> Beobachtet wurden individuelle Lernprozesse innerhalb und außerhalb der Schule. Ziel war es, Kräfte, die im nicht-organisierten Lernen wirksam sind, auch für die Schule nutzbar zu machen. Ist es möglich, den regulären Schulstoffen etwas von der provokativen Unmittelbarkeit abzugewinnen, die uns außerhalb der Schule zum Überdenken alter Gewohnheiten und zum Lernen herausfordert? Kann die Schule Raum für individuelles Suchen und Irren anbieten? Kann sie ein Klima schaffen, in dem authentische Begegnungen möglich werden? Kann sie die Lernenden anregen, rund um Lehrplanthemen private Kernideen zu entwickeln und im Dialog mit der Lehrperson so zu konkretisieren, dass fachliche Anforderungen und persönliche Motive nicht in Widerspruch geraten? (Ruf / Gallin 1998 a, 54)

Dennoch scheinen sie die inhaltliche Freiheit, die doch mit Sicherheit ein maßgeblicher Faktor der Selbststeuerung und des sinnstiftenden Lernens ist, vorschnell abzutun.

> Wahlfreiheit [...] ist nicht unser primäres Anliegen. Es geht uns nicht in erster Linie um die Wahl der Themen, das ist eine kurzlebige Freiheit, die dem Lernenden nur im Vorfeld der eigentlichen Arbeit einen gewissen Bewegungsspielraum zubilligt. Er entscheidet ja in Unkenntnis der Sache und kann sich deshalb nur an vordergründigen Kriterien orientieren. Die Freiheit, um die es uns geht, ist die Freiheit in der Wahl des Lernwegs. Und diese Freiheit kann der Lernende in jedem beliebigen Stoffgebiet wahrnehmen. Voraussetzung ist allerdings, dass ihm der Lehrer einen Zugang in dieses Stoffgebiet eröffnet, der ein Lernen auf eigenen Wegen möglich und attraktiv macht. (Ruf / Gallin 1998, 37)

Diese Haltung ist aus der Sicht des engagierten und kompetenten Fachlehrers, der Kindern einen wirklichen und prägenden Zugang zu seinem Fach ermöglichen will, richtig. Er hat den Überblick und kann aus seinem Wissen ableiten, welches Wissen für den Laien vorteilhaft ist und welchen Zugang dieser dazu finden sollte. Das ist – wie es sich für einen „Lehrer" gehört – in erster Linie eine *stoffbezogene* Haltung. Auch wenn der daraus folgende Unterricht immer nah an den Kindern bleibt und diese als Menschen achtet, so ist diese Haltung aber noch keine *pädagogische*.

Aus radikal pädagogischer Sicht drückt die Haltung des Erwachsenen, zu wissen, was für ein Kind – oder sogar zeitgleich für 20 oder 30 Kinder – gut ist, schon eine gewisse Arroganz aus. Gehört nicht gerade die freie Wahl dessen, mit dem ich mich beschäftige – ob in Kenntnis oder Unkenntnis der Sache – zur grundlegenden Qualifikation des autonom Lernenden? Drückt nicht die in dieser Hinsicht unkritische Übernahme des schulischen Curriculums durch den Lehrer mehr aus als ein pragmatisches Zugeständnis an das starre System? Zeigt nicht unser Schulsystem gerade bei der Vorgabe der Inhalte durch Curriculum und Lehrer seine größte Schwäche, wenn Schüler immer wieder vergeblich nach dem Grund suchen, aus dem heraus sie bestimmte Inhalte (zu einer bestimmten Zeit) lernen müssen? Und werden nicht gerade die Inhalte, die in der Schule vermittelt werden, immer fragwürdiger, wenn man sie an den eigentlichen Anforderungen des Lebens und der Berufswelt misst? Weist nicht der größte Teil der Schulabgänger die bittere Qualifikation auf, nach zehn oder dreizehn Jahren „Beschulung" noch immer nicht zu wissen, was er mit seinem Leben überhaupt anfangen will? All dies sind Bedenken und Fragen, die sich mir stellen – wenngleich ich glaube, dass Menschen, die ihr Fach so lieben wie Gallin und Ruf, diese sicherlich sehr relativieren würden und könnten – zum Besten der Schüler. Aber das soll uns nicht daran hindern, nun ein Konzept näher zu beleuchten, das Schülern über das Zugeständnis des eigenen Zugangs hinaus größtmögliche Freiheit bei der Wahl der Inhalte gibt. Ein nächster Schritt auf der Suche nach der verlorenen Offenheit …

3.2 Offenheit trotz Autorität: „Didaktik des weißen Blatts"

Auf einem Plakat in der Klasse der Lehrerin Hannelore Zehnpfennig steht:

Our central message:
I like you just the way you are.
I have confidence in your abilities.
I am available if you need me, but first try on your own.
(Quelle unbekannt)

3.2.1 Ein Tag in Köln

Irgendwo in Köln unterrichtet Hannelore Zehnpfennig ihre (außergewöhnliche) Grundschulklasse an einer ganz normalen Regelschule (bis 1997). Sie hat nach über 20 Jahren „normalen" Unterrichtens ihren Unterricht fachweise geöffnet. Unzufrieden mit der bestehenden Situation hat sie im Zuge der allgemeinen Aufbruchstimmung Anfang der achtziger Jahre zunächst angefangen, Arbeitsmittel für einen selbsttätigeren Unterricht herzustellen, hat sich Spiele und Übungen ausgedacht und geschnipselt und foliert wie eine Weltmeisterin. Dabei hat sie – wie auch schon früher – ihre Schüler immer genau beobachtet und versucht, deren Handlungsweisen nachzuvollziehen, um so ihren Unterricht weiter zu verbessern.

Eines Tages hatte sie dann so etwas wie ein „Schlüsselerlebnis", als sie von einem Schüler inmitten der ganzen „Freiheit" gefragt wurde, ob er denn nun nicht endlich auch einmal selber etwas arbeiten könnte. Plötzlich erkannte sie, dass die scheinbare „Freiheit" der vielfältigen, so mühsam hergestellten Angebote auf Schülerseite wohl doch keine war. Sie räumte die Arbeitsmittel fort und ließ die Kinder – zunächst allerdings nur im Sprachunterricht – einfach mal machen. Mit erstaunlichem Resultat: Der Wegfall der Vorgaben war für niemanden ein Problem. Man erfand vom ersten Tag an eigene „Geschichten" – unter Umständen nur aus wenigen Wörtern oder Bilder bestehend bis hin zu ganzen Büchern. Die Geschichten und Gedichte wurden vorgelesen, überarbeitet und szenisch umgesetzt. Dabei waren die Leistungen der Schüler trotz (bzw. wohl gerade wegen) des fehlenden Lehrgangs von verblüffend hohem Niveau. Durch diesen Erfolg bestärkt, bezog Hannelore Zehnpfennig im nächsten Durchgang den Sachunterricht in das offene Arbeiten der Kinder mit ein.

> Am Beginn steht der gemeinsame Besuch in der nächstgelegenen Stadtbücherei. Jedes Kind wählt „sein" Sachbuch (oder mehrere) selber aus. Ich rede keinem rein, selbst wenn mir das gewählte Thema oder Buch eigentlich als (noch) zu schwierig erscheinen. Meine Erfahrung ist: Gerade die – selbstgewählten – „schwierigen" Bücher sind eine stark motivierende Herausforderung.
>
> Dann sitzen meine Kinder mit Feuereifer an *ihrem* Buch, an *ihrem* Thema, beseelt von *ihrem* Interesse. Nicht von außen, also vom Lehrer, rührt ihre Arbeitsmotivation her; sie kommt vielmehr von innen und aus dem Interesse an der Sache.
>
> Aller Aufgabe ist es nun, im Kreis den anderen Kindern mitzuteilen und zu erklären, was in dem Buch drinsteht und was man für interessant und wichtig hält. Hierfür muß sein Inhalt erst einmal verstanden werden – das ist oft schwierig genug –, dann so aufbereitet, daß er im Kreis vorgestellt werden kann. Ich gebe, falls erforderlich und gewünscht, nur Hilfestellung bei Wort- oder Sacherklärungen. Wie die Kinder an ihr Buch herangehen, *was* sie für wichtig halten und *wie* sie den Inhalt auf den Punkt bringen, können und müssen sie selber entscheiden. Ebenso überlasse ich ihnen den formalen und inhaltlichen Aufbau ihres Arbeitsblattes, womit sie ihre Ergebnisse zu Protokoll bringen, für sich und für die anderen. Das fertige Arbeitsblatt wird kopiert, oft mit besonders charakteristischen Illustrationen aus dem jeweiligen Buch.
>
> Am Ende des Weges steht die Vorstellung und Erörterung der Arbeitsblätter im Kreis. Hier zeigt und beweist es sich immer wieder: Nur was ich selbst verstanden habe, kann ich den anderen Kindern verständlich mitteilen und erklären. Wo dies nicht gelingt – und die unverblümtesten und wirksamsten Kritiker sind die Kinder

> selber – muß am Buch nachgearbeitet oder das Arbeitsblatt überarbeitet werden. (Zehnpfennig / Zehnpfennig 1995 a, 10)

Die auf Systematik und formalen Aufbau bedachte Mathematik unterrichtete sie weiter kursartig, bis zu einem weiteren „Schlüsselerlebnis“ ...

> „Nun“, dachte ich, „2 mal 2 ist und bleibt gleich 4; und dies zu lernen erfordert weder Phantasie noch Kreativität noch Spontaneität. Vielmehr müssen hier alle Kinder im Gleichschritt der kleinen Schritte zur Erkenntnis und Einsicht geführt werden“.
>
> Doch dann erlebte ich bei einer Fortbildung Professor E. Wittmann ... „Und Sie glauben, das geht mit Zahlen nicht?“ unterbrach er meine begeisterte Schilderung vom kreativen Umgang mit Buchstaben, Worten und Texten schon bei meinen Erstkläßlern. Und dann breitete er mir mit so viel Begeisterung einen Zahlenteppich aus, daß ich nur so staunte. „Mit Zahlen können Sie sich das Universum untertan machen“, sagte er und viel Mitreißendes mehr. So hatte mir noch keiner die vermeintlich so trockene Mathematik nahegebracht. Ich war begeistert und brannte darauf, diese Begeisterung an meine Erstkläßler weiterzugeben. (Zehnpfennig / Zehnpfennig 1994a, 20)

Prompt erzählte sie ihrer Klasse davon und öffnete dann kurzerhand alle Fächer zum „freien Arbeiten“. Mit großem Erfolg und überdurchschnittlichen Leistungen aller Schüler.

Wir besuchen sie rund eineinhalb Jahre später in dieser ihrer letzten Klasse (vgl. i. F. Peschel 1995 a, 26 ff.). *In der Regel unterrichtet Frau Zehnpfennig täglich ungefähr vier Stunden als Klassenlehrerin, wobei diese zeitweise von Fachunterricht (Sport / Musik) unterbrochen werden. Der Tag beginnt „offen“, das heißt die Schüler treffen sich vor Schulbeginn in der Klasse und haben dadurch noch genügend Zeit, miteinander zu reden, sich Dinge zu zeigen oder kleine Sachen zu erledigen. Danach trifft man sich im Sitzkreis, um gemeinsam den Tag zu beginnen, Verabredungen zu treffen, Neuigkeiten auszutauschen oder der ganzen Klasse etwas vorzuführen. Sollte ein Schüler nicht am Kreis teilnehmen wollen, so wird er nicht dazu gezwungen. Dadurch entfallen entsprechende Disziplinierungen und Zurechtweisungen im Kreis und die sonst so mühsame „Gesprächserziehung“ regelt sich von selbst.*

Nach dem kurzen Austausch verabschieden sich die Schüler einzeln aus dem Kreis, indem sie der Gruppe bzw. der Lehrerin mitteilen, was sie heute vorhaben. Christina möchte über Wale forschen, Georg möchte etwas mit Brüchen rechnen und Sara an ihrer Geschichte weiterschreiben. Die Kinder, die noch keine Idee für den Tag haben, bleiben erst einmal im Kreis, überlegen weiter und werden letztendlich von den Aktivitäten der anderen Kinder angeregt. Zum Schluss hat sich fast jeder etwas vorgenommen. Lehrerin und Mitschüler geben aber auch gerne noch weitere individuelle Impulse und Anregungen.

Dann gehen die Kinder an ihre Plätze an Tischen, die an den Wänden des Raumes verteilt sind. Es gibt keine zentrale Stelle, auf die der Arbeitsort ausgerichtet ist, und die ganze Klasse bleibt durch die geschickte Aufstellung der Tische an der Seite ein Raum, der allen Kindern gehört. Trotz der normalen Klassenraumgröße, der üblichen Schülerzahl und des zusätzlich fest aufgebauten Sitzkreises, wirkt die Klasse durch die dezentrale Aufstellung der Möbel sehr groß. Ein Ortswechsel ist den Kindern jederzeit möglich, sie bevorzugen aber in der Regel ihren festen Sitzplatz.

Die Aufgaben, die sich die Zweitklässler gestellt haben, sind vielfältig und greifen nicht auf das übliche Angebot von Arbeitsmaterialien zurück. Einige Kinder schreiben an eigenen Geschichten weiter, ein paar Kinder sogar an umfangreichen Büchern mit immer neuen Kapiteln. Die Geschichten fallen durch eine einfallsreiche Wortwahl auf, zum Teil wird auch schon ganz gezielt wörtliche Rede eingesetzt. Andere Schüler erfinden Aufgaben für ihre „Minusbücher" oder denken sich selber Rechengeschichten und „Kniffelaufgaben" aus. Ergibt sich die Gelegenheit, fragt Frau Zehnpfennig die Kinder bei den Aufgaben, die sie selber verblüffend oder spannend findet, nach ihrem Rechenweg und versucht ihn zu protokollieren:

3 BLUME KOSTEN 25^{50} DM
WIEVIEL KOSTE 1 BLUME?
8^{50} DM

ES SIND 19 KINDER
ALLE BRAUCHE 1 GESCHICHTEN
HEFT EIN GESCHICHTEHEFT
KOSTET 3^{25} DM WIEVIEL
KOSTEN 19 GESCHICHTEN
HEFTE ? 61^{75} DM

LISA TANCKT 5 LIETER SIE
MUß 110 DM WIEVIEL
MUß SIE BEZAHLEN
WEN SIE 14 LIETER TANCKT
308 DM

Kniffelbuch von A., Mitte 2. Klasse

Lisa tankt 5 Liter. Sie muß 110 DM bezahlen. Wieviel muß sie bezahlen, wenn sie 14 Liter tankt?
Lösung: 308 DM

Wie hast du das gerechnet?

Also guck mal. 110 plus 110 ist ja schon mal 10 Liter. Also da weißt du, daß die für 10 Liter schon mal 220 Mark bezahlt. Da muß ich jetzt nur noch die 4 Liter ausrechnen, denn es sind ja 14 Liter. Für 5 Liter muß sie 110 Mark bezahlen. Also da mußt du nur rechnen: Wieviel mal 5 denn 110 ist. Das kann man ausprobieren. Nämlich 22 mal 5 ist 110, denn 20 mal 5 oder 5 mal 20 ist ja 100. Da weiß man, dass 1 Liter 22 Mark kostet. 4 mal 22 ist 88 Mark dann für 4 Liter. Und für 10 Liter das wusste ich ja schon: 220 Mark. 88 plus 20 sind 108 und noch die 200 dazu sind 308 DM. So hab ich das gerechnet.

Gerne werden auch die Hospitanten einbezogen, die z. B. extra schwierige Millionenaufgaben stellen müssen. Der Ehrgeiz mancher Schüler ist verblüffend, sie begnügen sich bei Schwierigkeiten mit kleinen Denkanstößen und versuchen konzentriert, die Lösung selber herauszubekommen. Man hat den Eindruck einer durchgängigen Mathematikfaszination, die in anderen Klassen so nur bei den „Cracks“ anzutreffen ist.

Am Tag meiner ersten Hospitation erfolgte die Lösung der Aufgabe „1 + 2 + 7 : 2 : 5 · 3 · 6 – 4 – 3“ (Klammern weggelassen) innerhalb von 30 Sekunden. Die Lösung der Aufgabe war aber eigentlich gar nicht gefragt, sondern es ging für die Schüler darum, ein „Gesetz zu erfinden“: Welche Zahlen kann man tauschen, ohne dass sich das Ergebnis ändert ? Nach eineinhalb Stunden konzentrierter Arbeit kam im Kreis heraus: „Du kannst die Zahlen im Plus-, im Minus-, im Geteilt- und im Malpäckchen tauschen, aber nicht von einem Päckchen ins andere.“ Die Anzahl der dazu gerechneten Aufgaben stellt wahrscheinlich das Wochenpensum eines „normalen“ Zweitklässlers dar, der auch den Sinn der Fragestellung vielleicht nur schwer verstehen würde. (Peschel 1995 a, 27)

Der Sachunterricht verläuft mehrgleisig: einerseits steht den Kindern jederzeit die Bearbeitung eines eigenen Themas frei, andererseits gibt es Themenschwerpunkte, die z. B. an eine Exkursion oder die Einladung eines „Experten“ in die Klasse anschließen. Das Material für die selbstständige Arbeit bringen die Schüler mit (einschließlich des Kaulquappenaquariums) oder sie greifen auf die in der

Klasse vorhandenen Sachbücher zurück. Die Kinder haben klare Vorstellungen von ihrem Endprodukt, suchen sich aus verschiedenen Büchern Informationen zusammen und fordern Fotokopien wichtiger Bilder ein bzw. gestalten die notwendigen Illustrationen selber. Interessant ist, dass die Kinder ein aus der Sicht von Erwachsenen eher unsystematisches Arbeiten bevorzugen, das oft erst durch die Präsentation im Kreis bzw. ein gemeinsames Endprodukt eine gewisse Systematik erhält.

Die Arbeiten des vorigen Tages hat die Lehrerin zu Hause korrigiert und den Kindern zurückgegeben. Ihre Korrektur ist dabei ganz individuell auf das einzelne Kind abgestimmt. So überprüfen die Kinder z. B. bei ihren Texten die Stellen, die mit einem kleinen Kreuz markiert sind, auf Fehler. Die mit einem Sternchen markierten Wörter sind nicht „falsch", denn die Kinder können diese noch gar nicht kennen, setzen sich also erst neu mit diesen auseinander. „Fehler" gibt es also logischerweise nur bei den Wörtern, die das einzelne Kind schon sicher können müsste. Durch die eigene Textproduktion kann jedes Kind seinen Wortschatz individuell aufbauen, es ist nicht gezwungen, langweilige Texte abzuschreiben oder Diktate zu üben.

Nach circa eineinhalb Stunden ist Pause angesagt. An den Tagen, an denen es etwas zu feiern gibt und der Aufsichtsplan es zulässt, bleiben Kinder und Lehrerin in der Klasse. Man unterhält sich im Sitzkreis, singt oder spielt etwas vor. Das Geburtstagskind wird gefeiert, die Schüler äußern Glückwünsche bzw. geben

Kuchen aus. Anschließend verteilt die Lehrerin die Arbeitsblätter für die Hausaufgaben, seit der Einschulung immer je ein Sprach- und ein Matheblatt. Diese dienen meist (ganz nebenbei) zur nachträglichen „Einführung“ des Lernstoffs, den die meisten Schüler schon individuell erfahren bzw. selbst entdeckt haben und bereits nutzen. Wenn möglich, werden inhaltlich Geschehnisse des Unterrichts aufgegriffen: Eine Zusammenstellung von Kniffelaufgaben der Kinder oder Wortsammlungen zu einem Gesprächsthema. Es kann sich aber auch um reine Übungszettel handeln, die zusätzlich kleine Denkaufgaben enthalten. Die Zettel sind handgeschrieben und per Matrize vervielfältigt. Es erfolgt keinerlei motivationale Aufmachung.

Nach dem Wegpacken der Hausaufgaben bzw. nach der Pause stellt man sich die Arbeiten des Vormittages einander vor. Die Schüler bringen ihre Werke mit in den Kreis und erklären sie bzw. lesen sie vor. Eine Fächerordnung gibt es dabei nicht. Mathematische Kniffelaufgaben und Erfindungen können auf Sachunterrichtsthemen und Phantasiegedichte folgen. Auch hier sind trotz der Freiwilligkeit der Teilnahme eigentlich immer alle Schüler anwesend. Je nach Geduld verabschieden sich einzelne Schüler aber nach einiger Zeit aus dem Kreis, um an ihrem Platz weiterzuarbeiten. So muss der Sitzkreis nicht – wie sonst oft üblich – mühselig diszipliniert bzw. zusammengehalten werden. Vielleicht macht aber auch gerade erst die Freiwilligkeit den Kreis für die Kinder so attraktiv.

Während Kinder ihre Geschichten vorlesen, setzten andere Kinder diese szenisch um und spielen in der Kreismitte das, was sie hören. Das Zusammenspiel ist dabei von großem gegenseitigem „Aufeinander-Eingehen“ gekennzeichnet. Nach Beendigung der Geschichte können sich die Kinder bei Bedarf zum Vortrag äußern. Auch hier scheint die freiwillige Möglichkeit die sonst so oft zu hörende Floskel: „Das war schön, was du geschrieben hast.“ überflüssig zu machen. Man macht den Autor gezielt auf Wortwiederholungen aufmerksam oder weist auf Unschlüssigkeiten hin. Evtl. werden Verbesserungen ausprobiert und wieder verworfen (auch die der Lehrerin). Bei all diesem erfolgt kein Melden der Schüler; die gegenseitige Rücksicht erlaubt ein Gespräch ohne diese Ordnungshilfen.

Nachdem alle Kinder, die das wollten, ihre Arbeiten den anderen vorstellen konnten, kann die restliche Schulzeit wieder für eigene Aktivitäten genutzt werden. Zusätzlich zu den anderen Vorhaben der Kinder scheint nun auch Lesen als „Entspannung“ attraktiv zu werden. Am nächsten Tag kann man dann wieder an die vielfältigen Aktivitäten des Vortages anknüpfen.

3.2.2 Methodisch-inhaltliche Offenheit: Überholte Strukturen und „prozessuale“ Ordnung

Um die Notwendigkeit oder den Verzicht von Vorgaben im Offenen Unterricht näher zu untersuchen, soll im Folgenden das ganz in der Praxis entwickelte Konzept einer Lehrerin vorgestellt werden, welches hier treffend als „Didaktik des weißen (leeren) Blattes" überschrieben wird. Die Grundschullehrerin Hannelore Zehnpfennig hat zusammen mit ihrem Mann, dem Soziologen Helmut Zehnpfennig, in zahlreichen Veröffentlichungen einen Offenen Unterricht vorgestellt, der von der Freigabe des Lernweges her stark dem Reisetagebücherunterricht entspricht, aber doch im inhaltlichen Bereich eine weitaus stärkere Öffnung anstrebt. Im Gegensatz zur lernpsychologischen Begründung des Konzeptes von Gallin und Ruf begründen Zehnpfennig und Zehnpfennig den Wandel der Schule zum Offenen Unterricht eher soziologisch mit dem schnellen Wandel der Gesellschaft in den letzten Jahren bzw. Jahrzehnten:

> Verändert haben sich gesellschaftliche und individuelle Wertorientierungen und Lebensziele: weg von den sogenannten „materialistischen" Werten wie z. B. „Sicherheit", „Wohlstand", „Wirtschaftswachstum", „Ordnung" oder „Vollbeschäftigung" hin zu „Selbstbestimmung", „Mündigkeit", „freier Wille", „Glück" und „Zufriedenheit". Dieser *Wertewandel* beeinflußt natürlich auch die Definition und die Akzeptanz schulischer Erziehungsziele [...]. Eine ähnliche und parallele Entwicklung ist für den öffentlichen („politischen") Bereich festzustellen. [...] So sehen sich Lehrer / Lehrerinnen zunehmend Ansprüchen von Schülern (und Eltern) nach Mitentscheidung über Inhalte und Methoden schulischen Unterrichts gegenüber; und solche Ansprüche lassen sich nicht mehr – wie früher – so ohne weiteres abweisen. Auch familiäre Beziehungsformen und Erziehungsstile (sowie Erziehungs-Ziele) haben sich in den letzten Jahren grundlegend gewandelt, pointiert ausgedrückt: vom Patriarchat zur Partnerschaft. Dies gilt für die Beziehung zwischen den Eheleuten <u>und</u> für die Eltern-Kind-Beziehung. [...] Schließlich zwingen Umwälzungen im wirtschaftlichen Bereich die Schule, sich (erneut) die Frage zu stellen und zu beantworten, w o z u sie erziehen soll. Kann es allein oder vorwiegend um die Vermittlung von möglichst viel gesichertem Wissen („traditioneller Bildungskanon") gehen? Ständig entstehen neue Berufe und verschwinden alte, werden neue Fähigkeiten erforderlich und andere überflüssig. Hinzu kommt: Schulisches Wissen und Abgangszeugnisse garantieren längst nicht mehr einen entsprechenden lebenslangen Beruf bzw. Arbeitsplatz. Flexibilität, Bereitschaft und Fähigkeit zu lebenslangem (Um-)Lernen, Kreativität und Eigeninitiative: das sind m. E. Fähigkeiten, die immer wichtiger für die Bewältigung dieser Problematik werden. Ihnen muß sich daher Schule – mehr als bisher – öffnen.
>
> Meine *These* ist nun: Der bislang – in der Praxis – vorherrschende Frontalunterricht kann kaum oder nur sehr begrenzt motivierte, aktiv lernende, kreative und mündige Schüler hervorbringen (selbst wenn man andere Formen wie z. B. Freiarbeit oder Projektunterricht als zusätzliche „Sonderangebote" einbaut). Der Unterricht muß sich in seinen <u>Strukturen</u> erneuern. Ich stelle ein Konzept vor, das unterrichtliche Strukturen wie „Raum", „Zeit", „Inhalt" und „Rollen" neu organisiert. Und ich berichte (im Referat) über meine Erfahrungen und „Erfolge" nach mehr als 10 Jahren eines solchen Offenen Unterrichts. Mein Fazit daraus: Wir sollten uns endgültig vom Frontalunterricht verabschieden. Er paßt nicht mehr in die Gegenwart; und er verpaßt die Zukunft. (Zehnpfennig 1995 d)

Die Öffnung des Unterrichts machen Zehnpfennig und Zehnpfennig (vgl. i. F. 1992; 1995c; Peschel 1995a) an dem Aufbrechen dreier tradierter, längst nicht mehr aktueller „Strukturen“ fest: der Raumstruktur, der Zeitstruktur und der Stoffstruktur, die im Folgenden unter eigenen Ergänzungen meinerseits kurz dargestellt werden:

Die herkömmliche *Raumstruktur* ist vom Lehrer her funktional geplant: Tische und Stühle stehen in Reih und Glied, es gibt für jeden Schüler einen festen Platz, auf dem er fortan – entgegen seinem natürlichen Bewegungsdrang – (still) sitzen muss. Die Sitzordnung spiegelt die Rangordnung wieder, die Kommunikation mit dem Lehrer steht zwar im Mittelpunkt, muss aber durch Melden und Drannehmen von diesem erlaubt werden (was im umgekehrten Falle nicht so ist), die Kommunikation der Schüler untereinander wird in der Regel als störend empfunden. Diese Raumstrukturen sind nachvollziehbar, denn sie sind auf den darauf entsprechend passenden, lehrerzentrierten Unterricht abgestimmt. Um der Vorgabe der Richtlinien „Dem Bewegungsbedürfnis der Kinder ist in besonderer Weise Rechnung zu tragen“ (Kultusminister NRW 1985, 10) zu entsprechen, wird der Unterricht klein portioniert und das vor allem aus körperlichen Gründen (das Niveau kann es ja nun wirklich nicht sein) anstrengende Lernen wird immer wieder durch auflockernde Bewegungsspiele und Lieder unterbrochen.

Möchte man nun aber eine Raumstruktur schaffen, die sich schülerzentrierter darstellt, so folgt daraus zwangsläufig auch eine andere Sicht der notwendigen Ordnung. Zehnpfennig und Zehnpfennig nennen diese eine „*prozessuale* Ordnung“, die nicht mehr statisch ist, sondern variabel an die jeweilige Situation in der Klasse angepasst wird. Anstelle der künstlichen Inszenierungen und Motivierungen durch unterbrechende Spielereien gestaltet der Lehrer zusammen mit den Kindern den Raum einfach so, dass sich die Kinder jederzeit frei bewegen können. Der Wunsch nach Bewegung muss vom Kind nicht mehr aufgeschoben werden, sondern es kann direkt auf sein Bedürfnis reagieren. Zusätzlich haben die Kinder dadurch die Möglichkeit, sich wirklich mit „ihrer“ Klasse zu identifizieren, sie können nicht nur die Möbel den tatsächlichen Erfordernissen anpassen, sondern auch jederzeit andere Kinder bzw. den Lehrer aufsuchen, um Sachen mit ihnen abzusprechen oder sich Material zu besorgen. Das hat nicht nur Auswirkungen auf die räumliche Organisation in der Klasse, sondern ergibt zugleich auch eine ganz andere Unterrichtskultur mit anderen Lehrer- und Schülerrollen.

Diese Veränderungen haben auch entsprechende Auswirkungen auf die *Zeitstruktur*. Die vorgegebene Aufteilung des Schultages in Stunden und die Gliederung dieser Stunden in für alle Kinder gleiche Phasen der Motivation, der Erarbeitung, der Stillbeschäftigung, der Übung und der Lernkontrolle wird aufgebrochen. Der Gleichschritt weicht der individuellen Zeiteinteilung, so dass verschiedene „Aufwärmzeiten" und verschiedene Tempi der Kinder keine Rolle mehr spielen. Die durch das starre Zeitraster erzeugte Unter- bzw. Überforderung der Kinder mit ihren konträren Schwierigkeiten von Langeweile oder Hektik werden vermieden, und zugleich wird eine Kultur des „Einander-Zuarbeitens" geschaffen, bei der die Kinder ihre Unterschiedlichkeit im Leistungs- und Auffassungsvermögen eher als Vorteil denn als Nachteil empfinden. Stärken und Schwächen kommen ganz selbstverständlich zur Geltung, niemand wird am fiktiven Normalplan gemessen und entsprechend geächtet.

Daher muss sich auch die *Stoffstruktur* den lernenden Kindern anpassen. Die Fertigfabrikate der Lehrmittelverlage bereiten den Stoff aus Sicht der Erwachsenen auf, die Interessen und Perspektiven der Kinder werden schnell außen vor gelassen. Entsprechend muss nun für die Beschäftigung mit dem Stoff immer wieder neu motiviert werden. Zehnpfennig und Zehnpfennig schlagen einen einfacheren Weg vor:

> Warum nicht die Kinder selbst Unterrichtsmaterial herstellen lassen? Und siehe da: Vor ein leeres Blatt Papier gesetzt, nur versehen mit Stiften oder einer Schreibmaschine, begann ihre Phantasie und Kreativität zu sprudeln. Es entstanden

> phantastische Bilder und Geschichten, Berichte über eigene „Erfindungen", Gedichte, also zahllose „Freie Texte"; und dies, sobald sie einigermaßen schreiben konnten (1. Schuljahr, Ende des 1. Halbjahres). (Zehnpfennig / Zehnpfennig 1995c, 7)

Die Beschäftigung mit dem Stoff ist dabei nicht so zufällig oder willkürlich, wie man zunächst annehmen könnte, sondern folgt der implizit vorhandenen Struktur der Fächer bzw. dem breiten Interesse der Kinder an den verschiedensten Sachen. Die Inhalte und Anlässe für das Lernen gehen aus dem gemeinsamen Klassenleben hervor, das immer wieder durch Impulse einzelner Kinder oder auch der Lehrerin angestoßen wird. Oft ergibt sich dabei so etwas wie ein „Schneeballsystem", wenn ein Thema sich immer weiter in der Klasse fortpflanzt. So reicht es oft aus, dass sich ein Kind für ein Thema interessiert, um diese Kernidee dann auch für andere Kinder interessant zu machen: „Was der macht, kann bzw. will ich auch." (Holli 1997, 20)

Dieser Umgang mit Raum, Zeit, aber vor allem dem Stoff erfordert eine hohe Kompetenz des Lehrers – nicht nur im Hinblick auf das Vertrauen in die Kinder. Ähnlich wie bei Gallin und Ruf muss der Lehrer den in der Schule zu vermittelnden Stoff so kennen und für sich so durchdrungen haben, dass er weiß, was davon wichtig ist und was nicht. Während sich aber bei der „Didaktik der Kernideen" das Loslassenkönnen auf den vorher vom Lehrer thematisch eingegrenzten Raum bezieht, muss der Lehrer bei der „Didaktik des weißen Blatts" zeitgleich sämtliche Inhalte des Schuljahres bzw. sogar die darüber und darunter liegenden beherrschen, um entsprechend sicher den Schülerstand beurteilen und durch Impulse betreuen zu können. Vor allem aber muss er es verstehen, das meist sehr hohe Niveau der Eigenproduktionen der Kinder richtig „lesen" zu können.

Wie kann nun ein solcher Unterricht in der Grundschulpraxis aussehen?

3.2.3 Unterricht mit „weißen Blättern" – Hilfen zur Umsetzung

Obwohl Hannelore Zehnpfennig ihren Unterricht auch erst Fach für Fach geöffnet hat, sollte der Offene Unterricht möglichst durchgängiges Unterrichtsprinzip sein, das heißt alle Fächer weitestgehend einschließen. Die Eigenproduktion der Kinder ist das Herzstück dieses Unterrichts. Gelenktere Phasen kann es nur auf dieser Basis geben, wenn sie aus der Sache her erwachsen und ihr Sinn allen Beteiligten einleuchtet bzw. von diesen eingefordert wird (z. B. ein Informationsinput über ein bestimmtes Thema, das Einladen eines Experten). Sie dürfen aber nicht dem Grundprinzip des Unterrichts, dem *„Zwang zur Eigenaktivität"* entgegenlaufen. Eine so weitreichende Öffnung wie die im Unterricht von Zehnpfennig muss von den Schülern täglich aufs Neue getragen werden. Dabei werden sehr viel Motivation und ein starker Arbeitswille gefordert, was von den Kindern dann leicht geleistet wird, wenn daneben eben nicht ein bequemerer, verlässlicher Lehrgang angeboten wird.

Da in der Klasse das *„weiße Blatt Papier“* das zentrale Arbeitsmittel ist und sich die Schüler ganz individuell für ein Lernthema entscheiden, *müssen* sie notgedrungen agieren, sie können nicht mehr nur konsumieren und „aberledigen“. Jede Beschäftigung, die gewählt wird, zwingt dazu, aktiv zu sein und das Lernen zu lernen. Der Schüler *muss* sich ein Thema suchen, er *muss* sich überlegen, wie er dieses angeht, er *muss* produzieren und reflektieren, er *muss* gestalten und formulieren und zwar so, dass er den anderen Schülern ein für sie verständliches Ergebnis präsentieren kann. Der Schüler erzieht sich selbst zur Selbstständigkeit.

Die hohe Kompetenz des Lehrers innerhalb der „Didaktik des weißen Blatts“ wurde schon angesprochen: der Lehrer muss seine Vorgaben jahresübergreifend, ja sogar schulformübergreifend im Kopf haben, denn es gibt nun keinen herkömmlichen Stoffkanon mehr, sondern nur die Leistung des einzelnen Kindes. Und dass dadurch eine Bandbreite von mehreren Jahrgangsstufen zeitgleich in einer Klasse vertreten ist (bzw. erst in ihrer Dimension als solche wahrgenommen wird), muss nicht betont werden. Die hohe Fachkompetenz muss zusätzlich noch ein Repertoire an Kernideen einschließen, das heißt zusätzlich zu den wesentlichen Stoffinhalten muss er auch immer passende Impulse, herausfordernde Fragen, knifflige Ideen usw. präsent haben. Zugleich muss er auch methodisch versiert sein und entsprechende Tipps zur Darstellung und Behandlung von Themen im Hinterkopf haben. In der Klasse sollte dazu auch immer ein gewisses Maß an Werkzeugen und Utensilien bereitstehen, damit die Forschungsvorhaben der Kinder entsprechend unterstützt werden können.

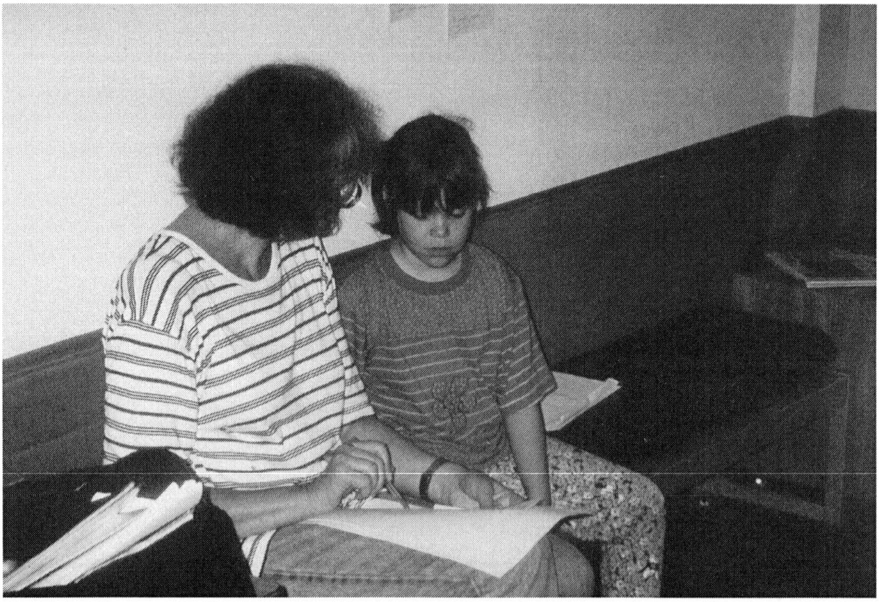

So umfassend ausgerüstet kann der Lehrer den Schultag nun mit den Kindern beginnen. Wie schon oben im Erlebnisbericht ausführlicher beschrieben, treffen sich die Kinder vor Schulbeginn im Rahmen des „offenen Anfangs“ in der Klasse. Nachdem sie sich so zwanglos begrüßt, Neuigkeiten erzählt oder schon erste Arbeitsvorhaben geplant haben, kommt man im Sitzkreis zusammen. Der Lehrer weist auf eventuelle Termine und Absprachen hin, die Kinder stellen Sachen vom Vortag oder von zu Hause vor, Fragen werden geklärt, aber in der Regel gibt es dann schnell eine Runde, in der jedes Kind der Gruppe mitteilt, was es heute tun möchte und dann aus dem Kreis geht. Sollte ein Kind noch keine Idee haben, so wird es erst einmal übersprungen, bis zum Ende der Runde hat es entweder eine Idee oder wendet sich – was selten vorkommt – an den Lehrer, der dann mit ihm zusammen überlegt.

Die Kinder gehen dann alleine oder mit anderen an ihre Arbeit: es werden Geschichten und Gedichte geschrieben und überarbeitet, Kniffelaufgaben für Mathematik konstruiert, Erfindungen gemacht und dokumentiert, Sachen untersucht und protokolliert. Der Lehrer ist ansprechbar für Fragen, gibt Hilfen und Impulse, besorgt Material zum Kleben und Heften, organisiert Tonpapier und Kopien. Wichtig ist ihm dabei, das „Lernen hochzuhalten“, das heißt die Kinder dürfen zwar ganz auf ihre Weise an ihren Sachen arbeiten, aber sie dürfen nicht nur spielen. Wollen sie Sachen untersuchen, so müssen sie ihr Vorgehen entsprechend protokollieren bzw. anderen vorstellen können. Hier ist klar die Parallele zum Reisetagebücherunterricht zu erkennen. Ansonsten hält sich der Lehrer aber weitgehend aus Stoffwahl und Vorgehensweise heraus, allerdings versucht er schon sein (ehrliches) Interesse an den eigenen Forschungen der Kinder zu bekunden, wenn er sich Erfindungen und Gedankengänge von ihnen erklären lässt und diese u. U. für sich selbst notiert. Der Lehrer ist dadurch immer wieder neu gefordert, den Weg der Kinder nachzuvollziehen und eigene Lösungen zu relativieren. Eine spannende und aufschlussreiche Sache – und für beide Seiten höchst motivierend!

Rechnen mit x (von B., 7 Jahre)

x · 30 : 5 − 993 = 6411
x = 1234

Wie hast du das gerechnet?

Zuerst machst du aus 30 : 5 eine 6.

x · 6 − 993 = 6411
Jetzt habe ich probiert:
1000 mal 6 sind 6000
200 mal 6 sind 1200
Das sind 7200. Dann habe ich die 7200 minus 993 sind 6207 gerechnet.
Dann habe ich ergänzt von 6207 bis 6411 sind 204. Dann habe ich die durch 6 geteilt.
Das sind 34. Dann habe ich 1000 plus 200 plus 34 sind 1234.

Je nach Tagesgestaltung trifft sich die Klasse evtl. vor oder nach der Pause dann noch einmal im Kreis, um Kindern die Möglichkeit zu geben, schon erste Ergebnisse vorzustellen, Sachen aufzuführen oder Fragen zu klären. Auf jeden Fall aber findet solch ein Kreis gegen Ende des Tages statt. Hier geben sich die Kinder nun durch das Vorstellen ihrer Arbeitsergebnisse gegenseitig Rechenschaft über ihr Tun. Dabei scheint es keine große Rolle zu spielen, welchem Fach bzw. Stoffgebiet das Thema angehört, die Schüler äußern sich zu den Arbeiten der anderen, machen Verbesserungsvorschläge, greifen Ideen auf und sprechen gemeinsame Arbeiten ab. Der Lehrer strukturiert diese Vorstellrunde maßgeblich. Er hinterfragt Sachverhalte, bittet um Klärung bzw. Erklärung, gibt Impulse zum Weiterdenken und Weiterarbeiten, schlägt Brücken zu vorangegangenem Stoff und strahlt selbst eine gewisse Lernmotivation aus, die durch das ehrliche Würdigen der Kinderarbeiten noch verstärkt wird. Nach diesem Kreis wird entweder noch weitergearbeitet oder es ist Zeit zum Aufräumen der Klasse. Am nächsten Tag ist wieder (bzw. immer noch) eine endlose Zahl von Kernideen im Raum, die von den Schülern aufgegriffen werden können.

3.2.4 Unterricht mit „weißen Blättern“ – Grenzen und Fragen

Die Freigabe der Inhalte, die das Konzept von Zehnpfennig und Zehnpfennig auszeichnet, ist für viele Lehrer ein nicht nachvollziehbarer Schritt der Öffnung, vor allem im Zusammenhang mit der zusätzlichen Freigabe der Methode bzw. der Lernwege der Kinder. Während für viele Lehrer ein Freies Arbeiten, das aus dem normalen Klassenunterricht resultiert, noch denkbar ist (Freies Schreiben, Freies Forschen, Freies Gestalten – Freie Mathematik schon weniger ...), so wirft die völlige Aufgabe des Klassenunterrichts als strukturierendes und erklärendes Moment doch Fragen auf. Wie können Kinder die zu unterrichtenden Inhalte lernen, wenn diese nicht mehr eingeführt werden? Und wofür braucht man dann noch eine Schule, wenn Kinder anscheinend gar nicht unterrichtet werden müssen?

Während man sich den methodisch offenen Unterricht mit Reisetagebüchern auf Grund seiner Nähe zu einem „normalen“ Unterricht mit qualitativ hochwertigen, individualisierten Aufträgen noch irgendwie vorstellen kann, so wird einem bei der „Didaktik des weißen Blatts“ die veränderte Lehrerrolle radikal vor Augen geführt – und zwar auch optisch. Die Tafel ist nicht mehr Zentrum des Unterrichts, sondern die ganze Klasse passt sich den momentanen Bedürfnissen der Lernenden an. Einzel-, Partner- und Gruppenarbeiten werden nicht mehr verordnet, sondern ergeben sich aus den momentanen Erfordernissen. Der Lehrgang ist in höchstem Maße individualisiert, noch nicht mal ein gemeinsames Oberthema kann jetzt noch über die Verschiedenheit der Kinder hinwegtäuschen.

Und dennoch ist gerade diese „Strukturlosigkeit“ die Struktur, die dem Individuum wirklich Halt gibt, denn erst sie ermöglicht es ihm, eine *eigene* Struktur ohne das Risiko einer nur kurzfristigen Nachahmung zu bilden. Und nur diese *eigene* Struktur ist langfristig tragkräftig. Genau wie im Reisetagebücherunterricht resultiert sie aus der individuellen, subjektiven Auseinandersetzung mit dem Stoff, die durch die Veröffentlichung bzw. den Austausch mit anderen herausgefordert und objektiviert wird, ohne dabei die Verwurzelung im eigenen Denken aufzugeben. Während der Unterricht mit Kernideen in der Praxis oft die regulative Struktur als Muster bzw. Kernidee implizit vorgibt und die Schüler z. B. durch die oben angesprochene „kreative Nachahmung“ herausgefordert werden, so geht das Konzept von Zehnpfennig darüber hinaus. Hier gibt es nicht mehr *ein* herausforderndes Muster, sondern *unzählige*: all die der verschiedenen Schüler. Diese Herausforderungen sind dabei weder sortiert noch strukturiert und erst recht nicht zeitgleich vertreten wie im Reisetagebücherunterricht, sondern tauchen an allen Ecken und Enden und in den unterschiedlichsten Formen immer wieder auf – wenngleich es auch so etwas wie eine ständig vorhandene herausfordernde Lernatmosphäre als ruhenden Pol bzw. „roten Faden“ zu geben scheint.

Natürlich braucht es einige Zeit, bis sich ein solches Arbeiten in einer Klasse etabliert hat. Aber es scheitert nicht etwa – wie immer als Entschuldigung für kleinschrittigen, reproduktiven Unterricht angeführt wird – am Unvermögen der Kinder. Derjenige, der den Lehrgang vermisst, ist nicht das Kind, sondern der Lehrer. Ohne den Schutz (oder die Verschleierung) des Lehrgangs bekommt der Lehrer plötzlich einen unverstellten Blick auf das, was wirklich bei den Kindern und ihrem Lernen passiert. An jeder Produktion der Kinder kann er schonungslos den Leistungsstand auf dem jeweiligen Gebiet ablesen, und zwar ohne den Filter reproduzierter Übungen oder auswendig gelernter Techniken. Mit allen Höhen und Tiefen, Sprüngen und Rückschritten, die Lernen nun mal mit sich bringt. Zudem bekommt er zum ersten Mal hautnah mit, wie – und wie unterschiedlich – Kinder wirklich schreiben, lesen, rechnen lernen – ohne Lehrer und Lehrgang.

Die Kinder wissen in der Regel, warum sie in der Schule sind: sie wollen lernen und tun dies auch. Und zwar von sich aus, durch die stetige Auseinandersetzung mit dem, was sie interessiert bzw. was um sie herum passiert. Und die wenigen Inhalte bzw. Normierungen, die sich nicht aus dem impliziten Lehrgang des Faches selbst ergeben (man schreibt und liest immer besser und richtiger, man rechnet mit immer komplexeren Zahlen und Operatoren usw.), tauchen in der Regel von selbst über die verschiedensten Kanäle auf: aufgeschnappt bei Geschwistern, entdeckt beim Stöbern in Arbeitsheften und Büchern oder auch bewusst oder unbewusst vom Lehrer oder von Mitschülern angestoßen. Diese Vorgehensweise ist dabei alles andere als beliebig, denn dadurch, dass alle möglichen Inhalte im Laufe der Grundschulzeit immer wieder zu den unterschiedlichsten Zeitpunkten und auf unterschiedlichstem Niveau auftauchen, wird ein Spiralcurriculum erzeugt, das sicherer nicht sein könnte: Jedes Kind kann sich zu jedem Zeitpunkt genau auf seinem Niveau mit einer Sache beschäftigen, umgeben von der ständigen Herausforderung, noch einen Schritt weiter zu gehen.

Mit dieser Betrachtungsweise scheint sich der Vorteil der Auftragsgleichheit für alle Kinder beim Unterricht mit Kernideen zumindest zu relativieren, denn ein in dieser Weise verstandenes offenes Curriculum kann den Verzicht auf die Beschäftigung und den Austausch aller Kinder mit bzw. über dieselbe Sache durchaus verschmerzen. Und bei den Themen, die zu einem bestimmten Zeitpunkt alle bzw. viele Kinder bewegen, ist der konkrete Austausch ja genauso möglich wie beim Reisetagebücherunterricht – wahrscheinlich weniger vom Lehrer vorstrukturiert, dafür aber durch die uneingeschränkte Selbststeuerung ganz anders beim Schüler motiviert. Und dennoch steuert der Lehrer auch im Unterricht von Zehnpfennig noch maßgeblich durch seine Impulse und Strukturierungen im von ihm gelenkten Kreisgespräch, sei es im Bereich der Wissensaneignung oder auch im Bereich des sozialen Miteinanders: Seine primäre Aufgabe ist es, das „Lernen" in der Klasse „hochzuhalten", das heißt zusammen mit den Kindern für eine lern- und arbeitsorientierte Atmosphäre zu sorgen.

Dabei ergibt sich ein sehr hohes Maß an Lernerfolg auf Schülerseite, denn auf diese Art fordert die Kompetenz und das Wissen des Lehrers die Arbeit des Schülers immer wieder bis an die Grenzen heraus: Alle Durchgänge Offenen Unterrichts bei Hannelore Zehnpfennig lagen leistungsmäßig immer weit über dem Durchschnitt bzw. den Parallelklassen mit Kindern desselben Einzugsgebietes. Dem Einwand ihrer Kolleginnen, sie bekäme ja auch immer die „besten“ Schüler, wurde begegnet, indem ihnen die Zusammenstellung der ersten Klassen übertragen wurde. Und trotzdem änderte sich nichts an den hohen Leistungen der offen unterrichteten Schüler. Die guten Ergebnisse können daher wahrscheinlich in hohem Maße auf die Unterrichtsmethode (und natürlich das Engagement) der Lehrerin zurückgeführt werden.

Als Pädagoge stellt sich mir aber auch hier die Frage, wie weit mein Eingriffsrecht in das Lernen (und Leben) der Kinder eigentlich gehen darf. Kann es nicht eine Unterrichtsform geben, die den Lernenden noch stärker als Individuum ernst nimmt und sein Mitbestimmungsrecht nicht nur auf den Bereich der Wissensaneignung beschränkt, sondern das ganze Schulleben einschließen lässt? Sowohl Gallin und Ruf (bzw. die Lehrer, die wir Reisetagebücherunterricht praktizieren gesehen haben) als auch Zehnpfennig nutzen ihre charismatische Ausstrahlung, um die Schüler direkt oder indirekt zu der Beschäftigung mit dem Lernstoff zu motivieren, sei es durch mitreißende „authentische“ Kernideen, sei es durch die – genauso mitreißende – echte Begeisterung für jedes einzelne Schülerprodukt. Dieses Vorgehen ist vollkommen in Ordnung, aber es lässt schnell zwei Fragen aufkommen: die Frage nach der Übertragbarkeit eines solchen Konzeptes auf andere Lehrer und Schulsituationen und die Frage nach einem möglichen Missbrauch des Konzeptes, z. B. durch Personen, die andere Ziele verfolgen und ihre Ausstrahlung nicht zur Emanzipation, sondern zur Manipulation des Kindes nutzen würden.

Als mögliche Antwort auf diese beiden Fragen soll im Folgenden die Erweiterung des Konzeptes von Gallin und Ruf bzw. Zehnpfennig und Zehnpfennig im Hinblick auf eine radikale Schülermitbestimmung im Unterricht bzw. bezüglich des gemeinsamen Klassenlebens erfolgen. Wenn Offenheit solche Erfolge bei der Wissensaneignung zeigt, warum nicht auch beim sozialen Lernen? Angestrebt wird deshalb eine noch größere Loslösung von der traditionellen Lehrerrolle durch die Einführung basisdemokratischer Elemente in der Klasse, so dass die Schüler nicht nur die Verantwortung über die zu lernenden Lerninhalte und Lernmethoden innehaben, sondern zusätzlich auch die organisatorischen Rahmenbedingungen festlegen können (soweit rechtlich und schulorganisatorisch möglich).

Während in den beiden oben beschriebenen Konzepten der Lehrer trotz der methodischen bzw. inhaltlichen Öffnung noch immer die Autorität darstellt und für die notwendige Disziplin sorgt, müssen dies nun die Schüler selbst tun. Sie müssen selber Regeln des Zusammenlebens entwickeln und können sich nicht einfach auf jemand anderen verlassen. Die Schüler lernen dabei, ihre eigenen Interessen zu vertreten, aber auch die der anderen zu berücksichtigen. Die freie

Raum- und Zeitnutzung und die damit einhergehenden Begleiterscheinungen müssen vor den Mitschülern verantwortet werden können. Der Lehrer hat gleiches Kritikrecht wie alle, auch er kann Impulse in Richtung einer gleichberechtigten und fairen Auseinandersetzung geben. Er ist aber nicht mehr derjenige, der die Abläufe vorgibt und regelt.

Kann auch ein solcher Unterricht funktionieren – und welche Leistungen sind hier im Bereich der Wissensaneignung bzw. der Sozialerziehung möglich?

3.3 Offenheit trotz Grenzen: „Didaktik der sozialen Integration“

> Ziel und ständig zu sichernde Basis des Zusammenlebens von Menschen in einer vielfältig zusammengesetzten demokratischen Gesellschaft ist die Achtung der Freiheitsrechte jedes einzelnen und die Übernahme sozialer Verantwortung.
>
> Der Beitrag der Schule dazu besteht darin, daß sie im Unterricht und im Schulleben möglichst viele Anstöße und Gelegenheiten dafür bietet, daß junge Menschen positive Erfahrungen demokratischen und sozialen Verhaltens gewinnen können. Fragwürdige Verhaltensweisen in der Schule und außerhalb der Schule müssen – insbesondere angesichts der Zunahme von Verhaltensschwierigkeiten – das Thema reflexiver und praktischer Auseinandersetzung bilden. (Bildungskommission NRW 1995, 84)

3.3.1 Ein Tag in Troisdorf

Es ist nicht leicht, über seine eigene Klasse so zu berichten, wie ein Besucher sie wahrnimmt bzw. wahrnehmen würde. Nun gut, ich werde es versuchen und den Text dann einem ehemaligen Besucher zu lesen geben, denn davon hatte ich in den vier Jahren „Offenen Unterrichts“, die ich mit meiner Klasse durchlebt habe, nun wirklich genug. Gott sei Dank nicht allzu viele in den ersten eineinhalb Jahren – da herrschte nun wirklich eher ein gewisses „Durcheinander“ bei uns –, aber dann hatten wir immer mehr Gäste, bis wir am Schluss Hospitationsgruppen sogar zeitweise absagen mussten, weil wir auch mal wieder für uns sein wollten. Aber nun ein möglicher Tagesablauf unseres Schullebens (vgl. i. F. Peschel 1983 b; 2001 a):

Morgens bin ich gegen halb acht in meiner Klasse. Unser Raum ist nicht gerade typisch eingerichtet, denn die Schülertische stehen bei uns alle ringsum an der Wand entlang. Bei Verzicht auf „Frontalunterricht“ müssen die Tische ja auch nicht zur Tafel zeigen und die Klasse erhält so eine schöne, große Freifläche in der Mitte. Kurz nach mir trudeln die ersten Kinder ein, arbeiten ein wenig oder sprechen miteinander. Manchmal ist es morgens ein ganz harmonischer Anfang, manchmal merkt man einzelnen Kindern aber auch an, dass heute schon irgend etwas vorgefallen ist, so dass sie nicht „gut drauf“ sind. Irgendwann nach dem eigentlichen Stundenbeginn gegen zehn nach acht ruft der „Kreisleiter“ die Kinder dann mit der unüberhörbaren Mitteilung „Kreis“ in unsere auf einem Podest fest installierte Sitzecke aus selbst gezimmerten Holzbänken. Wenn ich mich lieber mit den Hospitanten weiterunterhalten oder ein Kind lieber an seiner Arbeit weiter machen möchte, fragt man den Kreisleiter, der einem dann die entsprechende Erlaubnis gibt – oder auch nicht.

Die Kinder haben beschlossen, dass alle zwei Tage jemand neues Kreischef wird. Alle zwei Tage, damit eine gewisse Kontinuität entsteht, aber auch jeder in überschaubarer Zeit dran kommen kann. Entsprechend wählt der bisherige Chef dann ein anderes Kind aus, das nun den Kreis leiten will. Der neue Kreischef hat dann die Gesprächsleitung inne und nimmt Kinder oder Lehrer dran, achtet auf Zwischenfragen, bricht evtl. abschweifende Gespräche nach Rücksprache mit der Klasse ab usw. Kinder und Lehrer haben dabei die Gelegenheit, Sachen zu erzählen, Termine abzustimmen, nachzufragen, Probleme zu klären, andere zur Verantwortung zu ziehen, Regeln abzustimmen, Arbeitsergebnisse vorzustellen, Gruppen zu organisieren, Ausflüge zu planen usw. Wenn niemand mehr etwas zu sagen hat, oder wenn der Kreisleiter merkt, dass es unruhig wird, beendet er den Kreis.

Heute ist B. „Kreischef“, er hat die Gesprächsleitung inne. Zuerst fragt er, ob jemand etwas Wichtiges zu sagen hat. Ich zeige schon mal mit auf, denn ich muss noch etwas wegen unseres „Schuleschlafens“ am Freitag fragen. Wir bleiben dann, wie wir es öfters machen, von Freitagnachmittag bis Samstagmittag in der Schule. Das Essen haben die Kinder schon geplant und untereinander ausge-

macht, wer was mitbringt, aber die Brötchen zum Frühstück sind mir noch nicht klar. Einfach reden will ich nicht. Wenn ich davon ausgehe, dass die Kinder sich an die Regeln halten sollten, dann muss ich das ja wohl auch (was mir zugegebenermaßen oft sehr schwer fällt.) Oh, heute komme ich sogar schon als Dritter dran. Dann kann ich meine Sachen ja noch schnell abklären, bevor B. jedes Kind danach fragt, was es heute tun will.

In dieser Zeit können wir eigentlich schon aus dem Kreis gehen – wenn B. es erlaubt. Ich erzähle Ihnen dann gerne etwas über die Kinder, die Sie hier so sehen, damit Sie eine Vorstellung davon bekommen, warum ich gerade die Öffnung im sozialen Bereich für so ausgesprochen wichtig halte. Ich halte unsere Klasse von der Zusammensetzung und den Bedingungen her für eine „ganz normale" Klasse an einer „ganz normalen" Grundschule. Als ich die Klasse zur Einschulung bekam, waren wir eine ganz schön bunte Truppe – wie jede Klasse bei genauerer Betrachtung. Die Palette an Kindern und Charakteren war enorm unterschiedlich: vom stillen, völlig in sich zurückgezogenen bis hin zum maßgeblich von seinen Launen (und Wutausbrüchen) getragenen Kind; vom verletzlichen, wehleidigen bis hin zum knallharten, seine Fäuste massiv gebrauchenden; vom verängstigten, immer Nähe suchenden bis hin zum cool wirkenden, unangreifbaren; vom fast verwahrlosten bis hin zum überbehüteten; vom aufgeschlossenen, hoch sozialen bis hin zum noch völlig in seiner Eigenwelt gefangenen; vom asylsuchenden Kriegsflüchtling, dessen Bilder immer Häuser ohne Dächer zeigten, bis hin zur verwöhnten Träumerin, die nicht wusste, wozu Schule da sein sollte, denn sie wollte später ja nur Prinzessin werden. Eine wahrlich bunte Mischung, die auch nur den Gedanken an eine mögliche lehrerinszenierte Sozialerziehung jäh ersticken ließ, wollte man die Kinder wirklich „da abholen wo sie stehen" und „so akzeptieren wie sie sind".

Zwei Kinder fielen in der Klasse schnell besonders auf. K. war auf Grund seiner schlimmen Vorgeschichte noch nach Jahren Schule bzw. Schulkindergarten auf dem emotionalen Stand eines Kindergartenkindes. Er hatte sich noch bis kurz vor seinem Eintritt in den Schulkindergarten nicht mit mehreren Menschen in einem Raum aufhalten können ohne losschreien zu müssen, reagierte auch lange Zeit später immer nur ganz situationsbezogen und akzeptierte keinerlei Regeln. Lernen konnte er nicht. Weder alleine noch mit Hilfe der Pflegeeltern, der Therapeuten oder des Lehrers. Die begutachtende Sonderschullehrerin meinte, Hauptsache könne bei ihm nur sein, dass er überhaupt (gerne) zur Schule gehe. An „Lernen" könne man bei ihm (noch) nicht denken.

Oder nehmen Sie B., der gerade den Kreis leitet. Er war schon im Kindergarten als hyperaktiv, aggressiv und unsozial aufgefallen. Auch er konnte sich an keinerlei Regeln halten und reagierte immer nur ganz aus einer Situation heraus. Erst in der Schule fiel auf, dass er wohl „hochbegabt" sei. Er dachte in ganz anderen Strukturen als die anderen. Er konnte mehrere Sachen zugleich machen und

„parallel denken". Er rechnete schon zu Beginn des ersten Schuljahres aus einer Lust heraus die Potenzen von 2 bis über 10.000 aus. Er behält alle Wörter, die er irgendwo sieht, orthographisch korrekt, bekommt alles von überall mit, egal was er selbst gerade macht oder wie weit das Geschehen eigentlich weg ist. In der Schule tut er sich schnell mit dem eben beschriebenen K. zusammen. Sobald man sich nicht voll und ganz mit den beiden beschäftigt, werden Stühle übereinander gebaut, Sachen durch die Luft geworfen oder Bücher zusammengetakkert. Nach den Weihnachtsferien in der zweiten Klasse – gerade als ich meine Grenze erreicht hatte und ernsthaft überlegt habe, ob er uns allen überhaupt weiterhin „zumutbar" sei – haben die Kinder von sich aus ein Kreisgespräch einberufen und gemeinsam über eine Stunde lang intensiv überlegt, wie man ihm denn nun helfen könnte. Dieses Engagement seiner Mitschüler, aber auch deren Entschlossenheit, nun endlich eine Lösung zu finden, haben ihm seine Situation wohl so drastisch vor Augen geführt, dass irgend etwas in ihm passiert sein muss. Seitdem hat er seine extreme Auffälligkeit schlagartig abgelegt. Ohne die Kinder hätte ich das – nur zusammen mit den Ärzten, Sonderpädagogen und Eltern – wahrscheinlich nie geschafft. Er wäre als Hochbegabter an der Schule für Erziehungshilfe gelandet – wie so viele Kinder dort.

Wir haben dann im Laufe unserer vier Jahre Grundschulzeit noch einige Kinder zu uns bekommen, die in anderen Klassen Schwierigkeiten hatten, und entweder mehrfach sitzen bleiben oder auf die Schule für Erziehungsschwierige bzw. Lernbehinderte gehen sollten. Die kamen zusätzlich zu den zwei wirklich schon nicht gerade leichten „Fällen" von K. und B. Denen gegenüber waren die „Neuen" wahre Musterknaben. Wenn ich jetzt so überlege, wer da als scheinbar „erziehungsschwierig" oder „lernbehindert" zu uns gekommen ist, hätte es in unserer Klasse noch mindestens drei bis vier Kinder gegeben, die wegen ihres Temperamentes oder ihres „eigenen Kopfes" in einer anderen Klasse wohl genauso leicht und schnell herausgefallen wären. Und trotzdem: Alle diese Kinder waren bzw. sind meiner Meinung nach weder behindert noch dumm. Sie hatten damals nur eins gemeinsam: Sie kamen mit „normalem" Unterricht nicht zurecht.

G. wurde wohl schon ganz zu Anfang seiner „Schulkarriere" bescheinigt, er sei weder kindergarten- noch schulkindergartenfähig (!). Er kam in die Psychiatrie, danach in eine Wohngruppe. Nach einem erneut gescheiterten Versuch der „Beschulung" im ersten Schuljahr wurde ein Antrag auf Einweisung in die Schule für Erziehungshilfe gestellt. Nach dem Umzug der Wohngruppe wurde unsere Schule für ihn zuständig. Man entschied sich dafür, ihn die Wartezeit auf die E-Schule bei uns verbringen zu lassen. G. ist dann ganz bei uns geblieben. Er war seit seinem Eintritt in unsere Klasse nie ein großes Problem. Er wurde nie zum Lernen gezwungen. Die Anforderungen der Schuljahre macht er weitgehend mit links und ohne sonderlich zu „arbeiten". Sein Sozialverhalten ist – bis auf gelegentliche „Streiche" – schon ziemlich klasse geworden. Aus dem starrsinnigen Kind, das dem Schulleiter direkt im ersten Gespräch sagte: „Glaub ja nicht, ich bin so harmlos, wie ich aussehe!", ist ein ziemlich charmanter Mensch geworden, der von Lehrern, Mitschülern und auch deren Eltern sehr gemocht wird, vielleicht gerade weil ihm sein etwas eigensinniger Charakter erhalten blieb. (Entsprechend positiv ist sogar die erste Resonanz des Gymnasiums, auf das er nun geht.)

D. ist Kriegsflüchtling. In seiner Familie spricht niemand ein Wort Deutsch, die Eltern sind Analphabeten, und so stellt D. den „Dolmetscher" und „Notar" der Familie dar. Nach zweimaliger Zurückstellung in den Schulkindergarten wurde er in seinem „ersten" ersten Schuljahr schnell auffällig und konnte trotz „gezielter Fördermaßnahmen" dem „Unterricht" nicht folgen. Da der mittlerweile neun Jahre alte Junge so noch nicht einmal den Anforderungen der ersten Klasse genügte, wurde ein Gutachten auf Einweisung in die Lernbehindertenschule beantragt. Auch er kam nach einem Umzug erst einmal in unsere Klasse und hat trotz seines analphabetischen Umfeldes zu Hause direkt von Anfang an auf seinem (niedrigen) Niveau so gut gearbeitet, dass er in den letzten Wochen des ersten Schuljahres den gesamten Schuljahrsstoff nachgeholt hat. Er ist – nach eigenen Aussagen – begeistert von dieser Klasse, in der er nicht gezwungen ist, stundenlang etwas an der Tafel oder sonst wo verfolgen zu müssen, was er so gar nicht verstehen kann (sprachlich und inhaltlich). Die Einweisung auf die LB-Schule konnte zurückgenommen werden (mittlerweile ist er ein ehrgeiziger und von Lehrern und Schülern gern gemochter Hauptschüler mit Noten zwischen 2 und 3).

Laut Zeugnis arbeitete W. in der Schule nur während der Holz-AG. Trotz seiner durchaus befriedigenden Leistungen sollte er deshalb in der zweiten Klasse zurückgestellt werden. Die Eltern verstanden die Welt nicht mehr. Ihnen reichte das tagtägliche Drama Schule nun langsam. Sie wollten die Schule wechseln. Nach einigem Hin und Her, nach Begutachtung unserer Klasse und mit dem Vorbehalt der Entscheidung zur Nichtversetzung nach einer dreimonatigen Probezeit willigte die abgebende Schule schließlich bezüglich des Schulwechsels ein. W. ging direkt nach dem ersten Tag bei uns wieder gerne zur Schule, lebte – von den anderen Kindern problemlos toleriert – ein paar merkwürdige „Eigenheiten" aus, arbeitete dann aber immer mehr und öffnete sich auch im Kreisgespräch zunehmend der Kritik der Mitschüler, deren Meinungen ihm – im Gegensatz zu den Meinungen (bzw. Vorschriften?) der Erwachsenen – sehr wichtig waren. (Auch bei ihm ist die Resonanz der weiterführenden Schule schließlich so gut, dass die Eltern nach den bisherigen Schulerfahrungen ziemlich sprachlos über dieses plötzliche „Wunder" sind.)

Ich möchte hier gar nichts schönreden: Alle diese Kinder wirken bzw. wirkten sicherlich irgendwie „problematisch". Aber im „Offenen Unterricht" anscheinend viel weniger als im „normalen Unterricht". Sie erscheinen hier nicht so „unbeschulbar" oder so „behindert", dass sie in einer Regelklasse (wir waren ja gar keine Integrationsklasse) nicht zu fördern gewesen wären. Alle Kinder haben sich ausnahmslos gut gemacht. Aber warum müssen diese Kinder erst so stark mit dem System Schule kollidieren, wie sie es getan haben? Warum werden die Kinder, die nicht ins System passen, immer noch so einfach von der Bildfläche verdrängt und in Sonderschulen untergebracht, um sie danach mühevoll (und oft genug hoffnungslos) wieder in das System „integrieren" zu müssen? Heißt Integration denn wirklich radikale Anpassung an die herrschenden Strukturen? Könnte man Integration nicht auch anders verstehen – als Zusammenführung und Akzeptanz verschiedener Charakteren und Wesen – ohne sie nach einer fiktiven (weil im Einzelfall gar nicht existenten) Norm zu bewerten? Einer Norm, aus der zwangsweise Abgrenzung und Segregation folgen müssen. Kann man nicht eine Gruppe, die schon zwangsweise zusammen leben muss, nicht wenigstens die Regeln für ihr Zusammenleben gemeinsam finden lassen? Wirklich gemeinsam, ohne subtile Beeinflussung durch die involvierten Erwachsenen? Denn diese Unechtheit bzw. Ungleichheit der Situation spüren Kinder sofort – und wehren sich dagegen. Entweder durch opportunes Verhalten – oder aber durch Gegenwehr.

Bei uns läuft es auch so. Ohne Lehrer. Und sogar auch ohne Kreischef. Das kommt mittlerweile oft genug vor. Aber dann wäre das Prinzip für Sie als Besucher noch weniger greifbar. Also hat B. heute ein ganz normales Kreistreffen einberufen und die Kinder zum Abschluss gefragt, was sie heute tun wollen. Nun sitzen wieder alle an den Tischen. Da hinten die Mädchen schrieben bisher gerne ausgedachte Geschichten und stellten sich so eigene Bücher zusammen. Seit kurzem haben sie aber das Mathematik-Fieber und versuchen Zahlen aller Größenordnungen zu addieren. Gucken Sie, H. hat noch keinen Trick im Kampf gegen das Stellenwertsystem gefunden, sie rechnet bei 3451 + 7462 noch alle Ziffern einzeln zusammen und schreibt sie als 108113 auf. Aber sie hat schon gemerkt, dass das Ergebnis nicht stimmen kann und steigt jetzt tiefer in die Materie ein. Daneben sitzt M., die sich für die Addition der vielen Zahlen einen Extrazettel gemacht hat, auf dem sie Zwischensummen notiert. Die Zahlen haben so viele Stellen, dass ich sie gar nicht mehr benennen kann. Eigentlich dürfte sie laut Lehrplan nur mit zwei- oder dreistelligen Zahlen rechnen. S. hier drüben konnte übrigens schon früh im ersten Schuljahr gemischte Millionenzahlen im Kopf rechnen. Zum Aufschreiben musste er sie mir dann allerdings immer diktieren, weil er noch nicht wusste, wie man die Zahlen schreibt. R. und M. arbeiten gerade an ihrem Vortrag über den menschlichen Körper. Sie haben sich aus unserer Sachbuchbibliothek gut mit Büchern eingedeckt und überlegen nun den Ablauf ihres Referates, das sie nicht ablesen, sondern frei mit Stichwörtern halten wollen. Gestern haben sie sich die Abbildungen kopiert, die sie auf ihrem Präsentationsplakat verwenden wollen. Ich bin gespannt auf das, was da schließlich herauskommt.

Warum jetzt zur Pause nicht alle Kinder rausgehen? Nun, viele Kinder arbeiten lieber weiter an ihren Sachen. Und da ich auch lieber Kakao als Kaffee trinke und mich die Gespräche im Lehrerzimmer viel weniger interessieren als die der Kinder, gibt es bei uns keine speziellen Pausenzeiten. Wer zum Spielen raus möchte, geht in der offiziellen Pause (man hat abgestimmt, dass es anderen Klassen gegenüber unfair wäre, denen draußen vor dem Fenster etwas „vorzuspielen“, wenn sie gerade Unterricht haben), aber die meisten teilen sich ihre Zeit unabhängig von der „verordneten Entspannung“ der Pausenzeiten selber ein. Dabei gibt es Kinder, die so ziemlich von 7.30 Uhr bis 13.30 Uhr (oder noch länger) kontinuierlich an ihrem Platz arbeiten, während andere immer wieder mal aufstehen und Kontakt zu Mitschülern aufnehmen oder nach intensivem Schreiben oder Rechnen lieber mit anderen forschen oder experimentieren.

Nach der Pause ruft B. wieder einen Kreis ein und es ist ihm diesmal wichtig, dass alle Kinder dabei sind – was die in ihren Vortrag versunkenen M. und R. nur murrend akzeptieren. Ja, es hat schon eine ganze Zeit gedauert, bis die Kreistreffen allgemein als notwendig angesehen wurden, denn im ersten Schuljahr hatten relativ wenige Kinder etwas für diese Arbeitsstörung übrig. Vielleicht weil damals sowohl das Gesprächsverhalten der Erzählenden als auch das der Zuhörer noch sehr egozentrisch war – viele Kinder sind immer wieder vom Hölzchen aufs Stöckchen gekommen, bis dass es den anderen dann zu viel wurde und man das einmal ausführlich thematisiert hat. Seitdem weisen Kreisleiter oder Zuhörer nach kurzer Zeit auf sie störende Abschweifungen hin und stimmen gegebenenfalls ab, ob das jeweilige Kind das neue Thema noch anschneiden soll oder nicht.

Heute ist wohl irgendetwas in der Pause vorgefallen, das geklärt werden muss. S. hat sich mit einem Viertklässler angelegt, weil der G. geärgert hat. Weil das nicht der erste Vorfall dieser Art ist, wollen sie jetzt in die vierte Klasse marschieren und mit den beteiligten Viertklässlern reden. Sie stimmen gerade ab, wer hingehen soll und wie viele Kinder das sein sollen. Ah ja, mehr als drei finden sie zu „aufgeblasen", wie H. es formuliert. Und S. soll mit, weil sie Sachen gut regeln kann. Und weg sind sie. Na ja, da kann ich mir nachher im Lehrerzimmer wieder was über Unterrichtsstörungen anhören ... Unsere Basisdemokratie strahlt nach außen ...

B. leitet jetzt direkt in einen „Vorlesekreis" über, damit nicht noch ein Kreis vor dem letzten Treffen zum Schulschluss die Arbeit unterbricht. Er stellt jetzt frei, wer im Kreis bleiben will. Und schon sind M. und R. wieder an ihren Plätzen. Auch S. und L. haben wohl Besseres zu tun. Die, die den anderen etwas vorlesen, vortragen oder zeigen wollen, holen schnell ihre Arbeitsergebnisse und B. bestimmt den ersten Vortragenden. Der nimmt dann selber die Kinder dran, die etwas sagen oder fragen wollen. Und er bestimmt auch in der Regel den nächsten Vortragenden, während B. nur noch eingreift, wenn es unruhig wird. Er entscheidet dann, ob der Kreis fortgeführt wird, oder weist noch einmal darauf hin, dass es ja ein freiwilliger Kreis ist. Manchmal passiert es auch, dass zu viele Kinder außerhalb des Kreises weiterarbeiten und es dadurch für einen konzentrierten Vorstellkreis zu unruhig ist. Auch dann muss der Kreisleiter entscheiden, ob der Kreis für alle verpflichtend wird, ob er abgebrochen werden muss oder ob die Regelung den Kindern im Kreis überlassen wird, die sich dann vielleicht in den Flur oder in den Keller zurückziehen. Dabei sind natürlich immer alle diese Entscheidungen anfechtbar bzw. diskutierbar, einschließlich der Abwahl des Kreisleiters, der dann seinen Nachfolger bestimmen muss.

Zum Tagesende gibt es dann noch den „Berichtskreis", in dem die Kinder einander ihr „Tagwerk" vorstellen. H. hat ein Buch über das „Wetter" entdeckt und möchte mit S. zusammen eine Forschergruppe gründen. Sie stellen ihr Projekt kurz vor und suchen Kinder aus, die sich dazu melden. T. und A. möchten gerne ihre Geschichten vorlesen. W. und M. möchten etwas über ihre neuen Kniffel-Rechenaufgaben erzählen und L. etwas über seine Schildkröten-Forschungen berichten. Danach fragt B. jeden Einzelnen, was er heute gemacht hat und auch nach einer Bewertung der eigenen Tagesleistung. Die trägt R. als „Tafelchef" dann in den im Kreis hängenden Plan ein. Hören Sie, S. fand, dass er heute noch mehr hätte schaffen können. Er möchte einen „Strich" eingetragen haben. Die

Bewertungen bzw. die Abkürzungen und Zeichen dafür haben sich die Kinder übrigens selbst ausgedacht. H. hat eine Geschichte geschrieben, eine Seite gerechnet und ein Buch über Katzen gelesen. Sie findet, dass sie gut gearbeitet hat und möchte für sich ein „SU" für „Super" in der Liste sehen. D. ist mit sich selbst unzufriedener als die Kinder. Sie finden seine Geschichte sehr gut für das, was er so kann. Statt des von ihm verlangten „Striches" bekommt er sogar ein OK. Mich beeindruckt immer wieder, wie gut und selbstkritisch die meisten Kinder sowohl ihre eigenen als auch fremde Leistungen einschätzen können, wenn sie ihre Bewertungen vorschlagen. Und vor allem, dass sie kein Problem damit haben, sich selbst „Auszeiten" oder schlechtere Bewertungen zuzugestehen.
Ob das jeden Tag so läuft? Ja, vom Ablauf her schon, aber es gab vor allem in der Anfangszeit auch Tage, da war völlig der Wurm drin. Ich denke, wir haben es jetzt langsam geschafft, dass ein normales Arbeiten in der Klasse möglich ist, aber es war wirklich eineinhalb Jahre lang ein tagtäglicher Kampf. Andererseits haben wir durch unser Prinzip einige Kinder vor einer vorschnellen „Segregation" mit dem Stempel „behindert" oder „Sonderschüler" bewahren und in ihrer normalen Schulumgebung und ihrem Freundeskreis belassen können. Aber es gibt in der Klasse noch genug Sachen, die nicht so laufen, wie ich es mir vorstelle. Trotz der großen Individualisierung und der demokratischen Klassenführung habe ich im Prinzip bei jedem Kind ein schlechtes Gewissen, weil ich genau weiß, dass man für es Schule bestimmt noch besser machen könnte. Das Einzige, was mich tröstet, ist, dass ich zu vielen Fragen noch keine Antwortalternative gesehen habe. Ich nehme daher an, dass wir hier vielleicht einen ganz guten Kompromiss praktizieren.

Außerhalb des Unterrichts organisiert unsere Klasse Aktionen wie Spielnachmittage, in der Schule schlafen, Zelten auf dem Schulgelände, Grillen und Schwimmen gehen mit den Eltern, Tagesausflüge, direkt ab dem ersten Schuljahr mehrtägige Klassenfahrten (wir hatten insgesamt fünf tolle Fahrten als Selbstversorger in unserer Grundschulzeit) usw. Auch hier obliegt die Planung in hohem Maße den Schülern, vor allem die Tagesgestaltung wird nicht vorgegeben. Durch den Verzicht auf das Initiieren und „Bespielen" ergibt sich auch hier ein von den Kindern weitgehend selbstregulierter Tagesablauf, der durch viel Kreativität bei gemeinsamen Spielen und Aktionen geprägt ist – nachmittags können sie das ja sonst (weitestgehend) auch. Probleme, Streit, Banden- und Gruppenbildungen scheinen durch diese Freiheiten vermieden werden zu können. Während ich z. B. bei früheren Schullandheimaufenthalten immer vor allem dann bei den auffälligeren Kindern „Disziplinschwierigkeiten" erlebt habe, wenn die vorgeplanten Beschäftigungen mit Rallye o. Ä. Einzug hielten, habe ich solche Probleme beim Verzicht auf detaillierte Vorplanungen noch nie gehabt. Im dritten Schuljahr sind wir mit einer fremden (auch offener unterrichteten) dritten Klasse eine Woche in ein Waldjugendlager gefahren und trotz des plötzlichen gemeinsamen Zusammenlebens ohne einen einzigen „Kreis" ausgekommen. Auch Essens- und Aufräumdienst ließen sich ohne Vorplanung durch Listen o. Ä. immer aus dem Stegreif finden. Vielleicht wird in Schule viel zu viel vorgeplant?

3.3.2 Methodisch-inhaltlich-soziale Offenheit: Soziale Integration – von unten, nicht von oben

Genau wie auch bei den Konzepten von Gallin und Ruf bzw. Zehnpfennig und Zehnpfennig spielt bei meinem Versuch einer Öffnung des sozialen Bereichs durch eine „Didaktik der sozialen Integration“ die eigene Biographie eine große Rolle. Geprägt durch meine eigenen Schulerfahrungen haben mich schülerorientierte Alternativen zum herkömmlichen Unterricht schon immer beschäftigt. Hellhörig wurde ich, als ich von Schulen wie „Summerhill“ (Neill 1969, Appleton 2000) und „Glocksee“ (Peschel 1995b, c) hörte. Schulen, in denen Schüler nur dann zum Unterricht gehen, wenn sie auch wirklich selber etwas lernen wollen. Schulen, in denen Lehrer und Schüler zwar ihre festen Rollen innehaben, aber doch versuchen, diese partnerschaftlich zu interpretieren und sich zugleich im Umgang miteinander als gleichberechtigt anzusehen. Die Beschreibungen der täglichen Praxis machten mich neugierig, so dass ich Kontakt aufnahm und die tatsächliche Umsetzung jeweils eine Zeit lang erleben durfte.

Das Faszinierende an diesen Schulen war die nahe und ehrliche Beziehung, nicht nur zwischen Lehrern und Kindern, sondern auch zwischen den Kindern. Obwohl oberflächlich gesehen doch oft ein ziemlich rauer Ton herrschte, war man sich gegenseitig sehr wichtig und es schien durchweg ein wirkliches Interesse am Anderen zu bestehen, das nicht nur mit einer verantwortlichen oder zu beschützenden Rolle zu erklären war. Es waren echte Bindungen vorhanden. So etwas hatte ich auf so gleichberechtigte Art noch nie in einer Schule erlebt.

Dies wurde mir dann für die Unterrichtsgestaltung in meiner Klasse auch sehr wichtig. Ich wollte nicht eine Klassengemeinschaft von Kindern, die mir meine Erwartungen von den Augen ablasen oder unhinterfragt irgendwelche Konventionen akzeptierten, sondern Kinder, die den schwierigen Gang der eigenen Regelfindung gemeinsam gehen. Nur so, dachte ich, kann eine richtige soziale Integration erfolgen. Dazu wollte ich Zehnpfennigs „Didaktik des weißen Blatts“ umsetzen, ergänzt durch andere aktuelle fachdidaktische Konzepte wie „Lesen durch Schreiben“ und „mathe 2000“. In der Praxis hatte ich allerdings selber – trotz zahlreicher „Expeditionen“ in alle möglichen reformfreudigen Schulen – noch nie die Kombination einer so großen Offenheit bei der Wissensaneignung mit einer so großen Offenheit im sozialen Bereich gesehen. Entweder waren – wie z. B. an den Freien Alternativschulen – Basisdemokratie und Selbstverwaltung der Klasse Grundprinzip, dann wurde der Unterricht aber meist doch vom Lehrer mehr oder weniger „unfrei“ mit verbindlichen Wochenplänen oder „normalen“ Unterrichtsstunden konzipiert, oder der Lehrer griff – wie beim Reisetagebücherunterricht bzw. der „Didaktik des weißen Blatts“ – durch subtile, indirekte Steuerung doch so maßgeblich und bestimmend in das Geschehen ein, dass das zwangsläufig Auswirkungen auf die vermeintlich gleichberechtigte Rolle bei der Lösung sozialer Probleme hatte.

Rückblickend muss ich sagen, dass die Selbstverwaltung in unserer Klasse wirklich Unglaubliches geleistet hat, obwohl sie mir doch wesentlich schwerer durchzustehen zu sein scheint als eine Öffnung im Bereich der Wissensaneignung. Während die hohe Leistungsbandbreite der Kinder im Bezug auf ihr Vorwissen und ihre schulischen Möglichkeiten von Anfang an und für jeden sehr offensichtlich war – in meiner Klasse war vom „Lernbehinderten“ bis zum „Hochbegabten“ alles vertreten, so dass zeitgleich rund vier bis fünf Schuljahre leistungsmäßig abzudecken waren –, war die fast noch größere Bandbreite im sozialen Bereich nicht von vornherein so klar zu erkennen bzw. zu erahnen. Aber auch hier hatte ich alles vertreten, vom Rande der „Verwahrlosung“ bis hin zur „Überbehütung“, von der Normalität des „Faustrechtes“ im Alltag bis zur höchst ausgebildeten (mich selber weit übertreffenden) Sozialkompetenz. Diese Heterogenität war nicht in Schuljahren oder in „Jahren sozialer Reife“ zu messen.

Aber diese Verschiedenheit musste genauso akzeptiert und aufgefangen werden wie die Leistungsbandbreite im kognitiven Bereich. Nur während ein individualisierter Unterricht mit 26 Kindern relativ problemlos stattfinden kann, ohne dass man sich *zwangsläufig* miteinander auseinandersetzen muss (jeder kann ja im Prinzip über Jahre nur für sich arbeiten), so ist das in der sozialen Dimension anders. Diese schließt immer den Kontakt zu anderen ein. Da es aber auch hier wie im kognitiven Bereich zunächst keine verbindliche Norm gibt, sondern nur 26 individuelle, höchst unterschiedliche und unterschiedlich motivierte Vorstellungen über die eigenen Interessen und die der anderen, stellt sich die Ausgangssituation recht differenziert, um nicht zu sagen „chaotisch“, dar. Während im Bereich der Wissensaneignung ein Zusammentreffen verschiedener Lernstände meist zur gegenseitigen Hilfe in Richtung des „Richtigeren“ geht, ist dies im sozialen Bereich nicht unbedingt selbstverständlich. Hier können rüdere Umgangsweisen durchaus auch für Kinder mit bislang „vorbildhaftem“ Sozialverhalten interessant werden und dann erst einmal zu Hause an den ziemlich verwunderten Eltern ausgetestet werden.

Eine tragfähige klasseneigene „Norm“ lässt sich nur in vielen gemeinsamen Gesprächen und Diskussionen finden – Gesprächen, die nicht von vornherein eine bestimmte Lösung anstreben, sondern ein „echter“ Austausch sind. Dies kostet sehr viel Zeit und ist ein langwieriger Prozess, denn es müssen Beschlüsse zum Teil sehr individuell, das heißt auf einzelne Kinder und Situationen bezogen, gefasst werden. Zugleich ist diese Entwicklung immer ein schwieriger Balanceakt, denn wenn der Anteil der „destruktiver“ eingestellten Kinder überwiegt, führt die Demokratie nicht zwangsläufig zur schnellsten bzw. langfristig besten Lösung – zudem hat natürlich auch nicht unbedingt die Mehrheit Recht! Und bei jeder Entscheidung einen Konsens zu finden ist nicht nur fast unmöglich, dieses Vorgehen diskreditiert (man möge mir diese Ansicht verzeihen) auch massiv das Recht des Einzelnen auf freie Meinungsäußerung. Ich muss als Einzelner immer das

Recht haben, auf meine eigene Meinung bestehen zu können – auch wenn ein Gruppenkonsens vielleicht harmonischer und für alle entlastender wäre (vgl. auch Appleton 2000, 82).

Alles in allem war aber die Klassenselbstverwaltung für wahrscheinlich alle Kinder ein großer Gewinn. Die ihnen im unterrichtlichen Bereich zugestandene Freiheit musste nicht in anderen Bereichen zurückgenommen werden und im Laufe der Zeit bildete sich eine so versiert mit Konflikten und Problemen Einzelner umgehende Gemeinschaft, dass bei rund sechs Kindern die Einweisung in die Sonderschule zurückgenommen werden konnte bzw. gar nicht erst beantragt werden musste. Wie oben beschrieben wurden sie ja zum Teil gezielt in unsere Klasse eingewiesen, weil sie in anderen Schulen massiv auffällig geworden waren und sämtlichen Unterricht „lahmgelegt“ hatten. Die offenen Strukturen bei uns boten ihnen hingegen einen Raum, in dem sie sich nicht instinktiv gegen Schule wehren mussten, sondern ihr kognitives und *soziales* Lernen *selbst bestimmen* konnten: sie konnten sich in der Klasse als gleichberechtigt und integriert fühlen und sich wieder *selber* Ziele für *ihr* Lernen setzen.

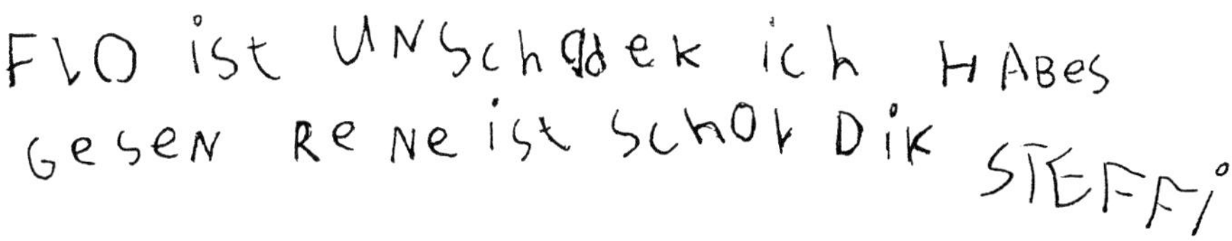
FLO ist UNSchddek ich HABes GeSeN ReNe ist SchOL Dik STEFFi

Ungeheuer wichtig für ihre Entwicklung waren dabei die anderen Kinder, die eben nicht als verlängertes Sprachrohr des Lehrers dessen Vorgaben vertreten haben, sondern mit ganz persönlichem Interesse auf bestimmte Sachen hingewiesen haben – und das nicht immer gerade pädagogisch gefühlvoll. Aber die ehrliche, unverblümte Auseinandersetzung hat wahre Wunder bewirkt. Kinder wie der oben beschriebene G., die als „nicht kindergartenfähig“ (!) aktenkundig waren und zum Teil schon mehrere Therapien, Klinikaufenthalte usw. hinter sich hatten, passten sich mit der Zeit den Klassenregeln an und suchten individuelle Wege, ihr Problem in den Griff zu bekommen. Genauso wie das schonungslose Zurechtweisen – bis hin zum Klassenverbot für einen Tag („Wenn du nicht lernen willst, dann komm doch nicht!“) – äußerten sich Kinder aber auch ganz ehrlich über Fortschritte, die jemand gemacht hatte und lobten entsprechend. Aber auch die betroffenen Kinder fingen zeitweise selber an, ihre Entwicklung im Kreis zu thematisieren, wiesen auf Fortschritte oder Probleme hin. Die Genauigkeit der Beobachtungen, aber auch die Individualisierung und Toleranz, die bei entsprechenden Gesprächen festzustellen war, verblüffte mich immer wieder. Ich hätte das als Lehrer alleine nicht ansatzweise leisten können.

Betrachtet man die Entwicklung der Selbstverwaltung über die Jahre hinweg, so war am Anfang schon ein gewisses egozentrisches Denken in dem Sinne vorhanden, als dass nicht alle Kinder Geduld und Muße hatten, sich immer wieder mit den Klassenproblemen auseinander zu setzen („Muss man denn immer alles abstimmen?"). Also wurde eines Tages der Vorschlag mit überwältigender Mehrheit angenommen, doch auf die gemeinsamen Phasen und Gespräche ganz zu verzichten. Die folgenden zwei Tage waren dann allerdings auf Grund der fehlenden Absprachen und der leidenden Lernatmosphäre so „chaotisch", dass schnell wieder die strukturgebenden Kreisgespräche einberufen wurden. Nach einem Jahr, nämlich als sie nun als „richtige" Schulkinder aus den Sommerferien in die zweite Klasse zurückkamen, wurde den Kindern das demokratische Abstimmen dann so wichtig, dass wirklich alles besprochen und Demokratie massiv eingefordert wurde – was ich vor allem dann (bewundernd) gemerkt habe, wenn ich mal wieder hoffnungslos überstimmt worden bin.

Nach ungefähr eineinhalb Jahren waren die Regelstrukturen – oder die Kinder – soweit, dass eine relativ ruhige und angenehme Arbeitsatmosphäre vorhanden war. Nach zwei Jahren war alles so stabil, dass immer weniger „Kreise" zur Regelfindung und Klassenordnung gebraucht wurden. Diese waren dann meist sehr personenspezifisch ausgerichtet, das heißt vor allem dann notwendig, wenn neue „schwierige" Kinder in die Klasse kamen. Danach liefen die meisten Tage so ziemlich ganz von alleine, das heißt Konflikte wurden oft nebenbei gelöst bzw. versiert im Kreis behandelt.

Die Öffnung des sozialen Bereiches hat allen Kindern die Möglichkeit einer wirklichen sozialen Integration ermöglicht. Niemand wurde (und konnte) bezüglich des ihm geläufigen Verhaltens stigmatisiert werden, da die „Norm" ja erst mit allen erarbeitet werden musste. Wie auch bei der Individualisierung im Bereich der Wissensaneignung konnte es kein Ziel sein, dass zu einem bestimmten Zeitpunkt alle Kinder die gleichen (vorbildlichen) Verhaltensweisen zeigten. Dazu sind bzw. waren die Kinder auch viel zu verschieden, sei es bezüglich ihrer eigenen Reife, sei es bezüglich ihres privaten Umfeldes. So sind ein Teil der Kinder sicherlich immer wieder an die Grenze ihrer eigenen Reflexionsfähigkeit bzw. an ihre Möglichkeiten, sich in die Lage anderer hineinzuversetzen, gekommen. Aber selbst die „Schwächsten", „Schwierigsten", „Stillsten" oder „Egoistischsten" zeigten über die Zeit gesehen so enorme Fortschritte in der eigenen Wahrnehmung, der Erfassung der Bedürfnisse ihrer Umwelt und in der Akzeptanz der allgemeinen Regeln, dass mir das Leben einer möglichst ehrlichen Demokratie doch sehr wichtig für die Entwicklung des Einzelnen zu sein scheint. Allerdings ist auch dies – wie auch die Entwicklung im Bereich der Wissensaneignung – kein linearer Prozess. Es gibt auch beim sozialen Lernen Rückschritte, Chaosphasen, Lernsprünge usw. Aber auch diese scheinen für die Kinder ganz selbstverständlich zu sein.

Wie muss nun aber ein Unterricht organisiert sein, der die beschriebene Selbstverwaltung gewähren will?

3.3.3 Soziale Integration als Vermeidung von Segregation – Hilfen zur Umsetzung

> SoziologInnen nennen zehn verschiedene „Milieus", deren Normen und Alltagsverhalten sich deutlich unterscheiden. Für die Erfahrungen von Schulanfängern bedeutsam: Zwei Drittel der LehrerInnen kommen aus einem dieser zehn Milieus – aber nur zehn Prozent der Kinder. (Brügelmann 2001, 10)

Wie kann ich nun als Lehrer auf diese Heterogenität, diese Verschiedenartigkeit der Kinder reagieren? Eine Möglichkeit ist, meinen Unterricht nett und herzlich zu gestalten und zu versuchen, all die verschiedenen Kinder zusammenzuführen, sie langsam, aber sicher meinem Ideal von Schule anzupassen. Von Anfang an werde ich dann darauf achten, dass alle liebevoll miteinander umgehen, sich an die Klassenregeln halten, die Sachen der Klasse ordentlich behandeln, leise arbeiten, einander helfen ...

Was wird passieren? Die meisten Kinder werden sich mit der Zeit an unsere Art von Unterricht gewöhnen, immer brav das tun, was ihnen aufgetragen wird, das richtig abschreiben, was angeschrieben wird, das richtig ausrechnen, was gerechnet werden soll, das abheften, was ausgeteilt wird, das aufräumen, was aufgeräumt werden soll, dann leise sein, wenn es leise sein soll.

Die meisten. Aber nicht alle. Denn ein paar Kinder werden herausfallen aus meinem schönen Unterricht. Es wird immer ein paar Kinder geben, die eben nicht immer brav das tun, was ihnen aufgetragen wird, nicht immer ...

> Zunächst werden diese Kinder toleriert. Von der ganzen Klasse. Dann holt man alle Kinder zusammen und spricht über „diese“ Kinder. Was sie besser machen können. Wie man das normalerweise macht. Was richtig ist.
>
> Bei einigen nützt das etwas. Bei anderen nicht. Und plötzlich sind sie da. Die „Integrationskinder“. Die Kinder, die nicht mit dem System zurecht kommen. Nicht zurecht kommen wollen. Oder nicht zurecht kommen können.
>
> Vielleicht sind sie zu „unbegabt“. Vielleicht sind sie zu „aggressiv“. Vielleicht haben sie einfach andere Sorgen.
>
> Was werde ich als Lehrer machen? Ich werde Rat suchen. Zuerst in der Pause bei befreundeten Kollegen. Dann bei der Schulleitung. Dann bei der Schulaufsicht. Jeder von uns kennt das Verfahren. Jeder von uns kennt das Verfahren wie „Integrationskinder“ entstehen. Kinder, die *nicht passen.*
>
> Vielleicht aber passt mein Unterricht nicht? Vielleicht mache ich durch meinen Unterricht erst „Integration“ nötig?
>
> Um nicht missverstanden zu werden: Ich rede hier von Kindern, die auffällig sind, aber nicht „behindert“. Ich rede hier von den vielen Kindern, die durch das herrschende System fallen, weil sie über Jahre trotz sechs Stunden Unterricht plus Förderprogramm einfach nichts zu lernen scheinen – obwohl sie im Alltag ganz „normal“ erscheinen. Ich rede hier von den vielen Kindern, die scheinbar nichts anders zu tun haben, als den Unterrichtsfrieden zu sabotieren – entweder durch ihre „Dummheit“ oder durch ihre „Aufmüpfigkeit“. Kandidaten für die LB- oder die E-Schule? (Peschel 2001a, 76f.)

Wenn ich also davon spreche, das Bedingungsfeld, in dem ich mich als Lehrer bewege, wirklich anzunehmen, um präventiv zu arbeiten, so habe ich dabei eine Integration vor Augen, die eben nicht erst aussondern muss, um die so „segregierten“ Teile dann wieder (hochgelobt) zusammenzuführen, zu „integrieren“. Für mich ist die Hochform einer integrativen Erziehung die, erst gar keine „Segregation“ aufkommen zu lassen. Möchte ich das, dann muss sich mein Unterricht allerdings ganz auf dieses Ziel hin ausrichten. Dann muss die Verschiedenheit der Köpfe und Verhaltensweisen fast rückhaltlos akzeptiert werden. Dann darf nicht ein fertiges Konzept übergestülpt werden, egal wie liebevoll und engagiert es aufbereitet ist. Die Kinder durchschauen schnell, ob Offenheit und Freiheit ernst gemeint sind oder nicht. Aufgesetzte Konstrukte, mühevolle Motivationsvorhaben, „gemeinsame“ Regeln werden schnell boykottiert, wenn die Kinder erkennen, dass sie nur als Mittel zum Zweck gebraucht werden. Wenn ich also hier von meinem Konzept eines Offenen Unterrichts spreche, dann ist dies leider kein fix und fertiges Rezept, sondern vielmehr ein prozessuales Gebilde, eine konkrete Utopie, die vielleicht ferne Ziele aufzeigt, nicht aber fertige Lösungsalgorithmen vorgibt bzw. vorgeben kann.

Dabei ist das Wichtigste, was Offener Unterricht (präventiv) bieten kann: Das Setzen eigener Ziele innerhalb eines stützenden Rahmens. Eines Rahmen, der deshalb als Stütze und nicht als Sperre empfunden wird, weil er vom Kind mitbestimmt wird. Klar ist, dass das, wozu ich mich aus mir selbst heraus entscheide, die größten Chancen auf Erfolg und Engagement hat. Das gilt sicherlich in hohem Maße für den kognitiven Bereich der Wissensaneignung, aber in noch höherem Maße für den Bereich der Sozialerziehung, das heißt das Anerkennen von Regeln, das Achten anderer Menschen, die eigene Disziplin, das Entwickeln einer „emotionalen Intelligenz". Genau wie ich Buchstaben, Zahlen, ja sogar Schreib- und Rechentechniken einfach unverstanden auswendig lernen kann, genauso kann ich eine Sozialerziehung über mich ergehen lassen, die mich in keiner Weise berührt bzw. nur dazu führt, mich in einem bestimmten Umfeld sozial zu verhalten, sobald ich dieses Umfeld aber verlasse, auch die ganze Sozialerziehung hinter mir zu lassen.

Das ist ein Problem, das mir oft in entsprechend „sozial trainierten" Klassen auffällt. Kaum dass die leitenden Strukturen oder die herrschenden Autoritäten wegfallen oder aufgebrochen werden, scheint auch das über die Jahre anerzogene Sozialverhalten weg zu sein. Nicht selten endet es direkt vor der Schultür oder aber sogar innerhalb der Klasse, wenn Praktikanten oder Lehramtsanwärter nicht in dieselbe Lehrerrolle (mit all ihren impliziten Zeichen und Signalen) schlüpfen, die die Schüler bis dato gewohnt sind. Ich würde das allenfalls als ein Antrainieren von Verhaltensweisen bezeichnen, nicht aber als eine positive soziale Entwicklung. Diese scheint mir dadurch sogar eher noch erschwert, weil die Kinder schnell Doppelbindungssituationen ausgesetzt sind, das heißt sie müssen sich anders (regelkonform) verhalten, als sie „aus sich heraus" fühlen und als sie eigentlich handeln wollen. Es ergibt sich eine negative Art opportuner Anpassung, die Kinder schnell erlernen und die ihnen dann ihre weitere emotionale Entwicklung im Sinne eines von innen getragenen, selbstverantwortlichen Verhaltens sehr erschwert.

Um den Unterricht in die Richtung einer sozialen Integration durch die Vermeidung von Segregation zu öffnen, bedarf es auf Seiten des Lehrers einer intensiven Selbstprüfung, denn man begibt sich absichtlich in ein vollkommen offenes Gebiet. Zunächst einmal sollte man sich als Klassenleiter über den Grad des gewährten Freiraumes klar sein. Wie stark möchte man die Klassenführung an die Kinder abgeben? Welche Bereiche sollen konkret geöffnet werden? Welchen Grad der Öffnung hält man selber aus? Was lässt sich in Anbetracht der Zusammensetzung der Klasse umsetzen? (Bei uns war es mit fünf bis sechs sogenannten „Erziehungsschwierigen" zeitweise sehr hart an der Grenze des Vertretbaren – aber auch die einzige Möglichkeit für diese Kinder, nicht vorschnell „stigmatisiert" zu werden.)

Ist man sich über den angestrebten Grad der Öffnung im sozialen Bereich klar, so sollte man die entsprechenden basisdemokratischen Umgangsformen der Mitbestimmung der Schüler am besten vom ersten Schultag an praktizieren. Kinder halten viel aus! Wie das Verhalten der Schüler zeigte, die später aus anderen Klassen zu uns gekommen sind, tritt die Gewöhnung an die Vorgaben des Lehrers nicht nur im Bereich der Wissensaneignung, sondern auch im Bereich des sozialen Lernens schnell ein. Ist einmal die Rolle des Lehrers als Regelfinder und Entscheidungsinstanz etabliert, so richten sich die meisten Kinder der Einfachheit halber danach. Ist den Kindern aber das demokratische Prinzip zumindest in der Schule selbstverständlich, so wird die Meinung des Lehrers als eine unter anderen akzeptiert und relativ gleichrangig gewertet, was unabdingbare Grundlage für eine echte eigene Meinungsbildung ist.

Natürlich behält der Lehrer seine Rolle als letztendlich Verantwortlicher für das Geschehen, das ist den Kindern auch sehr wichtig, aber die Beziehung wechselt vom Bestimmenden zum Partner, ähnlich der Beziehung, die auch vermehrt in Familien zu Hause zu finden ist. Die Meinung des Kindes wird nicht abgetan, sondern als gleichwertig akzeptiert, es wird nicht einfach etwas bestimmt, sondern erklärt und besprochen (ohne hier ausufernden Diskussionen das Wort zu reden!). Dabei braucht man keine Angst davor zu haben, dass die Kinder plötzlich zu besserwisserisch oder aufsässig werden; ist die Atmosphäre ehrlich, so hat das Kind kein provozierendes Verhalten nötig und weiß die Gleichberechtigung zu würdigen. Erziehung zur Demokratie durch demokratische Erziehung.

Für den weiteren Verlauf der gemeinsamen Regelfindung und des Miteinanders in der Klasse kann hier natürlich kein konkretes Vorgehen beschrieben, können keine Rezepte gegeben werden, denn gerade das ist ja der individuelle Prozess, den jede Klasse (mehr oder weniger schmerzlich bzw. anstrengend) durchmachen muss. Auch mein Erfahrungsbericht sollte nicht als Muster verwendet werden, auch wenn es bestimmt stützende Strukturen bei der Durchführung gibt, die man anderen abgucken kann (wie z. B. die den Tag einrahmenden Kreisgespräche oder die Loslösung vom Diktat der Arbeitsmittel).

3.3.4 Soziale Integration – Grenzen und Fragen

Während die Freigabe der Sozialerziehung vor allem an Freien Alternativschulen und an Freinet-Schulen durchaus öfter zu finden ist, ist mir die Kombination der Öffnung des sozialen Bereiches mit einer Öffnung im methodischen und inhaltlichen Bereich auch dort eher selten begegnet. In der Tat wirft die höchste Stufe der Öffnung, die Mitbestimmung der Schüler über alle Bereiche des Schullebens, eine Menge Fragen auf, die nicht leicht zu beantworten sind – eben weil ihre Beantwortung von der Lehrerpersönlichkeit selbst abhängt. Es kann daher eigentlich immer nur individuelle Antworten und Begründungen geben.

Theoretisch könnte sich in einer auf diese radikale Art basisdemokratisch geführten Klasse bzw. Schulgemeinschaft schnell auch eine nicht verantwortbare Sozialkultur etablieren. Man denke nur an das Buch „Der Herr der Fliegen" von William Golding (vgl. 1954), in dem sich eine auf einer Insel gestrandete Gruppe von Kindern teilweise zu „unsozialen Wilden" zurückentwickelt. Nur darf man nicht vergessen, dass es sich bei diesem Buch um eine Fiktion handelt, mit der der Autor vor allem darauf hinweisen wollte, dass die Stärke einer Gesellschaft von der ethischen Stärke des Individuums abhängt – und nicht vom System als solchem. (Dabei darf sich der Pädagoge aber durchaus die Frage stellen, welches System die individuelle ethische Stärke am besten fördert!) Aber selbst wenn man die Übertragbarkeit des Romans auf die Wirklichkeit nicht anzweifeln würde, wäre die Beschreibung Goldings ein hervorragendes Beispiel für das, was aus der Disziplin(-ierung) strenger Internate bzw. Schulen resultieren kann, wenn plötzlich die gewohnten Autoritäten wegfallen. In der Praxis scheint es schon so zu sein, dass der gesunde Menschenverstand langfristig immer dann haushoch siegt, wenn die äußeren Bedingungen so sind, dass sie eine Selbstregulierung sowohl des Individuums als auch der Gemeinschaft zulassen. Das zeigen nicht nur unter Mitbestimmung der Kinder geführte Schulklassen, sondern auch bestehende oder vergangene Kinderdemokratien anschaulich (vgl. Kamp 1995; Appleton 2000).

Ich habe in meiner Klasse mit meinem (nicht immer einfach zu bewahrenden) Vertrauen in die Kinder festgestellt, dass die sich selbstregulierende Gemeinschaft letztendlich allen Kindern Vorteile bringt. Die Sachen, die einem Einzelnen wichtig sind, werden in ihrer Wichtigkeit immer auch von der Gemeinschaft erkannt – nicht immer sofort, aber immer in einem verträglichen Zeitraum. Das heißt, dass – trotz der das Subjekt diskriminierenden Form der Mehrheitsentscheidung – das Recht und das Empfinden des Einzelnen in der Regel gewahrt bleiben, denn jede Sache ist für die Abstimmenden von ganz unterschiedlicher Bedeutung und die Beteiligten merken schnell, wenn jemandem etwas wirklich wichtig ist, und unterstützen ihn dann in der Regel bzw. stecken selber zurück. Deshalb hatte und habe ich auch selbst keine Angst vor dem scheinbaren Verlust meines Verfügungsrechts als Lehrer. Wenn mir etwas wirklich wichtig ist, werden die Kinder das schon durch mein Engagement und meine Begründungen merken – und ihre eigene Meinung entsprechend überprüfen. Und zwar nicht, weil ich Lehrer bin, sondern weil sie mich als Person akzeptieren. (Es hat nämlich oft genug nicht geklappt und ich bin überstimmt worden – bei Sachen, die für mich auch so in Ordnung waren bzw. wo ich mich oder mein Anliegen gut zurücknehmen konnte.)

Man könnte einwenden, dass die Öffnung der Sozialerziehung natürlich nicht nur positive Vorbilder hervorbringt, die den anderen Kindern als Modell dienen können, sondern dass negative Einflüsse genauso vorhanden sein werden. Obliegt es da nicht der Sorgfaltspflicht des Lehrers, einzugreifen und die Kinder vor diesen negativen Verhaltensweisen zu schützen? Ich denke nein. Nehmen wir die Kinder, die mit einem wirklich erstklassigen Sozialverhalten in die Schule kamen. Sie waren vor allem deshalb so, weil sie es bislang nicht anders kannten (bzw. brauchten). Ihr Erfahrungshorizont ist zwangsläufig recht schnell erweitert worden (das wäre er in jeder Klasse), als Schimpfwörter die Runde machten oder vor der Klassentür bzw. auf dem Schulhof auf einmal das Faustrecht galt. Während in anderen Klassen den Kindern dann implizit oder explizit die „Lösung" vorgegeben wird, das heißt von vornherein klar ist, wer „gut" und wer „böse" ist, erfolgte diese Kategorisierung bei uns nicht. Sie wurde zu einem längeren Prozess eigener und gemeinschaftlicher Auseinandersetzung mit der Wertung und Wichtung von Verhaltensweisen, der zum Teil sogar dazu führte, dass einzelne Kinder die neuen Techniken kurzzeitig erst einmal selbst erprobten (Gott sei Dank ohne größeren Schaden). Über kurz oder lang haben aber all diese Kinder das neu Gelernte dann wieder als unbrauchbar verworfen und die alten (sozialeren) Verhaltensweisen angenommen – diesmal aber auf einem ganz anderen Niveau. Sie haben nicht mehr nachgeahmt, weil man etwas „so macht", sondern sie haben sich ganz bewusst für den sozialeren Umgang entschieden, weil er ihnen einleuchtender und effektiver für die Lösung von Problemen erschien. Sie haben sich von den Erwartungen der Eltern emanzipiert und ihren eigenen Weg gefunden.

Ich konnte mich also in den vier Jahren wirklich sehr zurückhalten und ganz auf den gesunden Menschenverstand der Kinder verlassen. Sie haben viele Entscheidungen gefällt, die mir imponiert haben. So hat es z. B. irgendwann Kinder gestört, dass andere Kinder neben ihnen am Computer gespielt haben, während sie an ihren Geschichten schreiben wollten. Sie fanden das blöd, weil sie sich dadurch immer wieder selbst vor die Entscheidung zwischen Spiel und Arbeit gestellt sahen. Nach einiger Diskussion wurde dann beschlossen, dass nur noch in der Pause am Computer gespielt werden dürfe. Und daran haben sich auch prompt alle Kinder gehalten – auch die, denen es wirklich sehr schwer gefallen ist. Bei allen Entscheidungen haben die Kinder nie aus den Augen verloren, warum sie in die Schule kommen: zum Lernen. Sie haben es immer als selbstverständliches Recht des Einzelnen angesehen, wenn jemand nicht lernen wollte (ich hatte auch meine albernen Tage), aber sie haben bei den für die Gemeinschaft zu fällenden Entscheidungen im Zweifelsfall immer das Lernen geschützt bzw. „hochgehalten".

Dabei möchte ich noch einmal betonen, dass sich meine Erfahrungen auf die Zusammensetzung in einer Regelschulklasse beziehen. Ich kann mir schon vorstellen, dass die Situation in einer Klasse mit vorwiegend als „erziehungsschwierig" eingestuften Kindern mit entsprechend negativer Schulerfahrung viel komplizierter ist. Allerdings würde mir trotzdem keine Alternative zu einem ehrlichen basisdemokratischen Vorgehen einfallen. Noch so logische oder „einsichtige" von außen vorgegebene Regeln haben nicht das Geringste mit eigenen inneren Regeln zu tun. Regeln kann man nicht wirklich auswendig lernen. Man kann sie nur selbst für sich erstellen.

Ich möchte daher abschließend dafür plädieren, (integrative) Sozialerziehung als Förderung der Selbstregulierung eines Individuums zu verstehen. Wir müssen Schülern dadurch eine ehrliche Auseinandersetzung mit sich und der Gemeinschaft ermöglichen, dass wir eben nicht versuchen, sie mittels einer trickreichen Erziehung zu schon vorher festgelegten Zielen wie Harmonie, Hilfsbereitschaft, Ordnung usw. hinzuführen, sondern wir müssen uns trauen, 30 Individuen auch

30 Individuen sein zu lassen. So traurig (oder beruhigend) es klingen mag: Die Kinder von heute lassen sich nichts vormachen. Sie sind durch die teilweise haarsträubenden Verhältnisse, in denen sie aufwachsen (von Überbehütung bis zu Verwahrlosung, von völligem Im-Stich-gelassen-werden bis zum Leistungsdruck schon im Kindergartenalter), gewohnt, den „Deal", den sie machen, erst einmal zu prüfen. Und das tun sie. Wenn er ehrlich gemeint ist und auf sie passt, werden sie ihn akzeptieren und wahrscheinlich sogar „alles dafür geben". Wenn sie sich aber hintergangen fühlen, werden sie so viele Schlupflöcher und Sabotagemöglichkeiten finden, dass viele Erwachsene als einzig mögliche Reaktion darauf nur noch die Isolation von der bestehenden Gemeinschaft in Erwägung ziehen.

Wir können immer wählen:
Mühevolle Integration – oder Verzicht auf Segregation.

3.4 Kurzer Blick auf die Unterschiede der drei Konzepte

Der unterschiedliche Zugang zum Thema Offener Unterricht bei Gallin und Ruf, Zehnpfennig und Zehnpfennig sowie meinem Konzept drückt sich auch im unterschiedlichen Stil der hier erfolgten Schilderungen und den angeführten Begründungen der Autoren aus. Während Gallin und Ruf primär eine Verbesserung der ihnen unfruchtbar vorkommenden Unterrichtssituation im Blick haben und neben der lerntheoretischen Begründung als Ergebnis ihrer langjährigen Tätigkeit in der Lehrerfortbildung ein Konzept mit relativ konkreten Handlungsanweisungen z. B. für die Auswahl von Kernideen oder die Erstellung von Aufträgen liefern, ist die Begründung bei Zehnpfennig und Zehnpfennig und mir eine andere. Hier geht es nicht um eine Verbesserung der tradierten Unterrichtssituation, sondern um eine *Pädagogisierung der Schule.* Entsprechend bleiben konkrete Handlungsanweisungen zunächst aus. Die Idee der „Didaktik des weißen Blatts" bzw. der „Didaktik der sozialen Integration" ist fundamentaler und im Prinzip in dem schon oben genannten Zitat zu finden, das – im Gegensatz zum Konzept von Gallin und Ruf – auf den ersten Blick keinerlei fachlichen Anspruch zu formulieren scheint, auf den zweiten Blick aber gerade durch den individuellen Zugang dem Stoff, dem Lernen und der Wissensaneignung höchste Priorität verleiht:

> Ich mag dich so, wie du bist.
> Ich habe Vertrauen in deine Fähigkeiten.
> Ich bin für dich da, wenn du mich brauchst, aber probier zuerst selbst.

Natürlich sehen Gallin und Ruf ihre Schüler genauso und gehen auch so mit ihnen um – aber wahrscheinlich doch fokussierter auf ihre Funktion der Vermittlung eines bestimmten Stoffs hin. Das müssen sie als Sekundarstufenlehrer auch zwangsläufig viel eher als wir Grundschulpädagogen. Unsere Lehrpläne sind auf Grund der Basisforderung der Grundlegung der Bildung, des Lernens des

Lernens bzw. der Vermittlung der Kulturtechniken von einer hochgradigen Offenheit, die einen sehr am einzelnen Kind und seiner individuellen Entwicklung orientierten Unterricht ermöglicht. Und zwar ohne den täglichen Druck, den verbindlichen Stoff gerade jetzt und im 45-Minuten-Takt zu lehren.

Von daher stellen das Unterrichtsprinzip von Zehnpfennig auf der inhaltlichen Ebene und seine von mir vorgestellte Erweiterung auf der sozialen Ebene einen andersartigen Zugang zu Schule dar; einen Zugang, der vielleicht am ehesten mit dem folgenden Antoine de Saint-Exupéry zugeschriebenen Zitat greifbarer werden kann –aber letztendlich unfasslich bleiben wird:

> *Wenn du ein Schiff bauen willst,*
> *so trommle nicht Männer zusammen,*
> *um Holz zu beschaffen,*
> *Werkzeuge vorzubereiten,*
> *Aufgaben zu vergeben*
> *und die Arbeit einzuteilen,*
> *sondern lehre sie die Sehnsucht*
> *nach dem weiten, endlosen Meer.*
>
> (Orig. unb.; vgl. Saint-Exupéry 1956, 247 f.)

Entweder ist die Offenheit, die Zehnpfennig und ich im Unterricht umgesetzt haben, bislang noch nicht ausgereift und ausreichend erprobt, so dass noch keine konkreteren Handlungsanweisungen vorhanden sind, oder aber diese Vorgaben würden in so vielen Fällen dem Grundprinzip dieses Unterrichts widersprechen, dass es eben keine solchen Handlungsanweisungen geben kann (– wohl aber fachdidaktische Konzepte und Überlegungen zur größtmöglichen Offenheit und Selbststeuerung der Schüler – siehe zweiter Band). Man kann (und muss) in der Grundschule zwangsläufig abstraktere und unkonkretere Kernideen verfolgen als es z. B. die Lehrpläne in der Sekundarstufe tun, die für jedes Schuljahr und jedes Fach die zu lernenden Inhalte doch immer noch relativ konkret vorgeben. Die Kernideen der Grundschule sind – pointiert formuliert – weitaus einfacher und umfassender: (immer besser) Schreiben lernen, (immer besser) Rechnen lernen, (immer besser) Forschen lernen usw.

Das macht allerdings den Anspruch an das Lernen der Kinder nicht etwa leichter, sondern im Gegenteil, die Herausforderung des offenen Lehrplans ist ungleich höher als die eines vorgegebenen Kanons oder Lehrgangs. Aber trotzdem hat die beschriebene offene Sichtweise einen entscheidenden Vorteil: Sie entlastet den Lehrer von der schwierigsten Aufgabe im Konzept von Gallin und Ruf, dem (täglichen) Erschaffen von Kernideen. Nicht nur der Lernweg wird in die Hand der Kinder gelegt, sondern auch die Inhalte. Dabei ist diese Freiheit auf Seiten der Kinder durch die Sachstrukturen bereits so vorgezeichnet, dass das bewusste Loslassen kein Im-Stich-lassen, kein Alleine-lassen ist, sondern die ehrliche Rücksicht auf die Interessen und die vorhandene Lernbegeisterung des Kindes.

Das hier von mir vertretene Konzept erleichtert bzw. vereinfacht durch die weitgehende Delegierung der Verantwortung bezüglich der Wissensaneignung und der Sozialerziehung an die Kinder das unterrichtliche Vorgehen in gewisser Weise sogar. Durch den Ersatz der traditionellen Lehrerrolle mit ihrem immer vorhandenen „Lehrauftrag" durch den des „Wegbegleiters", der sich eher als ansprechbarer Lernpartner denn als Wissensvermittler sieht, fallen viele didaktische bzw. methodische Vorüberlegungen weg. Der Lehrer lässt sich quasi „vordidaktisch" auf die Kinder ein, reagiert dadurch spontan und authentisch und vor allem auch ohne den indirekten Druck, das Kind zu einem bestimmten Zeitpunkt zu einem bestimmten Ziel zu führen. Wir finden diese Haltung z.B. in Schulen ohne Unterrichtspflicht wie Summerhill in England oder Sudbury Valley in Amerika wieder, wenn die Entscheidung für oder gegen das Lernen wirklich dem Kind überlassen wird – eben ohne direkte Erwartungshaltung des Lehrers. Dass daraus bei den Kindern eher eine verstärkte Lernmotivation als Beliebigkeit resultiert, beweisen diese Schulen anschaulich – und seit mehreren Jahrzehnten.

Hingegen wird das Konzept von Gallin und Ruf in besonderem Maße, das von Zehnpfennig immer noch stark von der indirekten Ausstrahlung des Lehrers gestützt: Trotz des eigenständigen Arbeitens der Kinder ist der Lehrer immer noch die Person, um die sich alles dreht, der die Fäden mehr oder weniger allein in der Hand hat. Die Erweiterung dieser beiden Konzepte um die „Didaktik der sozialen Integration" verändert die Lehrerrolle zwar nicht in eine Schülerrolle, aber hier steht der Lehrer noch ein Stück mehr als Person und nicht als „Lehrinstanz" im Raum. Das hat Vor- und Nachteile, die genau abgewogen werden müssen. Aus pädagogischer Sichtweise haben wir es hier sicherlich mit der am wenigsten manipulativen Rollenfunktion zu tun, da die Kinder weitgehend vor einer direkten oder indirekten Führung des Lehrers geschützt werden (ohne dass dieser seinen Einfluss als Person aufgibt!). Andererseits kann die hier überspitzt als Manipulation bezeichnete Motivation durch den Lehrer in den anderen Konzepten natürlich bei einigen Kindern durchaus auch leistungssteigernd wirken. Kurzfristig ist das – bei entsprechender Qualifikation des Lehrers – sogar mit Sicherheit der Fall, denn die Bestätigung durch Erwachsene hat gerade bei Grundschulkindern einen hohen Stellenwert.

Langfristig scheinen sich allerdings alle Konzepte bezüglich der Fähigkeiten der Schüler einander anzunähern. Der von vornherein von der Lehrermotivation unabhängige Schüler „holt auf", verschafft sich seine Motivation und seine Impulse aus vielfältigen anderen Quellen (vor allem auch über die Mitschüler bzw. die Klasse). Zusätzlich aber wird die „Didaktik der sozialen Integration" positivere Ergebnisse im sozialen Bereich bzw. bei der Inangriffnahme der eigenen Lebensgestaltung aufweisen (unbezahlbar!). Aber das sind – solange die Stichproben so klein (und jung) sind – zunächst erst einmal bloße Vermutungen. Um die andere Art bzw. Basis eines methodisch, inhaltlich und sozial geöffneten Unterrichts weiter zu veranschaulichen, sollen im Folgenden die wichtigsten „Rollenverschiebungen", die sich aus der konsequenten Öffnung ergeben, exemplarisch beschrieben werden. Vielleicht kann durch diese Anregungen ja die Stichprobe langsam vergrößert werden …

4 Methodisch-didaktische Grundsätze des Offenen Unterrichts

Nach dem letzten Schuljahr hat sich Annikas Einstellung zur Schule irgendwie gewandelt. Jetzt geht sie schon so viele Jahre zur Schule, aber es kommt ihr dort immer langweiliger vor. Sie weiß, dass sie eine ganz tolle Lehrerin hat, die sich ja auch mit ihr und den anderen Kindern sehr viel Mühe gibt, aber genau genommen ist es wirklich jeden Tag dasselbe. Und seit sie nun in der Schule ganz regelmäßig benotete Tests und Arbeiten schreiben, sitzt Annika nachmittags viel länger an ihren Hausaufgaben. Es macht ihr einfach weniger Spaß als früher, und für das, was sie immer in ein paar Minuten fertig hatte, braucht sie jetzt fast den ganzen Nachmittag. Dabei kann sie die Sachen ja eigentlich. Aber all die langweiligen Blätter zum Rechnen und die Diktattexte zum Üben müssen halt gemacht werden.

Und auch die wenigen Wochenplan- und Freiarbeitsstunden in der Schule sind anders geworden. Früher hat sich die Lehrerin immer gefreut, wenn Annika sich selbst Aufgaben ausgedacht hatte, nachdem sie mit den Arbeiten ihres Wochenplans fertig war. Mittlerweile haben alle Kinder zum Rechenbuch und dem dazugehörigen Rechenheft noch extra Übungsblätter zum Einmaleins-Lernen und einen Hefter mit Textaufgaben bekommen. Wer jetzt mit seinem Wochenplan fertig ist, soll dann darin weiter machen oder sich eine von den Rechen-Karteien aus dem Freiarbeitsregal nehmen. Gestern hat sogar Marco gestöhnt: „Das kann ja keiner schaffen." Dabei ist Marco der schnellste Rechner der Klasse. Und beim Schreiben gibt es jetzt neben den Igelheften zum Diktatüben für jedes Kind noch einen Ordner mit Arbeitsblättern zur Rechtschreibung – und sogar gleich vier verschiedene Übungskarteien dazu im Regal. Überhaupt ist alles in der Klasse irgendwie anders geworden. Und obwohl es nun eigentlich viel ordentlicher als früher ist – alle sitzen ja jetzt die meiste Zeit still an ihrem Platz –, muss die Lehrerin viel mehr schreien, weil sich immer wieder Kinder zanken oder nicht arbeiten. Manchmal ist den ganzen Tag lang richtig „dicke Luft". Das gab es so früher eigentlich nie.

Ihren Vortrag über die Menschen im alten Ägypten, den Annika damals nach dem Urlaub bei Christine direkt angefangen hatte, hat sie immer noch nicht weiter gemacht. Dabei hatte sie sich so viele Bücher aus der Bücherei besorgt und war sogar mit ihrer Tante in den letzten Ferien extra in eine Ägyptenausstellung gefahren. Sie hatte sich so schön ausgedacht, was sie die anderen Kinder nach ihrem Vortrag alles über die alten Ägypter hätte fragen können. Auch die Idee, die sie für die Gestaltung ihrer Vortragsplakate gehabt hatte, war klasse. Sie hatte angefangen, die Bilder so mit ihren eigenen Erklärungen zu versehen, dass die anderen Kinder auch noch nach dem Vortrag weiter hätten gucken können. Und in ihrem Stichwortvortrag hätte sie vor allem etwas dazu gemacht, wie die alten Ägypter damals geschrieben haben. Dazu hatte sie sich sogar eine eigene Buchstabentabelle mit ägyptischen Schriftzeichen aufgemalt.

Und fast zwei Wochen lang hatte sie damals daran gesessen, Aufgaben so auszurechnen, wie das die alten Ägypter mit ihren Zeichen damals wohl so ähnlich getan haben müssen. Sie hatte sogar ein Verfahren herausbekommen, mit dem sie ganz schnell „auf ägyptisch" rechnen konnte. Fast schneller als mit unseren Zahlen. Aber das hat sie jetzt eh alles vergessen. Auch die große Zeitleiste, die sie damals für ihren Vortrag aufgemalt hatte, damit die Kinder verstehen konnten, warum die Geburtsdaten der Pharaonen immer „umgedreht" waren, liegt immer noch halbfertig unter ihrem Tisch. Bei Tutenchamun hatte sie sogar mehrere verschiedene Geburts- und Sterbedaten gefunden.

Ein bisschen traurig ist Annika schon, wenn sie daran denkt, wie schön der Vortrag bestimmt geworden wäre. Aber jetzt hat sie eh keine Lust mehr, all das, was sie über die Sprache, die Mathematik und die ganze Kultur der alten Ägypter weiß, aufzuschreiben. Hauptsache, das nächste Diktat „Das kleine Eichhörnchen findet einen Freund" wird nicht wieder nur eine Drei.

Wer mit Kernideen und Reisetagebüchern arbeitet, vertraut auf die Attraktivität der Stoffe und die Eigentätigkeit der Lernenden. Das ist eine deutliche Abkehr vom Paradigma der Machbarkeit, das alle Erwartungen in die Lehrperson setzt und Unterricht im Geist des Maschinendenkens organisiert. Merkmale dieser mechanistischen Didaktik sind

- die Zerstückelung, Segmentierung und Normierung der Lehrstoffe bis zur Unkenntlichkeit und der daraus resultierende Stoffdruck,
- die Beherrschung des Unterrichts durch perfekte Unterrichtsmaterialien und makellose Reinhefte, die eine falsche Sicherheit vortäuschen und den Blick auf die Schlüsselstellen im persönlichen Lernprozess verstellen;
- die exhibitionistische Vorzeigementalität, die in Übungs- und Prüfungslektionen ihre Blüten treibt und Lernende zu Marionetten degradiert, die in der Hand ihres virtuosen Regisseurs perfekt funktionieren;
- die mechanistische Arbeitsteilung unter den Fächern, welche die Lehrkräfte zwingt, isolierte Wissenssegmente (Fachwissen) zu vermitteln, ohne sich um deren Zusammenwirken (Bildung) zu kümmern;
- die starre Zeiteinteilung des Stundenplans und die ermüdende Gleichförmigkeit des Klassenunterrichts, die passives Konsumieren oder Abschalten als Überlebensstrategie erfordern;
- die eindimensionale Leistungsbewertung, die sich nur an normierten Zielvorgaben orientiert und keinerlei Anreize schafft, Initiative zu entwickeln, Entscheidungen zu treffen, etwas zu riskieren, Verantwortung zu übernehmen, sich zu einem eigenständigen Mitglied einer Klassengemeinschaft zu entwickeln, Solidarität zu üben und seinen Beitrag zum Ganzen zu leisten.

Auch wenn man in einem solchen Unterricht sehr freundlich miteinander umgeht und sich in Rücksicht, Verständnis und Geduld übt, ändert das nichts an der Tatsache, dass die Beziehung Mensch-Stoff, um die es beim Lernen geht, nicht menschlich ist, sondern mechanistisch. Menschliches Wissen – in vielfältigen Lebenszusammenhängen gebraucht und weiterentwickelt – verkümmert in der genormten Lehrbuchsprache zum Stoff, und die Menschen im Unterricht – neugierig, wissbegierig und kreativ im persönlichen Gespräch – erstarren in der Lehrer- und Schülerrolle zu Subjekt und Objekt, zu Programmierer und Automat. Die Lehrperson hat ihre Pflicht erfüllt, wenn sie die Maschine erfolgreich startet (Motivation), die Eingabe optimal arrangiert (Präparation und Vermittlung des Wissens), das vorschriftsmäßige Funktionieren kontrolliert (Üben) und die Ausgabe korrekt überprüft und bewertet (Prüfungen). Wenn die Ausgabe trotz ausgedehnten Übens zu stark abweicht von der Eingabe, wird die Maschine als zu wenig leistungsfähig qualifiziert und auf weniger anspruchsvolle Arbeit umprogrammiert (Selektion). (Ruf / Gallin 1998b, 182f.)

Foto: Klaus Dombrowsky, Berlin (Zehnpfennig / Zehnpfennig 1995b, 9)

Wenn man Unterricht öffnen will oder – wie es Gallin und Ruf im obigen Zitat ausdrücken – „mechanistisches Lernen“ vermeiden will, stellt sich wieder die Frage, ob es dafür überhaupt ein *Konzept* geben darf? Ginge ein Konzept für Offenen Unterricht nicht genau wieder in die Richtung einer mechanistischen Didaktik, die man ja gerade vermeiden möchte? Macht den Offenen Unterricht nicht gerade die Tatsache aus, dass er eben nicht konkreten Handlungsanweisungen und didaktischen Theorien unterliegt, sondern im Unterricht das ganze verfügbare Repertoire an Methoden und Medien zum Wohle des Kindes eingesetzt werden kann, ohne auf irgendeine Konzeptvorschrift Rücksicht nehmen zu müssen?

Natürlich ist da etwas Wahres dran. Aber wenn die Lern- und Unterrichtsformen des offenen Unterrichts in Theorie und Praxis schon lange mit Freier Arbeit, Wochenplan- und Projektunterricht gleichgesetzt werden, so begegnet der „offene Unterricht“ den Lehrern in Aus- und Fortbildung als ein ziemlich konkretes Konzept. „Offener Unterricht“ ist dann eben nicht mehr der Sammelbegriff für viele innovative Schul- und Unterrichtsversuche, in denen Lehrer zusammen oder alleine versuchen, neue Wege des Lernens oder der Unterrichtsgestaltung zu gehen. Das Fatale ist dabei, dass es in Wirklichkeit eben kein praxiserprobtes, konstituierendes, theoriestimmiges Konzept gibt, sondern die verschiedenst motivierten Vorbilder und Umsetzungsformen zu einem Modus geführt haben, der primär durch eine (unreflektierte) Adaption der modernen Begriffe auf die alte Praxis geprägt ist. Zusätzlich werden die wenigen noch verbleibenden Freiräume in der Umsetzung immer mehr von den Lehrmittelverlagen als Absatzchance genutzt. Es gibt also schon längst das mechanistische Konzept offenen Unterrichts, das ähnlich geschlossen ist wie der traditionelle Frontalunterricht, der eigentlich aufgebrochen werden sollte – und zeitweise macht dieser „offene" Unterricht einen dann sogar mehr als sprachlos:

> Für mich ist, didaktisch gesehen, Freiarbeit vor allem ein Wechsel der Unterrichtsform, eine Abwechslung, ein Durchbrechen des Gewohnten mit allem Neuorientieren und Kräftefreisetzen, das dazugehört. Auf jede Periode mehr selbstbestimmter Arbeitsformen und Aktivität folgt Frontalunterricht, wenigstens zwei Wochen lang als wunderbares erleichterndes „UFF!" für mich. Und jedes Mal biete ich dann kräftiges Futter an, es wird „was durchgekaut", erarbeitet, verlangt. Die Kinder sitzen alle in einer Richtung, die Tische sind blank und leer (was sie bei den anderen Arbeitsformen eben nie sind), die Augen auf mich gerichtet, froh-erwartungsvoll, was nun wohl kommt, was *ich* mir habe einfallen lassen. Sie brauchen ja selber nichts zu tun. (Lemmer 19905, 70)

Dabei ist fragwürdig, ob die Freiheit der offenen Unterrichtsformen Lehrern und Schülern in der Praxis wirklich zugute kommt, denn oft genug wissen weder Lehrer noch Schüler, wozu genau die offenen Phasen der Freien Arbeit oder des Projektunterrichts nun eigentlich gut sein sollen. Viele Schüler, Lehrer (und Eltern) halten Freie Arbeit und Projektunterricht, ja sogar oft auch Stations-, Wochenplan- oder Werkstattarbeit nur für den „richtigen" Unterricht auflockernde Spielphasen. Das kann ihnen auch keiner verdenken, denn die Umsetzung ist ja wirklich oft genau das: Lernen wird als Spielen verkauft, als Unterhaltung und Beschäftigung. Dass ein echtes spielerisches Lernen, ein unterhaltendes und den Lernenden beschäftigendes Lernen aber eben nicht die motivational immer raffinierter werdenden bunten Verpackungen braucht, sondern die ernste, von innen motivierte Auseinandersetzung mit der Sache, wird vergessen bzw. tritt in den Hintergrund. So ist die Sache selbst irgendwann inmitten all des Arbeitsmittelkonsums gar nicht mehr zu erkennen; zu groß ist die Verlockung, immer spielend leicht zu lernen.

Wenn es denn nun aber schon solche heimlichen Konzepte offenen Unterrichts gibt, die den eigentlichen Zielen völlig gegenläufig erscheinen, so muss die Frage nach einem Grundkonzept Offenen Unterrichts nicht nur erlaubt sein, sie muss sogar ziemlich schnell beantwortet werden, um endlich Sinn oder Unsinn dieser Unterrichtsform überprüfen zu können. Nur dann, wenn die „hehren Ziele" des offenen Unterrichts wie Individualisierung, Situationsorientierung, Lebenswirklichkeitsbezug, Handlungsbefähigung, Erziehung zu Demokratie und Mitverantwortung usw. so in einem Gesamtkonzept verankert werden, dass eine unterschwellige Verletzung gar nicht mehr erfolgen kann, nur dann verlieren sie ihren Schlagwortcharakter und können auch als Begründung der Vorgehensweise im Unterricht herangezogen werden. Und das ist die Grundvoraussetzung dafür, dass endlich die diesen Prinzipien von Befürwortern und Gegnern unterstellten Effekte überprüft werden können. Dies sollte allen an der Diskussion Beteiligten wichtig sein. Sich noch länger mit einer in der Praxis gar nicht vorzufindenden Illusion auseinander zu setzen, macht wenig Sinn. Denn erstaunlicherweise wird der offene Unterricht zurzeit ja für Missstände in der Bildungslandschaft verantwortlich gemacht, für die er gar nichts kann, denn die untersuchten Stichproben enthalten ja gar keine Klassen, in denen konsequent „richtiger" Offener Unterricht praktiziert wird.

Wie kann nun aber ein Konzept Offenen Unterrichts entwickelt bzw. abgesichert werden? Welche Grundannahmen benötigt es? Und welche Rollenverschiebungen ergeben sich in der Praxis?

4.1 Die neue Rolle der Theorie – von der Vorschrift zur Absicherung

> Das Verhältnis von Theorie und Praxis wird vielfach falsch verstanden. Ein Mißverständnis ist, der Theorie einen höheren Stellenwert als der Praxis zuzuweisen und der Praxis Zielvorgaben aus der Theorie vorzusetzen. Dies führt dazu, daß tatsächlich gerade die theoretischen Zielvorgaben wenig Eingang in die Praxis finden und daß die Praxis, ohne daß dies theoretisch bewußt würde, ihrer eigenen Logik folgt. (Kaiser 1996, 236)

Diesem berechtigten Vorwurf kann man nur auf eine Art begegnen. Man muss ein Konzept in der Praxis entwickeln, um es dann – im ständigen Widerspiel mit dieser – in die entsprechende Theorie einzubetten. Ziel ist dabei, die Umsetzung des Konzeptes so in die richtigen Bahnen zu lenken, dass die Grundideen – und damit auch die entsprechenden Begründungen des Konzeptes – dem Leser immer klar vor Augen sind und bewusste oder unbewusste Abweichungen als solche erkennbar werden.

Um dies zu leisten, werden im Folgenden entsprechende Vorschläge für die Unterrichtsorganisation sowie Hilfen bzw. „Werkzeuge" für die einzelnen Fächer (im zweiten Band) vorgestellt. Sie sollen keinen Unterrichtsablauf vorschreiben, sondern möchten die zur Öffnung des Unterrichts notwendige Sicherheit bereitstellen: dem Schüler werden Impulse und Werkzeuge für die Auseinandersetzung mit bestimmten Inhalten zur Verfügung gestellt und dem Lehrer wird veranschaulicht, wie Kinder über Eigenproduktionen lernen – beides im Rückgriff auf die Vorgaben der Lehrpläne bzw. die ihnen innewohnenden Kernideen.

Entsprechend den oben beschriebenen Auffassungen bzw. Begründungen für Offenen Unterricht basiert das Konzept dabei auf mehreren Annahmen:

- Sachkompetenz als Ziel schulischer Bemühungen bedeutet kompetentes, (mit-)verantwortliches Handeln eines Einzelnen in einer Gemeinschaft, zu dem nicht eine möglichst große Anhäufung von Faktenwissen führt, sondern primär die Möglichkeit und Bereitschaft, Informationen und Methoden zu nutzen, um Probleme zu erkennen und zu lösen.

- Selbstkompetenz als Ziel schulischer Bemühungen bedeutet kompetentes, (mit-)verantwortliches Handeln eines Einzelnen in einer Gemeinschaft und entwickelt sich eher, wenn man eigenverantwortlich, natürlich, entdeckend und interessegeleitet auf seinem eigenen Weg lernt, als wenn man einem fremdverordneten und geordneten Lehrgang folgt. Das gilt auch – bzw. vor allem – für die in der Grundschule anvisierte „grundlegende Bildung" einschließlich der Kulturtechniken.

- Sozialkompetenz als Ziel schulischer Bemühungen bedeutet kompetentes, (mit-)verantwortliches Handeln eines Einzelnen in einer Gemeinschaft, wobei sich eine entsprechende Mitmenschlichkeit und Verantwortlichkeit gegenüber dem gesamten Umfeld am ehesten entwickelt, wenn man sich und andere als eigenständige, sich möglichst selbst regulierende Individuen akzeptiert und durch demokratische Formen ein verantwortungsbewusstes und fürsorgliches Miteinander praktiziert.

Sollten sich diese Annahmen als nicht für eine größere Stichprobe tauglich erweisen – individuelle Abweichungen sind ja durchaus möglich –, so muss das Konzept als allgemein Umsetzbares in Frage gestellt werden. Dagegen sprechen allerdings bisherige Erprobungen bzw. Teilerprobungen, die aber noch nicht durch eine größere Stichprobe empirisch abgesichert werden können, weil es eben (noch) gar nicht viele Klassen gibt, die entsprechend offen arbeiten.

Ziel der folgenden Ausführungen ist es, die Voraussetzungen, die zur Umsetzung dieser Annahmen notwendig erscheinen, durch die Einforderung bestimmter unterrichtlicher Grundsätze bzw. durch die Veranschaulichung der Rollenverschiebungen abzusichern. Den äußeren Rahmen des Konzeptes bestimmen dabei die gesetzlichen Vorgaben, der innere Rahmen wird von Lehrern und Schülern situativ angepasst. Dabei stützen die Richtlinien und Lehrpläne das situative Vorgehen bzw. den Offenen Unterricht in hohem Maße. Sie sind in der Regel auf demselben pädagogisch-didaktischen Fundament gebaut, aus dem auch die genannten Annahmen zur Kompetenzentwicklung hervorgehen. Der Offene Unterricht scheint sogar in letzter Konsequenz die einzige Umsetzungsmöglichkeit darzustellen, die Aussagen und (hehren) Ziele der Richtlinien und Lehrpläne in der angestrebten Form erreichen zu können.

4.2 Die neue Rolle des Stoffs – von der „Norm" zur „Lupe"

> Da stehe ich nun in meiner ersten Klasse. 24 grundverschiedene Kinder sind individuell zu fördern. Da ist D., der trotz seiner 8 Jahre und eines Jahres Schulkindergarten emotional auf der Stufe eines Vierjährigen steht. Da ist der hyperaktive B., der hochbegabt alles sofort fehlerfrei wiedergeben kann, was er einmal irgendwo gesehen oder gehört hat. Auch zwanzig Meter entfernt. Oder da ist M., die völlig verspielt und naiv wahrscheinlich noch lange nicht wissen wird, was Schule eigentlich ist. Oder K., der früher eingeschult wurde, weil sein Wissensdrang im Kindergarten nicht mehr gestillt werden konnte. Und daneben stehen G. und N., die als Asylanten aus Bosnien und Zaire mit ihren nicht deutsch sprechenden Familien auf knapp 20 qm in einer alten Fabrik wohnen. Sie alle sollen in dieser Klasse gemeinsam [...] lernen.
>
> Ein gemeinsamer Lehrgang im herkömmlichen Sinne fällt somit flach. Mir ist klar, dass ich gar nicht so differenziert unterrichten könnte, um Vorkenntnisse, Arbeitstempo, Wissensdrang und emotionale Entwicklung des Einzelnen ausreichend zu berücksichtigen. Ich würde so oder so an den Kindern vorbei unterrichten. Einen guten Teil würde ich völlig überfahren, den Rest schnell langweilen. Aber: sie wollen ja eigentlich alle lernen. Gerne sogar. Aber etwas Neues, etwas Spannendes. Etwas, was sie nicht schon wissen. Und etwas, womit sie etwas anfangen können. (Peschel 1997 d, 10)

Mit der unten noch näher ausgeführten neuen Lehrer- und Schülerrolle ändert sich im Offenen Unterricht auch die Rolle des Stoffs bzw. der Blick auf den Stoffplan. Es gibt nicht mehr die Vorschrift für das einzelne Schuljahr, genauso wenig wie die durch ein Schulbuch verordnete Vorgabe für einen Schultag. Ausgangspunkt der Betrachtung des Stoffs ist nun der Schüler.

4.2.1 Individuelle und umfassende Sicht auf Person, Lernentwicklung und Lernziele

Dabei muss sich der Blick des Lehrers erweitern. Genauso wie für den Schüler die einzelnen Bereiche des Lernens nicht trennbar sind – jedes Lernen umfasst neben dem reinen Aneignen von Stoff oder Techniken auch soziales und nichtschulisches Lernen – genauso muss auch der Lehrer immer diese Ganzheitlichkeit sehen. Die verschiedenen Bereiche des individuellen Lernens hängen in hohem Maße voneinander ab. So können z. B. kurzzeitige oder langwierige psychische oder soziale Probleme jeglichen Lernfortschritt eines Kindes behindern. Hat das Kind keine Möglichkeit, keine Zeit diese anzugehen und zumindest teilweise aufzuarbeiten, kann sein Lernen bzw. seine Lernentwicklung in hohem Maße beeinträchtigt werden – oder es bedarf eines sehr großen individuellen Förderaufwandes, der durch Einzelbeschäftigung und Einzelmotivation ein Stück weit die vorhandenen psychischen Ursachen „umschifft". Eine mühsame Lösung, die ohne eine Aufarbeitung der eigentlichen Probleme wahrscheinlich nur selten zu einer dauerhaften Änderung bzw. einem anhaltenden Erfolg führen wird.

Ähnlich sieht es auch mit der kognitiven Entwicklung an sich aus. Wenn ein Kind schon ein bestimmtes Wissen in einem Bereich hat, sollte es direkt darauf aufbauen können und auf seinem Niveau weiterlernen dürfen. Der übliche, durch die Lehrgänge der Schulbücher vorgegebene Stoffplan stellt im Allgemeinen eine Unterforderung dar, da er ja in der Regel zwangsläufig immer bei Null anfangen muss und so per se die schon vorhandenen Fähigkeiten und Fertigkeiten der Kinder ignoriert. Aber auch Lehrer orientieren sich in ihrem Anspruch in der Regel an so etwas wie dem unteren Durchschnittsniveau der Klasse. Nicht nur, dass auf diese Weise besondere Begabungen von Kindern nicht berücksichtigt werden, nein, es sind sogar die meisten Kinder einer Klasse, die so in ihrem Lernen unter ihren Fähigkeiten gehalten werden. Und die „schwachen" Kinder, die einfach noch nicht so weit sind, werden unproduktiv überfordert. An ihnen geht auch der bei Null anfangende Lehrgang meist völlig vorbei, weil ihr Problem weniger mit dem Durchschauen des Stoffes zu tun hat, sondern mit der ihnen fehlenden Sinnhaftigkeit. Sie verstehen nicht, warum sie gerade jetzt diesen Inhalt lernen sollen. Die Sache ist noch nicht wirklich zu „ihrer" Sache geworden.

Im Gegensatz zu dieser negativen Art der Überforderung stellt der Lernraum des Offenen Unterrichts für alle Kinder eine produktive Überforderung, eine selbstbestimmte Herausforderung dar. Solche „'Überforderungen' sind dabei zu rechtfertigen, wenn man in einer Atmosphäre des gegenseitigen Vertrauens ohne

Druck und Zwang arbeitet, den 'zu früh aufgegriffenen' Stoff nicht als schon zu beherrschenden darstellt und eine gleichsam experimentelle, neugierige Lernhaltung einnimmt." (Reichen 1991, 116) Verzichtet man unter dieser Maßgabe auf die enge Orientierung am Lehrgang bzw. am Klassen-Stoffplan, so kann jedes Kind gemäß seiner Vorkenntnisse und Möglichkeiten lernen – mit einer hohen Wahrscheinlichkeit, dass fast alle Kinder dem eigentlichen Stoffplan vorauseilen, anstatt ihm hinterherzuhinken.

Es geht also darum, ein Konzept zu verfolgen, in dem das einzelne Kind möglichst gut lernen kann. Das heißt, es kommt in die Schule und erwirbt dort zwangsläufig immer mehr Kenntnisse und Fähigkeiten aller Art, sei es im Bezug auf sein Verhalten in der Gruppe, sei es im Bereich der Fächer, sei es im Hinblick auf den großen Bereich, der eben nicht so einfach schulisch kategorisierbar ist. Die Betrachtung des gelernten Schulstoffs erfolgt entsprechend nicht mehr wie im herkömmlichen Unterricht durch den engen Fokus der Stoffvorgaben, sondern umfassender „durch das Kind". Vorrangiges Ziel ist daher nicht die „Vermittlung" bestimmter Inhalte, sondern Ausgangsbasis ist ein Lernraum, in dem das Kind möglichst auf einem Weg und in einem Umfang lernen kann, der für es selbst am aussichtsreichsten ist.

4.2.2 Verzicht auf Lehrplannormen und Lehrplandeckelung

Dabei können die individuellen Lernziele von Kind zu Kind ganz unterschiedlich sein: von der Wissensaneignung über Integrationsversuche in die Gruppe bis hin zum Ausleben bzw. Bearbeiten der eigenen „Macken". Hat das Kind auf diese Art immer möglichst optimale Lernvoraussetzungen gehabt, dann erst können die Lehrplanvorgaben als Orientierung für den kleinen Teilbereich der Wissensaneignung dienen. Man kann mit ihrer Hilfe den Lernstand des Kindes in Bezug zu einer Norm setzen und feststellen, an welcher Stelle der Lernentwicklung das Kind in einem Fach steht (siehe auch Kapitel 4.7). Darüber hinaus darf man aber die vielfältigen anderen Lernentwicklungen nicht vergessen. Die Erfüllung des Lehrplans spiegelt immer nur einen verschwindend kleinen Teilbereich des Lernerfolgs wider – allerdings zugegebenermaßen einen juristisch bzw. für die Selektionsfunktion der Schule bedeutsamen. Entsprechend darf in unserem Falle die im Lehrplan vorgegebene Schuljahrseinteilung wirklich nur eben diese juristische Orientierung widerspiegeln, wenn es um die rechtmäßige Formulierung im Zeugnis geht bzw. wenn evtl. über Vor- oder Rückversetzungen entschieden werden muss. Ansonsten gilt nicht der Lehrplan als Stoffplan für das einzelne Kind, sondern das möglichst gute Fortschreiten des Lernenden stellt den Plan dar. Das Kind selbst ist der Maßstab, an dem gemessen werden muss; das Kind ist das einzige Maß, das etwas über die nächsten Schritte aussagen kann.

Durch diese ganzheitliche Sichtweise des Stoffs ergibt sich von selbst die Notwendigkeit einiger weniger Grundideen, die die Lehrplaninhalte auf das wirklich notwendige Minimum reduziert widerspiegeln. Stoffdruck ergibt sich nur aus der Sicht des Lehrenden, wenn dieser die Grundideen nicht erkennt und glaubt, statt weniger Kernideen nun Hunderte Buch- und Übungsseiten pro Schuljahr und Fach durchnehmen zu müssen. Dass es im Offenen Unterricht nicht bei einem Minimum an Stoff bleibt, liegt auf der Hand. Dafür sind sowohl diese Grundideen zu gehaltvoll als auch die Arbeitsvorhaben der Kinder zu reichhaltig, tiefgehend und ausstrahlend. Es geht zwar darum, den unsinnigen Ballast der Schulbücher über Bord zu werfen, aber nicht auf Kosten des letztendlich zu erwerbenden Wissens, sondern zu dessen Vorteil. Qualität statt Quantität, Verstehen statt Auswendiglernen.

Die Grundideen werden – je reduzierter sie dargestellt werden – natürlich immer banaler klingen. Auch die Verknüpfung mit der unterrichtlichen Grundkonzeption wird einfache methodische Konzepte zur Folge haben, die im Idealfall alle einander ähneln, denn sie sind trotz ihrer Zurechnung zu einer Fachdidaktik im Grunde allgemeindidaktischen Ursprungs. Lernen ist kein fachspezifischer, sondern ein überfachlicher Vorgang. Nur die bei der Umsetzung als Hilfe dienenden Werkzeuge werden fachspezifisch geprägt sein, aber auch hier ist m. E. eine gewisse Ähnlichkeit auf Grund der gleichen Prinzipien bzw. Ziele auszumachen.

Wie schon oben beschrieben, wird es innerhalb des hier ausgeführten Konzeptes auf die folgenden allgemein- und fachdidaktischen Komponenten hinauslaufen, die im zweiten Band noch weiter konkretisiert werden:

- eine Zusammenstellung der grundlegenden Anforderungen der Fächer als Minimalkonsens bezüglich der in der Schulzeit auf jeden Fall abzudeckenden Inhalte;
- eine Palette von Werkzeugen, die diesbezüglich Schülern und vor allem Lehrern ein offenes Arbeiten auf individuellen Wegen (also ohne impliziten Lehrgang durch Lehrer oder Material) ermöglichen und sie stützen;
- und eine Sammlung von Impulsen, die den Schüler zur Auseinandersetzung mit der Sache herausfordern können, und dem Lehrer beispielhaft seine neue Rolle als Impulsgeber und Lernbegleiter aufzeigen.

4.3 Die neue Rolle der Sozialerziehung – von der Harmonisierung zur Selbstregierung

Zu Beginn der 2. Stunde bittet Frau A. die Kinder, leise zu sein. Es dauert fünf Minuten, bis eine Flüsterlautstärke erreicht ist. Als es alle geschafft haben, ruft M. „Kikeriki". Sofort fallen G. und P. ein. Frau A. schreit sie voller Verzweiflung an. Mir scheint, als hätten die Kinder einen Machtkampf gewonnen. [...]

Nachdem es wieder ruhig geworden ist, bittet Frau A. die Kinder, die mitarbeiten wollen, mit ihren Stühlen in der Klasse einen Kreis zu bilden. Sie stellt folgende Fragen: ... Einige Kinder beteiligen sich überhaupt nicht und stören. Frau A. schlägt ihnen vor, sich außerhalb des Kreises einen Platz zu suchen und sich mit einem Spiel oder einem Buch zu beschäftigen. Von diesem Vorschlag begeistert, ver-

> schwinden gleich fünfzehn Kinder. Dadurch wird es noch lauter, fast chaotisch. Deprimiert bricht Frau A. das Gespräch ab und schickt die Kinder auf ihre Plätze zurück. (Boettcher u. a. 1982, 112f.)

Welcher Lehrer hat Erlebnisse wie diese nicht auch schon durchgemacht? Da gibt man sich die größte Mühe, all die schülerorientierten Methoden und Elemente in den Unterricht einfließen zu lassen, ist stolz, dass man den Kindern einen langweiligen Frontalunterricht – den man ja auch machen könnte – erspart, und dann ... dann würdigen die undankbaren Kinder diese Mühe in keiner Weise, sondern ersticken sie schon so im Keim, dass einem nichts anderes mehr übrig bleibt, als auf die alten Disziplinierungsmaßnahmen zurückzugreifen – wenn die denn nach der vorausgegangenen „Niederlage“ überhaupt noch greifen. „Offener Unterricht“ funktioniert halt nicht. Vielleicht bei reiferen Kindern, die die Gewährung der Offenheit zu schätzen wissen ...

4.3.1 Ehrliche und umfassende Mitbestimmung

Betrachtet man einmal die obigen Situationen aus den Augen des einzelnen Kindes, so ist schnell verständlich, warum diese Art der Mitbestimmung von den Kindern nicht konstruktiv genutzt wird: sie ist nicht ehrlich gemeint. Zumindest nicht im Sinne einer ehrlichen Duldung von Mit- oder Selbstbestimmung des Einzelnen. Vielmehr erscheinen die „schülerorientierten“ Methoden hier als im Grunde inhaltsleere Elemente eines lehrerzentrierten Unterrichts. Die in den beiden Situationen beschriebenen Vorgehensweisen sind zwar als solche nicht verkehrt – zu warten, bis alle Kinder ruhig sind, oder Kindern zu gestatten, dass sie nicht am Kreis teilnehmen müssen –, aber es erfolgt im beschriebenen Beispiel keine echte Delegation der Verantwortung für das Klassengeschehen an die Kinder: z. B. entzieht die Lehrerin den Kindern durch ihr Eingreifen die Möglichkeit, ihr Recht auf Unterricht oder Arbeitsruhe selbst einzuklagen. Dabei werden die Kinder ihren diesbezüglichen Anspruch wahrscheinlich umso eher einfordern, je eher sie ihr Lernen auch in anderen Dimensionen als selbstbestimmt und für sich selbst sinnvoll erleben.

Versteht sich Schule als ein „Haus des Lernens“, bei dem Lernen nicht mehr nur beschränkt wird auf bestimmte Stoffinhalte bzw. Aufgabenschwerpunkte, sondern neben Handlungsbefähigung und Problemlösekompetenz auch soziales Lernen und Persönlichkeitsbildung einschließt, können auf Selbst- oder Mitbestimmung des Schülers zielende Elemente nicht stundenweise einfach an- und abgeschaltet oder problemlos in andere, eher fremdbestimmte Strukturen eingebaut werden. Öffnet man ein ansonsten geschlossenes System, so werden die offenen Phasen von den Beteiligten verständlicherweise zunächst dazu genutzt, andere Missstände oder aufgestaute Empfindungen zu kompensieren. Vor allem der Versuch, Selbstbestimmung nur bei einzelnen Lehrern und in einzelnen Stunden zu gewähren, erscheint als von vornherein zum Scheitern verurteilt. Die selbstbestimmten Stunden werden voraussichtlich erst einmal als kompensatorischer Ausgleich zu den sonst üblichen fremdbestimmten Stunden verwendet werden – und Lehrer und Schüler können dann u. U. schnell in ein Kräftemessen geraten, das im Frontalunterricht auf Grund des (genau deswegen von vornherein angestrebten) Machtgefälles gar nicht möglich wäre bzw. möglich ist.

Ein solcher Machtkampf kann im Offenen Unterricht so gar nicht stattfinden, denn eine wirkliche Öffnung des Unterrichts in Richtung Selbst- bzw. Mitbestimmung der Schüler erzeugt eine ganz andere Beziehung der Beteiligten untereinander. Es gibt nicht mehr so etwas wie eine dem Lehrer bzw. der Schule entgegengesetzte Gruppensolidarität der Schüler, sondern es entwickelt sich ein komplexes, 25 bis 30 Menschen umfassendes Beziehungsgefüge, in das der Lehrer vorrangig als Person und nicht als Rolleninhaber eingeschlossen ist. Aber auch beim Lehrer ergibt sich zwangsläufig eine andere Sichtweise auf die Klasse. Sie wird von ihm nicht mehr nur als eine mehr oder weniger homogene Masse empfunden, die richtig oder falsch auf seine Impulse reagiert, „schwer" oder „leicht" zu unterrichten ist, sondern er nimmt die einzelnen Beteiligten viel stärker wahr, als es ihm sonst überhaupt möglich ist. Und zwar nicht nur differenzierter, das heißt als Nuancen innerhalb der Klasse, sondern individualisierter: wirklich als einzelne, unverwechselbare Personen.

4.3.2 Individualisierung als Voraussetzung für echte Gemeinschaft

In diesem Zusammenhang ist ganz wichtig, die Forderung nach Individualisierung im Offenen Unterricht nicht negativ als anti-sozial oder egoistisch zu konnotieren (wie es leider viele Lehrer auf Grund eines naiven und harmonisierenden Gemeinschaftsbegriffes machen), sondern sie als Voraussetzung für möglichst gewinnbringendes Lernen in der und für die Gemeinschaft zu erkennen – und zwar sowohl kognitiv als auch sozial. Im Gegensatz z. B. zu Peter Petersen, der die (harmonisierende) Gemeinschaftserziehung unter einem „Führer" als vorrangiges Mittel ansah, individuelle und soziale Persönlichkeit zu entwickeln, denke ich, dass gerade die Individualisierung Voraussetzung für den Aufbau einer echten Sozialkompetenz darstellt. Nur wem die eigene Person und das eigene Lernen transparent sind, der kann die Individualität und die Bedürfnisse des anderen in ihrer ganzen Differenziertheit und Komplexität erfassen und sich in ihn hineinversetzen. Genauso wie der Sinn des Wissenserwerbs dem Lernenden einsichtig sein muss, damit er effektiv lernen kann, genauso muss ihm die Notwendigkeit sozialer Regeln als Vereinbarung von Individuen einleuchten. Der Zwang, solche Regeln zu finden, ergibt sich dabei durch den Wegfall ihrer Vorgabe: die Klasse ist nun einmal zwangsläufig ein sozialer Raum, in dem sich Menschen begegnen und miteinander leben (müssen). Die unhinterfragte Akzeptanz etwaiger Vorgaben von außen kann dabei aber zu keiner wirklichen „Identifikation", keiner kritischen Überprüfung an eigenen Maßstäben führen. Dies stellt aber erst die Basis für kompetente und verantwortliche Entscheidungen dar.

Wie schon oben im Zusammenhang mit den Ausführungen zur „Didaktik der sozialen Integration“ ausführlicher beschrieben, fordert unser Konzept Offenen Unterrichts nicht nur das gegenseitige Akzeptieren der Individualität der verschiedenen in der Klasse miteinander umgehenden Menschen, sondern möchte diese auch weitmöglichst bewahren. Das heißt, der Lehrer führt die Schüler nicht mittels einer trickreichen Sozialerziehung zu einem vorher festgesteckten Ziel einer „gut funktionierenden Gemeinschaft“, sondern er begibt sich mit dreißig Individuen auf einen unbekannten Weg, zu dem alle Beteiligten positive und negative Komponenten beisteuern. Weder die Lernwege der gesamten Klasse noch die des Einzelnen sind vorhersehbar und sie müssen eben so akzeptiert werden, wie sie sich entwickeln. Gerade aber dadurch ergeben sich unzählige produktive Momente der Sozialerziehung, bei denen sich auch die „sozial schwierigeren“ Schüler angenommen und nicht abgestempelt oder bevormundet fühlen.

Demokratische Entscheidungen werden auf diese Weise viel eher akzeptiert werden als bei einer Sozialerziehung, bei der das Ergebnis von vornherein als Erwartung feststeht. Schulklassen bieten dabei – im Gegensatz zu größeren Einheiten – die Chance, wirklich so etwas wie eine Basisdemokratie umzusetzen bzw. zu erproben. Die Klasse kann eine Gemeinschaftsform bilden, in der es nicht nur um das Stimmrecht des Einzelnen geht, sondern um das Suchen nach der besten Lösung für alle. Da, wo jeder jeden gut kennt, vermag er seine Entscheidungen viel differenzierter und reflektierter zu fällen als in einer anonymen Gemeinschaft, in der demokratisch oder sogar als Konsens gefällte Beschlüsse oft genug der sozialen oder mitmenschlichen Komponente entbehren.

Dabei bilden soziales und inhaltliches Lernen eine untrennbare Einheit. Die Sozialerziehung wird zum Motor des Schullebens und dadurch auch zum Motor des „Stofflernens". Der ständige gegenseitige Austausch, die Selbstverständlichkeit der Begabungs- und Verhaltensunterschiede, der ganz selbstverständliche Einbezug des vielfältigen Schülerwissens, die unterschiedliche Herangehensweise und Auseinandersetzung der Beteiligten, all das geschieht nicht mehr vorgeplant und durchstrukturiert, sondern auf natürliche Art, eben dann, wenn der Bedarf da ist bzw. die Situation es erfordert. Einen solchen didaktischen Reichtum kann kein lehrergelenktes Konzept bieten. Wir müssen dringend wegkommen von einer Sozialerziehung mit einem nicht-sachbezogenen Wärme- und Harmoniestreben und sollten der sozialen Dimension in den organisierten Lehr-Lern-Prozessen mehr Aufmerksamkeit schenken, sie für die *Sache* selbst nutzen, wie es Bauersfeld (vgl. 1999) ausdrückt.

4.4 Die neue Schülerrolle – vom Aberledigen zum Erfinden

> Aus der Optik der Schüler stellt sich die Situation so dar: In den Anfängen ihrer Schulzeit fühlen sie sich als Person angesprochen. [...] Sie verfolgen den Unterricht gespannt und wollen überall noch etwas Eigenes beitragen. Zehn, zwanzig erhobene Hände strecken sich dem Lehrer entgegen, versuchen geräuschvoll seine Aufmerksamkeit auf sich zu ziehen, zeugen von einer aktiven Lernbereitschaft. Jeder weiss etwas anzumerken, kann auf ein passendes oder unpassendes Erlebnis verweisen, hat eine Idee, wie man das gestellte Problem anpacken und lösen könnte. Der Lehrer steht vor der Klasse und bemüht sich verzweifelt, jeden Schüler wenigstens einmal pro Lektion dranzunehmen. Doch mit diesem Problem braucht er sich nicht lange herumzuschlagen: Je höher der Stoffberg sich türmt, desto mehr verstummen die Schüler. Ihre persönlichen Beiträge, das merken sie bald, haben ohnehin keinen Einfluss auf den Gang der Dinge. Das Individuelle, Private, Singuläre ist kein bestimmender Faktor im Lernprogramm. Ob ihm viel oder wenig Platz eingeräumt wird im Unterricht, ändert nichts daran, dass Schülerbeiträge in Wirklichkeit entbehrliches Beiwerk sind. (Gallin / Ruf 1990, 25)

Das selbstgesteuerte Lernen im Offenen Unterricht, das oft mit dem Hinweis auf die Überforderung der Kinder auf Grund der fehlenden Lehrgangshilfen abgelehnt wird, paradoxerweise aber zumeist im selben Atemzug geringschätzend als ein *„die können machen, was sie wollen"* deklassiert wird, kommt den Kindern durch seine Transparenz und Ehrlichkeit in vielen Bereichen sehr entgegen – aber es stellt wiederum auch sehr hohe Ansprüche an sie, denn *„sie müssen ja auch wollen, was sie machen"* (vgl. Pitzschel 1986, 221). Es gibt nur wenige Menschen, die ihre Zeit freiwillig dazu nutzen, sich intensiv und unermüdlich mit Sachen auseinander zu setzen, immer wieder den nächsten Schritt zu gehen bzw. gehen zu wollen, in unerschlossene Gebiete vorzustoßen. Die meisten passen sich schnell dem Prinzip der Vorgaben an und überlassen ihr Leben oft genug dem üblichen Gang von Schulpflicht über Ausbildung zur Berufstätigkeit – ohne wirklich entscheidend einzugreifen. Durch die Selbstbestimmung über ihr Leben und Lernen im Offenen Unterricht lernen Kinder hingegen vom ersten Schultag an, ihr Leben relativ selbstverantwortlich in die Hand zu nehmen und sich ganz bewusst für oder gegen Sachen zu entscheiden. Dabei lernen sie vor allem auch sich selber, ihre Stärken und Schwächen, ihre Ziele und Vorstellungen kennen – und zwar reflektiert im Wechselspiel mit denen der anderen Kinder.

4.4.1 Eigener Lernweg, eigene Fehler und eigene Zeit

> Wenn Kinder in die Schule kommen, ist es wichtig, dass sie in ihrer Individualität angenommen werden und Möglichkeiten erhalten, ihren eigenen Lerntyp zu entdecken (vgl. Vester 1978), einen eigenen Lernstil aufbauen und nach eigenem Lerntempo arbeiten können. Nur so kann eine stabile, positive Lernhaltung aufgebaut werden, die über die Schulzeit hinaus wirksam bleiben kann. (Knauf 2001, 32)

Viele Lern- und Disziplinschwierigkeiten herkömmlichen Unterrichts tauchen im Offenen Unterricht gar nicht erst auf. Dadurch, dass das Kind sein Thema nach eigenem Interesse aussuchen und selbstreguliert bearbeiten kann, erfolgt eine individuelle Differenzierung durch das Kind selbst. Der Einzelne kann den Lernstoff dabei so angehen, wie es seiner Art zu lernen, seinem derzeitigen Fähigkeitsstand und seinem Lerntyp entspricht. Lernen ist die Vernetzung von etwas Neuem mit schon bestehendem Wissen. Dabei hat der Lernende meistens schon irgendeine Theorie über den Lernstoff, die der Lehrer gar nicht kennen kann. Entsprechend kann nur der Lernende selbst die Vernetzung so vornehmen, dass der neue Lernstoff nicht isoliert und damit unbrauchbar bleibt.

Vor allem aber kann das Kind erst durch die Möglichkeit, konsequent den eigenen Weg gehen zu dürfen, aus seinen selbst produzierten Fehlern lernen. Aus Fehlern, die es selbst nachvollziehen kann – und die deshalb keine „Fehler“, sondern „Hilfen“ sind. Eine Fremdkorrektur durch Lehrer oder Material bezieht sich hingegen meist nicht auf den individuellen Lernweg des Kindes sondern auf den zu Grunde liegenden Lehrgang. Hier können dann „echte“ Fehler auftauchen. Fehler, die das Kind weder versteht noch einordnen kann. Fehler, die es aus Unverständnis der Sache macht und die ihm eben nicht beim Weiterlernen helfen, sondern ihm eher immer wieder seine eigene Unzulänglichkeit vor Augen führen. Geht das Kind aber seinen eigenen Lernweg, so endet sein Lernvorgang nicht mit der Fremdkorrektur der Arbeit durch Lehrer oder Material, sondern erst nach dem wirklichen Verstehen der Lösung der selbst gesetzten Lernanforderung. Aus der Fremdkontrolle wird eine Eigenkontrolle.

Wichtig ist, dass die Kinder beim Lernen weitmöglich ihrer Eigenzeit folgen können und nicht hilflos der Tempovorgabe oder der Zeiteinteilung des Lehrers ausgeliefert sind. Beim Lernen wechseln Phasen hoher Konzentration und engagierter Auseinandersetzung mit ausgleichenden Entspannungsphasen. Die Ermüdung ist dabei dann am größten, wenn man fremden Vorgaben folgen und zeitgleich dazu Verbindungen zu vorhandenem Wissen herstellen muss. Eine solche Belastung ist immer nur kurzzeitig möglich, weshalb Unterricht üblicherweise einen Wechsel von Spannungs- und Entspannungsphasen anstrebt – was allerdings in der Regel nicht viel hilft, denn nun sind beide Phasen vorgegeben und passen mit ziemlicher Sicherheit nicht zu den individuellen Spannungs- und Entspannungsphasen des Lernenden. Zusätzlich implizieren gerade diese Auflockerungsphasen immer wieder aufs Neue, wie ungeliebt und anstrengend Lernen scheinbar ist: man freut sich beim Lernen nicht am Lernen, sondern man wartet auf die nächsten Auflockerungen und Pausen. Verkehrte Welt.

Dabei gibt es eine ganz einfache Methode, dieser Unstimmigkeit zu begegnen: Räumt man dem Lernenden seine Eigenzeit ein, so ist festzustellen, dass er nicht nur Spannungs- und Entspannungsphasen selber am besten arrangieren kann, sondern vor allem auch, dass die Konzentrationsphasen wesentlich länger werden, da selbstgesteuertes Lernen bedeutend weniger ermüdend ist als fremdgesteuertes Lernen. Dabei darf man nicht vergessen, dass die Eigenzeit der Kinder bzw. ihr Lernrhythmus so unterschiedlich ist, dass es nicht nur um kurzzeitige Entspannungsphasen geht, sondern auch um Tages- bzw. sogar Wochen- oder Monatsrhythmen. Diese lassen sich durch noch so große Differenzierung des Unterrichts nicht auffangen. Viel sinnvoller erscheint es deshalb, die Variation von Spannung und Entspannung den Schülern zu überlassen. So können sie längere Anlaufphasen, schlechte Tage oder mehrwöchige „Durchhänger" selbst kompensieren, indem sie diese in einen größeren Zeitraum einbetten.

In diesem Zusammenhang zeigt sich in der Praxis ein wichtiges Phänomen: eine scheinbare Verlangsamung des Lernens durch das mühselige Finden des eigenen Weges bei der Erstbegegnung mit einem Gebiet führt im Allgemeinen später zu einer „Verschnellung" beim Vordringen in andere Bereiche. Dadurch wird das zeitlich unlineare Vorgehen mittels Selbststeuerung unter dem Strich viel effektiver als das lineare Vorgehen des Lehrgangs. Auch erweisen sich scheinbare Umwege auf dem Weg zum Ziel selten als solche: „Wir vermuten sogar, dass die Lernenden sich selten weit von der Ideallinie des kürzesten Weges entfernen, den zu beschreiten sie überhaupt in der Lage sind." (Gallin / Ruf 1990, 45)

4.4.2 Eigene Ziele, eigene Leistungen und eigene Leistungsbewertung

Entsprechend muss der Lehrer nicht nur diese individuellen Phasen und Rhythmen zulassen, sondern auch die Entwicklung des Kindes in einem größeren Zusammenhang sehen. Dies ist vor allem bei Kindern wichtig, die mit dem selbstständigen Lernen noch Probleme haben und erst einmal eigene Ziele in einer druckfreien Umgebung entwickeln müssen. Der Offene Unterricht kann nur dann funktionieren, wenn die den Schülern abverlangte Selbstverantwortung ehrlich gemeint ist, und für die Kinder *ihr* eigenes Lernen zu *ihrem* eigenen Ziel wird.

Vertrauen in die Ernstgemeintheit der Offenheit wird dabei – gerade bei „erziehungsschwierigen" Kindern bzw. Kindern mit negativen Schulerfahrungen – u. U. erst einmal durch ein Überprüfen bzw. Austesten der Ehrlichkeit der Situation gewonnen. Da massive Disziplinierung in der Regel keine positive Änderung bewirkt (Druck erzeugt Gegendruck), sollte dieses Testen der Freiheit ruhig zugelassen werden, solange es von der Klasse als individuell notwendig erachtet wird und von allen Kindern gemeinsam aufgefangen werden kann (z. B. durch Toleranz oder auch Ignoranz). Dann wird über kurz oder lang das interessante Tun der anderen im Zusammenhang mit der sich aus dem eigenen Nichtstun ergebenden Langeweile zum Setzen eigener Ziele führen. Und dann haben sowohl das Kind als auch der Lehrer langfristig gewonnen.

Wie aus dieser Schilderung ersichtlich wird, geht es im Offenen Unterricht in keiner Weise um ein anstrengungsvermeidendes Lernen nach dem Motto einer „Spaßpädagogik" (Kraus 1998). Ganz im Gegenteil, die Anforderungen unseres Konzeptes Offenen Unterrichts an die Kinder sind enorm. Sie müssen sich jeden Tag neu für das Lernen entscheiden, Inhalte und Austausch suchen, Probleme angehen, Sachen dokumentieren, die eigene Leistung hinterfragen. Wie schon gesagt, ein Anspruch, den nicht viele Menschen an sich selbst stellen. Material zum einfachen Beschäftigen, zum Verdrängen von Langeweile ist nicht vorhanden, es gibt keinen einfachen „Arbeitsmittelkonsum". Wie auch das (eigentlich) zur Suchtprävention entwickelte Konzept „Spielzeugfreier Kindergarten" (Schubert / Strick 1994; Winner1996) zeigt, werden durch den Verzicht auf die üblichen Beschäftigungsmittel bei den Kindern hohe Kompetenzen sowohl im kognitiven Bereich als auch im zwischenmenschlichen Bereich ausgebildet. Die wenigen zum Lernen notwendigen Werkzeuge müssen durch selbstständige Materialbeschaffung oder eigene Kreativität ergänzt und auf die vorhandenen Bedürfnisse des Einzelnen bzw. die Interessen anderer abgestimmt werden. Dabei schult ein solches Lernen automatisch sowohl die eigene Frustrationstoleranz als auch den Umgang mit Leistungsdruck – und zwar auf eine selbstregulierte Weise, die auf dem ständigen Widerspiel zwischen dem eigenen Anspruch und den Tätigkeiten der Gruppe basiert. Dies ist wahrscheinlich mit Abstand die beste Form einer individualisierten Leistungserziehung im Sinne einer reflektierten (von Eltern oft so massiv eingeforderten) Vorbereitung auf unsere Leistungsgesellschaft.

Die selbst gesteckten Ziele beruhen dann entweder auf eigener Neugier oder auf dem Wunsch, es anderen nachzumachen. Beides erzeugt eine Motivation, wie sie nur schwer von außen aufzubauen wäre. Probleme und Fragen werden zu Anker- und Austauschpunkten – und nicht etwa zu „Defiziten", die es zu vermeiden oder zu vertuschen gilt. Kognitive Konflikte werden zum Kommunikationsanlass: das gegenseitige Erklären, das gemeinsame Besprechen, das individuelle Überlegen, all das ist Sprungbrett zu höheren Erkenntnissen. „Fehler" werden vom Mangel zur Herausforderung. Die Beurteilung der eigenen Leistung erfolgt auf diese Art zunächst durch das einzelne Kind, und zwar als ständige begleitende Reflexion im Lernprozess selbst.

Entsprechend unterliegt auch das Arbeitsprodukt nicht vorrangig der Fremdbeurteilung, sondern in erster Linie – auch durch die Freiwilligkeit seiner Erstellung – der eigenen Leistungsbewertung. Der Schüler selbst entscheidet letztendlich, ob er sein Produkt einzelnen Schülern, dem Lehrer oder der ganzen Klasse öffentlich macht oder ob er dies nicht für notwendig hält. So steuert er selbst die Entwicklung vom eigenen subjektiven Bewerten seiner Leistung über die subjektiven Bewertungen der anderen immer mehr hin zu einer gewissen „Bewertungsnorm“. Diese wird die meiste Zeit in der Grundschule eher individuell geprägt bleiben, aber zunehmend sowohl durch vergleichsorientierte als auch normative Elemente beeinflusst werden. Die Entwicklung zur normierten Leistungsmessung erfolgt also individuell und selbstgesteuert, was vor allem auch im Hinblick auf die Akzeptanz bzw. Sichtweise solcher Normen entscheidend ist. Die – ja doch als Selektionskriterium ziemlich willkürlich gesetzte – Norm bestimmt nicht mehr unhinterfragbar die Lerninhalte des Kindes, sondern wird für den Lernenden schon früh als notwendige Vereinbarung einer Gruppe erkennbar, Leistungen evaluierbar zu machen bzw. gemeinsame Ziele zu formulieren.

4.5 Die neue Lehrerrolle – vom Belehrenden zum Lernbegleiter

> In der Schule treffen Menschen, die etwas wissen, auf Menschen, die das, was die Wissenden wissen, noch nicht wissen. Das Wissen der Wissenden ist nicht nur das Ziel, das die Nichtwissenden zu erreichen haben, sondern meist auch die Norm, an der sie laufend gemessen werden. Und hier passiert das Unglück. Weil die Wissenden in der Regel nicht die Produzenten des Wissens sind, das sie verwalten, sondern bloß dessen Vermittler, erscheint Nichtwissen als Makel. Fehlt einer Lehrkraft die Erfahrung des Produzierens – ist sie also immer nur Lehrende und nie Forschende –, so ist sie auch nicht in der Lage, einen Lernprozess kompetent zu begleiten und zu beurteilen. Sie misst dann alles, was die Schüler sagen und tun, an dem, was sie sagen und tun müssten, wenn sie schon wüssten, was es zu wissen gibt. (Ruf / Gallin 1998b, 96)

> Selbstgesteuerte Formen des Lernens verändern die Rolle von Lehrerinnen und Lehrern im „Haus des Lernens“. Sie können nicht mehr vorrangig Wissensvermittler sein.
>
> Ihr professionelles Selbstverständnis muß sich in der neuen Rolle des „Coaching“, der Kompetenz von Lernberatern und „Lernhelfern“ (learn-facilitators) ausdrükken [...]. So kann Schule für Lehrende und Lernende zum gemeinsamen sozialen Erfahrungsraum werden. (Bildungskommission NRW 1995, 85)

Die Aufgaben des Lehrers im Offenen Unterricht weichen stark von seiner Tätigkeit im traditionellen Unterricht ab. Seine Kompetenz liegt nicht mehr darin, den zu vermittelnden Stoff oder die Sozialerziehung als Transporteur in entsprechend wohldurchdachten, differenzierten Einheiten zum Schüler zu bringen, das heißt ein sozial harmonierendes Umfeld zu schaffen und die von den Schulbuchautoren mundgerecht verpackten Häppchen auf motivierende Weise den Schülern schmackhaft zu machen, sondern er muss diese Tätigkeiten an die delegieren, die viel besser individualisieren können als er es jemals können wird: die Schüler. Er könnte im Unterricht zwar Stück für Stück einen – zumindest aus der Rückschau – nachvollziehbaren Lernweg darbieten, das hieße aber noch lange nicht, dass die Schüler dadurch zu einer eigenen Wissenskonstruktion bzw. zu einem wirklichen Lernerfolg kommen. Vielmehr geht er damit das Risiko ein, dass auf Schülerseite Unverstandenes einfach nur reproduziert wird.

Es geht also nicht mehr darum, den Schüler „dort abzuholen, wo er steht", um ihn dann zusammen mit den anderen zu der Stelle zu führen, wo sich der Stoff gerade befindet, sondern es geht um die Freigabe der Beziehung zwischen Schüler und Stoff. Der Schüler soll eben nicht mehr der vermeintlichen Kunst des Lehrers vertrauen, er werde ihm den Stoff schon irgendwie beibringen, sondern er soll sich selber damit auseinandersetzen, und zwar von der Stelle aus, an der er sich momentan befindet. Entsprechend muss auch genau das als Richtschnur für den Lernprozess gelten. Es ist eben kein Defizit, sich nicht am Zielpunkt zu befinden, es gibt lediglich den Punkt auf dem eigenen Weg zum eigenen Ziel.

4.5.1 Ansprechpartner, Materiallieferant und „Lernförderer"

Schon in den sechziger Jahren hat Carl Ransom Rogers die Aufgaben des Lehrers als „Lern-Facilitator" formuliert, den ich im Folgenden als „Lehrer im Offenen Unterricht" zitiere:

> *Der Lehrer im Offenen Unterricht trägt viel dazu bei, die Ausgangsstimmung oder das anfängliche Klima für das Geschehen in der Gruppe oder der Klasse zu schaffen.* […]
>
> *Er hilft, die Ziele der einzelnen Mitglieder der Klasse wie die allgemeinen Absichten der Gruppe ans Licht zu bringen und abzuklären.* Wenn er keine Angst davor hat, widersprüchliche Absichten und miteinander in Konflikt stehende Ziele zu akzeptieren, und wenn er dazu fähig ist, den einzelnen ein Gefühl der Freiheit zu gewähren, das ausdrücken zu können, was sie gern tun würden, dann hilft er, ein Klima zu schaffen, in dem gelernt werden kann. […]
>
> *Er vertraut darauf, daß jeder Lernende wünscht, solche Vorhaben durchzuführen, die für ihn Sinn haben, worin ja die motivierende Kraft für signifikantes Lernen liegt* […].
>
> *Er bemüht sich, ein möglichst breites Angebot von Hilfsquellen, mit denen gelernt werden kann, zu organisieren und leicht verfügbar zu machen* […].
>
> *Sich selbst betrachtet der Lehrer im Offenen Unterricht als ein flexibles Hilfsmittel, das die Gruppe nutzen kann.* Er degradiert sich nicht zum Gebrauchsgegenstand, sondern er stellt sich als Anwalt seiner Lernenden, als Dozent, als Studienberater und als Person, die auf dem jeweiligen Gebiet Erfahrung hat, zur Verfügung. Er will von den einzelnen und von der Gruppe so in Anspruch genommen

werden, wie es für sie am sinnvollsten erscheint und soweit das, was sie von ihm wünschen, für ihn tragbar ist. […]

Er ergreift die Initiative, sich selbst – seine Gefühle wie seine Gedanken – der Gruppe mitzuteilen, ohne damit etwas zu fordern oder aufzudrängen. Er bringt einfach sich persönlich ein, ob nun die Lernenden davon Gebrauch machen oder nicht. […]

In seiner Funktion als Facilitator des Lernens bemüht sich der Leiter, seine eigenen Grenzen zu erkennen und zu akzeptieren. Er sieht, daß er für seine Schüler Freiheit nur in dem Maß garantieren kann, wie es für ihn selbst annehmbar ist. […] An der Gruppe kann er als deren Mitglied nur teilnehmen, wenn er wirklich fühlt, daß er und seine Schüler als Lernende gleichberechtigt sind. (Vgl. Rogers 1974, 163ff.)

Weil nicht mehr unterrichtet wird, ist der Lehrer bei Bedarf ganz für das Kind da; es erfolgt ein individuelles Eingehen auf das Kind und seine ganz persönliche Problemlösung. Da der Lehrer das Kind nicht belehrt, sondern nur Impulse setzt, steht er trotz der intensiven Beschäftigung mit dem Einzelnen allen Kindern zur Verfügung. Weil die Kinder darum wissen und die Tätigkeit des Lehrers jederzeit nachvollziehen können, stört es sie nicht, auch schon mal vertröstet zu werden. Für Warteschlangen haben sie keine Zeit: entweder der Lehrer meldet sich kurz darauf, oder man fragt später noch einmal nach. Das häufig in anderen Klassen bis in höhere Schuljahre zu beobachtende „Abholen" der Lehrerbestätigung mancher Kinder nach jeder kleinsten erledigten Aufgabe entfällt – zumal die Kinder auch durch die eigene Auseinandersetzung mit dem Lernstoff nicht der sonst üblichen Unsicherheit über die richtige Aufgabenlösung ausgeliefert sind.

Der Lehrer hat in der Klasse eine klare Funktion als Ansprechpartner, „Abladeplatz und Sammelstelle für Arbeitsergebnisse“ (Zehnpfennig / Zehnpfennig 1992, 48), Impulsgeber und Verstärker der Schüleraktivitäten. Er vollführt dabei immer eine Gratwanderung zwischen der notwendigen Hilfe durch Impulse und überflüssiger Belehrung. Er hat zwar die Pflicht, das Tun der Kinder im Auge zu behalten, hat aber nicht das Recht, die Kinder (unbegründet) bei der Arbeit zu stören, wie es so viele Lehrer in anderen Klassen machen. Er nimmt die Anliegen der Kinder ernst und reagiert je nach Möglichkeit früher oder später auf diese. Es ergibt sich eine „Atmosphäre, wie in einer (großen) Familie“ (Zehnpfennig / Zehnpfennig 1994 d, 28) – was aber auch bedeutet, dass alle Beteiligten auf dieser Ebene miteinander umgehen, das heißt auch der Lehrer hat – bei aller Verantwortung und seiner selbstverständlich anderen Rolle im Unterricht – ein Recht auf Selbstregulierung. Gerade diese Möglichkeit des Offenen Unterrichts, sich nicht einer fremdgesteuerten Rolle zu unterwerfen, sondern situativ und authentisch auf die Kinder reagieren und mit ihnen lernen zu können, macht den Offenen Unterricht ja als Alternative zum (für Schüler *und Lehrer* fremdgesteuerten) Frontalunterricht so attraktiv.

GEMEINSCHAFTSGRUNDSCHULE

Troisdorf – Spich

Zeugnis Klasse 4(1. Halbjahr)

Für Falko Peschel
Geboren am ? Klasse 4e Schuljahr 1998/ 99

Gymnasium

Falkos Arbeitsverhalten ist besser geworden. Er kann recht viele Sachen. Versteht sie auch bestens. Hausaufgaben macht er auch super. Bis an ein paar Tagen wenn er nicht so gut gelaunt ist schleudert er Kinder herum und brüllt durch die Klasse.
Wie gesagt nur an ein paar Tagen. Er kann alle Fächer super bis auf ein paar. Falko probiert nicht so gerne schwierige Sachen aus. Er lässt das lieber andere ausprobieren.
Falko lässt sich auch manchmal ablenken. Er freut sich oft wenn er Lösungen raus kriegt. Manchmal ist er recht albern, aber ich glaube das ist die ganze Klasse oft auch. Er macht sich recht nützlich wenn ihn einer fragt. Falko kommt auch gut mit anderen Kindern aus. Er zeigt gerne anderen Kinder wie manche Sachen funktionieren . Aber das was raus kommt sagt er nicht. Falko kann in Gruppen zusammen Arbeiten. Er hört auch aufmerksam im Kreis zu.

4.5.2 Verzicht auf Lehrgangskrücken und Unterrichtstraditionen

Dass für die beschriebene Lehrerfunktion neben der sehr anspruchsvollen menschlichen Komponente eine sehr hohe Fachkompetenz erforderlich ist, liegt auf der Hand. Der Lehrer muss sich so sicher über Stoff und Schüler sein, dass er sich wirklich nicht mehr als (Be-)Lehrender versteht, sondern viel eher als Moderator in dem Sinne, als dass er durch kompetente Fragen und Impulse die Auseinandersetzung anregt, diese aber eben nicht stört. Diese Fähigkeit des Zulassens hat Jürgen Reichen einmal provokativ „qualifiziertes Nichtstun" genannt.

Qualifiziertes Nichtstun hat dabei nichts mit Abwarten zu tun, sondern ist von ganz anderer, weiterreichender Qualität, da die eigene Auseinandersetzung des Lehrers mit dem Stoff weit über das Durchlesen des Lehrerkommentars hinausgeht. Es wird im Unterricht ja nicht mehr nur eine bestimmte Teilleistung oder Technik eingeübt, sondern es ergeben sich unzählige Frage- und Problemstellungen bzw. Lernanlässe. Dafür muss keine unerschütterliche Kenntnis auf ganzer Bandbreite vorhanden sein, aber die Faszination, die ein Fach oder Themengebiet ausstrahlen kann, sollte auf jeden Fall exemplarisch selbst erfahren worden sein. Die gleiche Faszination muss auch im Hinblick auf die Lernwege der Schüler erfolgt sein. Wirkliches Interesse an den gewählten Wegen, die Faszination und Logik scheinbarer Umwege, die Verblüffung über riesige Lernsprünge, all das sind unabdingbare Erfahrungen, die einem als Lehrer das Loslassen erleichtern. Man spürt in einem solchen Unterricht immer wieder, wie wenig wichtig man eigentlich als „Lehrender" für die Kinder ist, wie wichtig aber als Wegbegleiter und Freund.

Dadurch begibt man sich in ein vermeintlich sehr unsicheres Feld. Man verliert den großen Halt, den der – auch noch so differenzierte – Lehrgang immer mit sich bringt und durch den dieser seine einzige Berechtigung erhält: als Krücke für den Lehrer. In diesem Zusammenhang gehe ich davon aus, dass die in der Literatur beschriebenen 1000 Wege der Hinführung zu Offenem Unterricht bzw. der Öffnung von Schule in erster Linie für den Lehrer notwendig sind. Sie führen nicht etwa den Schüler von einer angeborenen Unselbstständigkeit oder einer angeborenen Sozialfeindlichkeit zu einem selbstständigen und verantwortungsbewussten Lernenden, sondern sie ermöglichen vor allem dem Lehrer, seine bereits erfolgte schulische Sozialisation und seine festgeschriebene Rolle als Belehrender langsam abzulegen. Warum sollten die emanzipierten Schüler von heute auch geschlossenen Unterricht besser beherrschen als offenen Unterricht und entsprechend von der Geschlossenheit zur Offenheit geführt werden müssen? Neben den Erfahrungen offen unterrichteter Klassen zeigen entsprechende Versuche mit offenen Kindergartengruppen, dass Kinder schon als Kleinkinder sehr wohl mit offenen Situationen in entsprechenden Institutionen umgehen können (vgl. Pliefke 2000) – genauso überleben sie ja auch außerhalb dieser Institutionen.

Sollte es auf breiter Basis der Fall sein, dass Schülern Offenheit von Anfang an eben nicht schwer fällt, so hätte dies weitreichende Konsequenzen für die gesamte Lehrerausbildung. Momentan geht man im Grunde noch davon aus, dass der traditionelle Unterricht die Grundlage für die offenen Formen darstellt. Nur wer frontal unterrichten kann, kann in der Klasse überhaupt bestehen. Ob diese Qualifikation wirklich das ist, was der Lehrer im Offenen Unterricht braucht, ist fraglich. Im Offenen Unterricht gibt es für den Lehrer keinen Stoff mehr, der einfach abgehakt werden kann, keine Sicherheit bezüglich der Tagesgestaltung. Er weiß als Lehrer nie, welche Fragen und Probleme auftauchen werden, was die Kinder gerade brauchen. Das ist zwar bei genauer Betrachtung auch im Lehrgangsunterricht nicht anders – nur dort ist man gewohnt, sich hinter dem Lehrgang vor der Entwicklung der Kinder und ihren eigentlichen Bedürfnissen zu verstecken (– und sei es durch ein Verbot, schon die nächste Seite zu bearbeiten).

4.6 Die neue Rolle der Arbeitsmittel – vom Lehrgang zum Werkzeug

Die Anforderung an die Arbeitsmittel „vom Lehrgang zum Werkzeug" ist eine der wichtigsten Komponenten unseres Offenen Unterrichts. Wie schon oben beschrieben, kann das Lernen der Schüler nur dann auf eigenen Wegen erfolgen, wenn vorgegebene Lehrgänge nicht einfach übernommen werden. Methodisch liefert dabei das (im zweiten Band näher erläuterte) „selbstgesteuerte Lernen" das Grundprinzip für *alle* Fächer. Entsprechend muss das in der Klasse befindliche Material ausgelegt sein. Vorstrukturierte Materialien mit festen Vorgaben und reproduktivem Charakter werden gegen kreative Materialien ausgetauscht. Dabei stellt das „weiße Blatt" wahrscheinlich die größte Herausforderung an die Imagination dar (Hilfestellungen geben die fachdidaktischen Ausführungen im zweiten Band).

4.6.1 Verzicht auf den Konsum von Lehrgängen, Arbeitsmitteln und Lernspielen

Da sich beim selbstgesteuerten, freiwilligen Lernen der einzelne Schüler jeden Tag aufs Neue selbst zum Lernen motivieren muss, sollte man ihm diese Entscheidung nicht noch dadurch erschweren, dass man ihm didaktisch und motivational aufbereitete Arbeitsmittel als ständige Alternative zum entdeckenden Lernen darbietet. Die Verführung zu einem reinen Konsum von Arbeitsmitteln oder zum leichten Aberledigen von Lernstoff ist zu groß, als dass sich alle Schüler dagegen behaupten könnten. Begeben sie sich aber in die passive Rolle einer Abhängigkeit von vorgegebenen Materialien, so wird die Motivation zu einer von innen kommenden Auseinandersetzung mit dem Stoff, zum Finden einer eigenen Problemstellung, einer Kernidee, zum Besorgen des zur Bearbeitung notwendigen Materials, zum Verfolgen verschiedenster und umfangreicher Lösungswege, zum Reflektieren der Erfahrungen usw. schnell verloren gehen.

Denn es ist auf jeden Fall einfacher, die Verantwortung für das Lernen an das Material abzugeben, als sie selber zu tragen.

Man muss sich auch darüber im Klaren sein, dass alle Sachen, die im vorhinein geplant oder speziell für ein Thema oder Ergebnis vorbereitet worden sind, immer auch eine gewisse Erwartungshaltung darstellen, egal mit wie vielen Alternativen sie versehen wurden. Sind solche Vorplanungen oder Angebote vorhanden, ist es – sowohl für den Schüler als auch für den Lehrer – immer einfacher, auf diese „im Raume stehenden" Dinge zurückzugreifen, anstatt eigene Zugangsweisen, Hilfen und Vorgehensweisen zu nutzen. Sie sollten daher weitmöglichst vermieden werden bzw. nur da eine Rolle spielen, wo sie von allen als unabdingbar bzw. hilfreich empfunden werden. Im Rahmen einer aktiven Reaktion auf das passive Konsumieren ist daher weniger immer mehr. Je *weniger* vorgegebene Arbeitsmittel, desto *mehr* müssen die Schüler ihr Lernen selbst organisieren. Eine vermeintliche Öffnung des Unterrichts durch ein Überangebot an Arbeitsblättern oder -material ist in der Regel kontraproduktiv. Quantität hat nichts mit Qualität zu tun. In dieser Hinsicht ist der Offene Unterricht endlich einmal kompromisslos geschlossen ...

Genauso kompromisslos sollte der Offene Unterricht mit der Rolle des Spiels in der Schule umgehen. Sind die gängigen Spiele und Lernspiele wirklich kindorientiert, oder handelt es sich nicht viel mehr um Modelle, mit denen der Erwachsene die Welt des Kindes einrichtet bzw. vorgibt? Kann man „Spiel" nicht auch einfach als selbstreguliertes Lernen verstehen? Die intensive Beschäftigung mit einer Sache, die den Akteur die Umgebung ganz vergessen lässt? Das, was das Spiel von Kindern auszeichnet, ist nicht das „Spielerische", sondern die Autonomie, die Lernfreiheit, die Möglichkeit zur Selbststeuerung, die das Spiel dem Kind ermöglicht (vgl. auch Reichen 1991, 9). Spiel könnte definiert werden als nicht ermüdendes Arbeiten auf Grund intrinsischer motivationaler Elemente. Dabei stellt das so verstandene Spiel eine Hochform des Lernens dar, weil vielfältige Lernprozesse beiläufig, natürlich und unbewusst ablaufen und sich dadurch auf einer höchst effektiven Aneignungsebene befinden (vgl. auch Oerter 2000, 254f.).

Was man hingegen in der Schule vorfindet, ist ein mehr oder weniger passiver Konsum von Spielen anstatt einer aktiven Auseinandersetzung mit der Wirklichkeit – oder aber die strikte Trennung von Arbeit als Pflicht und Spiel als zwangsläufiger Erholung davon. Dies kann gravierende Konsequenzen für die Lebenseinstellung des Kindes in der heutigen Wohlstands- bzw. Konsumgesellschaft haben und wird damit sogar u. U. schnell von einem schulischen zu einem gesellschaftlichen Problem. Um hier pädagogisch vorzubeugen, sollten Spiel und Lernen wieder eins werden, die künstliche Trennung aufgehoben werden. Selbstreguliertes, interessegeleitetes Lernen ist ein Lernen, das sowohl harte Arbeit als auch spielerische Auseinandersetzung miteinander vereint – ohne didaktisierte

„spielerische" Arbeitsmittel, deren Botschaft ja im Grunde ist: „Lernen ist eigentlich unangenehm und anstrengend und wir müssen irgendwie (am besten spielerisch verpackt) da durch."

4.6.2 Herausforderung durch Werkzeuge, Alltagsmaterialien und Informationsmöglichkeiten

In den fachdidaktischen Ausführungen im zweiten Band werden deshalb erste konkrete Vorschläge für Werkzeuge gemacht, die eine eigenaktive Erschließung der Fächer ermöglichen. Der Begriff „Werkzeug" verdeutlicht dabei nicht nur die Abgrenzung zum Lehrgang sondern auch zum traditionellen Arbeitsmittel. Während herkömmliche Arbeitsmittel in der Regel „ergebnisorientiert" sind, stellen Werkzeuge „prozessorientierte" Hilfen dar – und sind damit von einer ganz anderen Effektivität, da „ergebnisorientierte Hilfen einen verschwindend geringen Transfereffekt haben." (Lange 1988, 120) Zusätzliches Material stellen solche Gegenstände dar, die so auch im Alltag vorkommen und nicht speziell für die Schule konstruiert wurden. Am sinnvollsten erscheint es daher, den Kindern einfach das Mitbringen von „Forschersachen" zu erlauben. Dieses ist vor allem auch im Zusammenhang mit dem Sachunterricht bzw. den musischen Fächern wichtig. Eine spezielle Stellung bei den Arbeitsmitteln in der Klasse nehmen darüber hinaus Sach- und Geschichtenbücher ein, die als Lesestoff und Informationsträger für das eigene Forschen in allen Fächern unabdingbar sind.

Zusätzlich können „Ideenkisten“ Impulse durch herausfordernde oder faszinierende Fragestellungen der Fächer geben. Die Handhabung dieser Ideenkisten erscheint dabei nicht leicht, denn es kann nicht darum gehen, dass die Kinder eine Quelle für Aufgaben (z. B. eine Lernkartei o. Ä.) bekommen, die sie in alter Lehrbuchmanier „abarbeiten“ können. Zu überlegen ist daher, in welcher Form solche Impulse am sinnvollsten sind: In der Form einer Version für die Hand der Kinder, so dass sie lehrerunabhängig darin stöbern können? Oder eher als eine Gedankenhilfe für den Lehrer, die ihn bei seiner Tätigkeit als Moderator und Impulsgeber unterstützt? Oder eine Kinderversion für den Lehrer ...? Wahrscheinlich kann diese Frage nur individuell auf den einzelnen Lehrer bzw. eine Klasse bezogen beantwortet werden. Sicher ist jedoch, dass sich erfahrungsgemäß einzelne, in die Klasse gestreute Fragestellungen bzw. Themen, mit denen einzelne Kinder sich beschäftigen, meist ziemlich schnell und sicher in der ganzen Klasse verbreiten. Dabei haben diese dann eben nicht den Charakter vorgegebener zu lösender Aufgaben, sondern pflanzen sich durch die Neugier der Kinder fort – motivational ein riesiger Unterschied. Wie schon oben gesagt, müssen solche Sammlungen oder Anregungen aber erst noch gesammelt bzw. erstellt werden. Erste Hinweise und Vorschläge finden sich bei den fachdidaktischen Ausführungen im zweiten Band.

4.7 Die neue Rolle der Leistungsmessung – von der Kontrolle von oben zur Begleitung von unten

> Die Schule muß für Schülerinnen und Schüler und deren Eltern erfahrbar machen, daß Schulzeit eine zwar wichtige, aber zeitlich begrenzte Episode in dem Prozeß lebenslangen Lernens ist. [...] Im „Haus des Lernens“ soll deshalb so gelernt werden, daß nicht vorrangig auf Prüfungen, Abschlüsse und Berechtigungen hingearbeitet wird, sondern das Lernen als eine das Leben insgesamt tragende individuelle und sozial orientierte Befähigung eingeübt und verstanden wird. [...]
>
> Auch zwischen Lernen und Leisten wird oft nicht genügend unterschieden, das Lernergebnis wird dann leicht für das Lernen selbst gehalten. Schülerinnen und Schüler machen zum Teil sehr früh die enttäuschende Erfahrung, daß ihre Umgebung, vor allem die eigene Familie, sich weniger für das Lernen selbst, für seine Schwierigkeiten und seine Inhalte interessiert, als für seine Ergebnisse in Form quantifizierend bewerteter Leistungen. Die alltägliche Erfahrung von Schule könnte bei Kindern und Jugendlichen den Schluß nahelegen, Lernen sei nur dazu da, damit seine Ergebnisse als Leistung registriert, verglichen und bewertet werden können. (Bildungskommission NRW 1995, 85 ff.)

Das andere Verständnis der Leistungsmessung im Offenen Unterricht klang schon mehrfach im Zusammenhang mit der Rolle des Lehrplans und der anderen Sichtweise auf Fehler an. Wenn auf den Lehrgang und auf reproduktive Arbeitsformen verzichtet wird, gibt jedes entsprechend frei erstellte Schülerprodukt Aufschluss über den momentanen Leistungsstand. Das, was die Schüler machen, können sie auch. Der Lehrer sieht, was gearbeitet wird, er bekommt alle Produkte bei der Besprechung im Sitzkreis mit, ja er kann sie sogar täglich sammeln und bekommt so ein lückenloses Bild über die individuellen Lernwege der Kinder. Er sieht dann auch, dass diese meist nicht geradlinig verlaufen: Was schon mal richtig gemacht worden ist, wird plötzlich falsch gemacht, Hypothesen werden ausprobiert und verworfen, es wird übergeneralisiert, es gibt chaotische Phasen, in denen bei einzelnen Kindern z. B. Schreib- und Druckschrift, Groß- und Kleinschreibung usw. völlig durcheinandergeraten, und es gibt Kinder, die können von einem auf den anderen Tag ganz plötzlich (richtig) schreiben, lesen oder rechnen.

„Fehler sind Versuche des Kindes, Anforderungen so zu vereinfachen, daß es sie auf seinem Entwicklungsstand bewältigen kann.“ (Brügelmann / Brinkmann 1994, 9) Wenn wir die Anforderungen an das Kind durch die positiv überfordernde Herausforderung im Offenen Unterricht so hoch stecken, wie wir das tun, müssen wir auch seinen natürlichen Weg aushalten und dürfen nicht vorschnell von außen intervenieren. Es geben ja gerade die Fehler genauen Aufschluss über den Lernstand des Kindes. Bei genauer Betrachtung fällt dabei auf: Es ist gar nicht alles falsch, was falsch aussieht – und es ist gar nicht alles richtig, was richtig aussieht! Fehler sind Kommunikationsanlässe, keine Bewertungskorrektive:

> Während die ganze Klasse an einem Auftrag im Reisetagebuch arbeitet, habe ich Zeit, mich zu diesem oder jenem Kind hinzusetzen und mich in seine singuläre Weit einzuleben. Was Kinder in ihr Reisetagebuch schreiben, ist für mich nicht immer auf Anhieb verständlich. Darum stelle ich immer wieder die Frage: *Warum hast du das gerade so gemacht? Was hast du dir dabei gedacht?* Nicht selten sind Verstöße gegen fachliche Normen Anlass zu solchen Fragen. Und nicht selten stelle ich verwundert fest, dass sich hinter einem scheinbaren Fehler ein sehr klarer und konsequenter Gedanke verbirgt: Das Kind hat etwas Wichtiges entdeckt, es weiß aber noch nicht, wie das in die Welt des Regulären übersetzt werden muss. (Berger-Kündig 1998, 161)

4.7.1 Bewertung von Können, Arbeitsverhalten oder Anpassungsbereitschaft?

Da es im Offenen Unterricht weder einen normierten Lehrgang noch das herkömmliche Frage-Antwort-Spiel gibt, wird die Leistungsmessung nicht als Druckmittel gegen den Schüler eingesetzt bzw. muss nicht mehr so eingesetzt werden (vgl. i. F. Peschel 1999, 41). Kann es sein, dass Lehrern die Beurteilung des Arbeitsverhaltens der Schüler als Lern*prozess*bewertung so wichtig ist, weil es dabei um das letzte Kontrollmittel geht, die Schüler zu disziplinieren und den „Unterricht“ sicherzustellen? Würde das Arbeitsverhalten nicht in die Bewertung einfließen, gäbe es keine unmittelbaren Mittel zur Sanktionierung mehr und ein lehrergelenkter Unterricht ließe sich nur schwer aufrechterhalten.

Sinn der stärkeren Berücksichtigung des Lernprozesses bei der Bewertung der Kinder war es ursprünglich einmal, den Blick des Lehrers auf individuelle Wege und Lösungsprozesse zu lenken, das heißt dem Kind wirklichen Freiraum bezüglich seines Lernweges zu gestatten, Umwege und Fehlschlüsse zu erlauben und als produktive, für das Lernen notwendige Kraft zu sehen. Gewährt man in seinem Unterricht mit Freier Arbeit, Wochenplan oder Werkstatt diese Form der Offenheit aber gar nicht, so bleibt an „Prozessbewertung“ nur die möglichst ordentliche bzw. arbeitsbereite Nachfolge der Vorgaben zu beurteilen. Das hohe Ziel der Achtung vor den so vielfältigen und individuellen Lernwegen der Kinder karikiert sich selber zu einem Werkzeug, ihre Anpassung an Fremdvorgaben zu kontrollieren und das individuelle und selbstregulierte Lernen zu unterbinden.

Da im Offenen Unterricht die Kinder völlig selbstständig arbeiten, braucht der Lehrer sie nicht als Stützen seines Unterrichts. Er ist nicht mehr abhängig von ihrer Kunst (oder Gunst), im Unterricht mitzumachen, niemanden zu stören, aufmerksam zu scheinen. Entsprechend offen ist er dafür, wie sich jemand etwas beibringt, wie lange er dafür braucht, und sogar auch, an was die Kinder lernen. Ein sauber geführtes Heft oder ein immer aufzeigender, fleißiger Schüler weisen nun einmal in keiner Weise auf einen Lernerfolg hin. Das wissen wir alle aus Erfahrung. Lernen hat nicht viel mit dem äußeren Schein von Interesse oder Fleiß zu tun. Können das dann aber Kriterien sein, nach denen man Schüler aussortieren kann?

Man muss differenzierter herangehen und überlegen, wann ein Einbezug des Arbeitsverhaltens in die Note wichtig ist. Generell sollte die tatsächliche Leistung, das individuelle Können des Kindes als Produkt maßgeblich sein. Bevor also ein Bezug zur Norm herstellt wird, muss man sich das gesamte Können des Kindes im zu bewertenden Bereich ansehen, nicht nur eine Teilleistung, wie sie z. B. üblicherweise in Klassenarbeiten abgefragt wird. Man möchte ja nicht das Kurzzeitgedächtnis oder die Stressfähigkeit testen, sondern die Qualifikation des Kindes. Aber natürlich sollte bei einzelnen Kindern auch der Arbeitseinsatz berücksichtigt werden – primär aber bei den „schwachen“ Kindern. Strengt sich hier jemand besonders an oder zeigt er gute Fortschritte beim Lernen, so kann er nicht trotzdem auf seiner schlechten Note sitzen bleiben, nur weil er kognitiv oder vom Umfeld her nicht dieselben Voraussetzungen wie andere Kinder hat. Allerdings muss die Note auch im Vergleich rechtfertigbar bleiben oder sie muss gegebenenfalls durch ein ärztliches Gutachten bzw. offizielle Integrationsbemühungen außer Kraft gesetzt werden.

4.7.2 Leistungsbewertung als Einforderung des Lehrers oder des Schülers?

Wenn nun die Schülerprodukte das Medium der Leistungsmessung des Lehrers darstellen, so stellt sich die Frage, ob denn jedes dieser von den Kindern erstellten Produkte täglich bewertet werden sollte?

> Es mag überraschen, vielleicht sogar schockieren, dass die Lehrerin unter fast jede Schülerarbeit ihre qualifizierenden Bildstempel setzt. Muss denn, so kann man sich fragen, alles und jedes bewertet sein? [...] Offene Aufträge, wie sie im Rahmen des dialogischen Lernens gestellt werden, zielen auf eine sachbezogene und intensive Auseinandersetzung mit den Unterrichtsstoffen. Wenn wir als Lehrkräfte nicht in der Lage sind, solche Auseinandersetzungen zu würdigen und zu beurteilen, muss bei den Kindern der Eindruck entstehen, ihr Tun und Lassen im Unterricht sei beliebig, es habe keine – oder noch schlimmer – eine unberechenbare Wirkung. Gibt die Lehrperson ihre Leistungseinschätzung nicht klar und unmissverständlich bekannt, erzeugt sie früher oder später Desinteresse oder wilde Spekulationen über das, was wohl der Kern der Sache und die Intention des Unterrichts sei. (Ruf / Gallin 1998 b, 157 f.)

Während Gallin und Ruf die tägliche Beurteilung für den auf Lehreraufträgen basierenden Reisetagebücherunterricht durchaus für richtig und wichtig halten, würden wir die Kontrolle bzw. Bestätigung der Schülerleistungen im Offenen Unterricht nur da vornehmen, wo sie von den Schülern individuell eingefordert wird. Eine kontinuierliche Bewertung (und Berichtigung) der Arbeiten mit entsprechenden Belohnungsstempeln o. Ä. drückt gleichzeitig neben der Kontrolle auch eine gewisse Herabwürdigung der Eigentätigkeit des Schülers aus, der ja eigentlich aus eigenem (Sach-)Interesse – und eben nicht für den Lehrer oder die Eltern – lernen soll. Die aus der inneren Eigenmotivation heraus entstehenden Leistungen werden plötzlich von jemandem ungefragt eingeordnet und auf Kriterien reduziert, die nicht viel mit dem eigenen Zugang zur Sache zu tun haben:

> Many of the activities we ask children to attempt in school, in fact, are of intrinsic interest to at least some of the children; one effect of presenting these activities within a system of extrinsic incentives [...] is to undermine the intrinsic interest in these activities of at least those children who have had some interest to begin with. (Lepper / Greene 1973, 136)

Auch die landläufige Begründung, dem Schüler durch den Hinweis auf Unzulänglichkeiten und Fehler die notwendige Unterstützung in seinem Lernprozess zukommen zu lassen, greift nicht, denn die Erfahrungen zeigen, dass sich aus lerntheoretischen Überlegungen keine Gründe für eine Fehlerkorrektur im Sinne „nichts Falsches stehen lassen“ finden lassen. Lernen ist ein dauerndes Hin- und Herpendeln von falschen und richtigen Vorstellungen, so dass eine Korrektur höchstens unmittelbar beim Entstehen des „Fehlers“ wirklich nützen würde.

Und das ist durch den Lehrer schon rein organisatorisch nicht leistbar. Und die von ihm erst später korrigierten Arbeiten hingegen nützen dem Schüler in der Regel nichts mehr. Der sieht sich diese sowieso nicht mehr an ...

> Aber nicht nur für die Schüler, auch für die Lehrer hat die Korrektur von Aufsätzen etwas Frustrierendes. Da sitzt ein Lehrer oder eine Lehrerin stundenlang hinter Schülerarbeiten und müht sich, die Überlegungen der Lernenden nachzuvollziehen, ja keinen Fehler zu übersehen und die Leistungen mit einem ausgeklügelten Kriterienkatalog ausführlich und gerecht zu beurteilen. Und wie reagieren die Lernenden? Sie werfen einen kurzen Blick auf die Note, sind erfreut oder verärgert und versuchen allenfalls, ihre Zensuren durch geschicktes Taktieren noch etwas aufzumöbeln. (Ruf / Gallin 1998a, 200)

> Wir glauben vielleicht, dass die Schüler mithilfe unserer Korrekturen aus ihren Arbeiten noch etwas lernen könnten. Mit anderen Worten: Wir sehen in diesen Arbeiten weitere Lern-Möglichkeiten. *Aber der Schüler hat sie ja gar nicht in erster Linie als Gelegenheit zum Lernen betrachtet.* Er hat sie nicht so gemacht, dass er dabei hätte etwas lernen können. Er hat sie gemacht, weil es ihm angetragen worden ist. Darin besteht die Ungerechtigkeit der Welt, dass Korrekturen, statt den Kindern zu nutzen, ihnen zu helfen, besser zu schreiben, ihnen oft nur schaden. (Holt 1999, 260 f.)

Viel wichtiger ist es daher, dass der Lehrer Zeit für die vom Schüler gewollten Korrekturen und Impulse hat, wenn dieser z. B. eine eigene Geschichte oder einen Vortrag rechtschriftlich überarbeiten will und Hinweise auf die Fehler braucht oder eine Rechenaufgabe kontrolliert haben möchte, aber die Umkehrung eines Rechenverfahrens noch nicht kennt.

Bei der Resonanz auf die von den Kindern vorgelegten Arbeiten ist wichtig, dass diese immer ein ehrliches Feedback darstellt. Fehler zu akzeptieren heißt nicht, sie zu ignorieren. Nicht alles, was Kinder produzieren, ist toll – und das wissen die Kinder selbst meist am besten. Aber die Bewertung durch den Lehrer muss andererseits auch die Möglichkeiten des einzelnen Kindes berücksichtigen, und zwar ähnlich der differenzierenden Form, in der das Kinder untereinander machen: die Möglichkeiten und Anstrengungen des Einzelnen sind nicht nur einzubeziehen, sondern Grundlage des Bewertungsprozesses. Das, was das einzelne Kind auf Grund seines jeweiligen Entwicklungsstandes bzw. seiner Fähigkeiten können müsste, kann als Maßstab gelten; das, was es noch gar nicht beherrschen kann, dient als Ausblick bzw. Herausforderung, aber daran kann es natürlich nicht gemessen werden. Auf Dauer können dann die meisten dieser Kontrollen von den Schülern selbst (evtl. auch mit entsprechenden Hilfsmitteln wie einem Taschenrechner oder der Rechtschreibkontrolle am Computer) bzw. von anderen Kindern übernommen werden.

4.7.3 Leistungsbewertung als gemeinsamer Prozess „von unten" statt als Vorgabe „von oben"

Die Leistungsbewertung sollte in der Klasse von Anfang an eine Rolle spielen – was sie auf eine positive Art von selbst tut. Durch den Prozess des Vorstellens und Reflektierens ihrer eigenen Arbeiten sowie der Arbeiten ihrer Mitschüler sind die Kinder Beurteilungen gewohnt und entwickeln ein sehr genaues Gefühl für die richtige Bewertung von Leistungen – und zwar eines, das sowohl der individuellen Entwicklung als auch dem Anspruch der Leistungsnorm gerecht wird. Die Leistungsbewertung ist ein ganz alltäglicher Prozess in der Klasse, so dass auch andere Formen der Leistungsmessung und Leistungsbeurteilung keine Stresssituationen o. Ä. erzeugen – eine nicht unwichtige Vorbereitung auf die weiterführende Schule und ihre Art der Leistungsmessung. Dabei ist allen klar, dass Leistungen nicht immer Höchstleistungen sein können und ein Kind trotzdem (bzw. gerade durch den Verzicht auf punktuelle Messungen) fair beurteilt werden kann. Von daher macht es auch keinen Sinn, Schüler zeitweise spezielle Bewertungsmappen o. Ä. erstellen zu lassen, mit denen sie sich dann möglichst gut verkaufen sollen.

Konkret sah es so aus, dass die Kinder sich von Anfang an über ihre Produkte und ihre „Tagesleistungen" ausgetauscht haben, ihre Leistungen selber eingeschätzt haben und auch von anderen Bewertungen einfordern konnten – wenn sie das wollten. Das von ihnen selbst entwickelte System mit Super, OK, Punkten und Strichen wurde schon oben im Zusammenhang mit der Schilderung des Tagesablaufes im Rahmen der „Didaktik der sozialen Integration“ geschildert. Als dann im dritten bzw. vierten Schuljahr immer mehr Noten Einzug hielten, wurden diese von den Kindern, die das wollten, zusätzlich zur verbalen Einschätzung beziffert. Wie auch in den Jahren zuvor äußerte sich zuerst der „Produzent“ reflektierend über sein Werk und formulierte auch eine Noteneinschätzung. Dann nahm er selbst andere Kinder dran, die sich zu seiner Arbeit konstruktiv-kritisch und benotend äußern wollten. Zum Schluss konnte dann eine Notenabstimmung durch alle Zuhörer erfolgen. Dabei war die Benotung der Kinder in der Regel so zutreffend, dass sie von mir problemlos mitgetragen bzw. übernommen werden konnte. Eine Noteninflation gab es nicht, mir kam die Einschätzung der Kinder oft sogar eher zu kritisch vor.

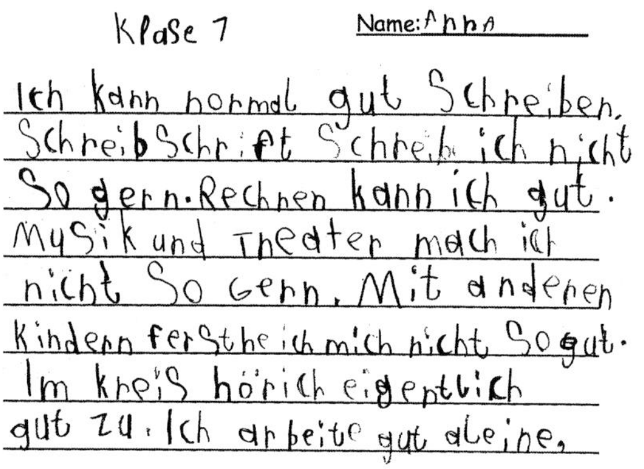
Klase 1 Name: Anna
Ich kann normal gut Schreiben.
Schreibschrift Schreib ich nicht
So gern. Rechnen kann ich gut.
Musik und Theater mach ich
nicht So gern. Mit anderen
Kindern ferstehe ich mich nicht So gut.
Im kreis hör ich eigentlich
gut zu. Ich arbeite gut aleine.

Jedes halbe Jahr haben die Kinder einerseits mir, aber auch sich selbst (zunächst mündlich, dann zusätzlich schriftlich) ein „Zeugnis“ geschrieben, das uns als Gesprächsgrundlage über ihre Leistungen diente. Aus meinen Notizen bzw. dem individuellen Gespräch mit dem einzelnen Kind (und evtl. zusätzlich einbezogenen Klassenkameraden) habe ich dann ein persönlich an die Kinder adressiertes Lerngutachten formuliert (in den Halbjahren der ersten und zweiten Klasse waren es „Privatzeugnisse“, da keine Schulzeugnisse vorgesehen sind). Noten gab es bei uns offiziell erst zum „Bewerbungszeugnis“ im vierten Schuljahr, wobei ich Eltern und Kindern auf Wunsch auch schon früher die entsprechende Notenäquivalenz der Gutachtenaussagen bzw. des Lernstandes mündlich mitgeteilt habe. Damit waren sowohl „Notenfreunde“ als auch „Notengegner“ zufriedengestellt und wir konnten von der Schulkonferenz für unsere Klasse offiziell Notenfreiheit im dritten Schuljahr beschließen lassen. Das hatte den Vorteil, dass all die negativen Effekte der Notengebung bei uns erst so spät wie möglich Einzug hielten und wir bis dahin (und auch danach) sehr fundierte und reflektierte gegenseitige Bewertungen ohne „Notenfixierung“ vornehmen konnten.

Zusammenfassend ist also zu sagen, dass die Leistungsbewertung im Offenen Unterricht neben dem Gesamteindruck bzw. dem Hintergrundwissen des Lehrers maßgeblich auf den täglichen Eigenproduktionen der Kinder beruht, die dem Lehrer sowohl Aufschluss über den momentanen Leistungsstand geben als auch die Lernentwicklung des Kindes in ihrem Verlauf genau dokumentieren. Möchte man darüber hinaus die Lernentwicklung in einem Quer- oder Längsschnittvergleich der Klasse bzw. einzelner Schüler dokumentieren, so kann man „Überforderungstests“ durchführen, in denen sich Aufgaben oder Aufgabenformate über die Schuljahre hinweg regelmäßig wiederholen. Dabei muss jedem Kind sowohl nach oben als auch nach unten so viel Raum gelassen werden, wie es braucht. Das heißt, auch der stärkste Schüler darf nicht alle Aufgaben richtig lösen können, und auch die Betrachtung des Ergebnisses des schwächsten Schülers muss noch so viel Substanz aufweisen, dass eine differenzierte Diagnose des Leistungsstandes möglich ist. Normtests (z. B. May 1997[3]; Lehmann 1997; Lobeck 1987; 1990) bieten darüber hinaus die Einbettung der Ergebnisse in eine umfassende Stichprobe, so dass der Leistungsstand der Klasse bzw. des einzelnen Kindes quantifizierbar wird – eine sehr entlastende Sache für den Lehrer bzw. die Eltern.

Insgesamt plädiere ich natürlich für eine Grundschule ohne Noten, denn ich sehe keinen Sinn darin, Kinder, die wenige Monate später sowieso auf verschiedene Schultypen aufgeteilt werden, noch so krassen Vergleichsmöglichkeiten wie gemeinsamen Noten auszusetzen. Sämtliche Kinder, die auf Grund ihrer „geringeren Leistungen“ (was heißt das eigentlich?) im Zeugnis des vierten Schuljahrs schlechtere Noten bekommen haben, erzielten nach dem Übergang durch die vorgenommene äußere Differenzierung der weiterführenden Schulen plötzlich wieder gute Noten in der neuen Klasse. Warum ihnen also erst noch explizit zeigen, wie schlecht sie sind, wenn man sie dann in ein Umfeld schickt, indem sie plötzlich wieder gut sind? Erkauft man sich da die Freude über die guten Noten in der nächsten Schule nicht sehr hart?

4.8 Die neue Elternrolle – vom Kontrolleur zum Impulsgeber

> Für die Selbstherrlichkeit, mit der sie die Eltern abspeist,
> hat die Schule, ähnlich wie die Kirche, eine ideologische Begründung.
> Die Kirche behauptet, nur sie allein wisse, wie der Mensch erlöst werden kann.
> Die Schule behauptet, nur sie allein wisse, wie der Mensch etwas lernen kann.
> Diese Behauptung ist falsch. (Zander 1976, 48)

> Die SchülerInnen der 4. Klasse gehen gerne in die Schule, wollen keinen Tag versäumen; sie freuen sich auf ihre Hausaufgaben, die kreativ sind und von den Kindern als 'spannend' empfunden werden; sie sind neugierig und wissbegierig – mit einem Wort zusammengefasst: motiviert. Es weht ein Hauch von Leichtigkeit im Umgang mit Schule, Spielerisches im Erwerb von Wissen, Lust am Fragen und Lernen. […]

> **Was aber geschah auf diesem Elternabend?**
> Die Lehrerin wurde mit Vorwürfen überschüttet; mir als Vertreterin der Eltern wurde vorgeworfen, dies alles zugelassen zu haben, daß es nun mit unseren Kindern so weit gekommen sei, daß sie das Gymnasium nicht werden schaffen können. Ich war auf diese Vorwürfe vorbereitet und konnte anhand von Schularbeiten und Leistungsvergleichen nachweisen, dass die Kinder genau das können, was sie nach Abschluß der vierten Klasse können sollen. Ich dachte – voreilig – damit wäre der Fall geklärt, jedoch war damit das Problem nicht gelöst. Eine Mutter schrie: „Dann machen Sie doch unseren Kindern endlich Angst!" (Heitzlhofer 1991, 2)

Eltern sind wahrscheinlich das, vor dem Lehrer am meisten Angst haben. Das ist durchaus verständlich, denn Eltern können sich gegen eine ihnen nicht zusagende Schule mit ganz anderen Mitteln wehren als die (zwangsverpflichteten) und vom Schulsystem noch lange abhängigen Kinder. Dabei haben die meisten Eltern Schule und Lernen als notwendiges Übel bzw. als Vorbereitung auf „die Leistungsgesellschaft, in der wir nun einmal leben" erfahren, und können sich oft nur den selbst erfahrenen Weg mit traditionellem Unterricht vorstellen. (Wenn Lernen auch anders ginge, würde man ja implizit die eigene Biographie bzw. Teile des eigenen Lebens völlig in Frage stellen – und wer macht das schon gerne?) Und die Eltern, die sich zu Wort melden bzw. überhaupt in der Klassenpflegschaft blicken lassen, sind meist die, die gelernt haben, diese Leistungsgesellschaft – trotz aller eigenen Vorbehalte – für sich zu nutzen. Und sie wollen, dass ihre Kinder dies genauso tun.

Und jetzt werden ihnen vom Lehrer auf einmal Grundsätze für eine Unterrichtsgestaltung präsentiert, die ganz anderen Prämissen folgt, als die, die man bislang als zu Schule passend angesehen hat:

- Die institutionellen und organisatorischen Vorgaben (Richtlinien, Lehrpläne, Verwaltungsvorschriften, Stundenplangestaltung, Klassenraum) sind nicht mehr strenger Arbeitsplan, sondern ermöglichen eine autonome Klassenorganisation, das heißt gewähren sowohl im Hinblick auf die inhaltliche und methodische, aber auch die zeitliche Gestaltung des Schultages einen fast unbegrenzten Freiraum.
- Der Lehrer „lehrt" nicht mehr, er „unterrichtet" niemanden, sondern er begleitet den Lernenden auf seinem individuellen Lernweg, hinterfragt, gibt Impulse, stellt Bezüge her. Die Schüler müssen nicht mehr brav stillsitzen und den Lehrstoff „einpauken", sondern eignen sich Wissen, Fertigkeiten und soziale Kompetenz durch eigenes Forschen und gemeinsame Gespräche an. Sie entscheiden selbst über Lernwege, Hilfsmittel und Inhalte, ja sogar über die Klassenregeln und die Tagesgestaltung.
- Auch gibt es keine Schulbücher mehr, die den Kindern Aufgaben und Hilfen geben – und an denen man so gut ablesen kann, wie gut das eigene Kind ist. Stattdessen erforschen die Kinder selber die Zusammenhänge und Strukturen in den Fächern. Arbeits- und Hilfsmittel sollen ihnen dabei als „Werkzeuge"

helfen – aber die eigene Hilfe durch gemeinsames Üben mit dem Kind wird den Eltern vom Lehrer untersagt.

4.8.1 Information und Transparenz als vorbeugende Maßnahme

Wenngleich dieses Modell Offenen Unterrichts durch die Richtlinien und Lehrpläne juristisch abgesichert ist, so ist es immer besser, einen bestmöglichen Einklang mit den Personen zu schaffen, die involviert sind. Dabei ist die Information der Eltern, der Kinder selbst, aber möglichst auch der Geschwister und Verwandten wichtig. Zum einen können abfällige Äußerungen („Wie, ihr könnt immer machen, was ihr wollt – da kannst du ja nichts lernen") oder aber auch häusliche „Nachhilfeeingriffe" fatale Folgen durch „Blockieren" der Kinder haben. Zum anderen greift aber auch der auf Mitbestimmung der Kinder ausgerichtete Offene Unterricht stark in die familiäre Erziehung ein, denn dort ist das demokratische Grundverständnis einer gewissen Gleichberechtigung von Kindern und Erwachsenen in persönlichen Entscheidungen nicht immer selbstverständlich.

Aber selbst wenn es zwischen der häuslichen und der schulischen Erziehung Differenzen gibt, stellen diese nicht unbedingt ein Problem dar, wenn sich die Beteiligten über ihre unterschiedlichen Meinungen und Auffassungen im Klaren sind. Gerade Kinder können unterschiedliches Verhalten von Personen gut differenzieren und entsprechend angepasst (oder diplomatisch) reagieren. Ein entsprechender Austausch erfordert allerdings eine ehrliche und – vor allem am Anfang – umfassende Elternarbeit in Einzel- oder Klassengesprächen, in denen den Eltern das Gesamtkonzept und die Vorgehensweise in den Fächern erklärt werden. Dazu gehören Informationen darüber,

- wie (signifikantes) Lernen eigentlich vonstatten geht (interessegeleitet, selbstgesteuert, individuell, nicht linear, nicht bei Null anfangend usw.) – am besten anknüpfend an die eigenen Lernerfahrungen der Anwesenden (Wie, was, wo und wann lernen sie selbst am besten?);
- wie die kindliche Schreib- und Rechtschreibentwicklung vor sich geht (Schreibentwicklungstabelle, Lesen durch Schreiben);
- wie die mathematische Entwicklung unter Einbezug der hohen Vorkenntnisse der Kinder verläuft (Fragen nach dem Vorwissen der Kinder – und ihrer anzunehmenden Reaktion auf einen Lehrgang, bei dem sie erst nach mehr als einem Jahr über 20 rechnen dürfen);
- worauf es in allen Fächern unter dem Stichwort „Lernen des Lernens" bzw. der Ausbildung von Schlüsselqualifikationen und -kompetenzen als Qualifikationen für das spätere (Erwerbs-)Leben ankommt (Wortgewandtheit und Ausdrucksvermögen statt kalligraphischer Schönschreibleistung, mathematisches Denken statt heruntergeleierten Einmaleinsreihen, Forschergeist statt Teilnahmslosigkeit usw.);

- worauf es bei der Leistungserziehung und Leistungsmessung ankommt (eigenmotiviertes, selbstverantwortliches Leisten statt „Aberledigen", Erfassen der Gesamtqualifikation in einem Bereich statt Abtesten eingepaukter Techniken);
- wie eine (integrierende) Sozialerziehung die größten Chancen hat (Achtung der Rechte des Einzelnen und der Gemeinschaft durch demokratische Selbstverwaltung);
- und worin beim individualisierenden Vorgehen die Unterschiede zum traditionellen Vorgehen bestehen bzw. welche Probleme oder Andersartigkeiten sich ergeben können (kein lineares Lehrgangslernen, Erforschen statt Auswendiglernen, Ausüben statt Einüben usw.).

Dabei sollte den Eltern die Einbettung dieser didaktischen / fachdidaktischen Punkte in ein erzieherisches Gesamtkonzept klar werden. Ein Gesamtkonzept, das Selbstständigkeit und Selbstverantwortung einfordert – und dies auch da, wo es evtl. schwerer fällt:

> Selbständigkeitserziehung ist [...] nicht möglich, wenn das Kind ständig kontrolliert, kritisiert und bemuttert wird. Selbständig wird das Kind, wenn man es selbständig gewähren lässt. So soll es z.B. seinen Schulranzen selber packen. Die Mutter ist auch nicht dazu da, ihm den Turnbeutel nachzutragen, wenn es ihn vergessen hat. Es soll selber vor der Lehrerin für seine Vergesslichkeit einstehen. Normalerweise soll man das Kind nicht in die Schule begleiten und von der Schule abholen. Wenn es einen gefährlichen Schulweg hat, dann zeigen Sie ihm, wo und wie es auf den Verkehr achten soll. Im Übrigen genügt es, wenn man das Kind rechtzeitig von zu Hause wegschickt. Dass es nicht herumtrödelt, ist seine Sache. (Reichen 2001, 198)

Zusätzlich sollte es immer wieder eine situative Informationsversorgung bezüglich bestimmter Abläufe sowie der Lernentwicklung des einzelnen Kindes geben. Dadurch behalten die Eltern auch in schwierigeren „Chaosphasen" das Vertrauen in das ungewohnte Konzept. Vor allem sollten die Eltern etwaige Probleme mit dem Unterricht nicht am Kind auslassen, sondern direkt den Kontakt zum Lehrer suchen, damit Missverständnisse vermieden werden können und die Kinder nicht „zwischen die Stühle geraten".

Zu überdenken ist auch, ob man nicht Eltern (und Kindern) den zeitweisen Aufenthalt in anderen Klassen bzw. Gespräche mit Kollegen und Schulleitung ermöglichen kann, denn man fordert sehr viel von ihnen: Sie sollen als Laien in einer Zeit immer unsicherer werdender Arbeitsmöglichkeiten ihre Kinder „irgendwelchen neumodischen Unterrichtsexperimenten" anvertrauen, in denen diese den ganzen Tag „machen können, was sie wollen". Wer da Bedenken der Eltern persönlich nimmt, urteilt zu vorschnell. Man muss sich in die Lage der Eltern versetzen. Bei der Einweisung des Kindes in eine Klasse mit herkömmlichem Unterricht hätte alles seinen gewohnten Gang genommen, und man wäre als verantwortliche Eltern zumindest kein unkalkulierbares Risiko eingegangen (denkt man zumindest). Je nachdem, wie sich das Kind im Offenen Unterricht entwickelt, werden sich die Eltern dann eher positiv oder eher negativ mit dieser Unterrichtsform auseinandersetzen. Nun ist nicht mehr das Kind für eventuelle Defizite verantwortlich, sondern die Methode – ganz im Gegenteil zum herkömmlichen Unterricht, wo der Fehler in der Regel nicht bei Methode oder Lehrer gesucht wird, sondern immer dem Kind in die Schuhe geschoben wird. Ein unglaublicher Widerspruch: Im lehrerorientierten Unterricht ist das Kind schuld, im schülerorientierten der Lehrer. In Wirklichkeit müsste die „Schuldfrage" eigentlich genau anders herum gestellt werden.

4.8.2 Stützen und Herausfordern statt Nachhilfe geben

Nicht nur das Bild von der Tätigkeit der Kinder in der Schule muss sich bei den Eltern ändern, sondern auch die Rolle, die sie zu Hause einnehmen. Dabei fordert man einiges von ihnen, denn durch den Verzicht auf den Lehrgang nimmt man ihnen in gewisser Weise die direkte Vergleichsmöglichkeit der Leistungen ihres Kindes mit anderen Kindern bzw. Klassen. Der vermeintliche Leistungsstand lässt sich nicht mehr einfach an den durchgenommenen Buchseiten ablesen und die Förderung des Kindes zu Hause kann nicht mehr durch das Einpauken des Lehrgangs erfolgen.

> Glauben Sie der Lernpsychologie, die nachweisen kann, dass alles, was das Kind von sich aus lernt, besser haftet und eine stabilere Basis für weiterführendes Lernen bietet, als das, was nachahmend übernommen wird. Gestehen Sie den Kindern daher nicht nur Spielräume zu, sondern auch Experimentier- und Erkundungsgelegenheiten. Wenn das Kind Ihnen bei Ihrer Arbeit helfen will, dann sagen Sie nie: „Das kannst du noch nicht." Nehmen Sie gewisse Unannehmlichkeiten in Kauf. Beobachten Sie mit dem Kind zusammen Tiere, Pflanzen, Verkehr, Leute, Haushalt, Garten, Wald usw. Zeigen Sie ihm besondere Sachverhalte und Zusammenhänge, lassen Sie es fragen und reden. Zeigen Sie ihm, wenn immer möglich, auch die Arbeitsplätze von Vater und Mutter, die Mitarbeiter usw. Und erzählen Sie dem Kind schließlich viele, seinem Alter gemäße Geschichten. (Reichen 2001, 199)

Die auf selbstgesteuertes Lernen abzielenden Aneignungsformen verlangen von den Eltern ein Umdenken. Wenn sie ihrem Kind helfen wollen, müssen sie eine Rolle einnehmen, die der des Lehrers in der Schule sehr ähnlich ist:

- Sie sollten für eine anregende, herausfordernde (Lern-)Umgebung sorgen, die aber nicht didaktisch inszeniert ist sondern „natürlich", das heißt es sind auch zu Hause Bücher vorhanden, Möglichkeiten zum Basteln, Bauen und Experimentieren, zum Erkunden und Erforschen.
- Sie sollten statt stundenlang neben dem Kind zu sitzen, um mit ihm Hausaufgaben zu machen oder Sachen einzuüben, dann wirklich Zeit haben, wenn das Kind danach verlangt bzw. es Sinn macht, das heißt wenn das Kind das Ge-

spräch sucht, wenn ein Büchereibesuch angebracht erscheint, wenn man zusammen interessante (Lern-)Orte besuchen kann.

- Sie sollten selber als interessiertes und lernendes Vorbild dienen, das heißt dem Kind zeigen, dass sie auch Lernende sind und bestimmten Interessen nachgehen, Bücher oder Zeitung lesen, Pläne machen, Kalkulationen berechnen; aber auch Zeit haben, um dem Kind Geschichten vorzulesen, zu erzählen oder sich erzählen zu lassen, um selber Denkspiele, Rätsel, Knobelaufgaben anzugehen, Sachen zu hinterfragen, zu erforschen und auszuprobieren.

Die Eltern können dem Kind jederzeit Hilfen im Sinne von gemeinsamen Überlegungen oder Impulsen geben, das übliche Beibringen, Üben oder Nacharbeiten von Schulstoff sollte aber nicht erfolgen. (Es kann allerdings eine Zeit lang dauern und einige Mühe kosten, bis man von allen Eltern „ungefälschte" Hausaufgaben bekommt und auch die letzte Oma die Rechtschreibfehler im Heft der Enkelin akzeptiert ...)

Natürlich können Eltern auch im Unterricht mitwirken. Dabei unterliegt ihr Einbezug denselben Vorgaben, wie sie ihnen für die Betreuung zu Hause gemacht werden. Am besten und unkompliziertesten erscheint es, wenn Eltern ihre eigenen Erfahrungen und Interessen mit in die Schule bringen und als Experten oder Laien z. B. projektorientierte Stunden oder Einheiten zu bestimmten Themen anbieten (als Kunstmaler, als Arzt, als Schwangere). Allerdings sollten immer auch die Kinder dieser Eltern gefragt werden, wie sie selbst die Anwesenheit ihrer Eltern in der Klasse empfinden. Ein Empfinden von Kontrolle oder Einzelförderung sollte vermieden werden. Und ab und zu sollten gemeinsame Klassenaktionen mit Kindern, Geschwistern, Eltern und Lehrer die ganze Sache dann abrunden – ob als gemeinsamer Grillnachmittag oder als Kanutrip mit Selbstversorgung ...

5 Planung und Bewertung Offenen Unterrichts

> *Diese Richtlinien sind die ersten in Deutschland, die das traditionelle Unterrichtskonzept für beendet erklären.* Deshalb gehören diese Richtlinien meines Erachtens zu den bedeutendsten Veränderungen der Schule überhaupt in ihrer Geschichte. Die Lehrer haben das kaum erkannt. Sie halten es nicht für möglich, daß sie eigentlich seit Beginn dieses Schuljahres nicht mehr unterrichten dürfen. Entweder der Lehrer differenziert den Unterricht so, daß jedes einzelne Kind Ziele auf unterschiedlichem Niveau, in unterschiedlichen Zeiten und auf unterschiedlichen Wegen erreicht. Oder er läßt die Kinder ihren Lernprozeß weitgehend selbständig planen. Die Kinder wählen dann Themen, Lerngegenstände, Art und Reihenfolge der Bearbeitung, Zeitaufwand und Arbeitstempo, notwendige Hilfen. Sie wählen auch den Helfer und die Formen des Zusammenseins nach ihren individuellen Gesichtspunkten. (Günther 1985, 6629)

Die im Offenen Unterricht geforderte individualpädagogische Auffassung vom Lernen in der Schule stößt an die Schranken unserer aller Verständnis von „Unterricht“. Egal wie man sie auslegt. Betrachtet man die Individualisierung als ein weiteres Planungsmoment des Unterrichts, das der Lehrer neben anderen methodisch-didaktischen Prinzipien umzusetzen hat, so verlangt man Unmögliches von ihm: Niemand kann sinnvoll für einen anderen „differenzieren“ – und schon gar nicht für 25–30 lernende Individuen. Die Alternative zu dieser Differenzierung „von oben“, die Individualisierung „von unten“ durch die Kinder, sprengt hingegen alle Vorstellungen, die man bislang von „Unterricht“ hatte und passt nicht mehr zum in der Ausbildung vermittelten Handwerkszeug.

5.1 Unterrichtsplanung im Offenen Unterricht

„Planung und Öffnung – Das kommt einer Quadratur des Kreises gleich“ (Wallrabenstein 1996, 27). Ja, das kommt es zweifelsohne. Aber Offenheit ohne Planung ist noch schlimmer. Offenheit muss geplant werden, damit sie sich einigermaßen so darstellt, wie man es beabsichtigt. Deshalb ist Offener Unterricht auch in seiner radikalsten Form alles andere als beliebig. Prinzipien wie Situationsorientierung, Selbststeuerung und interessegeleitetes Lernen, die auf den ersten Blick ein hohes Maß an Beliebigkeit unterstellen oder vermuten lassen, erzeugen durch ihre Offenheit zum Schüler, zum Fach und zur Situation ein Lernen einer ganz anderen Qualität auf einem ganz anderen Auseinandersetzungsniveau als herkömmlicher Unterricht. Erst diese Offenheit führt dazu, dass das Lernen eine individuelle Sinngebung bekommt und dadurch alles andere als beliebig ist und erlebt wird. Und die Offenheit, die das ermöglicht, muss geschützt und damit sehr wohl vorgedacht werden. Die Begründung für die Planung der Offenheit ist also nicht die herkömmliche, die Planung als unerlässliche Grundlage jedweden Unterrichts ansieht, sondern die Planung ist notwendig, damit der Unterricht eben nicht in das herkömmliche Planungsraster fällt. Sie ist nötig, damit

Lehrer und Schüler alte Traditionen überwinden können. Die Offenheit des Offenen Unterrichts hat daher nicht nur eine ganz andere Qualität, sondern auch ganz andere Ziele als die vorgeplante „Offenheit" des herkömmlichen Unterrichts.

5.1.1 Unterrichtsplanung – Anspruch und Wirklichkeit

Zugespitzt formuliert, hat die traditionelle Vorplanung des Geschehens im Unterricht etwas zu tun mit Bedenken gegenüber den intuitiven Fähigkeiten des Lehrers, richtig und effektiv „aus dem Stegreif" auf pädagogische Situationen reagieren zu können. Diese Kompetenz wird ihm abgesprochen bzw. kann eben nicht bei allen Lehrern vorausgesetzt werden. Entsprechend wird möglichst viel vorgeplant und vorbereitet, damit in der Unterrichtssituation wenig Leerlauf herrscht und kein Schüler auf „dumme Gedanken" kommen kann.

Dabei geht die diesem Vorgehen zu Grunde liegende Theorie davon aus, dass „die Unterrichtsplanung, der Unterrichtsverlauf und die realen Lernprozesse des einzelnen Schülers in einem direkten und kontrollierbaren Ursache-Wirkungs-Zusammenhang stehen, den der Lehrer durch Tricks ('Motivierung') oder Disziplinierung durchzusetzen hat." (Ramseger 1979, 19) Wenn man Offenen Unterricht aber mit dieser „geschlossenen" Einstellung plant, dann wird er planlos. Eben Offenheit ohne Konzept. Das zeigt ein Blick in die Schule von nebenan. Dort findet man Offenheit in der eigentlichen Form der Beliebigkeit vor, denn der geschaffene offene Raum wird ausgefüllt durch Beschäftigungstherapie, durch das sinnlose Abarbeiten bunter Materialien, das Ausfüllen und Ausmalen einfallsloser und unproduktiver Arbeitsblätter, das Verordnen „spielerischen" „Lernens".

Und seien wir doch einmal ehrlich: Die hochgelobte und als so selbstverständliches Element der Lehrertätigkeit betrachtete Unterrichtsplanung findet doch effektiv gar nicht so statt, wie immer behauptet wird – weder im offenen noch im geschlossenen Unterricht – zumindest nicht außerhalb der Vorführstunden für Examen und Revisionen.

> Wie Ursel Q. Unterricht plant [...]. Zumeist beschränkt sich die Vorbereitung auf die Unterrichtsstunde des nächsten Tages, bestenfalls der kommenden Woche. In einzelnen Fällen geht sie auch völlig unvorbereitet zur Schule bzw. bereitet sich flüchtig kurz vor dem Schlafengehen oder frühmorgens vor. Dabei ist ihr durchaus bewußt, daß ihre Vorgehensweise weder ihrem formulierten Anspruch noch der an der Hochschule vermittelten Theorie entspricht. Während sie an der Hochschule gelernt hat, jedem Unterrichtsentwurf Intentionen und Unterrichtsziele voranzustellen und danach Inhalte, Methoden und Medien auszuwählen, reduziert sich für sie die didaktische Analyse allzuoft auf die Frage nach dem vorhandenen Material. Man kann geradezu von einem Auf-den-Kopf-Stellen der gelernten Theorie sprechen: nicht die Ausrichtung an politisch-pädagogischen Intentionen

> determiniert die Inhalte, sondern das zufällige Vorhandensein von irgendwelchen möglichst detailliert vorpräparierten Materialien. Die hat sie mit Eifer gesammelt. (Gutt 1977, 24)

Aber – und das ist wirklich die Frage – um ein Lehrbuch Stück für Stück durchzugehen oder den Kindern irgendwelche Freiarbeitsmittel zur Beschäftigung bereitzustellen, dafür hätte man nun wirklich nicht jahrelang ausgebildet werden müssen, oder? Wenn man es einmal provokativ ausdrücken möchte, reduziert sich die Lehrertätigkeit durch den Irrweg des perfekten Planungsanspruchs im Prinzip auf die Aufsichtsführung in der Klasse, denn von dem, was Schule eigentlich ausmacht, dem individuellen Lernen der Kinder bekommt der Lehrer in einem vorgeplanten Unterricht – auch bei beabsichtigter Differenzierung und noch so großem Einbezug der Kinder – meines Erachtens nicht allzu viel mit. Viel eher nimmt er die Aktionen der Kinder immer nur durch den Filter der eigenen Planungsinteressen wahr – und das ist eine Wahrnehmung, die die meisten Aktivitäten der Kinder als Störung empfinden muss. Als Folge wird der Lehrer diese „Schwierigkeiten" der Kinder mit dem Unterricht schon weitmöglich bei der Planung berücksichtigen und diese (bzw. dadurch oft die gesamte) Eigenaktivität der Kinder durch entsprechende methodische oder disziplinarische Maßnahmen ausschalten.

Interessant ist, dass sich diese Art der Vorplanung gerade in „geöffneten" Lernformen bei vielen Lehrern in einem so rigiden Beharren auf Reglementarien zeigt, das in dieser Strenge sogar im Frontalunterricht eher selten vorkommt. Das kleinliche Pochen auf zum Teil absurde Ordnungs- und Arbeitsprinzipien nimmt in vielen dieser Klassen fast schon neurotische Züge an, und die Kinder bewegen sich dort alles andere als „offen" oder „frei" – und nur, weil der Lehrer ein nicht nachvollziehbares Maß an Angst vor Unübersichtlichkeit und Unordnung hat. Manche Hospitation in einer solchen scheinbar „offenen" Klasse lässt einen erstarren und sehnsüchtig die schützende Atmosphäre eines unpersönlichen Frontalunterrichts herbeisehnen ...

Das einzige, was da hilft, ist die Abkehr vom Planungsmonopol des Lehrers und die Hinwendung zum pädagogischen Aspekt der Schule. Wir müssen uns vom traditionellen Bild des allmächtigen Lehrers (der in der Praxis oft genug ganz und gar nicht mehr so allmächtig aussieht) lösen und die Basis unserer Überlegungen wechseln. Offener Unterricht bedarf anderer Voraussetzungen und einer ganz anderen Planungsqualität als traditioneller Unterricht. Und dadurch kommt dann auch die vernachlässigte pädagogische Komponente hoffentlich wieder an die erste Stelle.

5.1.2 Unterrichtsplanung in offenen und in geschlossenen Lernsituationen

> Bei der Diskussion [...] wurde Übereinstimmung darüber erzielt, daß die Prinzipien „offenen Unterrichts" keine grundsätzlich neue didaktische Position darstellen, wohl aber eine konsequente Übertragung von Zielansprüchen auf die Planung und Durchführung sowie die Arbeits- und Kommunikationsformen der täglichen Unterrichtspraxis bedeuten." (Messner 1978, 147)

Leider wird von vielen Autoren (oder fast allen?) in der Literatur zum Offenen Unterricht die Andersartigkeit der Planung Offenen Unterrichts völlig übergangen. Man formuliert hehre Ansprüche und Ziele, spricht vom Spannungsfeld zwischen Freiheit und Verbindlichkeit, zwischen den Bedürfnissen des Kindes und den Anforderungen des Faches, zwischen dem Einbringen eigener Interessen und dem Erlernen vorgegebener Konventionen und leitet daraus einen Unterricht ab, der sich und seine Ziele selber karikiert. Natürlich existieren diese Spannungsverhältnisse. Das heißt aber nicht, dass man sie gleichwertig und gleichartig in gewohnter Weise didaktisieren bzw. „in Unterricht umwandeln" kann.

Das, was in Schule schließlich aus offenen und schülerorientierten Konzepten gemacht wird, zeigt das anschaulich: Die wirklich interessanten und herausfordernden Mathematikaufgaben werden durch das „Unterrichten" durch den Lehrer zu Abneigung erzeugenden Techniken, die gefangennehmenden Sprachentdeckerrätsel zur stupiden Abschreibübung und das spannende Freie Forschen im Sachunterricht zum schematischen Notieren von Beobachtungen nach vorgegebenem Raster – auch wenn es jetzt Rechenkonferenz, Schreibkonferenz oder integrierender Sachunterricht genannt wird. Nach der aussichtsreichen Entwicklung wegweisender Aufgaben und fachdidaktischer Modelle in den letzten Jahren werden diese Ergebnisse vor Ort eben nicht in ein umfassendes allgemeindidaktisches Konzept eingebettet, sondern finden sich als losgelöste Teilbereiche irgendwo als Garnierung des herkömmlichen Unterrichts. Aber es ist ein Irrtum zu glauben, dass die mit diesen Aufgaben einhergehenden hohen Ziele so einfach zu den Zielen des einzelnen Schülers werden können. Werden sie das aber nicht, sind alle Bemühungen davor zunichte.

Bevor wir die im Fach selbst liegenden Herausforderungen im Unterricht überhaupt nutzen können, müssen sie zur eigenen Herausforderung des Lernenden an sich selber werden. Da jeder Mensch – soweit ich das wahrnehme – motivierter, interessierter und lerneffektiver arbeitet, wenn man ihm die Möglichkeit gibt, sich freiwillig für eine Sache zu entscheiden anstatt ihn dazu zu zwingen, sollten die Herausforderungen des Faches als interessante Impulse in einer offenen Atmosphäre bereit stehen – unverbindlich, als Anreiz zum Lernen. In Klassen, die auf dieser Basis arbeiten, pflanzen sich spannende Themen und Ideen automatisch fort, weil die Kinder nicht nur sehr daran interessiert sind, was andere Kinder in der Klasse machen, sondern weil auch immer wieder ein direkter (ausstrahlender) Kontakt mit dem Stoff erfolgt – und zwar auf eine ganz authentische Art über denjenigen, der sich gerade mit dieser Sache auseinandersetzt. Das kann kein vom Lehrer inszeniertes Motivationsspiel bieten.

Im Zuge der veränderten Sichtweise auf Unterricht werden mittlerweile die alten didaktischen Schemata zur Unterrichtsplanung einer gewissen Prüfung unterzogen und bekommen ein „Update" im Hinblick auf die geforderte „individualpädagogische" Unterrichtsgestaltung.

> Die traditionelle *Vermittlungsdidaktik,* die noch stark von der Idee eines konsequent vom Lehrer geplanten lehrstofforientierten Unterrichts mit vorgegebenen geschlossenen Artikulationsschemata ausging, wird heute [...] ergänzt durch eine *Arrangementsdidaktik,* in der der Lehrer seine didaktische Aufgabe eher in der Planung und Vorbereitung von Lernsituationen und der Prozeßsteuerung des Unterrichts sieht. (Krawitz / Kurz 1997, 97)

Aber auch hier muss man genau hingucken, welcher Art der Unterricht ist, der dort angepriesen wird: Die Rolle des jeden Unterrichtsschritt bis ins Kleinste vorplanenden Lehrers wird aufgebrochen und der Schüler rückt in den Vordergrund. Man geht bei der Unterrichtsplanung nun nicht mehr von der zwingenden Sachlogik des durch den Lehrplan verordneten Inhaltes aus und reduziert diesen dann im Hinblick auf das (leider) gegebene Bedingungsfeld, um schließlich auf Grund dieser Überlegungen zu mehr oder weniger differenzierten Arbeitsvorgaben zu kommen, sondern man dreht den Spieß um. Nun versucht man das Bedingungsfeld der Klasse und die scheinbaren Bedürfnisse der Schüler zum Ausgangspunkt der Überlegungen zu machen, überlegt, auf welche Inhalte die Kinder anspringen könnten, welcher Inhalt und welche Materialien sie wohl motivieren würden, welche Unterrichtsphasen vorstrukturiert werden müssen, welche durch entsprechende Arbeitsformen geöffnet werden können, welche Maßnahmen der Differenzierung und Individualisierung notwendig sind usw.

Diese veränderte Sichtweise stellt aber immer noch keine wirkliche Veränderung von Schule bzw. kein echtes Aufbrechen der alten Strukturen dar. Pointiert gesagt, kann es nicht darum gehen, das Planungsmonopol des Lehrers durch das Planungsmonopol des Lehrers zu ersetzen, auch wenn dieser im zweiten Fall ein paar Planungsentscheidungen der Schüler in den Unterricht einfließen lässt. Ein solcher Unterricht wird streng genommen weder dem Attribut eines schülerorientierten noch dem eines individualpädagogischen oder Offenen Unterrichts gerecht. Vielleicht kann dies durch eine Gegenüberstellung von lehrerorientiertem, materialorientiertem und Offenem Unterricht veranschaulicht werden – und zwar idealtypisch, das heißt ohne zu unterstellen, dass nicht bestimmte Momente von allen Modellen angestrebt werden. (Vgl. i. F. auch Oellrich-Wagner 1996, 14; Gallin / Ruf 1990, 19 f.; Krawitz / Kurz 1997, 92–108)

Intentionale Überlegungen
geschlossen
Wenn ich meinen Unterricht vorbereite, so setze ich mich zuhause hin, nehme alle Sachbücher und schau nach, was die Verlage zu meinem ausgewählten Thema herausgebracht haben. Meistens übernehme ich dann die eine oder andere Seite oder schreibe sie um und fertige passende Matrizen dazu an. Manchmal frage ich auch einen Kollegen, ob der was Entsprechendes zum Thema hat. (Knauf/Knauf 1979, 9)

Lehrergeplanter „offener“ oder „geschlossener“ Unterricht	Materialorientierter Unterricht und „Arrangementdidaktik“
Was ist als Nächstes „dran“? Welche Lernziele müssen erreicht werden? Wie viel Zeit habe ich, um den Stoff einzuführen, zu üben und zu kontrollieren?	Welches Thema klingt interessant? Was könnte die Schüler als Nächstes interessieren? Welches Material habe ich zur Verfügung? Welche Ziele welcher Fächer kann ich mit dem vorhandenen Material erreichen?

Überlegungen zum Bedingungsfeld
geschlossen
Wenn ich meinen Unterricht vorbereite, so setze ich mich zu Hause hin und überlege, was meine Klasse im Hinblick auf das mir vorschwebende Thema und meine Ideen zur Umsetzung leisten kann, welche Schüler Defizite aufweisen und besondere Förderung und Materialien brauchen, welche Schüler undiszipliniert sein und den Unterricht bzw. die anderen Schüler stören könnten, welche Kinder ich mit anderen zusammenarbeiten lassen sollte, welche Kinder besondere Kontrollen brauchen werden.

Lehrergeplanter „offener“ oder „geschlossener“ Unterricht	Materialorientierter Unterricht und „Arrangementdidaktik“
Welches Leistungsniveau hat die Klasse im Durchschnitt? Wie diszipliniert können die Kinder arbeiten? Welche Arbeits- und Sozialformen sind ihnen bekannt? Welche schwachen oder auffälligen Schüler gibt es in der Klasse?	Können die Kinder selbstständig nach Plan arbeiten? Sind ihnen die in den Aufträgen verlangten Arbeits- und Sozialformen bekannt? Welche schwachen oder auffälligen Schüler gibt es in der Klasse, die besondere Aufgaben oder Hilfestellungen bei der Erledigung ihrer Aufträge brauchen?

Intentionale Überlegungen
offen
Wenn ich mich in der Klasse aufhalte, sehe(bzw. spüre ich), was läuft, wie sich einzelne Kinder heute fühlen, was sie bewegt und beschäftigt. Da ich nicht unterrichte, habe ich die Zeit und Möglichkeit, wirklich mitzubekommen, was passiert, was gut und was schlecht läuft, wo Hilfen und Stützen notwendig sind, wo die Gemeinschaft gefragt ist. Es gibt 25 Kinder, für die alle die verschiedensten Ziele wichtig sind. Hunderte von Zielen nebeneinander. Ein paar kenne ich, ein paar kann ich mir denken, ein paar kennen die Kinder, aber der größte Teil ist unsichtbar und unbewusst – und wird auch so erreicht. Lernzuwachs geschieht nicht durch das Aufstellen von Zielen und wird auch nicht dadurch erreicht. Den größten Teil dessen, das wirklich wichtig für sie ist, lernen die Kinder nebenbei und unbewusst – auf allen möglichen Ebenen: kognitiv, emotional, sozial usw.

Offener Unterricht
Stimmt die Lernatmosphäre in der Klasse? Kann ich die Tätigkeiten der Kinder nachvollziehen? Für welches Kind ist momentan was (welches „Ziel") am wichtigsten? (Wer braucht zurzeit vor allem emotionale Geborgenheit; welche Kinder brauchen momentan völligen Freiraum, um sich langfristig eigene Ziele zu setzen; welche Kinder brauchen mich als Person; welche Kinder brauchen momentan stofflich neue Herausforderungen etc.?) Gibt es Kinder, die momentan Bedarf in einer bestimmten Hinsicht haben (Material, Impulse, Ideen, In-Ruhe-Gelassen-Werden, Smalltalk, Gespräch mit den Eltern, Einfach-daneben-Sitzen usw.? Wo bin ich als Lehrer für Impulse nötig, wo kann die Klasse das selbst leisten?

Überlegungen zum Bedingungsfeld
offen
Wenn ich mich in der Klasse aufhalte, sehe (bzw. spüre ich), was läuft, wie sich einzelne Kinder heute fühlen, was sie bewegt und beschäftigt. Ich kann direkt auf sie reagieren, andere Kinder um Rat fragen, Sachen im Kreis ansprechen. Ich kann mich mit einzelnen Kindern zusammensetzen, Impulse geben, Materialien besorgen, Hilfestellungen geben, einfach da sein. Weil ich nicht „unterrichte", bin ich jederzeit ansprechbar – auch für außerschulische Sachen. Ich bekomme mit, was gerade „Gesprächsthema" ist, wer welche Probleme hat. Niemand verstellt sich vor mir, niemand muss mir Leistungen vorgaukeln, die er nicht erbringt. Es herrscht eine befreite, ehrliche Atmosphäre. Wir kennen uns wirklich gegenseitig.

Offener Unterricht
Warum arbeitet A. momentan in dieser und dieser Art, auf diesem und diesem Niveau, mit diesen und diesen Partnern etc.? Was beschäftigt B. zur Zeit am meisten? Haben sich bei C. die Probleme zu Hause geklärt? Welche Impulse könnte H. noch für ihre Kniffelaufgaben brauchen? Wie arbeitet D. in der Gruppe mit E. zusammen? Braucht F. einfach nur noch mehr Zeit oder könnte es medizinisch zu klärende Gründe für seine „Verzögerung" geben? Soll ich G.s Eltern noch mal darauf aufmerksam machen, dass korrigierte Hausaufgaben niemandem nützen?

Didaktische Überlegungen
geschlossen
Wenn ich meinen Unterricht vorbereite, so setze ich mich zu Hause hin und überlege, wie sich das nächste Thema gestalten könnte. Ich sehe die Bücher durch, überlege, welches Material ich habe, was ich noch besorgen oder selber machen könnte, ob innerhalb des Themas alle Fächer vorkommen und möglichst alle Sinne angesprochen werden.

Lehrergeplanter „offener" oder „geschlossener" Unterricht	Materialorientierter Unterricht und „Arrangementdidaktik"
Was muss ich mir noch selbst an Sachwissen zum Unterrichten aneignen?	Habe ich genügend Arbeitsmaterial?
Auf welchen Teilbereich müssen die Inhalte reduziert werden? Wie vermeide ich Abschweifungen von meinen Lernzielen, die aus der Beschäftigung mit dem Stoff resultieren können?	Sind alle Teilbereiche, die mir wichtig sind bzw. die sachlogisch vorgegeben sind, abgedeckt? Welche Aufträge sollten die Kinder auf jeden Fall verbindlich bearbeiten?
Gibt es eine sachlogische Abfolge, in der die Inhalte zu vermitteln sind? Gibt es eine sachlogische Abfolge vom „Einfachen" zum „Komplizierten", die ich nutzen kann?	Sind die Materialien gut vorstrukturiert? Gibt es Materialien, die einander bedingen?
Welche Inhalte muss ich ausklammern, damit es möglichst wenig Schwierigkeiten für die Schüler gibt?	Welche Materialien sind wenig motivierend, zu kompliziert oder unzureichend aufbereitet?

Methodische Überlegungen
geschlossen
Wenn ich meinen Unterricht vorbereite, so setze ich mich zu Hause hin und überlege, wie ich unsere Einheit aufbauen soll, was für einen schönen Einstieg ich in das Thema finden könnte, welches Material sicher für die Kinder ist, wo ich sie in der Eingangsphase einbeziehen kann, wie ich dann zu meinem Unterrichtsvorhaben überleiten werde, welche Räume ich mitbenutzen sollte, wie ich den Ablauf so sicher mache, dass ich den Überblick über alle Kinder behalte, welche Lehrgangsphasen wann notwenig sind, wann und in welcher Form ich den Test über das Thema durchführe.

Didaktische Überlegungen

offen

Wenn ich mich in der Klasse aufhalte, sehe (bzw. spüre ich), was läuft, wie sich einzelne Kinder heute fühlen, was sie bewegt und beschäftigt. Ich nehme wahr, wie sie sich gegenseitig herausfordern und anregen, erliege selbst der Spannung, die ihr Kniffeln und Entdekken ausstrahlt, spüre, wie sich meine Begeisterungsfähigkeit für langweilige Aktionen oder reproduktive Tätigkeiten in Grenzen hält, verfolge gespannt die Lernwege der Kinder, äußere – wie die anderen Kinder auch – Impulse und Ideen und diene oft selbst genug als „lernendes Vorbild“, wenn ich Sachen nicht auf Anhieb verstehe oder nachschlagen muss, wenn ich etwas gefragt werde, was mein eigenes Wissen um Längen übersteigt.

Offener Unterricht

Bin ich selbst so sicher im Stoffgebiet, dass ich die Inhalte der Lehrpläne so auf die tragenden Momente reduzieren kann, dass ich den Kindern größtmöglichen Freiraum bei der Auswahl und dem Umfang der Inhalte lassen kann?

Habe ich selber kein Problem damit, bei den Kindern auch mir selbst unbekannte Gebiete zuzulassen und sie dort als „lernender Laie“ zu begleiten?

Haben die Kinder alle Möglichkeiten eines ganzheitlichen und herausfordernden Zugangs zum Stoffgebiet?
Können sich die Kinder in einem Raum bewegen, in dem sie nicht durch Unverständnis von außen gestört werden, wenn sie ihrer eigenen Entwicklung und nicht dem Lehrbuch oder der Sachstruktur einer (fertigen) Wissenschaft folgen?

Ist den Kindern selbst und den Personen, die mit ihnen umgehen, klar, dass Umwege, Fehler und der Aufbau eigener (u. U. chaotisch erscheinender) Strukturen konstruktive Wegmarken des Lernprozesses sind?

Methodische Überlegungen

offen

Wenn ich mich in der Klasse aufhalte, sehe (bzw. spüre ich), was läuft, wie sich einzelne Kinder heute fühlen, was sie bewegt und beschäftigt. Ich bin ansprechbar, um Hilfen und Impulse zu geben, Sachen auf Nachfrage zu kontrollieren, Material zu besorgen oder einfach nur zuzuhören. Ich kann mich intuitiv und (dadurch) authentisch in den Lernprozess des Einzelnen bzw. der Klasse einbringen, erkenne übergreifende Zusammenhänge in der Entwicklung, die vonstatten geht.
Ich bekomme durch die Eigenproduktionen der Kinder ihre Lernentwicklung mit, merke, welch hohen Anspruch sie erfüllen, wenn sie lesen, schreiben, rechnen, forschen, „entdeckend“ oder „erfindend“ lernen, bin über Zusammenhänge erstaunt, die mir vorher so nicht klar waren, merke, wie wichtige Wegmarken „Fehler“ auf dem Weg des individuellen Lernprozesses sind.

Methodische Überlegungen	
Lehrergeplanter „offener" oder „geschlossener" Unterricht	Materialorientierter Unterricht und „Arrangementdidaktik"
Passt die übliche Stundengliederung in Hausaufgabenkontrolle, Motivationsphase, Erarbeitungsphase, Stillarbeitsphase und Hausaufgabennotation, oder muss ich in dieser Stunde anders vorgehen?	Passt die übliche Stundengliederung in Initiationsphase, Produktionsphase und Integrationsphase? Habe ich für die notwendigen Spannungs- und Entspannungsphasen gesorgt?
Welchen Teil des Themas kann ich in 45 oder 90 Minuten erarbeiten lassen? Welche Lösungsmuster sollen die Schüler einüben?	Sind die Materialien selbsterklärend und führen sie die Schüler sicher zur angestrebten Lösung bzw. einzuübenden Technik?
Wie ist das Problem im Lehrbuch gelöst, und wie helfe ich den Schülern zu verstehen, um was es geht? Wie und in welcher Abfolge muss ich den Stoff erklären?	Wie führe ich die Materialien ein und erkläre den Arbeitsablauf?
Habe ich den Stoff so aufbereitet, dass die Schüler sich ihn in entsprechenden Lektions- und Verständnisschritten problemlos aneignen können?	Ist den Schülern die Arbeit mit dem Material so klar, dass sie selbstständig damit umgehen können?
Welches sind die besten Arbeits- und Sozialformen zur Aneignung des Stoffes?	Ist den Schülern klar, in welcher Sozialformen sie arbeiten sollen bzw. sind die Materialen entsprechend bezeichnet? Soll ich die Gruppen einteilen oder können sie das selber anhand des Materials?
Welche Hilfs- und Veranschaulichungsmittel benötigen die Schüler zur Durchführung ihrer Arbeit?	Schulen die Arbeitsmittel ein „Lernen mit allen Sinnen" bzw. wird der Übungsinhalt über mehrere Sinne eingeübt?
Wie steige ich in das Thema so ein, dass die Schüler zur Mitarbeit motiviert werden? Wie formuliere ich die Arbeitsaufträge, dass sie richtig verstanden werden?	Gibt es einen schönen gemeinsamen Einstieg in das Thema? Welche Brücken kann ich zum Interesse / Vorwissen schlagen, damit die Schüler zur Arbeit motiviert werden?
Welche Schüler brauchen inhaltliche oder methodische Differenzierungsmaßnahmen?	Decken die Arbeitsmittel die Leistungsdifferenzen der Kinder ab? Welche besonderen Fördermaterialien werden benötigt?
Wie unterstütze ich die Schüler darin, dass sie möglichst wenig Fehler machen?	Sind die Materialien so aufgebaut, dass die Schüler sich keine falschen Lösungen einprägen können?
Bei welchen Kindern muss ich bei der Stillarbeit in der Klasse besonders auf Fehler achten?	Haben die Materialien eine Selbstkontrollmöglichkeit (eingebaute Fremdkontrolle...)?
Wie kontrolliere ich die Arbeit bzw. das Gelernte?	Ist den Kindern das Abzeichnen der Pläne und das Korrigierenlassen der Ergebnisse klar? Welche Aufgaben können die „Angebotschefs" selbst überprüfen?
Wie kontrolliere ich, wer welches Lernziel inwieweit erreicht hat? Welchen Bewertungsmaßstab lege ich für diese Klasse fest?	Welche Art der Leistungskontrolle benötige ich zur Leistungsfeststellung? Lasse ich das Arbeitsverhalten zusätzlich mit in die Bewertung einfließen?

Methodische Überlegungen

Offener Unterricht

Können die Kinder selbstreguliert lernen und Arbeiten und Pausen selber bestimmen? Haben die Kinder die Möglichkeit, auf gemeinsame Phasen und Institutionen (Gesprächskreis, Klassenrat, Projektabstimmung etc.) zurückzugreifen, wenn sie sie benötigen, können sie aber auch ohne Ablenkung weiterarbeiten, wenn sie diesen Bedarf nicht haben?

Ist mir selbst die Lernentwicklung in den Fächern so klar, dass ich den Kindern größtmöglichen Freiraum bei der Aneignung lassen kann und Leistungsstand und Fortschritte auch in eigenwilligen und Fehler aufweisenden Zugangsweisen erkenne?

An welchen Stellen sollte ich mich
- als Zuhörer,
- als Impulsgeber,
- als Strukturierender,
- als Fragender,
- als Informierender,
- als durch die soziale Situation Betroffener usw.

in die Gespräche einbringen?

Haben die Kinder die Möglichkeit, Sachen auf ihre eigene Art anzugehen, sich damit auseinander zu setzen, nach Belieben auszuprobieren, zu verwerfen, neu zu beginnen, Austausch zu suchen usw.?

Können sich die Kinder selbst aussuchen, welche Arbeit sie allein bzw. mit anderen angehen wollen?
Ist jederzeit ein gegenseitiger Austausch zur Absprache, Zusammenarbeit, Nachfrage etc. möglich?

Können die Kinder sich Zugangsweisen und Veranschaulichungen ihrem eigenen Lerntyp entsprechend selbst wählen bzw. erstellen?
Gibt es sinnvolle Vorschläge, die allen zugänglich sein sollten?

Können die Kinder ihre eigenen Inhalte und ihren eigenen Zugang wählen?
Stehen den Kinder Institutionen, Rituale und Materialien zur Verfügung, die ihnen Austausch und Aneignung von Wissen und Verfahren erlauben, ohne auf reproduktive Beschäftigung oder reine Belehrung zurückgreifen zu müssen?

Besteht für alle Kinder die Möglichkeit, gemäß ihrem Leistungsstand über Eigenproduktionen interessegeleitet auf ihrem Weg zu lernen?
Habe ich Impulse als Anregung und Herausforderung im Hinterkopf, um im Bedarfsfall intuitiv sinnvoll auf Kinder reagieren zu können?
Welche Kinder brauchen mich oder andere Kinder (noch) zur emotionalen Sicherheit beim Arbeiten?

Ist den Kindern selbst und den Personen, die mit ihnen umgehen, klar, dass Umwege, Fehler und der Aufbau eigener (u. U. chaotisch erscheinender) Strukturen konstruktive Wegmarken des Lernprozesses sind?

Haben sich die Kinder Verfahren der Selbstkontrolle angeeignet, mit denen sie ihre Arbeitsergebnisse eigenständig kontrollieren können (Proberechnungen, Wörterbuchnutzung, Austausch mit anderen Kindern)?

Welche Kompetenzen haben die Kinder im Hinblick auf ihre eigene Leistungsbewertung und die Produkte und Fähigkeiten anderer Kinder entwickelt (und wie differenziert sind diese)?

Habe ich über die Eigenproduktionen der Kinder einen genauen Einblick bzgl. ihrer individuellen Entwicklung? Soll ich zusätzlich Normtests zur generellen Einordnung der Klasse bzw. zur gezielten Dokumentation der Entwicklungen (auch als Beruhigung für Eltern, Schulleiter und mich selbst) durchführen?

Nachbereitung
geschlossen
Wenn ich meinen Unterricht nachbereite, so setze ich mich zu Hause hin und kontrolliere die Arbeiten der Kinder, überprüfe, wie viel und wie stetig sie gearbeitet haben (bzw. messe das an ihren schriftlichen Niederlegungen), versuche bei ihnen Lern- und Ordnungsdefizite auszumachen und überlege mir, wie ich die Kinder, die in diesen Bereichen noch nicht so weit sind, noch besser motivieren, diagnostizieren oder fördern könnte.

Lehrergeplanter „offener" oder „geschlossener" Unterricht	Materialorientierter Unterricht und „Arrangementdidaktik"
Wie hoch ist das Fehleraufkommen der Schüler? Wie weit haben welche Schüler was verstanden?	Welche Schüler haben welche und wie viele Materialien bearbeitet? Wo sind am häufigsten Fehler gemacht worden und welche Schüler haben die Inhalte noch nicht verstanden?
Welche Schüler brauchen zusätzliche Förderstunden oder Übungsblätter?	Welche Schüler brauchen anderes (einfacheres / mehr) Material oder zusätzliche Einzelförderung?
Wie kann ich die Kinder noch mehr zum Arbeiten motivieren?	Wie kann ich die Kinder noch mehr zum Arbeiten motivieren?

Wenn man die Tätigkeiten bzw. Planungsaktivitäten des Lehrers innerhalb der verschiedenen Konzepte anhand dieser Übersicht miteinander vergleicht, so wird die jeweils andere Basis des Unterrichts klar. Während die rechte Spalte immer wieder zwangsläufig ganz direkt und individuell auf den „Planungsursprung" Schüler zurückkommt und im Prinzip immer dieselbe prozessuale Zugangsweise beschreibt, nämlich einen flexiblen Unterricht, in dem die Inhalte und der Zugang dazu sowie die auszubildenden kognitiven und sozialen Kompetenzen immer vom einzelnen Kind ausgehen bzw. sich immer wieder auf das einzelne Kind rückbeziehen, bleiben die beiden linken Spalten merkwürdig indifferent gegenüber der Person des Schülers.

Natürlich wird auch im lehrer- bzw. materialzentrierten Unterricht die Verschiedenheit der Kinder wahrgenommen, aber bei genauer Betrachtung ist der Schüler hier mehr oder weniger austauschbares Objekt einer genormten Handlung, auf den mit zusätzlichen Differenzierungsmaßnahmen oder schülerorientierten Elementen reagiert werden muss. Selten nur wird in (offenen oder geschlossenen) Unterrichtssituationen die Stärke genutzt, die 25 oder 30 gemeinsam lernende Menschen im Hinblick auf ihre unterschiedlichen Wahrnehmungen und Erfahrungen, ihr Sach- und Methodenwissen, ihre Kreativität und Spontaneität einbringen, ganz zu schweigen von der mitreißenden Begeisterungsfähigkeit, die jeder Einzelne von ihnen versprühen kann.

Nachbereitung
offen
Wenn ich mich in der Klasse aufhalte, sehe (bzw. spüre ich), was läuft, wie sich einzelne Kinder heute fühlen, was sie bewegt und beschäftigt. Ich weiß, für wen ich evtl. weiterführende Impulse als Angebote heraussuchen kann, nehme gerne Arbeiten zum Lesen oder Korrigieren mit nach Hause, wenn ich darum gebeten werde, mache mir anhand der Eigenproduktionen der letzten Zeit die Lernentwicklung bestimmter Kinder klar, überlege, wo ich näher diagnostisch betrachten sollte, mit welchen Kindern ich sprechen muss. Ich bin rund um die Uhr erreichbar, kann Kindern und Eltern dank des individuellen Einblicks über die Eigenproduktionen und den direkten Kontakt zum Einzelnen konkret über den Lernstand des Kindes etwas sagen, (vermag aber nur schwer die Rangfolge in der Klasse zu benennen, da die Fähigkeiten und Kenntnisse viel zu vielfältig sind,) muss keine Klassenarbeiten zur Leistungsfeststellung schreiben, habe kein Problem beim Zeugnisschreiben, freue mich mit allen über die positive Entwicklung der als schulunfähig oder lernbehindert bezeichneten Kinder ...

Offener Unterricht
Welche Fortschritte machen welche Kinder im kognitiven, sozialen, emotionalen Bereich? Auf welchem Niveau arbeiten sie an welchem Stoffgebiet? Welche sozialen Kompetenzen und Beziehungen sind zu erkennen?
Wo erscheinen momentane „Leerphasen“ nicht verständlich bzw. begründbar? Welche Reaktionen der Mitschüler, der Klasse und des Lehrers sind bislang darauf erfolgt, was ist zukünftig anzustreben?
Wie nutzt die Klasse die gemeinsam entwickelten Rituale (Kreisphasen etc.) – zur Verbreitung von Ideen und Lernanregungen, – zum Austausch und zur Veröffentlichung, – zur eigenen und fremden Leistungseinschätzung, – zur Entwicklung sozialer Kompetenzen, – zur Abstimmung von Klassenregeln usw.?

Der Wunsch, „Lernen“ durch „Lehren“ zu erleichtern, bewirkt genau das Gegenteil von dem, was er beabsichtigt:

> Ich bin sicher, dass Lehren ein Hindernis für Lernen ist, und zwar in einem viel größeren Ausmaß, als man sich gewöhnlich klar macht. Weiter glaube ich, dass dies eines der Hauptprobleme des heutigen Unterrichts ist. (Giles 1987, 6)
>
> Einer der vielen Gründe liegt sicher darin, daß Pädagogen und Didaktiker dazu geneigt haben, die didaktischen Möglichkeiten des Lehrers zu überschätzen und das geistige Potential der Schüler zu unterschätzen. Trotz vieler guter Vorsätze, die Lernvoraussetzungen der Schüler aufzunehmen und ihre Eigentätigkeit zu fördern, hat sich die traditionelle Didaktik auf Maßnahmen konzentriert, wie den Schülern etwas beizubringen sei, anstatt auf Maßnahmen, wie ihre Aktivität angeregt und organisiert werden könnte. (Wittmann 1995, 12)

Es wird klar, wie stark das gängigerweise als „Hilfe“ vorgegebene Planungsraster den Unterricht selbst bestimmt. Während im obigen Raster auf der linken Seite die übliche Unterteilung der Unterrichtsplanung in Überlegungen zu den Zielsetzungen, zum Bedingungsfeld, zum Lehrinhalt und zur Umsetzungsmethode noch nachvollziehbar erscheint, so erscheint diese Einteilung bei den rechts gelisteten Ausführungen zum Offenen Unterricht nicht sonderlich sinnvoll. Der individualpädagogische Zugang, der beim Kind selbst beginnt und aufhört, bestimmt alle anderen Komponenten wie Inhalte, Lernmethoden, Leistungsbewertung usw.

5.1.3 Warum aber wird auch in offenen Unterrichtsformen auf das alte Planungsmodell bestanden?

> Das vorherrschende Begriffsverständnis reduziert die Freie Arbeit auf Wochenplanarbeit oder eine fachgebundene Differenzierungsmaßnahme.
>
> Die Aspekte der Freiheit, wie sie in der Theorie genannt und eingefordert werden, scheinen nur schwer in das Rollenverständnis der Lehrerinnen und Lehrer einzubinden zu sein. Es bleibt die Frage, welchen Begriff von Freier Arbeit die Rahmenrichtlinien einfordern. Die durch die Befragung bestätigte Unschärfe des Begriffs nährt die Vermutung, daß die „Freiarbeit“ als ein dem Zeitgeist von proklamierter freiheitlicher Gesinnung und Individualität opportunes Alibi benutzt wird, tradierte Formen des Unterrichtens mit einigen methodischen Varianten weiterführen zu können, ohne das System unserer Schule ernsthaft in Frage stellen zu müssen. Dieses unscharfe Verständnis entspricht jedoch nur sehr begrenzt den theoretisch formulierten Forderungen nach Selbstbestimmung und Eigenverantwortung der Lernenden und verhindert durch die scheinbare Harmonie der „Öffnung“ geradezu eine ernsthafte und radikale Suche nach zeitgemäßen Formen des Lehrens und Lernens. (Gervé 1997, 42)

Es müssen also andere Gründe sein, weshalb der hier geschilderte ehrliche und konsequente Einbezug der Schüler in die Lernverantwortung in den üblichen didaktischen Konzepten nur eine geringe Rolle spielt. Zum einen könnte es die Angst vor dem Missverständnis sein (die ich in diesem Buch auch habe), dass der radikal Offene Unterricht einem „Laisser-faire“-Unterricht gleich gesetzt wird, der schließlich in Beliebigkeit und Chaos endet. Tatsächlich ist die Grenze für den Laien auf den ersten Blick u. U. schwer zu ziehen, denn „Machen-Lassen“ ist auch das Grundgebot des Offenen Unterrichts. Aber es ist kein „Einfach-Machen-Lassen“. Der Lehrer hält sich nicht aus dem Prozess heraus und billigt stillschweigend alles was passiert, sondern er ist als Person anwesend, die sehr wohl eine wichtige Rolle spielt, sich einmischt, provoziert, in Frage stellt, Impulse gibt – allerdings ohne die Freiheit und das Recht des Einzelnen auf eigene Meinung und Entscheidungen zu berühren.

Ein anderer Grund könnte die Angst davor sein, dass ein interessegeleitetes autonomes Lernen des Schülers dazu führen könnte, dass bestimmte von der Gesellschaft oder der Fachdidaktik als wichtig erachtete Inhalte nicht mehr als Lernstoff auftauchen würden:

> Schülerorientierter Unterricht ist ein logischer Widerspruch in sich selbst. [...]
> Es liegt nicht im subjektiven Interesse der Schüler, bei der Unterrichtsvorbereitung von ihren subjektiven Interessen auszugehen. [...]
> Die Verwirklichung der Schülerorientierung ist identisch mit der Aufhebung der Schule. (Meyer 1991[11], 200)

Vergessen wird dabei, dass der hier beschriebene Offene Unterricht eine ganz entscheidend andere Grundposition einnimmt als das hier als schülerorientiert bezeichnete Modell. Statt den Schülern die vermeintlichen Bildungsinhalte durch mehr Schülerorientierung oder Motivationstricks schmackhafter zu machen, greift der Offene Unterricht in hohem Maße auf die von sich aus im Raum stehenden Bildungsherausforderungen zurück. Selbstgesteuertes und freiwilliges Lernen erhält die Lernmotivation, mit der die allermeisten Kinder in die Schule kommen. Es ist dann eben nicht der Horror, den Rechenaufgaben mit großen Zahlen auszudrücken scheinen, sondern es ist die Faszination, auch schon mit großen Zahlen rechnen zu können. Es ist nicht die Angst vor Fehlern und Korrekturen, die das Schreiben eines eigenen Aufsatzes begleiten, sondern es ist die Lust am kreativen Produzieren, die das Freie Schreiben von Anfang an begleitet. Es ist nicht der den Schülern oftmals lächerlich erscheinende Versuch des Einbezugs der „Lebenswirklichkeit“ in den vorgeplanten Unterricht, sondern es ist die aus der Lebenswirklichkeit entspringende Fragestellung, die dann in der Schule vom einzelnen Kind aus Faszination und Neugier „wissenschaftlich“ aufgearbeitet wird. So wird der objektive Bildungsauftrag der Schule leicht zum subjektiven Interesse der Schüler – wenn die Unterrichtsbasis stimmt und die Curricula Raum für diesen individuellen Zugang lassen.

> In der Realität der Schulen, mit Normalschülern – konzentrationsunfähig, nur in geringem Maße motivierbar und in der intellektuellen Belastbarkeit recht unterschiedlich – und mit Durchschnittspädagogen, die verständlicherweise auch mit menschlichen Unzulänglichkeiten zu kämpfen haben, würde das Lernkonzept schlechtweg zum Chaos im Schulalltag und zum Leistungsabfall führen müssen. (Alberg 1996, 36)

Ein letzter Grund, der mir einfällt, um die Angst der Didaktiker vor einer wirklichen Öffnung im Unterricht zu begründen, wären Bedenken bezüglich der Kompetenz des „Durchschnittslehrers“. Es wird zumindest einem Teil der Lehrerschaft nicht zugetraut, einen Unterricht durchzuführen, der den Schülern Mitbestimmungsmöglichkeiten lässt, die über das Aussuchen der Bearbeitungsreihenfolge der zu erledigenden Planaufgaben oder die Mitsprache bezüglich des Kakaodienstes hinausgeht. Deshalb wird in der Ausbildung ein Unterrichtsmodell gelehrt, in dem Lehrern zwar grundsätzlich etwas über selbstgesteuertes Lernen erzählt wird, man ihnen (und den Schülern) zugleich aber die Kompetenz zur Durchführung eines solchen Unterrichts wieder abspricht. So werden dem Lehrer innerhalb der sowieso schon hochkomplexen (geschlossenen) Unterrichtsplanung zusätzlich all die toll klingenden schülerorientierten und offenen Momente aufgebürdet, die in ihrem Anspruch völlig gegensätzlich zu ihrer detaillierten Vorplanung stehen. Das Resultat ist die schon oben ausführlich kritisierte Pseudo-Öffnung des Unterrichts durch Alibi-Aktionen oder wirklich planlose Beschäftigungstherapie durch Lehrbuch, Kopiervorlagen oder Lernspiele.

5.1.4 Eine andere Art der Planung: Flexible Alltagsplanung statt starrem Fünfjahresplan

> Zahlreiche in der didaktischen Literatur genannten Phasierungsmodelle für Unterricht sind [...] ungeeignet, da die jeweilige Etikettierung zu sehr aus der Sicht der Planenden formuliert ist.
> Viele dieser Artikulationsschemata kranken daran,
> daß sie überwiegend vom Lehrenden aus konzipiert sind und somit einen eher lehrerzentrierten Unterricht determinieren,
> daß sie zumeist eine einseitig kognitive Ausrichtung des Unterrichts aufweisen,
> daß sie methodische Vorentscheidungen beinhalten, und offene Unterrichtsformen kaum in ein solches Schema passen,
> daß dadurch der/die Planende gezwungen wird, sein/ihr unterrichtliches Vorhaben in ein vorgegebenes Muster zu pressen,
> daß der Prozeß der aktiven Auseinandersetzung des Kindes mit dem jeweiligen Ausschnitt von Wirklichkeit aus der Sicht des Kindes wenig berücksichtigt wird,
> daß implizit unterstellt wird, daß das Lernen immer zwangsläufig in der Chronologie der dargestellten Phasierung erfolgt. (Retterath o. J.)

> Es genügt, wenn der/die LehrerIn eine Art Handlungskatalog im Hinterkopf hat und daraus den SchülerInnen Vorschläge (Angebote) unterbreitet. Dabei muß gestattet werden, daß SchülerInnen auch solche Lösungen, Handlungssequenzen, Ideen oder Vorschläge teilweise, ganz oder auf eigene Weise verwirklichen, die nicht auf einer Erwartungsebene liegen. Die Zeit der Impulsgebung mit erwartetem Schülerverhalten sollte passé sein. (Haser 1991 a, 22)

Die gängigen Phasen der Wissensaneignung, die durch Initiation, Orientierung, Transformation, Reflexion und Integration eines Lerngegenstandes den Ablauf im traditionellen Unterricht bestimmen, finden bei genauer Betrachtung so weder im traditionellen noch im Offenen Unterricht statt – zumindest nicht, wenn man vom Lernprozess des Kindes ausgeht. Auch die für den selbstständigen Wissenserwerb angestrebte Qualifizierung des Lernenden, dass er zunächst sein „Lerndefizit" feststellt, dann die Vorgehensweise zum Beheben bestimmt, die Lernschritte kontrolliert und schließlich den Lernerfolg reflektiert (vgl. Meiers 1999, 41) greift so nicht und ist eine falsche Ableitung wissenschaftlicher Strukturierungsversuche bzw. Modellerklärungen. (Signifikantes) Lernen ist kein chronologischer bzw. eindimensionaler Durchlauf bestimmter schematischer Aneignungsphasen, sondern diese treten immer wieder in unterschiedlichsten Beziehungen zueinander auf. Entsprechend hinfällig ist eine Planung, die auf einer Chronologie dieser Phasen beruht bzw. auf diese besteht.

Planung im Offenen Unterricht zielt nicht auf eine klein- oder großschrittige Arbeitsvorgabe ab, sondern auf das Schaffen einer Lernatmosphäre, in der selbstgesteuertes Lernen möglich wird. Zugleich verschwimmt auch die Rolle des Planenden, denn nicht mehr der Lehrer plant, sondern Planung erfolgt – und jetzt passt das Wort wirklich nicht mehr – bei allen Beteiligten und auf allen Ebenen.

Dies geschieht meist sogar ganz unbewusst und gar nicht „geplant“ in der Form spontaner Ideen, Versuche, Hypothesen und Vorhaben; oder aber auch strukturierter in der Absprache mit anderen Schülern oder dem Lehrer; bei der Rekrutierung von Mitschülern; als Weiterführung vorgetragener Ergebnisse usw. Entsprechend werden Methoden, Werkzeuge, Materialien usw. auch nicht „nach Plan“ unterrichtet oder eingeführt, sondern sind selbstverständliche und jederzeit ergänzbare Elemente dieses Lernraumes, auf die situativ, individuell und intuitiv (also durchaus gewollt „ungeplant“) zurückgegriffen wird bzw. zurückgegriffen werden kann. Offener Unterricht ist dadurch alles andere als planlos, sondern erst durch den Verzicht auf die traditionelle Stundenvorplanung bekommen die Schüler den Freiraum, den sie brauchen, um die Unterrichtssituation selbst als „planvoll“ im Bezug auf das eigene Lernen zu erleben. Lernen erfolgt nun einmal nach dem eigenen inneren Plan, nach der eigenen Konstruktion des Lernenden. Die Planung ist „konstitutiver Bestandteil des Unterrichts selbst“ (Hänsel 1980, 158).

Unter dieser Sichtweise bekommen die Qualifikationen der Beteiligten neue Dimensionen. Das (geplante und ungeplante) Wissen des Lehrers schafft ihm selbst und den Schülern die Sicherheit, die es erfordert, mit dem notwendigen großen Freiraum umzugehen. Es ist dabei nicht das Wissen des traditionellen Unterrichts, das durch didaktische Reduktion bzw. Transformationen möglichst geschickte und effektive Aneignungswege vorgibt, sondern ein Wissen, das dem Schüler durch intuitive und authentische Reaktion im Rahmen eines dialogischen Lernens Impulse und Herausforderungen bereitstellt. Genauso fordert der Schüler den Lehrer selbst als Lernenden heraus, sei es durch spannende Gedankengänge, den Wissensvorsprung in bestimmten Gebieten, die praktische Veranschaulichung eines genetischen Lernens oder aber die Erinnerung an die beeindruckende Komplexität alltäglicher oder unbewusst ablaufender Prozesse. Schreiben, Rechnen und Forschen lernen ist im Offenen Unterricht für den erfahrenen Lehrer eine genauso spannende Sache wie für den lernenden Schüler, der die geheimnisvollen Zusammenhänge neu erfinden darf.

5.2 Reflexion und Bewertung offenen Unterrichts

> Wer gewohnt ist, konventionellen Unterricht in Vorführstunden zu sehen, bei dem kann es leicht zu Irritationen bei einer Beurteilung von Offenem Unterricht kommen. [...]
>
> – Der/die LehrerIn agiert nicht mehr als „MacherIn“, sondern bleibt im Hintergrund. Dabei werden typische LehrerInnenverhaltenskategorien wie z. B. Lenkung, Impulsgebung, die im Frontalunterricht oder in lehrerInnenzentrierten Phasen gut zu beobachten sind, aufgegeben.
>
> – In den Unterrichtsstunden scheinen keine klaren Strukturen und Phasen vorhanden zu sein. Von daher ist ein Aufbau nur schwer beobacht- und benotbar.

- Klare und kurze Zeitvorgaben fehlen. Einer Beliebigkeit im Arbeitsverhalten der SchülerInnen sind damit Tür und Tor geöffnet. Eine gemeinsame Planung von Unterrichtsschritten ist deshalb nicht mehr möglich.
- Lernziele sind nicht als Stunden- oder Feinziele definiert, können deshalb auch nicht operationalisiert werden. Die Kategorien „erreicht" oder „nicht erreicht" greifen daher nicht.
- Formale Disziplin, oft dokumentiert durch den Ruhe- bzw. Unruhepegel in der Klasse, wird von den SchülerInnen nicht mehr in dem Maße erwartet, wie dies gerade bei Vorführstunden der Fall war, während sie im traditionellen Unterricht geradezu als Gradmesser einer „funktionierenden" Lerngruppe gilt. Die Lenkungs- und Führungsqualifikationen, die einen „guten" Lehrer / eine „gute" Lehrerin auszeichnen, sind hier nicht mehr festzustellen.
- Viele Kinder machen jeweils anderes, andere u. U. gar nichts, etliche beschäftigen sich nur mit nachgeordneten Tätigkeiten; scheinbar regiert das Lustprinzip. Wie soll das miteinander verglichen oder gar benotet werden?
- Fürsorge und Verantwortlichkeit des Lehrers / der Lehrerin werden nicht gebührend wahrgenommen.
- Fehler und Ungenauigkeiten werden nicht oder erst spät erkannt, sie bleiben oft ohne Korrektur. Ist das nicht eine Vernachlässigung klassischer LehrerInnenpflichten und müssen diese nicht als solche geahndet werden?
- Kriterien wie (Eigen-)Verantwortung, Selbsttätigkeit, Selbständigkeit, „Freiheit" sind demgegenüber umso wichtiger, aber sie sind nicht einmal graduell erfaßbar, einschätzbar, meßbar und entziehen sich einer präzisen Beurteilung. Gerade diese machen aber einen wesentlichen Bestandteil der mittel- und langfristigen Zielsetzung des Offenen Unterrichts aus. Damit fehlen weitere Kriterien, die über Erfolg oder Mißerfolg des Unterrichts entscheiden.

Solche Irritationen haben in Einzelfällen schon dazu geführt, daß PrüferInnen eine Beurteilung Offenen Unterrichts abgelehnt oder mit für herkömmlichen Unterricht entwickelten Kriterien gemessen haben. (Schmidt / Wopp 1996, 3f.)

Unterrichtsbesuche, Prüfungs- und Revisionsstunden stellen sowohl die Prüflinge als auch die Prüfer seit Jahren vor scheinbar unlösbare Probleme. All die hehren Ziele und Prinzipien, die theoretisch einleuchten, fallen plötzlich in sich zusammen, wenn man genauer hinsieht und einmal analysiert, was unter dem entsprechenden Schlagwort im Unterricht wirklich vor sich geht. Werden die in den Stundenbegründungen verwendeten didaktischen Prinzipien nicht auf das Äußerste strapaziert, weil sie statt der gelegentlichen Beachtung in Vorführstunden eigentlich durchgehendes Unterrichtsprinzip in allen Stunden darstellen müssten, um überhaupt sinnvoll zu sein? Wie sollen Handlungsbefähigung oder Selbstverantwortung in einzelnen Stunden „offenen Unterrichts" angebahnt werden, wenn sie im sonstigen Unterricht eher als störend empfunden werden? Müssten die entsprechenden Analyseraster nicht viel eher zur Reflexion eines Gesamtkonzeptes dienen als zur Planung oder Analyse einzelner Stunden oder

Einheiten? Die Merkmalskataloge „guten" oder „offenen" Unterrichts sind allzu oft Sammellisten positiv besetzter Begriffe, die losgelöst von einander nach Belieben benutzt oder ausgeklammert werden, ohne aber miteinander in Beziehung gesetzt zu werden bzw. ein stimmiges Gesamtkonzept zu ergeben.

Aber auch in Klassen, in denen man auch außerhalb der Prüfungsstunden „offener" arbeitet, ergibt sich für diejenigen, die diesen Unterricht begleiten oder bewerten sollen, ein gravierendes Problem: Da die Kinder in offenen Unterrichtssituationen in hohem Maße selbstständig und lehrerunabhängig arbeiten bzw. sich die Lehrertätigkeit weitgehend auf Impulse oder Herausforderungen beschränkt (oder im Idealfall gleich Null ist), ist es nicht leicht, den Anteil des Prüflings an dieser Leistung zu bestimmen. Es kann ja auch sein, dass die Klasse immer so arbeitet, egal ob er anwesend ist oder nicht. Gerade bei Arbeitsformen wie Freier Arbeit, Wochenplan-, Werkstatt- oder Stationsunterricht führt das leicht dazu, dass sich die Bewertung des Unterrichts dann vorrangig auf die Auswahl des verwendeten Materials beschränkt. Dieser eingeschränkte Blickwinkel ist natürlich sehr problematisch, denn der „offene" Unterricht wird nicht nur zum materialzentrierten Unterricht, sondern die Lehrerkompetenz beschränkt sich oft auf die in wochenlanger Heimarbeit erstellte mediale Überfrachtung der Stunde.

Ein anderes Problem stellt die Dauer der Hospitation dar: Während man herkömmlichen Unterricht m. E. noch einigermaßen auf eine einzelne Stunde bzw.

deren Planung bezogen beurteilen kann, erscheint die Beurteilung offener Unterrichtsformen durch den Ausschnitt einer Stunde oder eines Vormittags unmöglich, denn der offene Unterricht ist ein komplexes Zusammenspiel aller Beteiligten. Bewertet werden kann daher nicht nur das gerade Gesehene, sondern dieses muss in einen größeren Zusammenhang eingebettet werden. Hans und Karin Brügelmann schlagen dazu das beratende Gespräch als konstruktive und weiterführende Beurteilungsform vor. Sie verstehen dabei offenen Unterricht nicht als statische Festschreibung, „also als ein Ideal, an dem jeder unterrichtspraktische Versuch scheitern muß“ (Brügelmann / Brügelmann 1995, 36), sondern als „prozeßhafte Vorstellung allmählicher ‘Öffnung des Unterrichts’, die vor allem die Entwicklung der beteiligten Personen (SchülerInnen wie LehrerIn) zum Maßstab macht.“ (Brügelmann / Brügelmann 1995, 36) Das heißt der Offene Unterricht bzw. seine Ideale müssen zwar das Reflexionskriterium darstellen, dürfen aber nicht als unerreichbarer Bewertungsmaßstab dienen. Man sollte allerdings sehr wohl die vorgefundenen Zwischenschritte und Kompromisse benennen und versuchen, sie zu begründen bzw. sie im Sinne einer Weiterentwicklung zu reflektieren. Ansonsten könnten die eigentlich angestrebten Ziele zu schnell aus den Augen verloren werden.

Natürlich lassen sich hier keine Komplettlisten für Reflexionsimpulse darlegen, denn diese würden sowohl das Konzept des Offenen Unterrichts als auch die Idee des Beratungsgespräches karikieren. Dennoch können aber Rahmenbeispiele erste Ideen liefern, welche Bereiche eine Rolle spielen können (vgl. auch Brügelmann / Brügelmann 1995; Oellrich-Wagner 1996; Wallrabenstein 1991, 170f.):

- Welches Grundkonzept (Planarbeit, Werkstattarbeit, Freie Arbeit, Projektarbeit, Offener Unterricht) liegt dem Unterricht zu Grunde – und auf welcher Stufe der Öffnung in welchem Bereich (organisatorische, methodische, inhaltliche, sozial-integrative, persönliche Öffnung, s. o.) befinde ich mich? Wie begründe / vertrete ich meine Position und was für eine Perspektive habe ich? Wie könnten die nächsten Schritte für mich aussehen? In welchen Bereichen kann ich mir eine „Qualitätssteigerung“ am ehesten vorstellen?
- Welche Ziele habe ich für die Kinder, was weiß ich über sie und ihr Lernen und Leben, welche Lernchancen haben sie durch diesen Unterricht in welchem Bereich (intellektuell, methodisch, emotional, sozial)?
- Können sich alle Kinder gemäß ihren Eigenschaften und Fähigkeiten in den Unterricht einbringen, kenne ich ihre Spezialgebiete, kenne ich ihre Probleme, kenne ich ihre Macken und Eigenheiten?
- Inwiefern hält der Unterricht allgemeinen didaktischen Prinzipien (sinngebendes Lernen, Situationsorientierung, Anwendungsorientierung, Handlungsbefähigung, Einbezug des außerschulischen Umfelds usw.) wirklich stand?

- Erfolgt eine einschränkende „Differenzierung von oben“ oder ist die Methode/das Unterrichtsangebot so gewählt, dass den Kindern eine selbstständige Individualisierung von unten (z. B. durch Eigenproduktionen oder freie Vorhaben) möglich ist?
- Werden die Kinder durch eventuelle Vorgaben (Arbeitsauftrag, Arbeits- und Sozialform, Zeit, Inhaltsauswahl, Lernweg, Abfolge, Medien, Gestaltung) gestützt oder eher eingeschränkt? Welche Alternativen (eigene Fragen / Vorhaben, Eigenproduktionen, Alltagsmaterialien, eigene Veranschaulichungen) gäbe es und wie kann man diese erzeugen, stützen, herausfordern?
- Auf welchem Niveau arbeiten welche Kinder, und wie ist das einzuordnen bzw. zu begründen?
- Inwieweit wird wirklich fächerübergreifend oder sogar überfachlich gearbeitet, und wo erscheint die Fächerverbindung konstruiert und aufgesetzt?
- Welche Möglichkeiten der Hilfe, Impulsgebung und Rückmeldung (durch strukturiertes Lernmaterial, Eigenhilfe, Gesprächskreis, Experten, Bücher, Computer, Mitschüler, Lehrer usw.) gibt es?
- Ist die Lernumgebung für die Kinder herausfordernd und regt sie zur Selbstständigkeit an oder ist sie zu voll mit unnötigem Ballast, den nur ich als Lehrer zu meiner eigenen Sicherheit brauche?
- Inwieweit können die Kinder das Lernen (und Leben) in der Schule mitgestalten (Planungsbeteiligung, Einbringen eigener Ideen / Vorhaben, Präsentationen, Rituale, Regelfindung, Raumgestaltung, Ordnung, Klassenaktionen)?
- Inwieweit bzw. an welchen Stellen kann ich mich als Lehrer noch mehr zurücknehmen oder sollte ich mich (als Impulsgeber, Herausforderer, Strukturierender, Rückmeldender, Provokateur, Zuhörer, Experte, Kritiker, Laie, Materiallieferant, Privatperson) stärker einbringen?
- …

Diese Liste ist natürlich beliebig modifizier- und erweiterbar. Die Reflexionskriterien dienen nur dazu, Fragen aufzuwerfen, bestimmte Teilbereiche gezielt zu beleuchten und Alternativen durchzuspielen. Die Betrachtungen sollten sich daher beim Gespräch auf konkrete Beobachtungen (Raumgestaltung, Verhalten einzelner Kinder, Klassenklima) beziehen und mehr oder weniger exemplarisch eine Brücke von den „hehren“ Zielen zur tatsächlichen Praxis schlagen. Das ist allerdings ein Prozess, in dem es kein „richtig“ oder „falsch“ geben kann, so dass nicht nur die Kompetenz des zu Beurteilenden gefragt ist, sondern in hohem Maße auch der Beurteilende involviert ist, denn unterschiedliche Sichtweisen und Rahmenbedingungen erfordern individuelle Gedankenspiele auf beiden Seiten. In der Hochform wird sich ein mehr oder weniger gleichberechtigtes Gespräch über Situationen, Alternativen und Weiterentwicklungsmöglichkeiten (konkrete nächste Schritte) entwickeln, das an beobachtbaren Momenten des Unterrichts festgemacht wird. Dadurch ergibt sich ein hohes Maß an Anwendungsorientierung, da die Lehrperson den nächsten eigenen Schritt im Gespräch selbst mitentwickelt, also m. E. in der Regel selbst für realistisch und umsetzbar hält.

Brügelmann und Brügelmann geben folgende konkrete Beispiele möglicher Gedankenspiele, die die kreative Kompetenz des Prüfers genauso veranschaulichen wie den Weg der nächsten Schritte:

- Was denken Sie, würde dieses Kind schreiben, wenn es Ihnen darstellen sollte, wie es Schule erlebt?
- Was könnte geschehen, wenn Sie diesem Mädchen statt der Förderstunde die Aufgabe übertragen, regelmäßig in der ersten Klasse vorzulesen?
- Versuchen Sie, zwei bis drei Wochen jeden Tag mit dem Vorlesen einer Fortsetzungsgeschichte abzuschließen, und beobachten Sie sich und die Kinder dabei. (Brügelmann / Brügelmann 1995, 36)
- ...

6 Evaluation und Implementation offenen Unterrichts

> Beschwörend und zum wiederholten Male versichert mir Herr *Steckel*, daß ich gleich „Offenen Unterricht" sehen werde – ganz im Sinne der „Kommunikativen Didaktik" und „trotz widriger Umstände". Dann öffnet er die Tür zu seiner 4b und ... Die ersten 10 Minuten gehen für Organisatorisches drauf, dann folgen viele Ermahnungen und hektische Anweisungen; im Zentrum der Stunde sollen Arbeitsblätter ausgefüllt werden, wobei ich mehrmals den – wiederum in beschwörendem Tonfall geäußerten – Hinweis des Lehrers registriere, daß jeder nur das Blatt bearbeiten soll, das ihm „auch wirklich Spaß macht".
>
> Den Kindern scheinen Bemerkungen über das gestrige Fernsehprogramm, das Werfen von Papierkügelchen oder auch einfaches Herumdösen mehr Spaß zu machen. Ich gehe herum und finde drei Lückentexte, acht Blätter mit Rechenpäckchen, fünf Kinder haben sich für Textaufgaben entschieden, ein Mädchen, die kaum Deutsch sprechende Mirja, sitzt vor einer Bildergeschichte (oder sind es nur die Bilder?), und der Rest der Klasse sucht noch seinen Spaß. Herr *Steckel* sitzt am Pult und ruft gelegentlich in die Klasse. „Ich fände es gut, wenn ihr selbständig arbeitet!" Oder auch: „Natürlich könnt ihr, wenn ihr wollt, auch zusammenarbeiten!" *Mirja* schaut mich traurig und so hilflos an, daß ich meine Beobachterrolle aufgebe, mich neben sie setze und ... (Winkel 1993, 12)

Blickt man auf die Schulpraxis vor Ort, so findet man nur sehr selten einen Offenen Unterricht, wie er hier als Konzept vorgestellt wird. In der Regel befinden sich die Schüler in den „offenen" Unterrichtsphasen in einer Doppelbindungssituation: einerseits wird von ihnen größtmögliche Selbstständigkeit und Eigenverantwortung verlangt, andererseits werden ihnen aber gleichzeitig mehr oder weniger konkrete Arbeitsvorgaben gemacht. Dieser Widerspruch zwischen den hehren Zielsetzungen und Prinzipien des Offenen Unterrichts und dem gleichzeitigen Verstoß gegen eben genau diese Prinzipien in der tagtäglichen Anwendung führt zu einem sehr ineffektiven Unterrichtsgeschehen – was die Beteiligten meist auch spüren. Aber anstatt daraufhin die Qualität der Öffnung zu hinterfragen, greifen viele Lehrer dann – bewusst oder unbewusst – immer mehr auf „altbewährte" Techniken zurück. Die Folge ist, dass fast alles, was in der Schule als „offener" Unterricht gehandelt wird, dieses Etikett gar nicht verdient. Daraus ergeben sich unter anderem zwei Probleme, die im Folgenden kurz beleuchtet werden sollen: Die Nichtexistenz eines qualitativ abgesicherten „offenen" Unterrichts in der Praxis führt zum einen dazu, dass es bislang keinerlei aussagekräftige Untersuchungen über die Effizienz dieser Unterrichtsform gibt, denn die den Untersuchungen zu Grunde liegenden Stichproben enthalten in der Regel gar keine Klassen, die über eine stundenweise organisatorische Öffnung hinausgehen (vgl. Hanke 2001 a, 50). Zum anderen erschwert das Nichtvorkommen eines qualitativ abgesicherten Offenen Unterrichts die Aus- und Fortbildung, denn man soll etwas umsetzen, das man nie selber praktisch erfahren durfte.

6.1 Die Evaluationsproblematik des offenen Unterrichts

Wie schon mehrfach anklang, besteht beim Thema „offener Unterricht" bislang kein wissenschaftlicher Konsens über konstituierende Merkmale bzw. eine genaue Definition. Was aber nicht genau bestimmt ist, kann auch nur eingeschränkt empirisch erforscht werden. Alle Untersuchungen werden keine aussagekräftigen Ergebnisse erbringen, solange nicht klar ist, welche Anforderungen man überhaupt an den betrachteten „offenen" Unterricht stellt. Wenn hier also im Folgenden Untersuchungen zum offenen Unterricht angesprochen werden, geschieht das nicht aus dem Grunde, die Stärken oder Schwächen dieser Unterrichtsform zu belegen, sondern um auf die Problematik einer empirischen Forschung in diesem Bereich hinzuweisen. Es soll gezeigt werden, dass es bislang noch keinerlei aussagekräftige Evaluation offenen Unterrichts gegeben hat und selbst die wenigen ernst zu nehmenden Studien nur sehr begrenzt Schlüsse zulassen.

6.1.1 Die meisten Untersuchungen zum offenen Unterricht untersuchen gar keinen (durchgängig praktizierten) „offenen Unterricht"

In seiner detaillierten Analyse der Forschung zum offenen Unterricht kommt Brügelmann zu folgenden Schlüssen:

> Die Befunde der Forschung sind [...] nicht so einfach zu interpretieren, wie manche Zusammenfassungen suggerieren. Wesentlich sind folgende Punkte:
>
> 1. Über viele Studien hinweg zeigt sich, dass es *durchaus Unterschiede* zwischen sog. offenem und sog. lehrerzentriertem (bzw. durch Material stark vorstrukturiertem) Unterricht in beobachtbaren Verhaltensmerkmalen von SchülerInnen gibt – sowohl im Leistungs- als auch im Persönlichkeitsbereich. Die Dimension „Offenheit" ist also nicht irrelevant für die Beurteilung von didaktisch-methodischen Alternativen.
> 2. Die Unterschiede sind in der Regel *bereichsspezifisch.*
>   a) Im fachlichen Bereich sind die Leistungen offener Ansätze im Mittel etwas niedriger, zugleich streuen die Leistungen oft breiter.
>   b) Dagegen schneiden offene Ansätze im Bereich der Grundqualifikationen, der Einstellungen und der Persönlichkeitsentwicklung besser ab.
> 3. Die Unterschiede sind – gemittelt über verschiedene Studien hinweg – *gering.* [...] Wenn uns Selbstständigkeit, Mitverantwortung und Eigenaktivität als pädagogische Ziele wichtig sind, dann ist ein Unterricht vorzuziehen, der mit diesen Prinzipien übereinstimmt, solange keine Verluste / Nachteile in anderen bedeutsamen Zielbereichen nachgewiesen sind. Dies aber ist die Situation, wie die Metaanalysen zeigen. In den Punkten 1 bis 3 wird allerdings ein Problem verdrängt:
> 4. Nicht nur sind die Unterschiede gering; oft weisen die Unterschiede sogar in einem Teil der Studien in die eine, in anderen Studien in die andere Richtung

> – und das mit *erheblicher Streuung* – zum Teil auch zwischen Klassen innerhalb der einzelnen Studien. (Brügelmann 1998, 12f.)

Betrachtet man rückblickend die (internationalen und nationalen) Untersuchungen und Metaanalysen, die üblicherweise für oder gegen offenen Unterricht angeführt werden, so stellt man fest, dass keine einzige dieser Untersuchungen unseren Minimalkriterien von Offenheit standhalten würde. So folgten nach einer Vielzahl US-amerikanischer Studien in den 30er und 40er Jahren zur „progressive education" (Reformpädagogik) vor allem zu Zeiten der „kognitiven Wende" in den 60er und 70er Jahren (ausgedrückt z. B. durch die Arbeiten von Piaget, Ausubel und Bruner) spezielle Untersuchungen zu entdeckendem Lernen, schülerorientiertem Unterricht oder informeller Unterrichtsgestaltung. Das Interesse zielte bei diesen Untersuchungen aber primär auf lerntheoretische und fachdidaktische Fragen im engeren Sinne (Wie eignen sich Kinder bestimmte Inhalte an?); Fragen, die wir heute schultheoretisch und pädagogisch im Hinblick auf Komponenten inhaltlicher und sozialer Mitbestimmung stark erweitern würden (Was trägt die Schule bei zur Entwicklung der Kinder als individueller Persönlichkeit und als Bürger in einer demokratischen Gesellschaft?) (vgl. Brügelmann 1998, 9).

Zusätzlich ist in vielen Untersuchungen die Einteilung in „offen" bzw. „geschlossen" unterrichtete Klassen erst im Nachhinein aus den vorhandenen Daten gebildet worden, das heißt die Daten selbst führten zur Erstellung der Kriterien von „offen" und „geschlossen", sie sind nicht *vorher* definiert worden (vgl. Brügelmann 1998, 14ff.). Zum Teil wurden auch die Selbstzuweisungen der Lehrer als Zuordnungskriterium genutzt – eine sehr unverlässliche Sache, wie die aktuelle Untersuchung von Hanke zeigt: nach den Unterrichtsbeobachtungen konnte bei ihr keine einzige der Selbstzuweisungen zum „offenen" Unterricht aufrecht erhalten werden, da es sich statt des angegebenen „offenen" Arbeitens immer um geschlossenen bzw. lehrgangsorientierten Unterricht handelte (vgl. Hanke 2001b, 384). Des Weiteren hat man bei vielen Untersuchungen den Eindruck, dass der „informelle" bzw. „offene" Unterricht des Öfteren sogar in der Nähe eines „Laisser-faire-Stils" gelegen hat (vgl. Einsiedler 1990, 228). Aber auch die Untersuchungen, bei denen die Stichproben methodologisch korrekt vor der Auswertung als informell bzw. offen unterrichtet klassifiziert wurden, erscheinen fragwürdig, denn der „offene" Unterricht stellt sich auch hier in vielen der Studien, die überhaupt eine entsprechende Dokumentation der Unterrichtssituation liefern, zweifelsohne viel eher „geschlossen" als „offen" dar (vgl. Kasper 1995[3], 108f.):

- Statt offenem Unterricht als durchgängigem Unterrichtsprinzip erfolgte die „Öffnung" meist nur für einzelne Stunden pro Woche in der Form von Wochenplanunterricht oder „Freier Arbeit";

- auf der Basis vorstrukturierten Aufgabenmaterials statt durch Eigenproduktionen der Kinder;
- mit vorwiegend rein reproduktiven Aufgabenstellungen statt entdeckendem oder herausforderndem Lernen;
- mit quantitativer Differenzierung durch Lehrer bzw. Material statt einer qualitativen Individualisierung durch das Kind;
- in der Form eines Nebeneinanderher-Lernens statt eines Miteinander-Lernens der Kinder;
- auf der Basis vorher durch den Lehrer eintrainierter Lern- und Verhaltensstrategien für den „offenen Unterricht“ statt einer Entwicklung dieser Strategien durch die Kinder.

Untersucht wurde also in der Regel kein Unterricht, der den Prinzipien des offenen Unterrichts entspricht, sondern eher ein Unterricht, der nur in der Abgrenzung zu einem vollkommen geschlossenen lehrerzentrierten Unterricht einzelne kleine Öffnungsansätze (z. B. durch Materiallehrgänge) sichtbar werden lässt. Man hat fast den Eindruck, dass in vielen Untersuchungen ein Unterricht umso eher als „offen“ bezeichnet wurde, je unstrukturierter bzw. chaotischer er sich darstellte. Entsprechend willkürlich erscheint dann auch die Zuteilung einer Klasse zum „geschlossenen“ oder „offenen“ Untersuchungsbereich. So findet man eine große Anzahl von Klassen bzw. Unterrichtstypen, die in den einen Untersuchungen als „offen“ eingestuft wurden, in anderen aber nur als „traditionell“ bzw. sogar noch niedriger eingestuft worden wären. Hier muss man den Forschern einen inflationären und unwissenschaftlichen Gebrauch des Kriteriums „offen“ vorwerfen.

6.1.2 Es lassen sich gar keine ausreichenden Stichproben für (durchgängig praktizierten) offenen Unterricht finden

Was man den Forschern allerdings nicht vorwerfen kann, ist die als „offen“ bezeichnete Unterrichtspraxis, die sie vorgefunden haben – und auf die sie in ihren Untersuchungen zwangsläufig angewiesen waren –, denn diese spiegelt (leider) nur die Schulwirklichkeit wider. Dass diese Umsetzungspraxis auch heute noch genauso anzutreffen ist, kann man aus den Untersuchungen von Günther (vgl. 1988; 1996) und Hanke (vgl. 2001 b, 382 ff.) bzw. den Befragungen von Gervé (vgl. 1997 a, b) und Brügelmann (vgl. 1996/1997) ablesen. Während in der Untersuchung von Günther und in der Befragung von Brügelmann weniger als 10 % der Lehrer mehr als 4 Stunden Freie Arbeit pro Woche durchführen bzw. versuchen, Freie Arbeit täglich zu ermöglichen, kann man Gervés Befragung entnehmen, dass weniger als 5 % der Freie Arbeit praktizierenden Lehrer mindestens eine Stunde Freie Arbeit pro Tag zulassen. Hanke konnte alle Selbsteinschätzungen der Lehrer, sie würden häufig / immer Freie Arbeit machen, nach der überprüfenden Beobachtung nicht aufrecht erhalten – im Grund existiert Freie

Arbeit als durchgehendes Konzept auch in „Freiarbeitsklassen“ also gar nicht. Interessant ist dabei, dass der größte Teil der Befragten bei Gervé (83 %) schon mehrere Jahre bzw. Klassendurchgänge „Freie Arbeit“ praktiziert – von einer Annäherung an Öffnung in „kleinen“ Schritten kann also keine Rede sein.

Einen Hinweis darauf, dass der offene Unterricht grundsätzlich als „materialzentrierter“ Unterricht angesehen wird, geben die Aussagen der Lehrer zu den Gründen, die ihnen bezüglich einer Ausweitung der Freien Arbeit im Wege stehen. Als Argument der 74 % der Lehrer, die den Anteil der Freien Arbeit in ihrer Klasse gerne ausweiten würden, sich dazu aber nicht in der Lage sehen, wird vor allem das Fehlen von Material und Lernangeboten angeführt – das ist auch der Grund, der von denen genannt wird, die deshalb keine Freie Arbeit praktizieren. Spannend ist auch das Verständnis, dass die Lehrer bei Gervé von „Freier Arbeit“ haben: Für nur 4 % der Lehrer war Freie Arbeit eine Zeit, in der die Kinder nach Belieben einer Beschäftigung ihres momentanen Interesses nachgehen können (Brügelmann kommt im „offenen Unterricht“ auf 4 % „individuelle Vorhaben frei entwickeln“ und 7 % „Inhalte von Aufgaben bestimmen“ bzw. „eigene Aufgaben zu formalen Vorgaben entwickeln dürfen“) – 96 % der frei arbeitenden Lehrer empfanden Freie Arbeit als durchaus lehrergesteuert. Nur 1 % (!) der Lehrer ließ (in der sowieso nur auf einzelne Stunden beschränkten Freiarbeitszeit) bei den Kindern überwiegend Aufgaben zu, die nicht direkt in dem vom Lehrer vorbereiteten und selbst eingeführten Angebot enthalten waren. Zu diesem Verständnis von Freier Arbeit oder Öffnung und seinem Potential zum Kontraproduktiven muss wirklich nicht mehr viel gesagt werden.

6.1.3 Schulleistungstests als Messinstrumente

Für die empirische Forschung stellt sich die Frage, wie überhaupt Lernerfolg im Unterricht gemessen werden soll bzw. kann. Beim Offenen Unterricht ergibt sich aus dem offenen Curriculum, dass für eine Leistungsmessung eigentlich Messinstrumente notwendig sind, die die angestrebten Kompetenzen lehrgangsunabhängig abfragen. Ein entsprechendes Instrumentarium können beispielsweise die auch für die laufende Leistungsüberprüfung im Offenen Unterricht empfohlenen Überforderungstests darstellen (ausführlicher im zweiten Band), das heißt Fragestellungen, die weder einen bestimmten Stoffausschnitt noch ein bestimmtes Leistungsniveau im Auge haben, sondern Wissen und Kompetenzen in einem größeren Rahmen abfragen. Für den sprachlichen Bereich würden sich z. B. freie Aufsätze zur Bewertung der sprachlich / grammatikalischen Kompetenz anbieten, Lesetests zum sinnentnehmenden Lesen (vgl. Lehmann 1997) sowie (Bild-)Diktate mit bekannten, aber „schwierigen“ Wörtern („Fahrrad“, „Schiedsrichter“ usw.) für den Bereich der Rechtschreibung (vgl. May 1997[3]; 1994[3]). Für die Mathematik fehlen zurzeit noch entsprechende Instrumente, aber Tests wie z. B. der AMI-Test des Projektes „Applying Mathematics International“ (vgl. Selter

1999) scheinen in diese Richtung zu gehen, obwohl auch dieser Test noch auf eine spezielle Schulstufe bezogen ist. Die offene Aufgabenform könnte aber auf die Anforderungen anderer Schulstufen übertragen werden und in eine Überprüfung münden, die dann mehrere Schulstufen umfasst.

Solche Tests können dann zumindest zeigen, dass – so meine eigenen Erfahrungen und die ähnlich „radikal" offen arbeitender Kollegen – die Öffnung des Unterrichts in der Regel höhere Fachleistungen bei den Kindern bedingt als niedrigere. Das ist auch naheliegend, denn ein Offener Unterricht, der direkt auf den Vorkenntnissen der Kinder aufbaut und sich nicht mehr der künstlichen Begrenzung durch Lehrgang oder Material unterwirft, erzeugt auf Grund der idealen Passung zwischen herausforderndem Stoff und individuellen Schülermöglichkeiten einen größtmöglichen Fortschritt – sowohl bei schwachen als auch bei starken Schülern. Aber das, was den Offenen Unterricht im Sinne einer Ausbildung entsprechender Kompetenzen eigentlich ausmacht, wird durch solche Messinstrumente auch nicht erfasst. Die m. E. durchweg höhere Selbstständigkeit, Sozialkompetenz und allgemeine Reife der Kinder ist wahrscheinlich nur vor Ort in der Klasse spürbar, wenn man sieht, wie die Kinder miteinander umgehen bzw. ihre Arbeitsvorhaben angehen.

6.1.4 Effektstudien

In jüngster Zeit haben sogenannte „Effektstudien" zu bestimmten Fragestellungen von sich reden gemacht. Sie sehen vom Vergleichen ganzer Unterrichtskonzepte (offen vs. geschlossen) auf Grund der Vielzahl der das Ergebnis mitbestimmenden Faktoren ab und beschränken sich auf bestimmte Einzelfragen:

- „Aufmerksamkeitsverhalten von Schülern in offenen und geschlossenen Unterrichtskontexten" (Laus / Schöll 1995),
- „Selbständiges Lernen in Phasen freier Aktivitäten" (Wagner / Schöll 1992),
- „Lernzeit und Konzentration. Grundschulkinder in offenen Lernsituationen" (Lipowsky 1999).

U. a. um sich nicht den im letzten Unterkapitel beschriebenen Problemen der Leistungsmessung im offenen Unterricht auszusetzen, wird Lernen oder Lernerfolg in solchen Studien nicht durch das Abfragen bestimmter Sachverhalte gemessen, sondern indirekt über Beobachtung z. B. der „aufgabenbezogenen Lernzeit" des Schülers. Als Rechtfertigung für die Gleichsetzung von Lernzeit und Lernerfolg wird angeführt „der von der Unterrichtsforschung vielfach abgesicherte Befund, daß zwischen dem Ausmaß an Aufmerksamkeit bzw. aktiv genutzter Lernzeit und dem Lernerfolg ein Zusammenhang besteht." (Lipowsky 1999, 233)

Während ich die Beziehung zwischen mehr Lernzeit und höherem Lernerfolg in Situationen, in denen ein fest umrissenes „Lernergebnis" durch „Einüben" bzw.

„Auswendiglernen“ erreicht werden soll, noch (eingeschränkt) nachvollziehen kann, erscheint mir dieser Zusammenhang für die Kompetenzentwicklung im Offenen Unterricht fragwürdig. Schüler nehmen eigenmotiviert bzw. interessegeleitet Sachverhalte viel schneller auf, als wenn sie einem kleinschrittigen Lehrgangsunterricht folgen. Manchmal geradezu in fast unglaublichen Lernsprüngen, wenn sie sich längere Zeit mit ganz anderen Dingen beschäftigt haben und plötzlich einen Kompetenzgewinn von mehreren Schuljahren haben. Das große (noch weitgehend unerforschte) Feld impliziten und inzidentellen Lernens, das eben nicht durch die zeitliche Messung der Aufmerksamkeitsspanne oder der Lernaktivität erfasst wird, wird bei diesem Messvorgehen vernachlässigt. Auch misst die Größe Lernzeitnutzung immer nur Quantität, für sie spielt die Qualität bzw. der Anspruch der Lernarbeit ja zunächst gar keine Rolle.

In manchen Untersuchungen legt man als Indikator für den Lernerfolg die Konzentrationsfähigkeit der Schüler zu Grunde. Auch dieses Vorgehen erscheint mir problematisch, denn bei genauerer Betrachtung der Kinder würde man feststellen, dass diese von sich aus einfach ganz verschiedene Rhythmen und Schnelligkeiten (und Konzentrationsfähigkeiten) beim Lernen haben, die zunächst wenig mit der Unterrichtsform zu tun haben. So ist z. B. zu vermuten, dass der größere Anteil, der durch Test oder Lehrerstatement als „nicht aufmerksam“ bzw. „unkonzentriert“ eingeschätzten Schüler, sich eher als „leistungsschwach“ denn als “leistungsstark“ herausstellt. Das Aufmerksamkeitsverhalten kann nicht unabhängig vom persönlichen Vermögen der Schüler untersucht werden, sondern muss immer in Beziehung zu ihren Möglichkeiten gesetzt werden.

Zwar sind die Ergebnisse der Untersuchungen im Hinblick auf den untersuchten „offenen“ Unterricht sehr positiv, dennoch sollte man nachprüfen, in welchen Arbeitsphasen Lernzeit „verloren“ wird. Dazu stellen die Autoren beim Vergleich des Verhaltens ein und derselben Klasse in geschlossenen und offenen Unterrichtskontexten fest:

> Die Schüler aller drei Leistungsgruppen arbeiten in Phasen Freier Aktivitäten durchschnittlich aufmerksamer als in Phasen lehrerinitiierter Arbeit [...], leistungsschwache Schüler [...] sind in Phasen lehrerinitiierter Arbeit weit unaufmerksamer als in Phasen freier Aktivitäten. [...] In Phasen Freier Aktivitäten nehmen die **„special situations“** [z. B. Orientierungszeiten, in denen die Kinder sich nicht konkret mit einer Arbeit auseinandersetzen, aber auch nicht nichts tun; FP] mit abnehmender Leistungsstärke zu [...]. Zurückzuführen sind die vergleichsweise hohen Anteile an „special situations“ bei leistungsschwachen Schülern in Phasen Freier Aktivitäten z. T. auf die benötigte Zeit bei der Auswahl neuer Materialien. Diese brauchen durchschnittlich länger, bis sie sich zu Beginn oder nach einer Arbeitsphase (wieder) für die Beschäftigung mit Materialien entscheiden. (Laus / Schöll 1995, 11 f.)

Entsprechendes ist auch bei Lipowsky zu finden: „Hatten sich die konzentrationsschwächeren Kinder jedoch einmal für eine Aufgabenstellung entschieden, so arbeiteten sie ähnlich sach- und aufgabenbezogen wie die konzentrationsstärkeren Schülerinnen und Schüler." (Lipowsky 1999, 241) Wir begegnen hier also in erster Linie wieder einem Problem materialzentrierten Unterrichts, das in unserem Konzept Offenen Unterrichts in dieser Form nicht vorkommen kann, denn das angestrebte interessegeleitete Lernen erspart den Schülern gerade diese Phase der (vielleicht zeitintensiven, weil widerwilligen) Auswahl einer Beschäftigung aus einem vorgegebenen Lernangebot. Da die Aufmerksamkeit der leistungsschwächeren Schüler in den offenen Phasen allerdings weitaus höher als in den lehrerzentrierten Phasen war, scheinen sie eben nicht mehr Struktur und Vorgaben zu benötigen, sondern mehr Selbststeuerungsmöglichkeiten.

Die zuletzt geschilderte Problematik gibt einen Hinweis darauf, dass die in den o. g. Effektstudien als „freie Aktivitäten" oder „offene Lern- oder Unterrichtssituationen" bezeichneten Lernarrangements unserem Anspruch an Offenen Unterricht nicht genügen. Entsprechend entdeckt man in den Untersuchungsbeschreibungen immer wieder mehr oder weniger versteckte Hinweise auf die Stoff- bzw. Materialzentrierung des eigentlich als „offen" eingestuften Unterrichts:

> Im Zusammenhang mit motivationalen Aspekten steht die Förderung von differenzierendem und individualisierendem Lernen: Die Ausrichtung des Materials auf unterschiedliche Lerntypen und Lerninteressen, auf unterschiedlichen Leistungs- und Kenntnisstand sowie auf unterschiedliches Arbeitsverhalten zum einen, die Möglichkeit nach dem eigenen Lernrhythmus zu arbeiten zum anderen, sorgen in hohem Maße für ein differenzierendes und individualisierendes Lernen. (Laus / Schöll 1995, 4f.)
>
> Zu Beginn der 3. Klasse hatte die Lehrerin mit der planmäßigen Einführung Freier Aktivitäten eingesetzt. Sie begann mit dem Aufzeigen verschiedener Übungsmöglichkeiten im Mathematikunterricht. Die Kinder konnten aus mehreren Angeboten frei wählen. [...] Zum Zeitpunkt der Untersuchung waren die Freien Aktivitäten auf einen Umfang von drei Schulstunden pro Woche angewachsen. (Wagner / Schöll 1992, 16)
>
> Die Forschungsfragestellung wurde curricular auf den Lernbereich *Geometrie* begrenzt, denn für die Behandlung geometrischer Themen bieten sich geöffnete Unterrichtsformen in besonderer Weise an. (Lipowsky 1999, 235)

Natürlich erfordern Testarrangements, die durch die Beobachtung „aufgabenbezogenen Lernens" die „Lernzeitnutzung" messen wollen, indirekt in gewisser Weise die Ausrichtung auf bestimmten Lernstoff bzw. eine entsprechende Eingrenzung, denn würde diese wegfallen, so würde es viel schwerer sein, „nicht aufgabenbezogenes Lernen" auszumachen. Aber trotzdem können diese Untersuchungen eigentlich nur zur Evaluation materialzentrierten Unterrichts genutzt werden – die Vergleichsgruppe für den Offenen Unterricht fehlt. Dass ein solcher Unterricht zusätzlich zur Materialzentrierung wahrscheinlich immer auch stark lehrergelenkt abläuft, wird z. B. am Verhalten der Kinder in der Studie bei Wagner und Schöll offensichtlich. Die Autoren haben beobachtet, dass die Kinder aus dem gesamten zur Verfügung stehenden Material immer nur bestimmte Lernmittel auswählen. Das führt sie zu der Hypothese: „Vielleicht werden unbekannte Lernmittel unter anderem wegen der Regel des Zuendeführens einer einmal begonnenen Arbeit nicht gewählt. Der Schüler weiß nicht, was ihn erwartet und vermeidet die unangenehme Erfahrung einer nicht befriedigenden Arbeit." (Wagner / Schöll 1992, 46) Mit anderen Worten: Die Vorgabe der Lehrmittel und die Auflage des Beendenmüssens einer Arbeit führt dazu, dass sich die Schüler quasi „im Kreis drehen", von einem herausfordernden Unterricht ist nichts zu sehen. So sollte man trotz der positiven Ergebnisse für den Offenen Unterricht die Untersuchung mit Vorsicht genießen, denn sie würden in einem wirklich „Offenen Unterricht" ohne Materialfixierung mit Sicherheit signifikant anders aussehen.

6.1.5 Schülerbefragungen

Aus Gründen der Testdurchführung seltener in der Grundschule vorkommend, aber durchaus häufiger in der Sekundarstufe als Untersuchung anzutreffen, sind Befragungen von Schülern dazu, wie sie den praktizierten Unterricht empfinden bzw. was sie an Schule verbessern würden. Während z. B. Günther bei der Befragung von knapp 300 Schülern der Sekundarstufe I (40 % Gymnasium, 26 % Realschule, 12 % Gesamtschule, 21 % Hauptschule) heraus bekommt, dass nur ein Viertel der Schüler einen Unterricht der Art „Am besten finde ich es, wenn der Lehrer am Anfang die Hausaufgaben nachsieht, dann im Schulbuch im Stoff weitergeht und schließlich zum Schluß die Hausaufgaben aufgibt" (Günther 1996, 81) ablehnt (aber auch nur 30 % zustimmen) und sich nur eine Minderheit von 7,5 % eine Schule wünscht, in der es *nur* Projektunterricht gibt (zwei Drittel lehnen diese Perspektive – mit ihren Projekterfahrungen – ab), fasst Haenisch andere Untersuchungen folgendermaßen zusammen:

> Eine andere Unterrichtsform, die viele Elemente schülerorientierten Arbeitens enthält, ist der Projektunterricht. Auch ihm werden von Schülerinnen und Schüler, die ihn über längere Zeit kennengelernt haben, sehr gute Noten bescheinigt. Insgesamt wird er sogar wesentlich positiver beurteilt als der Normalunterricht. Nicht nur, daß er lebendiger, abwechslungsreicher und anregender eingeschätzt wird, ist hier zu vermerken, die SchülerInnen geben auch an, daß sie im Projektunterricht häufiger gut mitkommen. (Haenisch 1992, 4 mit Bezug auf Geist u. a. 1986)

Aber auch in diesen Untersuchungen merkt man bei genauerer Betrachtung, dass es sich nicht um einen Projektunterricht handelt, wie er uns als Ideal vorschwebt:

> Oft ist die Befürwortung von Projektunterricht mit einer negativen Darstellung der Schule verbunden. [...] Zwei Drittel der Schüler sehen das ganz entschieden so. Wenn sie für Projektunterricht sind, sind sie es mit der Devise „Endlich mal keine Schule!“ [...] 60% stimmen deshalb dem Projektunterricht zu, weil man darin nicht soviel zu tun braucht. [...] Immerhin 90% der Befragten sind der Ansicht, daß in Projektwochen von einigen Schülern die ganze Arbeit gemacht wird. [...] Die Mehrheit (60%) erlebten im Projektunterricht, daß es nur anfangs Spaß macht und wenn auf ein Ergebnis hingearbeitet werden muß, das Projekt seine Vorzüge als erwünschter Unterricht verliert. [...] Für 55% erscheint der Unterricht durch die Lehrer zu schlecht vorbereitet. (Günther 1996, 82ff.)

So scheinen uns auch diese Untersuchungen nicht gerade weiterzubringen – und es ist fraglich, ob Schülerbefragungen (genauso wie Lehrerbefragungen!) überhaupt weiterführen können, denn um mich aussagekräftig über Offenen Unterricht äußern zu können, muss ich ihn ja irgendwie erlebt haben. Das haben aber die wenigsten Schüler und Lehrer. Aber selbst wenn man eine Klasse von Kindern befragen würde, die wirklich durchgängig Offenen Unterricht praktizieren, ergibt sich das Problem, dass diese u. U. keinen längeren Einblick in andere Unterrichtsformen gehabt haben, um wirklich vergleichen zu können.

6.1.6 Neue Wege gehen – Lebensentwicklungen statt Lernstand

Untersucht man Offenen Unterricht, so sollte dabei die möglicherweise ganz anders verlaufende Leistungsentwicklung der Kinder beim Lernen berücksichtigt werden. Wenn wir Lernen eben nicht als einfaches Reiz-Reaktions-Schema bzw. als simple Input-Output-Reaktion verstehen, wie es der Lehrgangsunterricht im Allgemeinen tut, dann müssen wir uns vor allem vom Gedanken eines linearen Lernens verabschieden und die individuellen Lernkurven der Kinder akzeptieren – mit all ihren Sprüngen und Aussetzern, mit Sprintstrecken und Umwegen, mit langen und kurzen Steigungen und Geraden. Einen Hinweis darauf, dass der Gedanke des linearen Lernfortschritts eine Illusion ist, liefern die Lernentwicklungen von Kindern, denen das (schulische) Lernen ganz frei gestellt wird. So zeigen z. B. die Leistungen der Kinder an der englischen Schule Summerhill in den unteren Sekundarjahrgängen nicht die üblichen Leistungen. Die Schüler haben vor und in der Pubertät einfach meist Besseres zu tun, als den Unterricht zu besuchen. Betrachtet man allerdings später die Abschlüsse dieser Schüler, so liegen sie über dem englischen Durchschnitt. Der Lernprozess verläuft nicht linear, sondern situations- und zielorientiert. Ein ähnliches Hinterherhinken und späteres Überholen im Vergleich zur Regelschule ist z. B. auch an freien Alternativschulen in Deutschland zu finden (vgl. Peschel 1995b, Appleton 2000).

Dass Kinder ohne Schule wunderbar lernen (und leben) können, beschreibt auch Olivier Keller (vgl. 1999) in seinem Buch „Denn mein Leben ist lernen“, in welchem er die Lernentwicklung von Kindern aus der Schweiz und Frankreich beschreibt, die keine Schule besucht haben. (Deutschland ist zurzeit das einzige westeuropäische Land mit einer Schulpflicht!)

> Da mein Leben nicht von Lehrplänen und Hausaufgaben bestimmt wurde, war es für mich stets natürlich, es selbst zu gestalten. Jeder Tag ist ein Abenteuer. Ich werde nicht müde, immer wieder Neues zu entdecken und zu schöpfen, denn mein Leben ist Lernen. Ich bin neugierig und offen für Begegnungen, spüre keine Müdigkeit in meinem Kopf vielleicht, weil ich nicht mit Belehrungen überflutet wurde. Ich glaube, daß jedes Wesen ein wertvoller Schatz ist, weil es einmalig ist; und was es zu gestalten hat, ist ebenso einmalig und ihm eigen. Deshalb finde ich es kriminell, einen Menschen zu hindern, das auszudrücken, was in seinem tiefsten Inneren steckt. (Keller 1999, 218)

In diesem Zusammenhang sollte man sich bei aller Leistungsorientiertheit der Schule auch klar machen, dass es zwischen konventionell gemessenen Unterrichtseffekten bzw. Schulleistungen und verschiedenen Indikatoren für Erfolg im späteren Leben (z.B. Einkommen, Selbsteinschätzung der Zufriedenheit, Selbst- und Fremdeinschätzung beruflicher Effektivität) nur einen lockeren Zusammenhang gibt. Die Reliabilität von Schulnoten sinkt gewaltig mit dem zeitlichen Abstand, so dass sich vom ersten bis zum achten Schuljahr nur noch ein Wert von 0,2 ergibt (vgl. Brügelmann 1998, 24; Tent 1998). (Wert 0: kein Zusammenhang, Wert 1: direkter Zusammenhang) „Schon Korrelationen zwischen Noten im Abitur und im Zwischen- bzw. Endexamen liegen nur bei .30 bis .50, die Beziehung zum Berufserfolg ist mit .10 noch schwächer.“ (Brügelmann 1999, 10 mit Bezug auf Schuler 1998) Hingegen können bestimmte Unterrichtsarrangements durchaus „sleeping effects“ haben, das heißt erst nach längerer Zeit positive (oder negative) Auswirkungen zeigen. All dies lässt die Leistungsmessung, die üblicherweise bei Untersuchungen zum offenen Unterricht angewandt wird, als wenig aussagekräftig erscheinen, zumal die wenigen Aussagen, die sich mit Mühe aus den Untersuchungen herauskristallisieren lassen, weder eindeutig noch verallgemeinerbar noch signifikant erscheinen.

6.1.7 Qualitative Forschung als Basis für quantitative Erhebungen

> Auch in forschungsmethodischer Hinsicht stehen wir nicht am Anfang. Es gibt nicht nur eine reformpädagogische empirische Tradition, sondern auch aktuell verfügbare Instrumentarien und Beispiele der Aufzeichnung und Analyse offener Lernsituationen. Neben den von Wissenschaftlern durchgeführten Begleitforschungsprojekten sind hier vor allem kasuistische Aufzeichnungen von Lehrerinnen und Lehrern zu nennen, die sich der Mühe einer detaillierten und systematischen Dokumentation in Tagebüchern und Protokollen unterzogen haben und dadurch andere in ihre Werkstatt schauen ließen. Wir brauchten noch mehr davon! (Kasper 1989, 122)

Die Forschung sollte daher verschiedene Wege gehen. Vor allem müssen Fallstudien mit einer möglichst konkreten und genauen (das heißt nicht unbedingt intersubjektiven) Beschreibung der Rahmenbedingungen Aufschluss über bestimmte Phänomene, Entwicklungen und Zusammenhänge geben. Dabei müssen wir uns stark von unserem traditionellen Bild von Schule und Lernen lösen, so dass auch langfristige Effekte, Persönlichkeitsausbildungen, übergreifende Kompetenzen und Eigenschaften usw. in die Evaluation einbezogen werden.

Wir meinen – wie schon erwähnt – in unseren eigenen Beobachtungen einen klaren methodischen Vorteil des Offenen Unterrichts erkennen zu können. Egal, wer die Klassen zusammengesetzt hat, waren immer die Klassen mit Offenem Unterricht in der hier verstandenen Art diejenigen, die nicht nur die meisten „schwierigen“ Kinder haben integrieren können, sondern auch die, in denen ab dem ersten Schultag die Kinder immer ein gutes Stück über dem Lehrplanniveau agiert haben. Entsprechend ergaben sich nach dem vierten Schuljahr im Hinblick auf die Parallelklassen des gleichen Einzugsgebietes erhebliche Unterschiede beim Übergang auf die weiterführende Schule. Aus unserer Klasse gehen jetzt 16 Kinder, das heißt rund Zweidrittel, auf das Gymnasium, während in den Parallelklassen der Anteil bei 2 bzw. 6 Gymnasiasten lag.

Bevor diese Annahme bestätigt werden kann, muss aber erst einmal der Anteil an Offenem Unterricht in unseren Schulen so vergrößert werden, dass die Relevanz und Effektivität dieses Unterrichts durch qualitative und quantitative Verfahren bewiesen werden kann. Wir befinden uns also wirklich noch ganz am Anfang jeglicher Forschung zum Offenen Unterricht und können deshalb nicht zunächst auf eine empirische Begründung dieses Unterrichts warten, bis wir ihn dann vielleicht auch einmal selber praktizieren. Vielmehr müssen wir unser Verständnis von Offenheit und Offenem Unterricht durch eigene Praxis so erfahrbar machen, dass wir allmählich die (unrepräsentativen) Erfahrungen einzelner engagierter Lehrer in ein stichhaltiges, auf Erfahrungen verschiedener Beteiligter beruhendes (repräsentatives) Konzept überführen können. Dann lassen sich vielleicht auch die Kritiker des offenen Unterrichts irgendwann überzeugen – wenn dies ihr Menschenbild zulässt …

6.2 Aus- und Fortbildung zum offenen Unterricht

Wenn die Reform der Schule eine wirkliche Chance bekommen soll, so muss das Ideal Offener Unterricht wieder in das Blickfeld der Lehrer gerückt werden. Man muss mit klaren Begriffen und Zielen arbeiten und den Offenen Unterricht da fördern, wo Menschen eine entsprechende Vorstellung von Schule haben oder entwickeln können. Diese Praxis muss dokumentiert und erfahrbar werden. Kompromisse und Zwischenschritte müssen als solche klar benannt und ausgewiesen werden. Es muss allen Beteiligten die Möglichkeit eingeräumt werden, Unterricht auf dieser Basis zu reflektieren und selbst entsprechende Schlüsse zu ziehen. Nur mit einem klaren Ziel vor Augen kann einerseits immer und ganz konsequent zu diesem angestrebten Ideal gestanden werden, sich andererseits aber auch nur so eine wirklich konstruktive, weiterführende Auseinandersetzung ergeben. Und diese sollte am besten schon in der Ausbildung ansetzen.

Dabei sind sich die Lehrerausbilder unabhängig von den derzeitigen Reformbestrebungen bezüglich der Lehrerausbildung (Europäisierung, Erweiterung der beruflichen Möglichkeiten, Wegfall der Ausbildungsgarantie nach dem ersten Staatsexamen usw.) über die Notwendigkeit einer Theorie und Praxis stärker miteinander verknüpfenden Ausbildung weitgehend im Klaren – vor allem dann, wenn die neuen Lehrer nach ihrem Studium nicht genauso unterrichten sollen, wie sie selbst unterrichtet worden sind:

> Zentrale Schwachstelle im Studium ist eindeutig der *defizitäre Praxisbezug*; darin stimmen die Untersuchungen sehr genau überein. Die Hochschulausbildung bereitet nach dem Urteil der Betroffenen nur sehr mangelhaft auf die berufliche Praxis vor. Dies gilt für den ansonsten relativ gut bewerteten fachwissenschaftlichen Bereich des Studiums und erst recht für die didaktische, unterrichtspraktische Qualifikation. […] Das Studium ist nahezu blind gegenüber jenen Anforderungen, die der Schulalltag als Beziehungsalltag stellt […]. (Ulich 1988, 87 f.)

> Wenn die Informationen und Praktika der Ausbildung zur Orientierung für eine professionalisierte und zeitgemäße Berufsausübung nicht ausreichen, werden junge Lehrer durch Imitation und Identifikation weitestgehend so unterrichten, wie sie unterrichtet worden sind. (Neubauer 1994, 217)

Mit den folgenden Ausführungen möchten wir ein paar für uns grundlegende Gedanken zu einer Ausbildung darlegen, die dem Offenen Unterricht eine Chance gibt. Und zwar nicht als verpflichtende Unterrichtsform, die unreflektiert angewendet wird, sondern im Sinne einer Qualitätssicherung von Unterricht und Schule. Wenn man z. B. versucht, den Auszubildenden die richtigen Maßstäbe und Kriterien für die Planung und Bewertung offener Unterrichtssituationen zugänglich zu machen, so werden viele dieser „Prüfsteine" nicht allein für Offenen Unterricht, sondern allgemein für „guten" bzw. „qualifizierenden" Unterricht gelten – und dadurch helfen, einen Mindeststandard abzusichern. Einen Mindeststandard von Unterrichtsqualität, der sich durch seine enge Bindung an das Kind und dessen Lernmöglichkeiten ungleich effektiver darstellen wird als jedes neue „Kerncurriculum" bzw. jeder neu verordnete Lehrplan.

6.2.1 Reflexion der eigenen schulischen Sozialisation

Eine der wichtigsten Aufgaben, die die Ausbildung zu leisten hat, ist die Bewusstmachung der eigenen schulischen Sozialisation. Als Nahtstelle von der „alten Schule", die die Studierenden mindestens 12 bis 13 Jahre besucht haben, zur angestrebten „neuen Schule" sollte die Ausbildung eine kritische (schul-)biographische Reflexion der Beteiligten anstoßen. Dabei müssen sich die Auszubildenden intensiv mit ihren eigenen Schulerfahrungen auseinandersetzen und sich zugleich über ihre persönliche Vorstellung einer erstrebenswerten Schule (und damit auch über ihre Berufsmotive) klar werden.

Ein anderer wichtiger, damit zusammenhängender Bereich ist die Selbstreflexion der Studierenden im Bezug auf ihr eigenes Lernen: „Wie lerne ich, wann lerne ich und was lerne ich selbst am besten?" Die Überprüfung des traditionellen Lernbegriffs an sich selber führt schnell zu den lerntheoretischen Grundlagen des Offenen Unterrichts (siehe Kapitel 1 im zweiten Band), wenn Studierende im Gespräch mit anderen feststellen, dass sie alle völlig verschieden lernen, was Lernrhythmen, Lernzeiten, Lernräume, soziale Lernbedingungen, akustische Lernbedingungen, Lerntypen, Lernformen, Lernumstände betrifft. Zugleich wird ihnen auch die Bedeutung interessegeleiteten Lernens klar, wenn sie überlegen, welche Inhalte ihnen in der Aneignung leicht fallen bzw. welches Lernen sie gar nicht als „Lernen" empfinden (die Lösung von Computerproblemen, das Erlernen einer Fremdsprache im jeweiligen Land, bestimmte medizinisch-biologische Zusammenhänge). Diese Reflexion erweitert nicht nur das Verständnis im Bezug auf das eigene Lernen, sondern spricht auch in hohem Maße die Verantwortung des Lehrers im Bezug auf das Lernen der Kinder an. Wenn Lernen neben der Möglichkeit zur Selbstregulierung auch Interesse und Selbstbestimmung erfordert, um langfristig effektiv zu sein, so muss sich später die Art der Wissensvermittlung im eigenen Unterricht ändern.

6.2.2 Biographisch-genetisches Lernen anhand von Eigenproduktionen

> Wenn wir den Glauben an die Organisierbarkeit von Lernprozessen zugunsten des Glaubens an die Wirksamkeit der Unterrichtsstoffe aufgeben, darf sich die Lehrerausbildung nicht mehr im methodischen Zergliedern des Stoffs und im Präparieren von Lektionen erschöpfen. [...] Unabhängig vom Lehrplan und vom Lehrprogramm muss sich der gesamte Lehrstoff im Innern des Lehrers zu wenigen, jederzeit abrufbaren Kernideen bündeln. [...] Kernideen erlauben es dem Lehrer die zufällig auftretenden Momente zu erkennen, in denen die Kinder ihre Bereitschaft für einen wichtigen Lernschritt signalisieren. (Gallin / Ruf 1990, 99 f.)

> Es gibt eine recht stabile Logik „von der Sache über das Lehren zum Lernen". Wäre nicht die Umkehr fruchtbarer: vom Lernen des Kindes zur Lernhilfe durch LehrerInnen? (Brügelmann / Schüler 1995, 49)

Neben dem Rütteln an der eigenen Vorstellung von Schule ist eine fachliche bzw. fachdidaktische Grundlegung der Schulinhalte wichtig. Da es aber sehr wohl möglich ist, jahrelang mit Fächern und Fachinhalten versiert umzugehen, ohne wirklich verstanden zu haben, welche Strukturen und Beziehungen ihnen innewohnen, ist hier allerdings eine andere Aneignungsweise als üblich notwendig. Statt der althergebrachten Form des Lehrens eines aus der fertigen Wissenschaft abgeleiteten Wissens muss „biographisches" Wissen erzeugt werden, das heißt Wissen in einer genetischen Form, das vom Lernenden in weiten Teilen selbstentdeckt wird, indem er Zusammenhänge reflektiert, neue Bereiche untersucht und so seine eigenen Beziehungen und Strukturen in und zu den Inhalten aufbaut.

Dieser Aufbau von Fachwissen kann dabei in der Lehrerausbildung zu einem großen Teil aus der Betrachtung der Entwicklung des Kindes hervorgehen. Die Eigenproduktionen und Intuitionen der Kinder vereinigen dabei Fachwissen, Methode und Pädagogik in der Form einer individuellen Entwicklungsaufnahme. Die Entwicklung vom Kritzeln zum Schreiben, die erstaunlichen mathematischen Kompetenzen, die die Kinder schon zu Schulbeginn haben, oder die Einordnung des interessegeleiteten Forschens in ein Gesamtbildungskonzept müssen in ihrer ganzen Bandbreite thematisiert und erfahren werden. Auch hier sollten neben entsprechenden wissenschaftlichen Hilfen als Focus (Entwicklungstabellen bzw. -verläufe in den Fächern bzw. im Bezug auf generelle Kompetenzen) vor allem konkrete Beispiele als Ausgangsbasis dienen. Anhand dieser Beispiele können die vielfältigen Denkwege der Kinder analysiert und hinterfragt werden. Über diese Auseinandersetzung ergibt sich dann für die Auszubildenden die Zielperspektive und Motivation, für sich selbst die fachlichen Strukturen und Beziehungen zu klären – und zwar nicht mehr nur die Inhalte der Kinder betreffend, sondern durchaus auch übertragen auf Erwachsenenniveau. Zugleich ermöglicht diese Vorgehensweise dem Auszubildenden einen individuellen „biographischen" Zugang zu Fach und Kind.

Das hat nicht allein Auswirkungen auf den fachlichen Zugang der Lernenden, sondern vor allem auf die Didaktik. Es kann ja nicht darum gehen, sich Fachwissen anzueignen, um dann zu sehen, wie Kinder lernen, und sich abschließend Gedanken über die möglichst geschickte und pädagogische Form der Aneignung zu machen. Vielmehr wird Didaktik zum impliziten Teil des Stoffes bzw. des eigenen Zugangs dazu – mehr oder weniger unabhängig vom Alter des Lernenden. Dass ein solches Vorgehen eben nicht auf Kosten einer „fehlenden Systematik" geht – wie von Kritikern befürchtet –, liegt aus konstruktivistischer bzw. lernpsychologischer Sicht auf der Hand: nur der individuelle Zugang erlaubt eigene Strukturen verstehend aufzubauen und führt überhaupt erst zu verstandenem Wissen. Dabei erscheint gerade für Fächer wie Mathematik oder Physik, die oft in genau derselben Weise in der Grundschule „gelehrt" werden, die bei den Lehrenden selbst die Abneigung gegen das Fach erzeugt hat, ein biographischer Zugang über Eigenproduktionen wichtig, damit sich die Auszubildenden dem Fach erneut annähern und seine Reize (erstmalig ...) kennen lernen können.

6.2.3 Verknüpfung von Wissenschaft und Praxis

> Die Schulpraktischen Studien haben als Randerscheinungen im Ausbildungsbetrieb Hochschule bestenfalls Alibifunktion. In ihrem heutigen Zuschnitt sind sie meist weder tauglich für eine erste Selbstüberprüfung von Eignung und Neigung für den Lehrerberuf, noch bieten sie hinreichende Gelegenheit zur Reflexion von Praxiserfahrungen. (Gemeinsame Kommission Studienreform NRW 1996, 63)

Die oben im Rahmen der Reflexion der eigenen schulischen Sozialisation angesprochene Auseinandersetzung mit der eigenen Vorstellung von Schule muss so früh wie möglich durch praktische Erfahrungen der Auszubildenden im Berufsfeld Schule ergänzt werden. Und zwar nicht durch ein abwartendes Hospitieren als „dreißigster Schüler" in der jetzigen Klasse des ehemaligen Lehrers, sondern durch eigenes Mitmachen und Mitgestalten. Dazu werden Ausbildungsklassen benötigt, in denen den Praktikanten nicht nur irgendeine Möglichkeit zum Sammeln eigener Erfahrungen gewährt wird, sondern in denen aktuelle didaktische und fachdidaktische Konzepte umgesetzt bzw. erprobt werden.

Ein erster Schritt zu einer sinnvollen Verknüpfung von Theorie und Praxis wäre die Einbindung eigener schulpraktischer Untersuchungen der Auszubildenden in die Lehrveranstaltungen. Hier ergeben sich ungeahnte Chancen, das wissenschaftliche Potential der Hochschule zu mehr zu nutzen als zum Referieren der üblichen Texte. Die Studierenden müssen sich innerhalb der Forschungsarbeiten auf wissenschaftliche Weise mit dem Schulalltag und möglichen Unterrichtsformen auseinandersetzen und erhalten so einen Einblick mit einem „Abstand", der ihnen sowohl ermöglicht, den eigenen Berufswunsch zu prüfen als auch schulische Wirklichkeit und theoretischen Anspruch aufzuarbeiten. Zugleich könnte auf diese Art ein Stück mehr Empirie und Innovation in die Schulen Einzug halten. Auch hier sollte das Beobachten des Lernverhaltens von Kindern (im Offenen Unterricht) sowie die Analyse von Eigenproduktionen im Vordergrund stehen.

Bzgl. der Einbettung der Pflichtpraktika in eine wissenschaftliche Reflexion haben wir in unserem Modellprojekt „Integrierendes Schulpraktikum Primarstufe" (vgl. Peschel 2002c) sehr gute Erfahrungen mit sogenannten „Ausbildungsteams" gemacht. Die Praktikanten absolvieren ihr Praktikum in Kleingruppen in bestimmten Klassen, in denen sie mit ausgewählten Mentoren und meist auch Lehramtsanwärtern zusammenarbeiten. In Kooperation mit dem Schulamt bzw. dem Studienseminar sorgt die Universität für die Vorbereitung, Begleitung und Nachbereitung der Praktika in der Form mehrerer Kompaktveranstaltungen bzw. gemeinsamer Treffen. Zusätzlich wurde von uns eine „Integrative Lernwerkstatt" ins Leben gerufen, die unter anderem den beteiligten Praktikanten, Lehramtsanwärtern und Mentoren individuelle Hilfestellungen geben kann. Nach einer semesterbegleitenden Hospitation zum Kennenlernen der Ausbildungsklasse (ca. fünf Termine) absolvieren die Studierenden dann in der vorlesungsfreien Zeit ein dreiwöchiges Blockpraktikum – mit erstaunlichen Ergebnissen bezüglich der unterrichtsmethodischen Kompetenz, die sich im Zusammenspiel mit Mentoren und Lehramtsanwärtern herausbildet. Im Rahmen der Nachbereitung werden dann die praktischen Erfahrungen wissenschaftlich hinterfragt bzw. in die Theorie zurückgeführt.

6.2.4 Aus- und Fortbildungsschulen

> Didaktische Theorien haben in sich die Tendenz, immer wieder hohe Ansprüche an pädagogisches Handeln zu setzen. Dies kann bei dem gegenwärtigen Auseinanderfallen von Theorie und Praxis leicht dazu führen, daß Lehrkräfte sich von Ansprüchen unter Druck gesetzt fühlen und Mißerfolgsängste entwickeln. Sobald eine derartige Schieflage zwischen Anspruch und Wirklichkeit entsteht, wirken alle unterrichtlichen Mühen kontraproduktiv. Denn eine der stärksten pädagogischen Kräfte ist die Erwartungshaltung von Lehrkräften. Nur wer ein pädagogisches Ziel aus sich heraus verfolgt, kann auch verändernd wirken. Nur die Ziele und Prinzipien können in der Praxis auch fruchtbar umgesetzt werden, die von den Lehrkräften selbst auch subjektiv getragen werden. (Kaiser 1996, 236)

Für mich gibt es im Prinzip nur eine Möglichkeit, Lehrern die Idee eines Offenen Unterrichts nahe zu bringen: sie müssen ihn erfahren – und zwar einerseits als theoretische Herausforderung durch Texte, Erfahrungsberichte und Gespräche, die eine Reflexion der eigenen Schulerfahrungen bedingen, andererseits durch das eigene „Erleben" eines solchen Unterrichts über einen längeren Zeitraum. Eine Zeitspanne, die eine wirkliche Kontaktaufnahme zu den Schülern erlaubt und die Komplexität des unterrichtlichen Geschehens mitsamt der Einbettung in die Lebenswirklichkeit des einzelnen Kindes aufzeigt. Beide Möglichkeiten sind schwer umzusetzen, denn bei beiden Zugängen müssen als Dozenten oder Mentoren Lehrer involviert sein, die praktische Erfahrung mit Offenem Unterricht haben und die hehre Theorie mit Fallbeispielen und Erfahrungsbeschreibungen greifbar machen bzw. den entsprechenden Unterricht bereitstellen können.

Anzudenken wäre in diesem Zusammenhang ein Modell, das die Lehrer an speziellen „Aus- bzw. Fortbildungsschulen" über einen gewissen Zeitraum – und durchaus als Entlastung für die dort tätigen Kräfte – in den tagtäglichen Offenen Unterricht integriert, so dass sie sich konkret und in der Situation mit diesem Konzept von Schule auseinandersetzen und sich selbst in diesem Feld erproben können. Das Freisetzen für einen bestimmten Zeitraum (z. B. ein bis drei Monate) könnte z. B. durch den Einsatz von Lehramtsanwärter-Teams (evtl. verstärkt durch Praktikanten) erreicht werden, die für einen gewissen Zeitabschnitt eine Klasse eigenverantwortlich führen (vgl. Brügelmann / Schüler 1994, 54).

In diesem Unterricht bekommen Anwesende – vor allem, wenn sie länger zugegen sind – die Entwicklung der Kinder hautnah mit, denn diese sitzen nicht still in Bankreihen und reagieren auf den Lehrer, sondern legen ihr Lernen „offen". Sie produzieren Geschichten und Kniffelaufgaben und forschen auf ihrem Niveau. Alle Anwesenden werden zwangsläufig in den Lernprozess mit einbezogen – und erleben die tragende Lernatmosphäre: Sie bekommen Sachen gezeigt, sollen sich Texte durchlesen, werden nach Informationen über bestimmte Themen gefragt und sollen sich die schwierigsten Matheaufgaben der Welt ausdenken, deren Lösungen ihnen dann wenig später stolz präsentiert werden. Wer einmal in diesen Sog gerät, sich mit der Abgabe seiner alles bestimmenden und überschattenden Macht abfinden kann, der lernt das Lernen von Kindern neu kennen – und wird zwangsläufig mitgerissen. Aber – man muss sich darauf einlassen. Und zwar ganz, denn Offener Unterricht ist eben keine Methode, sondern eine bestimmte Einstellung zu Kind und Welt.

> Es erfordert für ReferendarInnen sehr viel Mut und Selbstvertrauen, sich in offene Lernsituationen zu begeben. Sehr gute Kenntnisse über Schüler und deren spezifisches Verhalten sind unerläßlich (Diagnosekompetenz). Dies und die besondere Art der Vorbereitung macht einen kontinuierlichen, längeren Aufenthalt in der Klasse notwendig. So sollten die Ausbildungswochen zeitlich möglichst nicht „zerrissen" werden. (Haser 1991 a, 26 f.)

Für den Vorbereitungsdienst wäre abschließend zu überlegen, ob man Lehramtsanwärtern, denen man ja laut der Ordnung für den Vorbereitungsdienst selbstständigen Unterricht vollverantwortlich zutraut, nicht konsequenterweise auch direkt eigene Klassen (überhaupt oder an speziellen Ausbildungsschulen) geben könnte. Diese könnten sie im Team mit anderen Lehramtsanwärtern führen, mitbetreut durch ausgesuchte Mentoren, die wiederum durch die Stunden der Lehramtsanwärter entsprechend entlastet werden. Zumindest trägt die gegenwärtige Situation einzelner Stunden selbstständigen Ausbildungsunterrichts zusätzlich dazu bei, einen durchgängigen fächerübergreifenden Klassenlehrerunterricht sowohl bei Mentoren als auch bei Lehramtsanwärtern schwierig bzw. unmöglich zu machen, denn jeder Lehrkraftwechsel bedeutet zwangsläufig einen Bruch im Klassengeschehen, egal wie selbstständig die Kinder arbeiten.

6.2.5 Methodische Offenheit als Grundforderung jeglichen Unterrichts

> Ich möchte bezweifeln, konventionelle Methoden lieferten das Grundgerüst für OFFENEN Unterricht. Das hieße ja, daß ReferendarInnen zunächst eine andere Grundhaltung vor allem zu sich selbst einnehmen müßten, bevor sie sich öffnen und somit wieder erschwert umlernen müßten. Schließlich geht es auch darum, daß jede/r ReferendarIn die eigene Lehrerpersönlichkeit entwickeln kann, ohne ein Stück von sich aufgeben zu müssen. (Haser 1991 a, 26)

Da sich zurzeit nur selten Ausbildungsklassen finden lassen, die einen Offenen Unterricht praktizieren, wie er uns vorschwebt, muss man sich auch Gedanken über die Gestaltung der Ausbildung in „normal" unterrichteten Klassen machen. Generell wird Offener Unterricht in der Ausbildung – auch auf Grund der vorhandenen Bedingungen – eher als eine Methode denn als Gesamtkonzept betrachtet, was durchaus im Sinne vieler Ausbilder ist, die sich nicht mit einem echten Offenen Unterricht anfreunden können und immer noch eine falsch verstandene „Methodenvielfalt" für das Schlüsselwort halten. Von daher müssen zumindest hohe Ansprüche an die „Methode" offener Unterricht gestellt werden und Arbeitsformen im Vordergrund stehen, die auf Eigenproduktionen und Eigenvorhaben der Kinder basieren. In diesem Sinne sollten die momentan in der Ausbildung verbreiteten Unterrichtsformen wie Werkstatt- oder Stationsarbeit qualitativ weiterentwickelt werden. Dies kann z. B. dadurch geschehen, dass sie zu eigenen Projekten der Kinder werden. Und zwar möglichst nicht im Sinne einer traditionellen Aufbereitung von (geschlossenen) Angeboten, sondern in der Form offener, eigene Zugänge und Vorgehensweisen ermöglichenden Herausforderungen zu einem Thema (vgl. Kapitel 1.3 bzw. Peschel 2002e).

Diese Art der Öffnung für bestimmte Vorhaben der Kinder ist in der Regel in jeder Klasse machbar, weil hier die notwendige Motivation und Identifikation, die für das selbstständige Lernen notwendig ist, über die Interessen der Kinder „mobilisiert" werden kann. Neben fächerübergreifenden Arbeiten, wenn sich z. B. Kinder mit eigenen Projekten zu allen möglichen Themen beschäftigen und diese zur Vorstellung für die Klasse aufbereiten, erscheinen Stunden Freien Schreibens oder mathematischen Kniffelns, die auf Eigenproduktionen der Kinder abzielen, immer durchführbar. Aber auch Stunden zu bestimmten, vom Lehrer festgelegten Themen sind umsetzbar und gewähren trotzdem ein Stück der gewollten Offenheit, wenn man dazu z. B. die Vorschläge von Gallin und Ruf für einen Unterricht nutzt, der den Lernenden zumindest die Methode freigibt und auf ihren individuellen Zugängen und Eigenproduktionen aufbaut.

Zwar liefert diese Ausbildung den Beteiligten dann nicht unbedingt eine Vorstellung eines Gesamtkonzeptes von Offenem Unterricht, aber es wird hautnah erlebt, wie und was Kinder selbstständig und ohne Lehrgang produzieren können – in der Regel Sachen, die ihnen niemand zugetraut hätte. Wir bekommen innerhalb der Betreuung unserer Schulpraktika immer wieder mit, wie sprachlos die Klassenlehrer der entsprechenden Klassen oft im Bezug auf die Kinder sind. Viele sagen, sie würden „ihre Kinder" plötzlich nicht mehr „wiedererkennen", weil sich die Kinder und ihre Arbeiten ganz anders darstellen als sonst – und zwar auf ungleich höherem kognitiven und sozialen Niveau.

7 Kurzer Rückblick – und Ausblick auf den zweiten Teil

> Lehrer müssen sich als Pädagogen begreifen lernen.
> Dies ist eine, so scheint es, tautologische Forderung. Doch, beobachtet man die praktische Arbeit vieler Lehrer in den verschiedenen Schularten unseres gegliederten Schulsystems, oder bedenkt man ihre Einstellungen zum unterrichtlichen Handeln, wie sie sich in manchen Gesprächen erschließen lassen, erscheint das Bild des *pädagogischen Lehrers* eher die Ausnahmeerscheinung oder dem bloßen Idealbild zu entsprechen. Lehrer orientieren sich stark an Fachwissenschaften und Didaktik, manchmal an Psychologie oder einer mehr oder minder vorwissenschaftlichen Anthropologie, selten aber an *Pädagogik*. (Krawitz 1997, 24f.)

Wir haben in diesem Teil unserer „Didaktik Offenen Unterrichts" angefangen, ein Konzept für einen Unterricht zu entwickeln, der die hehren Ziele der Richtlinien und Lehrpläne ernst nimmt und sich nicht auf die momentan zu oft vorzufindende alibihafte Umsetzung beschränkt. Ausgehend von der pointierten Darstellung der in der Praxis vorkommenden „offenen Unterrichtsformen" haben wir versucht, die grundlegenden Anforderungen an einen Offenen Unterricht zu dimensionieren und mit entsprechenden Konzepten aus der Praxis zu beschreiben:

- die „methodische Öffnung" als unabdingbare Grundanforderung für jegliche Öffnung, das heißt die Freigabe des Lernweges der Kinder, beispielhaft veranschaulicht an der „Didaktik der Kernideen" nach Gallin und Ruf;
- die „methodisch-inhaltliche Öffnung", das heißt die weitgehende Freigabe der Inhalte als weitere Öffnung unter dem Aspekt interessegeleiteten Lernens, beispielhaft veranschaulicht an der „Didaktik des weißen Blattes" nach Zehnpfennig und Zehnpfennig;
- und letztendlich additiv die „soziale-integrative Öffnung", das heißt die konsequente Weiterführung der Öffnung in der Form einer Mitbestimmung bzw. Selbstregulierung auch im sozialen Bereich, beispielhaft veranschaulicht an der „Didaktik der sozialen Integration".

Danach sind wir auf die daraus resultierenden Veränderungen in Bezug auf die verschiedenen Rollen der Beteiligten eingegangen und haben versucht, gängige Fragen aufzugreifen und zu beantworten. Über die grundsätzlich andere Basis der Unterrichtsplanung im Offenen Unterricht ging es dann im Zusammenhang mit den Schwierigkeiten einer aussagekräftigen Evaluation bis hin zur Problematik der Implementation des Konzeptes in die Praxis.

All diese Ausführungen sind bislang sehr allgemein gehalten worden, so dass zwar wahrscheinlich die Grundeinstellung, die wir für diesen Unterricht erforderlich halten, theoretisch und praktisch klarer geworden ist, aber nicht unbedingt die konkrete Umsetzung. Uns ist klar, dass eine derartige Darstellung immer nur begrenzt leistbar sein wird, da zwar die Offenheit durch einen konkreten

Konzeptvorschlag gestützt werden kann, zugleich aber die Offenheit und Situationsorientierung des Offenen Unterrichts ein ganz konkretes Konzept nur ansatzweise zulässt. Offener Unterricht ist kein statisches, auf alle möglichen Situationen übertragbares Gebilde, sondern ein Prozess ständiger Aushandlungen zwischen Schüler, Mitschüler, Lehrer und Sache.

Wir möchten trotzdem im zweiten Band nach einer kurzen Grundlegung der Komplexität des Lernbegriffs und einer knappen Wiederholung der uns wichtigen unterrichtlichen Grundsätze bzw. Elemente des Offenen Unterrichts in die fachdidaktische Diskussion einsteigen, indem wir (ganz subjektiv) unsere Gedanken und Erfahrungen in den Fach- und Lernbereichen der Grundschule schildern und begründen. Wir hoffen, damit dem Leser Möglichkeiten und Wege aufzuzeigen, die ihm bei seiner eigenen Suche helfen können – und ihn vielleicht veranlassen, mit uns ins Gespräch zu kommen und seine eigenen Erfahrungen und Vorschläge in die Diskussion einzubringen. Nur so können wir den Offenen Unterricht aus seinem konzeptlosen Schattendasein befreien.

> We know that very young children explore their environment and learn in manifold ways, at a rate that will never be equalled in later life; and this with no formal teaching. It is through their play that they experiment, see interrelationships, get some control over their surroundings. Learning to walk, manipulate things, sense parents' feelings, communicate verbally and non-verbally, are all quite complex and often subtle. [...] Anything taught in a school classroom is extremely simple in comparison. Yet these same children *seem* unable to learn most of those trivial things, especially when *taught*. (Whitney 1985, 222)

8 Literatur

Alberg, Rudolf: Das Bildungsgutachten – ein wirklichkeitsfremdes und leistungshemmendes Konzept. In: Schlaffke, Winfried / Westphalen, Klaus: Denkschrift NRW – Hat Bildung in Schule Zukunft? Köln (Deutscher Instituts-Verlag) 1996 (S. 28–45)

Appleton, Matthew: Summerhill – Kindern ihre Kindheit zurückgeben. Demokratie und Selbstregulierung in der Erziehung. Herausgegeben von Falko Peschel. Baltmannsweiler (Schneider Verlag Hohengehren) 2000

Arbeitskreis Grundschule e.V. (Hrsg.): Wer hat Angst vor Freier Arbeit? Wir nicht! Entgegnung auf Henning Günther „Freie Arbeit in der Grundschule". Frankfurt am Main (Arbeitskreis Grundschule) 1990

Balhorn, Heiko / Niemann, Heide (Hrsg.): Sprachen werden Schrift. Lengwil (Libelle) 1997

Bauer, Karl-Oswald / Rolff, Hans-Günter: Vorarbeiten zu einer Theorie der Schulentwicklung. In: Bauer, Karl-Oswald / Rolff, Hans-Günter (Hrsg.): Innovation und Schulentwicklung. Weinheim (Beltz) 1978 (S. 219–266)

Bauersfeld, Heinrich: Wie lernen Kinder Mathematik und was ist guter Mathematikunterricht? Manuskript zum Fachgespräch „Wie lernen Kinder Mathematik und was ist guter Mathematikunterricht?" im Landesinstitut für Schule und Weiterbildung. Soest 1999

Baum, Monika / Wielpütz, Hans: Arbeitspapier zum Workshop „Mathematik auf eigenen Wegen. Unv. Manuskript. Köln 1998

Becher, Hans-Rudolf / Bennack, Jürgen / Jürgens, Eiko (Hrsg.): Taschenbuch Grundschule Neu. Baltmannsweiler (Schneider Verlag Hohengehren) 1998[3]

Beck, Erwin / Guldimann, Titus / Zutavern, Michael: Eigenständig lernende Schülerinnen und Schüler. In: Beck, Erwin / Guldimann, Titus / Zutavern, Michael (Hrsg.): Eigenständig lernen. St. Gallen (UVK) 1995 (S. 15–58)

Bender, Peter / Beyer, Dieter / Brück-Binninger, Ute / Kowallek, Rainer / Schmidt, Siegbert / Sorger, Peter / Wielpütz, Hans / Wittmann, Erich Ch.: Überlegungen zur fachmathematischen Ausbildung angehenden Grundschullehrerinnen und –lehrer. In: Journal für Mathematik-Didaktik. Heft 4/99. Stuttgart (Teubner) 1999 (S. 301–310)

Bennack, Jürgen: Der Erwerb pädagogischer Handlungskompetenz. In: Bildung und Erziehung. Heft 2. 6/96. Köln (Böhlau) 1996 (S. 233–244)

Bennack, Jürgen / von Martial, Ingbert: Einführung in schulpraktische Studien. Baltmannsweiler (Schneider Verlag Hohengehren) 1997[4]

Bennack, Jürgen: Schulaufgabe: Unterricht. Neuwied (Luchterhand) 2000

Benner, Dietrich: Auf dem Weg zur Öffnung von Unterricht und Schule. In: Die Grundschulzeitschrift. Heft 27. Seelze (Friedrich Verlag) 1989 (S. 46–55)

Berger-Kündig, Patricia: Gespräche über Namenwörter ziehen ihre Kreise. In: Ruf, Urs / Gallin, Peter: Dialogisches Lernen in Sprache und Mathematik. Band 2: Spuren legen – Spuren lesen. Unterricht mit Kernideen und Reisetagebüchern. Seelze-Velber (Kallmeyer) 1998, (S. 161–166)

Berger-Kündig, Patricia: Es braucht Mut, seinen eigenen Erfahrungen zu trauen. In: Ruf, Urs / Gallin, Peter: Dialogisches Lernen in Sprache und Mathematik. Band 2: Spuren legen – Spuren lesen. Unterricht mit Kernideen und Reisetagebüchern. Seelze-Velber (Kallmeyer) 1998 (S. 186–191)

Bildungskommission NRW: Zukunft der Bildung – Schule der Zukunft. Neuwied (Luchterhand) 1995

Bönsch, Manfred / Schittko, Klaus (Hrsg.): Offener Unterricht. Hannover (Schroedel) 1979

Bönsch, Manfred / Schittko, Klaus: Einführung: Offener Unterricht – Vorschläge zur Veränderung des Unterrichts. In: Bönsch, Manfred / Schittko, Klaus (Hrsg.): Offener Unterricht. Hannover (Schroedel) 1979 (S. 9–31)

Boettcher, Wolfgang / Otto, Gunter / Sitta, Horst / Tymister, Hans Josef: Lehrer und Schüler machen Unterricht. Weinheim (Beltz) 1982

Brügelmann, Hans: Auf der Suche nach der verlorenen Offenheit. In: Haller, Hans-Dieter / Lenzen, Dieter (Hrsg.): Lehrjahre in der Bildungsreform. Resignation oder Rekonstruktion. Stuttgart (Klett) 1976 (S. 121–137)

Brügelmann, Hans: Veränderungen des Curriculum auf seinem Weg vom Autor zum Kind. In: Zeitschrift für Pädagogik. Heft 4/1978. Weinheim (Beltz) 1978 (S. 601–618)

Brügelmann, Hans: Kinder auf dem Weg zur Schrift. Bottighoven (Libelle) 1983

Brügelmann, Hans: Geschlossene Forschung über offenen Unterricht. In: Die Grundschulzeitschrift. Heft 23. Seelze (Friedrich) 1989 (S. 2–3)

Brügelmann, Hans: „Öffnung des Unterrichts“ aus der Sicht von LehrerInnen. OASE-Bericht Nr. 3 und Nr. 3 a. Universität Siegen 1996/1997

Brügelmann, Hans: Die Öffnung des Unterrichts muss radikaler gedacht, aber auch klarer strukturiert werden. In: Balhorn, Heiko / Niemann, Heide (Hrsg.): Sprachen werden Schrift. Lengwil (Libelle) 1997 a (S. 43–60)

Brügelmann, Hans: Öffnung des Unterrichts. Befunde und Probleme der empirischen Forschung. OASE-Bericht Nr. 10 a. Universität Siegen 1997 b

Brügelmann, Hans: Öffnung des Unterrichts. Befunde und Probleme der empirischen Forschung. In: Brügelmann, Hans / Fölling-Albers, Maria / Richter, Sigrun (Hrsg.): Jahrbuch Grundschule. Fragen der Praxis – Befunde der Forschung. Seelze (Friedrich) 1998 (S. 8–42)

Brügelmann, Hans: Qualität und die Kunst, den Erfolg von Unterricht zu messen. OASE-Bericht Nr. 55. Universität Siegen 1999

Brügelmann, Hans: Selbsttätigkeit. Serie: Prinzipien des Anfangsunterrichts. In: Die Grundschulzeitschrift. Heft 140. Seelze (Friedrich) 2000 (S. 49–51)

Brügelmann, Hans / Brinkmann, Erika: Individualisierung „von unten“ statt Differenzierung „von oben“. Fehlerverständnis und Fehlertoleranz als Grundlage wirksamer Förderung. In: Grundschulunterricht. Heft 2/94. Berlin (Pädagogischer Zeitschriftenverlag) 1994 (S. 9–12)

Brügelmann, Hans / Brinkmann, Erika: Die Schrift erfinden. Lengwil (Libelle) 1998

Brügelmann, Hans / Brügelmann, Karin: Kann man „Offenen Unterricht“ beurteilen? In: Die Grundschulzeitschrift. Heft 87. Seelze (Friedrich) 1995 (S. 36–39)

Brügelmann, Hans / Schüler, Henning: Grundschulreform durch Job-Rotation. Skizze eines Kooperationsmodells von Schule, Universität und Studienseminar. In: Die Grundschulzeitschrift. Heft 79. Seelze (Friedrich) 1994 (S. 54)

Brügelmann, Hans / Schüler, Henning: Ausbildung für die Arbeit mit Kindern. Vorschlag zu einer Reform der ersten Phase der LehrerInnen-Ausbildung für die Primarstufe. In: Die Grundschulzeitschrift. Heft 84. Seelze (Friedrich) 1995 (S. 48–53)

Bund-Länder-Kommission für Bildungsplanung und Forschungsförderung (Hrsg.): Heft 60: Gutachten zur Vorbereitung des Programms „Steigerung der Effizienz des mathematisch naturwissenschaftlichen Unterrichts“. Bonn 1997

Claussen, Claus: Freie Arbeit als Element eines Konzepts der Öffnung von Schule. In: Claussen, Claus (Hrsg.): Handbuch Freie Arbeit. Weinheim (Beltz) 1995 (S. 13–23)

Croall, Jonathan: Neill of Summerhill. The Permanent Rebel. London (ARK) 1983

Dewes, Andrea / Geiger, Diana / Roos, Christian / Weimann, Christiane / Holle-Winterberg, Eva: Stationenarbeit als Einstieg in ein Jahreszeitenprojekt. In: Hegele, Irmintraut (Hrsg.): Lernziel: Stationenarbeit. Eine neue Form des offenen Unterrichts. Weinheim (Beltz) 1996 (S. 44–55)

Diederich, Jürgen: Zweifel an Projekten. Eine reformpädagogische Idee und ihr Pferdefuß. In: Friedrich Jahresheft XII. Seelze (Friedrich) 1994 (S. 92–94)

Einsiedler, Wolfgang: Konzeptionen des Grundschulunterrichts. Bad Heilbrunn/Obb. (Klinkhardt) 1979

Einsiedler, Wolfgang: Neue Lern- und Lehrformen in der Grundschule aus empirischer Sicht. In: Olechowski, Richard / Wolf, Wilhelm (Hrsg.): Die kindgemäße Grundschule. Wien (Jugend und Volk) 1990 (S. 224–236)

Erichson, Christa: Authentizität als handlungsleitendes Prinzip. In: Beiträge zum Mathematikunterricht. Hildesheim (Franzbecker) 1999 (S. 161–164)

Faust-Siehl, Gabriele / Garlichs, Ariane / Ramseger, Jörg / Schwarz, Hermann / Warm, Ute: Die Zukunft beginnt in der Grundschule. Reinbek (Rowohlt) 1996

Frech-Becker, Cornelia: Wenn Freiarbeit zur freien Arbeit wird. In: Praxis des neusprachlichen Unterrichts. Heft 1. Berlin (Pädagogischer Zeitschriftenverlag) 1997 (S. 86–92)

Gage, Nathaniel L. / Berliner, David C.: Pädagogische Psychologie. Weinheim (Beltz) 1986[4]

Gallin, Peter / Ruf, Urs: Sprache und Mathematik. Zürich (Verlag Lehrerinnen und Lehrer Schweiz – LCH) 1990 und Seelze-Velber (Kallmeyer) 1998

Gallin, Peter / Ruf, Urs: Ich – du – wir. Sprache und Mathematik 1.–3. Schuljahr. Zürich (Interkantonale Lehrmittelzentrale – ILZ) 1995

Gallin, Peter / Ruf, Urs: Ich – du – wir. Sprache und Mathematik 4.–5. und 5.–6. Schuljahr. Zürich (Interkantonale Lehrmittelzentrale – ILZ) 1999

Gardner, Howard: Der ungeschulte Kopf. Stuttgart (Klett-Cotta) 1994

Gaudig, Hugo: Die Schule im Dienste der werdenden Persönlichkeit. Leipzig 1917. Zitiert nach: Reble, Albert (Hrsg.): Die Arbeitsschule. Bad Heilbrunn/Obb. (Klinkhardt) 1963

Geissler, Erich E.: Analyse des Unterrichts. Bochum (Kamp) 1973

Geist, Martin / Jungblut, Gerd / Philipp, Elmar: Projektlernen – Eine Zauberformel? Ansätze zur Qualitätsverbesserung von Schule – Ergebnisse einer Schülerbefragung. In: Die Deutsche Schule. Heft 3/86. Weinheim (Juventa) 1986 (S. 306–316)

Gemeinsame Kommission für die Studienreform im Land Nordrhein-Westfalen (Hrsg.): Perspektiven: Studium zwischen Schule und Beruf. Neuwied (Luchterhand) 1996

Gervé, Friedrich: Freie Arbeit in der Grundschule. Eine praxisbegleitende Fortbildungskonzeption zur Steigerung der Innovationsrate. Dissertation. Karlsruhe 1997 a

Gervé, Friedrich: Zur Praxis der freien Arbeit in der Grundschule. Situationsanalyse zur Entwicklung einer innovationswirksamen Fortbildungskonzeption. OASE-Bericht Nr. 39. Universität Siegen 1997 b

Gesing, Harald (Hrsg.): Pädagogik und Didaktik der Grundschule. Neuwied (Luchterhand) 1997

Giaconia, Rose M. / Hedges, Larry V.: Identifying Features of Effektive Open Education. In: Review of Educational Research. Santa Barbara, California (American Educational Research Association) 1982 (S. 579–602)

Giles, Geoff: Ist Lehren ein Hindernis für Lernen? In: mathematik lehren. Heft 21. Seelze (Friedrich) 1987 (S. 6–10)

Goetze, Herbert: „Wenn Freie Arbeit schwierig wird ..." – Stolpersteine auf dem Weg zum Offenen Unterricht. In Reiß, Günter / Eberle, Gerhard (Hrsg.): Offener Unterricht – Freie Arbeit mit lernschwachen Schülern. Weinheim (Deutscher Studien Verlag) 1995³ (S. 254–273)

Golding, William: Lord of the Flies. New York (Capricorn Books) 1954

Gossweiler, Martin: Der Zähler als Kernidee für das Dezimalsystem. In: Ruf, Urs / Gallin, Peter: Dialogisches Lernen in Sprache und Mathematik. Band 2: Spuren legen – Spuren lesen. Unterricht mit Kernideen und Reisetagebüchern. Seelze-Velber (Kallmeyer) 1998 (S. 42–45)

Die Grundschulzeitschrift. Themenheft „Erste Schritte zur Öffnung". Heft 105. Seelze (Friedrich) 1997

Günther, Henning: Tiefgreifende Veränderungen in der Grundschule. Teil 1. In: Theologisches. Nr. 185. September 1985. Beilage der „Offerten-Zeitung für die katholische Geistlichkeit Deutschlands". Siegburg (Verlag Franz Schmitt) 1985 (S. 6623–6629)

Günther, Henning: Unterricht heute: handlungsorientiert – sozialintegrativ – lehrerzentriert? In: Katholische Bildung. Heft 1/86. Essen (Verein katholischer deutscher Lehrerinnen) 1986 (S. 36–48)

Günther, Henning: Freie Arbeit in der Grundschule. Bonn (Elternverein Nordrhein-Westfalen / Hessischer Elternverein) 1988

Günther, Henning: Kompetenzvermittlung durch Erziehung – Kritische Befunde zum „offenen Lernen". In: Mittelstraß, Jürgen (Hrsg.): Wohin geht die Sprache? Wirklichkeit – Kommunikation – Kompetenz. Sonderdruck aus Band 28 zum Kongreß der Hanns Martin Schleyer-Stiftung am 25./26. Mai 1988 in Essen. Essen (MA Akademie-Verlag) 1989 (S. 318–325)

Günther, Henning: Neue Tendenzen in der Schule – kritisch betrachtet. In: Menschenkenntnis. Heft 4/91. Zürich (Verein zur Förderung der psychologischen Menschenkenntnis) 1991 (S. 5–44)

Günther, Henning: Kritik des offenen Unterrichts. Bielefeld (Lernen für die Deutsche und Europäische Zukunft) 1996

Gutt, Armin: 1. Beispiel: Grundschullehrerin Ursel Q. – Deutsch. In: päd. extra. Heft 3/77. Wiesbaden (Extra Verlag) 1977 (S. 23–27)

Haarmann, Dieter: Was heißt hier „offen"? Über die Mehrdeutigkeit etablierter Unterrichtskonzepte. In: Kasper, Hildegard (Hrsg.): Laßt die Kinder lernen. Offene Lernsituationen. Braunschweig (Westermann) 1989 (S. 22–32)

Haarmann, Dieter: Resumé. In: Kasper, Hildegard (Hrsg.): Laßt die Kinder lernen. Offene Lernsituationen. Braunschweig (Westermann) 1989 (S. 118)

Haenisch, Hans: Erfolgreich unterrichten – Wege zu mehr Schülerorientierung. Forschungsergebnisse und Empfehlungen für die Schulpraxis. In: Landesinstitut für Schule und Weiterbildung (Hrsg.): Schularbeiten. Heft 4. Schülerorientierung. April 1992. Soest (Landesinstitut für Schule und Weiterbildung) 1992 (S. 1–8)

Haenisch, Hans / Schuldt, Wilhelm: Schulentwicklung. Zur Wechselwirkung zwischen curricularen Rahmenbedingungen und inneren Gestaltungskräften von Grundschulen. Soest (Landesinstitut für Schule und Weiterbildung) 1994

Hänsel, Dagmar: Didaktik des Sachunterrichts. Sachunterricht als Innovation der Grundschule. Frankfurt am Main (Diesterweg) 1980

Hagstedt, Herbert: Offene Unterrichtsformen. Methodische Modelle und ihre Planbarkeit. In: Hameyer, Uwe / Lauterbach, Roland / Wiechmann, Jürgen: Innovationsprozesse in der Grundschule. Fallstudien, Analysen und Vorschläge zum Sachunterricht. Bad Heilbrunn Obb. (Klinkhardt) 1992 (S. 367–382)

Hagstedt, Herbert: Lernen an Stationen. In: Hameyer, Uwe (Hrsg.): Pädagogische Ideenkiste Primarbereich. Kronshagen (Körner) 1995[2] (S. 55–64)

Haller, Hans-Dieter / Lenzen, Dieter (Hrsg.): Lehrjahre in der Bildungsreform. Resignation oder Rekonstruktion. Stuttgart (Klett) 1976

Hanke, Petra: Forschungen zur inneren Reform der Grundschule am Beispiel der Öffnung des Unterrichts. In: Rossbach, Hans-Günther / Nölle, Karin / Czerwenka, Kurt (Hrsg.): Forschungen zu Lehr- und Lernkonzepten für die Grundschule. Opladen (Leske und Budrich) 2001 a (S. 46–62)

Hanke, Petra: Pädagogik und Didaktik des Schriftspracherwerbs in Theorie und Praxis. Auszüge aus der Habilitationsschrift. Universität Köln 2001 b

Haser, Werner: Offener Unterricht und Ausbildung. In: Fragen und Versuche. Heft 51. Bremen (Pädagogik Kooperative) 1991 a (S. 20–27)

Haser, Werner: Mut und Selbstvertrauen. Offener Unterricht und Lehrerausbildung. In: Päd extra. Heft 10/1991. Wiesbaden (Extra Verlag) 1991 b (S. 10–13)

Heckt, Dietlinde H.: Vorwort. In: Claussen, Claus (Hrsg.): Wochenplan- und Freiarbeit. Braunschweig (Westermann) 1993 (S. 5–6)

Hegele, Irmintraut (Hrsg.): Lernziel: Stationenarbeit. Eine neue Form des offenen Unterrichts. Weinheim (Beltz) 1996

Heitzlhofer, Karin: „Machen Sie den Kindern endlich Angst!“ In: Die Grundschulzeitschrift. Heft 41. Seelze (Friedrich) 1991 (S. 2–3)

Helmke, Andreas: Student Attention During Instruction and Achievement. In: Newstead, Stephen E. / Irvine, Sidney H. / Dann, Peter L. (Hrsg.): Human Assessment: Cognition and Motivation. Dordrecht (Martinus Nijhoff Publishers) 1986 (S. 273–286)

Hemmings, Ray: Fifty Years of Freedom. A Study of the Development of the Ideas of A. S. Neill. London (George Allen & Unwin) 1972

Hofmaier, Martin: Über die Kunst, Aufträge zu formulieren. In: Ruf, Urs / Gallin, Peter: Dialogisches Lernen in Sprache und Mathematik. Band 2: Spuren legen – Spuren lesen. Unterricht mit Kernideen und Reisetagebüchern. Seelze-Velber (Kallmeyer) 1998 (S. 78–85)

Holli, Heike: Die Aufgaben der Lehrerin im Offenen Unterricht, dargestellt anhand der Planung, Durchführung und Reflexion von Lernprozessen in einem vierten Schuljahr. Schriftliche Hausarbeit zur Zweiten Staatsprüfung für das Lehramt für die Primarstufe. Unv. Manuskript. Köln 1997

Holling, Eggert / Bamme, Arno: Lehrer zwischen Anspruch und Wirklichkeit. Frankfurt am Main (päd. extra-Buchverlag) 1976

Holt, John: Kinder lernen selbstständig oder gar nicht(s). Weinheim (Beltz) 1999

Huschke, Peter: Wochenplan-Unterricht: Entwicklung, Adaption, Evaluation, Kritik eines Unterrrichtskonzepts und Perspektiven für seine Weiterentwicklung. In: Klafki. Wolfgang / Scheffer, Ursula / Koch-Priewe, Barbara / Stöcker, Hermann / Huschke, Peter / Stang, Henner (Hrsg.): Schulnahe Curriculumentwicklung und Handlungsforschung. Weinheim (Beltz) 1982 (S. 200–278)

Illich, Ivan: Deschooling Society. London (Penguin) 1970

Ingenkamp, Karlheinz (Hrsg.): Diagnostischer Rechtschreibtest. DRT 1-5. Weinheim (Beltz) div. Jahrgänge und Neunormierungen

Jungwirth, Helga: Verlangsamung als Ziel. In: mathematik lehren. Heft 71. Seelze (Friedrich) 1995 (S. 59–61)

Jürgens, Eiko: Die 'neue' Reformpädagogik und die Bewegung Offener Unterricht. Theorie, Praxis und Forschungslage. St. Augustin (Academia) 1994a

Jürgens, Eiko (Hrsg.): Erprobte Wochenplan- und Freiarbeits-Ideen in der Sekundarstufe I. Heinsberg (Agentur Dieck) 1994b

Jürgens, Eiko: Offener Unterricht: Einige Anmerkungen zur aktuellen Diskussion und zur Praxis. In: Jürgens, Eiko (Hrsg.): Erprobte Wochenplan- und Freiarbeits-Ideen in der Sekundarstufe I. Heinsberg (Agentur Dieck) 1994b (S. 168–180)

Jürgens, Eiko: Zur Geschichte: Wichtige reformpädagogische Vorläufer der Freiarbeit. In: Jürgens, Eiko (Hrsg.): Erprobte Wochenplan- und Freiarbeits-Ideen in der Sekundarstufe I. Heinsberg (Agentur Dieck) 1994b (S. 19–38)

Jürgens, Eiko: Offener Unterricht im Spiegel empirischer Forschung. Oldenburger Vordrucke Heft 265/95. Universität Oldenburg 1995

Kaiser, Astrid: Einführung in die Didaktik des Sachunterrichts. Baltmannsweiler (Schneider Verlag Hohengehren) 1996

Kamp, Johannes-Martin: Kinderrepubliken. Geschichte, Praxis, Theorie radikaler Selbstregierung in Kinder- und Jugendheimen. Opladen (Leske und Budrich) 1995

Kaufmann, Theo: Selbständige Informationsbeschaffung im Offenen Unterricht. In: Jürgens, Eiko (Hrsg.): Erprobte Wochenplan- und Freiarbeits-Ideen in der Sekundarstufe I. Heinsberg (Agentur Dieck) 1994 (S. 210–222)

Kasper, Hildegard (Hrsg.): Laßt die Kinder lernen. Offene Lernsituationen. Braunschweig (Westermann) 1989

Kasper, Hildegard u. a.: Offener Unterricht. Modewort oder Besinnung auf schulische Lernkultur? In: Kasper, Hildegard (Hrsg.): Laßt die Kinder lernen. Offene Lernsituationen. Braunschweig (Westermann) 1989 (S. 5)

Kasper, Hildegard: Offene Unterrichtsformen in der englischen Primarschule – Entwicklungen und gegenwärtige Problematik. In: Reiß, Günter / Eberle, Gerhard (Hrsg.): Offener Unterricht – Freie Arbeit mit lernschwachen Schülern. Weinheim (Deutscher Studien Verlag) 1995[3] (S. 93–114)

Keller, Olivier: Denn mein Leben ist lernen. Freiamt (Mit Kindern wachsen Verlag) 1999

Klafki. Wolfgang / Scheffer, Ursula / Koch-Priewe, Barbara / Stöcker, Hermann / Huschke, Peter / Stang, Henner (Hrsg.): Schulnahe Curriculumentwicklung und Handlungsforschung. Weinheim (Beltz) 1982

Kleingeist-Poensgen, Helga / Oschmann, Sigrid: Schulentwicklung gestalten. Soest (Landesinstitut für Schule und Weiterbildung) 1998

Klewitz, Elard / Mitzkat, Horst (Hrsg.): Entdeckendes Lernen und offener Unterricht. Braunschweig (Westermann) 1977

Klewitz, Elard / Mitzkat, Horst: Erfahrungen mit „offenem Unterricht" In: Klewitz, Elard / Mitzkat, Horst (Hrsg.): Entdeckendes Lernen und offener Unterricht. Braunschweig (Westermann) 1977 (S. 229–240)

Knauf, Tassilo (Hrsg.): Handbuch zur Unterrichtsvorbereitung in der Grundschule. Planungshilfen und Unterrichtsmedien. Bensheim (päd. extra-Buchverlag) 1979a

Knauf, Tassilo (Hrsg.): Handlungsorientiertes Lernen in der Grundschule. Grundlagen und Beispiele. Bensheim (päd. extra-Buchverlag) 1979b

Knauf, Annegret / Knauf, Tassilo: Das Medienlexikon – Ein Beitrag zur Humanisierung der Lehrerarbeit. In: Knauf, Tassilo (Hrsg.): Handbuch zur Unterrichtsvorbereitung in der Grundschule. Planungshilfen und Unterrichtsmedien. Bensheim (päd. extra-Buchverlag) 1979a (S. 9–17)

Knauf, Tassilo: Statt einer Einleitung: Lehrerhandeln – kann, muß es verändert werden? In: Knauf, Tassilo (Hrsg.): Handlungsorientiertes Lernen in der Grundschule. Grundlagen und Beispiele. Bensheim (päd. extra-Buchverlag) 1979b (S. 11–16)

Knauf, Tassilo: Einführung in die Grundschuldidaktik. Stuttgart (Kohlhammer) 2001

Knoll, Michael: 300 Jahre Lernen am Projekt. Zur Revision unseres Geschichtsbildes. In: Pädagogik. Heft 7-8/93. Beltz (Weinheim) 1993 (S. 58–63)

Kozdon, Baldur: „Öffnung der Schule" – ein gefahrloses Experiment? In: Pädagogische Welt. Heft 11/89. Donauwörth (Auer) 1989 (S. 485–488)

Kraus, Josef: Spaßpädagogik. Sackgassen deutscher Bildungspolitik. München (Universitas) 1998

Krauthausen, Günther: Lernen – Lehren – Lehren lernen. Zur mathematik-didaktischen Lehrerbildung am Beispiel der Primarstufe. Leipzig (Klett) 1998

Krawitz, Rudi (Hrsg.): Bildung im Haus des Lernens. Bad Heilbrunn (Klinkhardt) 1997

Krawitz, Rudi: Vorwort an unseren verehrten Kollegen Anton Menke. In: Krawitz, Rudi (Hrsg.): Bildung im Haus des Lernens. Bad Heilbrunn (Klinkhardt) 1997 (S. 7)

Krawitz, Rudi: Für eine individualpädagogische Praxis der Schule. In: Krawitz, Rudi (Hrsg.): Bildung im Haus des Lernens. Bad Heilbrunn (Klinkhardt) 1997 (S. 9–12)

Krawitz, Rudi: Bildung durch Unterricht und Erziehung. In: Krawitz, Rudi (Hrsg.): Bildung im Haus des Lernens. Bad Heilbrunn (Klinkhardt) 1997 (S. 13–26)

Krawitz, Rudi / Kurz, Gerhard: Unterricht zwischen Planung und Prozess. (Zur didaktischen und individualpädagogischen Unterrichtsvorbereitung). In: Krawitz, Rudi (Hrsg.): Bildung im Haus des Lernens. Bad Heilbrunn (Klinkhardt) 1997 (S. 92–108)

Kube, Bernhard: Wie wollen Sie das denn bewerten? Bewertungsprobleme bei offenen Unterrichtsformen. In: Die Grundschule. Heft 2/1996. Braunschweig (Westermann) 1996 (S. 71–73)

Kultusminister des Landes Nordrhein-Westfalen (Hrsg.): Richtlinien und Lehrpläne für die Grundschule in Nordrhein-Westfalen. Sachunterricht. Mathematik. Sprache. Kunst / Textilgestaltung. Musik. (einzelne Bände) Frechen (Verlagsgesellschaft Ritterbach) 1985

Kunert, Kristian: Theorie und Praxis des offenen Unterrichts. München (Kösel) 1978

Kunert, Kristian (Hrsg.): Schule im Kreuzfeuer. Baltmannsweiler (Schneider Verlag Hohengehren) 1993

Landesinstitut für Schule und Weiterbildung (Hrsg.): Entwurfsfassung der Richtlinien und Lehrpläne für die Grundschule in NRW. Soest (Landesinstitut für Schule und Weiterbildung) 1983

Lange, Otto: Wieviel Steuerung bei problemlösendem Lernen? In: Scholz, Frank (Hrsg.): Arrangements für den Unterricht. Universität Oldenburg 1988 (S. 117–128)

Laus, Matthias / Schöll, Gabriele: Aufmerksamkeitsverhalten von Schülern in offenen und geschlossenen Unterrichtskontexten. Berichte und Arbeiten aus dem Institut für Grundschulforschung. Nr. 78. Erlangen-Nürnberg (Institut für Grundschulforschung an der Universität Erlangen-Nürnberg) 1995

Lehmann, Rainer H. (Hrsg.): HAMLET 3-4. Hamburger Lesetest für 3. und 4. Klassen. Weinheim (Beltz) 1997

Lenzen, Dieter: Offene Curricula – Leidensweg einer Fiktion. In: Haller, Hans-Dieter / Lenzen, Dieter: Lehrjahre in der Bildungsreform. Resignation oder Rekonstruktion. Stuttgart (Klett) 1976 (S. 138–162)

Lemmer, Christa: Wechsel tut gut. In: Sennlaub, Gerhard (Hrsg.): Mit Feuereifer dabei. Praxisberichte über freie Arbeit und Wochenplan. Heinsberg (Agentur Dieck) 1990[5] (S. 70–71)

Lepper, Mark R. / Greene, David: Undermining Children's Intrinsic Interest with Extrinsic Reward: A Test of the „Overjustification" Hypothesis. In: Journal of Personality and Social Psychology. Heft 1/73. Washington, District of Columbia (American Psychological Association) 1973 (S. 129–137)

Linder, Gerhard: Untersuchungen zum Konzept der Ganzheit in der deutschen Schulpädagogik. Frankfurt am Main (Lang) 1984

Lipowsky, Frank: Lernzeit und Konzentration. Grundschulkinder in offenen Lernsituationen. In: Die Deutsche Schule. Heft 2/99. Weinheim (Juventa) 1999 (S. 232–245)

Lobeck, Arnold: Rechentest. 1.–3. Klasse. Basel (Beltz) 1987

Lobeck, Arnold: Rechentest. 4.–6. Klasse. Basel (Beltz) 1990

Meier, Richard: Freie Arbeit. In: Reiß, Günter / Eberle, Gerhard (Hrsg.): Offener Unterricht – Freie Arbeit mit lernschwachen Schülern. Weinheim (Deutscher Studien Verlag) 1995[3] (S. 45–92)

Marshall, Hermine H.: Open Classrooms: Has the Term Outlived its Usefulness? In: Review of Educational Research. Heft 2/81. Santa Barbara, California (American Educational Research Association) 1981 (S. 181–192)

May, Peter: Hamburger Schreibprobe zur Erfassung der grundlegenden Rechtschreibstrategien. In: Naegele, Ingrid / Valtin, Renate: Rechtschreibunterricht in den Klassen 1–6. Frankfurt am Main (Arbeitskreis Grundschule) 1994[3] (S. 94–98)

May, Peter: Hamburger Schreib-Probe. Hamburg (Verlag für pädagogische Medien) 1997[3]

Messner, Rudolf: Planung des Lehrers und Handlungsinteressen der Schüler im offenen Unterricht. In: Westermanns Pädagogische Beiträge. Heft 4/78. Braunschweig (Westermann) 1978 (S. 145–150)

Meyer, Hilbert: Leitfaden zur Unterrichtsvorbereitung. Frankfurt am Main (Cornelsen Skriptor) 1991[11]

Ministerium für Schule und Weiterbildung des Landes Nordrhein-Westfalen (Hrsg.): Ausbildungsordnung Grundschule. Frechen (Verlagsgesellschaft Ritterbach) 1997

Mühlhausen, Ulf: Überraschungen im Unterricht. Situative Unterrichtsplanung. Weinheim (Beltz) 1994

Müller, Gerhard / Wittmann, Erich Ch.: Mit Kindern rechnen. Frankfurt am Main (Arbeitskreis Grundschule – Der Grundschulverband) 1995

Nehles, Rudolf: Offenheit – pädagogisches Engagement ohne Theorie? Frankfurt am Main (Lang) 1981

Neill, Alexander Sutherland: A Dominie's Log. London (Herbert Jenkins) 1918[5]

Neill, Alexander Sutherland: Das Prinzip Summerhill: Fragen und Antworten. Reinbek bei Hamburg (Rowohlt) 1969

Neill, Alexander Sutherland: Neill, Neill, Birnenstiel. Erinnerungen eines großen Erziehers. Reinbek bei Hamburg (Rowohlt) 1973

Neill, Alexander Sutherland: The New Summerhill. Herausgegeben von Albert Lamb. London (Penguin) 1992

Neubauer, Wolfgang: Effektivitätsuntersuchungen zum Training des Lehrerverhaltens. In: von Martial, Ingbert / Ludwig, Harald / Pühse, Uwe (Hrsg.): Schulpädagogik heute – Probleme und Perspektiven. Frankfurt am Main (Lang) 1994 (S. 217–251)

Neuhaus-Siemon, Elisabeth: Reformpädagogik und offener Unterricht. In: Grundschule. Heft 6. Braunschweig (Westermann) 1996 (S. 19–27)

Neumann, Dieter: Falsche Ansichten über das Lernen? Reformgrundsätze auf dem Prüfstand (Teil 1). In: Realschule in Deutschland. Heft 6/97. München (Verband Deutscher Realschullehrer) 1997 (S. 15–19)

Nussbaum, Albert / Leutner, Detlev: Entdeckendes Lernen von Aufgabenlösungsregeln unter verschiedenen Anforderungsbedingungen. In: Zeitschrift für Entwicklungspsychologie und pädagogische Psychologie. Heft 2/86. Göttingen (Hogrefe) 1986 (S. 153–164)

Oellrich-Wagner, Margret: Offener Unterricht unter der Lupe – Leitfaden zur Reflexion und Unterrichtsvorbereitung. Essen (Eigenverlag Margret Oellrich-Wagner) 1996

Oerter, Rolf: Implizites Lernen beim Sprechen, Lesen und Schreiben. In: Unterrichtswissenschaft. Heft 3/00. Weinheim (Juventa) 2000 (S. 239–256)

Peschel, Falko: Offener Unterricht – Am Anfang oder am Ende? OASE-Bericht Nr. 2. Universität Siegen 1995 a

Peschel, Falko: Das Prinzip Glocksee. Theorie und Praxis der antiautoritären Erziehung. Unv. Manuskript. Troisdorf / Hannover 1995 b

Peschel, Falko: Das Prinzip Glocksee in Theorie und Praxis. In: Glocksee Info 2-95. Hannover (Glocksee-Schule) 1995 c (S. 6–7)

Peschel, Falko: Offen bis geschlossen – Formen und Chancen offenen Unterrichts. In: Gesing, Harald (Hrsg.): Pädagogik und Didaktik der Grundschule. Neuwied (Luchterhand) 1997 a (S. 229–268)

Peschel, Falko: Ist das Unterricht? Unterricht ohne zu unterrichten. In: Friedrich Jahresheft XV. Seelze (Friedrich) 1997 b (S. 30–31)

Peschel, Falko: Wenn schon, denn schon. Öffnung zwischen Radikalität, Konsequenz und Illusion. In: Die Grundschulzeitschrift. Heft 105. Seelze (Friedrich) 1997 c (S. 21–23)

Peschel, Falko: Schreiben und Rechtschreiben lernen in der Grundschule. In: Schulzeit Eins/97. Düsseldorf (Ministerium für Schule und Weiterbildung des Landes NRW) 1997 d (S. 10–11)

Peschel, Falko: Freie Arbeit als durchgängiges Unterrichtsprinzip. In: Peschel, Falko / Saborowski, Cornelia: Erfahrungen aus der Öffnung des Unterrichts im Schulalltag. Siegen (Projekt OASE) 1997 e (S. 1–24)

Peschel, Falko: Verschiedene Beiträge in: Kaiser, Astrid: Lexikon des Sachunterrichts. Baltmannsweiler (Schneider Verlag Hohengehren) 1997f

Peschel, Falko: Verschiedene Aufsätze zum Offenen Unterricht in: Bartnitzky, Horst / Christiani, Reinhold (Hrsg.): Die Fundgrube für Freie Arbeit. Berlin (Cornelsen Scriptor) 1998 a

Peschel, Falko: Spich – eine „ganz normale“ Grundschule stellt sich vor. Mit einem Beitrag von Cornelia Saborowski. In: Becher, Hans-Rudolf / Bennack, Jürgen / Jürgens, Eiko (Hrsg.): Taschenbuch Grundschule. Baltmannsweiler (Schneider Verlag Hohengehren) 1998[3]b

Peschel, Falko: Werkstattunterricht. In: Holenz, Klaus / Peschel, Falko / Schwandt, Ulrike / Taaks, Gerd-Ulrich: Integrierender Sachunterricht. Werkstattunterricht. Soest (Landesinstitut für Schule und Weiterbildung) 1998c

Peschel, Falko: Computer von Anfang an. Oder: Was muss passieren, damit Lehrer Schülern endlich mehr vertrauen? In: Mitzlaff, Hartmut / Speck-Hamdan, Angelika (Hrsg.): Grundschule und neue Medien. Frankfurt am Main (Arbeitskreis Grundschule – Der Grundschulverband) 1998d (S. 231–237)

Peschel, Falko: Leistungsbewertung: Und unsere Beurteilungskriterien stimmen immer noch nicht! Oder: Für eine andere Sichtweise von Produkt- und Prozessbeurteilung im (offenen) Unterricht. In: Fragen und Versuche. Heft 89. 9/99. Bremen (Freinet-Kooperative) 1999 (S. 39–44) (Leider sind die Seiten vertauscht gedruckt worden. Die Seite 41 ist die vorletzte Seite.)

Peschel, Falko: Kinder planen ihr Lernen selbst: Möglichkeiten und Erfahrungen im Mathematikunterricht. In: Sache – Wort – Zahl. Heft 29. Köln (Aulis Verlag Deubner) 2000a (S. 49–53)

Peschel, Falko: Stell dir vor, es gibt Autonomie und keine(r) nimmt sie wahr ... In: Die Grundschulzeitschrift. Heft 131. Seelze (Friedrich) 2000b (S. 56–57)

Peschel, Falko: Ein Blick über den eigenen Zaun ... In: Die Grundschulzeitschrift. Heft 131. Seelze (Friedrich) 2000c (S. 57) und in: Lernchancen. Heft 13. Seelze (Friedrich) 2000d (S. 77)

Peschel, Falko: GRAM-MATIK? In: Die Grundschulzeitschrift. Heft 138. Seelze (Friedrich) 2000e (S. 56) und in: Der Deutschunterricht in der Grundschule. Heft 1/00. Seelze (Friedrich) 2000f (S. 27–28)

Peschel, Falko: Summerhill – Kindern ihre Kindheit zurückgeben. In: Fragen und Versuche. Heft 92. 6/00. Bremen (Freinet-Kooperative) 2000g (S. 65–66)

Peschel, Falko: Offener Unterricht ist präventiver Unterricht – Präventiver Unterricht ist Offener Unterricht. In: Lumer, Beatrix (Hrsg.): Integration behinderter Kinder. Berlin (Cornelsen Scriptor) 2001a (S. 74–88)

Peschel, Falko: Kinder lernen anders! In: Die Grundschulzeitschrift. Heft 143. Seelze (Friedrich) 2001b (S. 41–42)

Peschel, Falko / Reinhardt, Astrid: Der Sprachforscher: Rechtschreiben. Seelze (Friedrich) 2001c

Peschel, Falko / Reinhardt, Astrid: Der Sprachforscher: Rechtschreiben. Informationen für Lehrer und Eltern. Seelze (Friedrich) 2001d

Peschel, Falko: Vom Einüben zum Ausüben – vom Einprägen zum Erforschen. Rechtschreiblernen im Wandel. In: Grundschule Sprachen. Heft 3/01. Seelze (Kallmeyer) 2001e (S. 10–11)

Peschel, Falko: Offener Unterricht – Idee, Realität, Perspektive und ein praxiserprobtes Konzept zur Diskussion. Teil II: Fachdidaktische Überlegungen. Baltmannsweiler (Schneider Verlag Hohengehren) 2002b

Peschel, Falko: Das „Integrierende Schulpraktikum Primarstufe“. In: PÄD Forum. Heft 2/02. Baltmannsweiler (Schneider Verlag Hohengehren) 2002c (i. V.)

Peschel, Falko: Öffnung des Unterrichts – ein Stufenmodell. In: Bartnitzky, Horst / Christiani, Reinhold (Hrsg.): Berufseinstieg: Grundschule. Leitfaden für Studium und Vorbereitungsdienst. Berlin (Cornelson Scriptor) 2002d (i. V.)

Peschel, Falko: Offene Unterrichtsformen – qualitativ absichern und weiterentwickeln. In: Bartnitzky, Horst / Christiani, Reinold (Hrsg.): Berufseinstieg: Grundschule. Leitfaden für Studium und Vorbereitungsdienst Berlin (Cornelsen Scriptor) 2002e (i. V.)

Peschel, Falko: Vom Edutainment zur kreativen Herausforderung: Der Computer als Werkzeug im Offenen Unterricht. In: Thissen, Frank (Hrsg.): Multimedia-Didaktik (Arbeitstitel). Berlin (Springer Verlag) 2002f (i. V.)

Petri, Gottfried: Idee, Realität und Entwicklungsmöglichkeiten des Projektlernens. Graz (Bundesministerium für Unterricht, Kunst und Sport – Zentrum für Schulversuche und Schulentwicklung) 1991

Pitzschel, Friedrich: Sie sollen wollen, was sie tun. Freie Arbeit in der Hauptschule. In: Lehrer Journal. Heft 5/86. München (Oldenbourg / Prögel) 1986 (S. 221–224)

Pliefke, Annemarie: Das „offene Kindergartenkind“ in der Schule. In: Theorie und Praxis der Sozialpädagogik. Heft 2/00. Seelze-Velber (Kallmeyer) 2000 (S. 29–30)

Potthoff, Willy: Einführung in die Reformpädagogik. Freiburg (Reformpädagogischer Verlag Jörg Potthoff) 1992

Prange, Klaus: Lebensgeschichte und pädagogische Reflexion. In: Zeitschrift für Pädagogik. Heft 3/87. Weinheim (Beltz) 1987 (S. 345–362)

Ramseger, Jörg: Offener Unterricht in der Erprobung. Weinheim (Juventa) 1977

Ramseger, Jörg: Das Nicht-Planbare planen? Anregungen zur Gestaltung von Offenem Unterricht. In: Knauf, Tassilo (Hrsg.): Handbuch zur Unterrichtsvorbereitung in der Grundschule. Planungshilfen und Unterrichtsmedien. Bensheim (päd. extra-Buchverlag) 1979 (S. 18–34)

Ramseger, Jörg: Neun Argumente für die Öffnung der Grundschule. In: Die Grundschulzeitschrift. Heft 1. Seelze (Friedrich Verlag) 1987 (S. 6–7)

Reichen, Jürgen: Lesen durch Schreiben. Lehrerkommentar. Hefte 1-8. Zürich (Sabe) 1982

Reichen, Jürgen: Sachunterricht und Sachbegegnung. Zürich (Sabe) 1991

Reichen, Jürgen: Hannah hat Kino im Kopf. Die Reichen-Methode Lesen durch Schreiben und ihre Hintergründe für LehrerInnen, Studierende und Eltern. Hamburg (Heinevetter) 2001

Reinhardt, Klaus: Öffnung der Schule. Weinheim (Beltz) 1992

Reiß, Günter / Eberle, Gerhard (Hrsg.): Offener Unterricht – Freie Arbeit mit lernschwachen Schülern. Weinheim (Deutscher Studien Verlag) 1995[3]

Retterath, Gerhard: Man kann jede Art von Unterricht beurteilen. Unv. Manuskript. o. J. Überarbeitet abgedruckt in: Retterath, Gerhard: Das Lernen vom Kind aus planen. In: Grundschule. Heft 4/96. Braunschweig (Westermann) 1996 (S. 38–40)

Revuz, André: Est-il impossible d'enseigner les mathématiques? Paris (Press universitaires de France) 1980

Rogers, Carl Ransom: Lernen in Freiheit. München (Kösel) 1974

Rost, Detlev H. (Hrsg.): Handwörterbuch Pädagogische Psychologie. Weinheim (Psychologie Verlags Union) 1998

Ruf, Urs / Gallin, Peter: Dialogisches Lernen in Sprache und Mathematik. Band 1: Austausch zwischen Ungleichen. Grundzüge einer interaktiven und fächerübergreifenden Didaktik. Seelze-Velber (Kallmeyer) 1998a

Ruf, Urs / Gallin, Peter: Dialogisches Lernen in Sprache und Mathematik. Band 2: Spuren legen – Spuren lesen. Unterricht mit Kernideen und Reisetagebüchern. Seelze-Velber (Kallmeyer) 1998b

Ruf-Bräker, Regula: Was sich in meinem Unterricht verändert hat. In: Ruf, Urs / Gallin, Peter: Dialogisches Lernen in Sprache und Mathematik. Band 2: Spuren legen – Spuren lesen. Unterricht mit Kernideen und Reisetagebüchern. Seelze-Velber (Kallmeyer) 1998 (S. 197–205)

Rumpf, Horst: Was ist frei an der freien Arbeit ? In: Pädagogik. Heft 6/91. Beltz (Weinheim) 1991 (S. 6–9)

Saint-Exupéry, Antoine de: Die Stadt in der Wüste (Citadelle). Düsseldorf (Karl Rauch) 1956

Scheerer-Neumann, Gerheid: Was kommt schon dabei raus? Lernen und Leisten in offenen Situationen. In: Kasper, Hildegard (Hrsg.): Laßt die Kinder lernen. Offene Lernsituationen. Westermann / Braunschweig 1989 (S. 66–90).

Schlaffke, Winfried / Westphalen, Klaus (Hrsg.): Denkschrift NRW – Hat Bildung in Schule Zukunft? Köln (Deutscher Instituts-Verlag) 1996 (S. 28–45)

Schmidt, Edeltraut / Wopp, Christel: Beurteilungsspinne zum Offenen Unterricht. Oldenburger Vordrucke Heft 294. Universität Oldenburg (Zentrum für pädagogische Berufspraxis) 1996

Schubert, Elke / Strick, Rainer: Leitfaden zum „Spielzeugfreien Kindergarten". München (Aktion Jugendschutz) 1994

Schuler, Heinz: Noten und Studien- und Berufserfolg. In: Rost, Detlev H. (Hrsg.): Handwörterbuch Pädagogische Psychologie. Weinheim (Psychologie Verlags Union) 1998 (S. 370–374)

Schwedes, Hannelore: Lernziele / Erste Erfahrungen. Stuttgart (Klett) 1976

Selter, Christoph: Wie gut sind deutsche Grundschüler in Mathe? (4). Mehr Offenheit bei schriftlichen Tests. In: Sache – Wort – Zahl. Heft 25. Köln (Aulis Verlag Deubner) 1999 (S. 41–46)

Seneca, Lucius Annaeus: Epistulae morales ad Lucilium. Liber XVII et XVIII. Briefe an Lucilius über Ethik. 17. und 18. Buch. Übersetzt und herausgegeben von Heinz Gunermann. Stuttgart (Reclam) 1998

Sennlaub, Gerhard: Chinesisch aus dem Wörterbuch. In: Grundschule. Heft 9. Braunschweig (Westermann) 1990 (S. 69–70)

Sennlaub, Gerhard (Hrsg.): Mit Feuereifer dabei. Praxisberichte über freie Arbeit und Wochenplan. Heinsberg (Agentur Dieck) 1990[5]

Sennlaub, Gerhard: Auf die Reform sind wir stolz. In: Sennlaub, Gerhard (Hrsg.): Mit Feuereifer dabei. Praxisberichte über freie Arbeit und Wochenplan. Heinsberg (Agentur Dieck) 1990[5] (S. 9–18)

Spitta, Gudrun: Kinder schreiben eigene Texte: Klasse 1 und 2. Frankfurt am Main (Cornelsen Scriptor) 1988

Spitta, Gudrun: Schreibkonferenzen in Klasse 3 und 4. Frankfurt am Main (Cornelsen Scriptor) 1992

Straka, Gerald A.: Auf dem Weg zu einer mehrdimensionalen Theorie selbstgesteuerten Lernens. Universität Bremen 1998

Sundermann, Beate / Selter, Christoph: Quattro Stagioni. Nachdenkliches zum Stationenlernen aus mathematikdidaktischer Perspektive. In: Friedrich Jahresheft XVIII. Seelze (Friedrich) 2000 (S. 110–113)

Tent, Lothar: Zensuren. In: Rost, Detlev H. (Hrsg.): Handwörterbuch Pädagogische Psychologie. Weinheim (Psychologie Verlags Union) 1998 (S. 580–584)

Traub, Silke: Schrittweise zur erfolgreichen Freiarbeit. Bad Heilbrunn / Obb. (Klinkhardt) 2000

Ulich, Klaus: Lehrer/innen-Ausbildung im Urteil der Betroffenen. Ergebnisse und Folgerungen. In: Die Deutsche Schule. Heft 1/96. Weinheim (Juventa) 1996 (S. 81–97)

Vester, Frederic: Denken, Lernen, Vergessen. München (Deutscher Taschenbuch Verlag) 1978

Wagner, Angelika C.: Selbstgesteuertes Lernen im offenen Unterricht – Erfahrungen mit einem Unterrichtsversuch in der Grundschule. In: Einsiedler, Wolfgang: Konzeptionen des Grundschulunterrichts. Bad Heilbrunn/Obb. (Klinkhardt) 1979 (S. 174–186)

Wagner, Gerhard / Schöll, Gabriele: Selbständiges Lernen in Phasen freier Aktivitäten – Entwicklung eines Beobachtungsinventars und Durchführung einer empirischen Untersuchung in einer 4. Grundschulklasse. Berichte und Arbeiten aus dem Institut für Grundschulforschung. Nr. 70. Erlangen-Nürnberg (Institut für Grundschulforschung an der Universität Erlangen-Nürnberg) 1992

Wallascheck, Uta: Lernzirkel – eine Arbeitsform, die selbständiges, individuelles Arbeiten ermöglicht. In: Lehmann, Bernd (Hrsg.): Kinder – Schule: Lehrer – Schule. Langenau (Armin Vaas) 1991

Wallrabenstein, Wulf: Offene Schule – Offener Unterricht. Ratgeber für Eltern und Lehrer. Reinbek bei Hamburg (Rowohlt) 1991

Wallrabenstein, Wulf: Wie planbar ist Offener Unterricht? „Planung und Öffnung – Das kommt einer Quadratur des Kreises gleich“. In: Pädagogik. Heft 4/96. Weinheim (Beltz) 1996 (S. 27–31)

Wallrabenstein, Wulf: Hilfe – ich habe den Überblick verloren! Zur Passung von offenen und geschlossenen Lernphasen. In: Friedrich Jahresheft XII. Seelze (Friedrich) 1994 (S. 32–34)

Weber, Anders: Werkstatt – Erfahrungen im individualisierenden und gemeinschaftsbildenden Unterricht. Zell (Zürcher Kantonale Mittelstufenkonferenz) 1991

Winkel, Rainer: Offener oder beweglicher Unterricht? In Grundschule. Heft 2. Braunschweig (Westermann) 1993 (S. 14–16)

Winner, Anna: Der „Spielzeugfreie Kindergarten“. Ein Beitrag zur Suchtprävention. München (Aktion Jugendschutz) 1996

Wittmann, Erich Ch.: Mathematiklernen zwischen Skylla und Charybdis. In: Mitteilungen der mathematischen Gesellschaft in Hamburg. Band XII. Heft 3/91. Hamburg (Mathematische Gesellschaft in Hamburg) 1991 (S. 663–679)

Wittmann, Erich Ch. / Müller, Gerhard: Handbuch produktiver Rechenübungen. Band 1. Vom Einspluseins zum Einmaleins. Stuttgart (Klett) 1990

Wittmann, Erich Ch. / Müller, Gerhard: Handbuch produktiver Rechenübungen. Band 2. Vom halbschriftlichen zum schriftlichen Rechnen. Stuttgart (Klett) 1992

Wittmann, Erich Ch: Aktiv-entdeckendes und soziales Lernen im Rechenunterricht – vom Kind und vom Fach aus. In: Müller, Gerhard / Wittmann, Erich Ch.: Mit Kindern rechnen. Frankfurt am Main (Arbeitskreis Grundschule – Der Grundschulverband) 1995

Zander, Conrad: Wer erlöst uns von dem Übel? (Verdammte Schule 6. Teil). In: Stern Nr. 29/76. Hamburg (Gruner und Jahr) 1976 (S. 42–50)

Zehnpfennig, Hannelore / Zehnpfennig, Helmut: Was ist „Offener Unterricht“. In: Landesinstitut für Schule und Weiterbildung (Hrsg.): Schulanfang. Ganzheitliche Förderung im Anfangsunterricht und im Schulkindergarten. Kapitel 5.2: Basis „Offener Unterricht“. Soest (Landesinstitut für Schule und Weiterbildung) 1992 (S. 46–60)

Zehnpfennig, Hannelore / Zehnpfennig, Helmut: OFFENER UNTERRICHT, aktiv-entdeckendes Lernen und Mathematik in der Grundschule. In: Grundschulunterricht. Heft 1/94. Berlin (Pädagogischer Zeitschriftenverlag) 1994a (S. 20–22)

Zehnpfennig, Hannelore / Zehnpfennig, Helmut: „Es riecht nach Weltall. Zauberhaft!“. Kinder schreiben Gedichte – eine Unterrichtsdokumentation. In: Grundschulunterricht. Heft 4/94. Berlin (Pädagogischer Zeitschriftenverlag) 1994b (S. 11–12)

Zehnpfennig, Hannelore / Zehnpfennig, Helmut: „Mit einem Bild ist es fast so wie mit einer Geschichte, wenn sie fertig ist, fängt sie erst richtig an“. Kinder malen ihre Gedichte. In: Grundschulunterricht. Heft 10/94. Berlin (Pädagogischer Zeitschriftenverlag) 1994c (S. 29–32)

Zehnpfennig, Hannelore / Zehnpfennig, Helmut: „Eins minus Hundert ist gleich neunundneunzig unter Null“. Erstkläßler entdecken und erobern den Zahlenraum. In: Grundschulunterricht. Heft 11/94. Berlin (Pädagogischer Zeitschriftenverlag) 1994d (S. 27–30)

Zehnpfennig, Hannelore / Zehnpfennig, Helmut: Das Arbeitsblatt: Für und Wider. In: Grundschulunterricht. Heft 1/95 Beiheft. Berlin (Pädagogischer Zeitschriftenverlag) 1995a (S. 10–11)

Zehnpfennig, Hannelore / Zehnpfennig, Helmut: Die „alte“ und die „neue“ Lehrerrolle. In: Grundschulunterricht. Heft 5/95. Berlin (Pädagogischer Zeitschriftenverlag) 1995b (S. 9–11)

Zehnpfennig, Hannelore / Zehnpfennig, Helmut: „Neue“ Schule in „alten“ Strukturen. In: Grundschulunterricht. Heft 6/95. Berlin (Pädagogischer Zeitschriftenverlag) 1995c (S. 5–7)

Zehnpfennig, Hannelore: Thesenpapier (zur Arbeitsgruppe 5: Grundschule in Bewegung). Unv. Manuskript. Köln 1995d

Zürcher, Käthi: Werkstatt-Unterricht. Am Beispiel 1 × 1. Bern (Zytglogge) 1987

Inhaltsverzeichnis Teil II